Sybille Große
Sprachnorm und Sprachnormierung im Französischen

Romanistische Arbeitshefte

Herausgegeben von
Volker Noll und Georgia Veldre-Gerner

Band 69

Sybille Große

Sprachnorm und Sprachnormierung im Französischen

DE GRUYTER

ISBN 978-3-11-059512-3
e-ISBN [PDF] 978-3-11-059517-8
e-ISBN [EPUB] 978-3-11-059287-0
ISSN 0344-676X

Library of Congress Cataloging-in-Publication Data
A CIP catalog record for this book has been applied for at the Library of Congress.

Bibliografische Information der Deutschen Nationalbibliothek
Die Deutsche Nationalbibliothek verzeichnet diese Publikation in der Deutschen Nationalbibliografie;
detaillierte bibliografische Daten sind im Internet über http://dnb.dnb.de abrufbar.

© 2026 Walter de Gruyter GmbH, Berlin/Boston, Genthiner Straße 13, 10785 Berlin

www.degruyterbrill.com
Fragen zur allgemeinen Produktsicherheit:
productsafety@degruyterbrill.com

Vorwort

Sprachliche Normen werden nicht nur in der Wissenschaft, sondern auch in der Öffentlichkeit diskutiert und mit zahlreichen, auch alltagssprachlichen Vorstellungen, Stereotypen oder Werturteilen verbunden. So zum Beispiel mit der Idee, dass jemand nicht ‚korrekt' oder ‚gut' spräche, sein Text nicht der Norm entspräche und sprachliche Normen grundsätzlich allgemeine Gültigkeit hätten. Oder auch mit Blick auf das Französische in Frankreich, dass sich der französische Staat mit der *Académie française* in besonderem Maße um seine Norm bzw. um seinen sprachlichen Standard bemühe und eine entsprechende ‚Sprachkultur' entwickelt habe.

Die Diskussion um Norm(en) im Kontext von Sprache und die stete Suche nach einer sprachlichen Norm als Referenz für das eigene Sprechen oder Schreiben findet gleichfalls Niederschlag in der Sprachlehre, bei der die Überlegung, welche Sprache, oder im linguistischen Sinne welcher *Standard*, allgemeinverbindlich vermittelt werden soll, von hoher Relevanz ist. Dies schließt in manchen Fällen die Überlegung mit ein, inwiefern eine solche ausschließlich gelehrt oder nicht auch die Varietäten sowie Vielfalt der kommunikativen Praktiken größeren Raum in der Vermittlung erhalten sollten.

Ein Großteil der Studierenden, die heute an den deutschen Universitäten in der Romanistik Französisch studieren, hat sich für das Lehramt entschieden und wird im Laufe der späteren beruflichen Tätigkeit eine Antwort auf solche Fragen bzw. Positionen finden müssen.

Aber auch allen anderen Französischstudierenden sei die Auseinandersetzung mit Fragen zu sprachlichen Normen ans Herz gelegt, da sie im öffentlichen Raum eine nicht geringe Rolle spielen und die Meinung der Wissenschaft zu diesen Themen gefragt ist. Dabei wird die Frage um die sprachliche(n) Norm(en) in der Linguistik durchaus unterschiedlich beantwortet und ist somit komplexer als möglicherweise anfänglich vermutet.

Wolfgang Settekorn hat mit seinem Arbeitsbuch zur „Sprachnorm und Sprachnormierung in Frankreich" (1988) eine Darstellung vorgelegt, welche man insbesondere durch die Einbettung der Sprachnormen als soziale Normen und durch den Nachweis des historischen Charakters von Sprachnormen guten Gewissens als ein Standardwerk charakterisieren kann. Die Neukonzeption des Arbeitsbuches zur Normierung versteht sich daher als Aktualisierung und Erweiterung. Erweitert wurden im vorliegenden Arbeitsbuch insbesondere die Überlegungen zum Sprachpurismus, zur Plurizentrik innerhalb des Normengefüges, zu normativen Grammatiken und Wörterbüchern sowie zu sprachnormenkritischen Diskussionen.

Und um es vorwegzunehmen: Bei einem solch umfassenden Feld wie der sprachlichen Normierung, die kontrovers in der Linguistik diskutiert wird, vermisst der Einzelne in der Lektüre sicher bestimmte Aspekte. Ich freue mich daher bereits jetzt auf

Anregungen, die bei einer eventuellen Überarbeitung des Arbeitsbuches Berücksichtigung finden können.

Das Arbeitsbuch richtet sich an Studierende des Französischen, die schon ein gewisses linguistisches Verständnis mitbringen. Für ein Selbststudium im ersten Semester des Bachelors ist es daher nur in Ausschnitten passend, für ein höheres Bachelorsemester und für Masterstudierende im Ganzen. Das Arbeitsbuch verfügt zugleich über eine umfassende Bibliographie, die somit zahlreiche weitere Lektürehinweise beinhaltet.

Eine Hoffnung, die sich mit diesem Arbeitsbuch verbindet, ist, dass der Gedanke von Ripfel (1989, 205), die noch immer vorhandene „Normengläubigkeit ab- und eine normenkritische Haltung aufbauen" zu können, zumindest teilweise fruchtet. Normenkritisch bedeutet eben nicht die Ablehnung einer Standardnorm, sondern beispielsweise die Akzeptanz für neu herausgebildete Standards innerhalb der Frankophonie.

Es haben nicht wenige Personen und manche Orte die Redaktion dieses Arbeitsbuches ideell oder ganz praktisch begleitet und befördert. Darunter meine Studierenden, die immer wieder verschiedene Aspekte zu Normen im Französischen in meinen Lehrveranstaltungen erfragt und hinterfragt haben. Aber auch meine unmittelbaren oder ehemaligen wunderbaren Kolleginnen und Kollegen, die verschiedene Teile des Arbeitsbuches gelesen, kommentiert bzw. sprachlich korrigiert haben (*un grand merci* Lena Sowada, Verena Weiland, Ronny Beckert und Karina Slunkaite). Die verschiedenen Kapitel des Arbeitsbuches wurden in der vorlesungsfreien Zeit und in einem Forschungssemester größtenteils in der produktiven Atmosphäre von Bibliotheken redigiert. Daher gilt mein Dank auch der Staatsbibliothek zu Berlin Unter den Linden, die schreibenden Forschenden bis jetzt noch einen Arbeitsplatz gewährt.

Zudem möchte ich mich für die fast überstrapazierte Geduld und die Unterstützung bei den Reihenherausgebern, vor allem bei Georgia Veldre-Gerner, und ganz besonders beim Verlag, konkret bei Gabrielle Cornefert und Ulrike Krauß sowie für die technische Umsetzung bei Elisabeth Stanciu sehr herzlich bedanken. Sie haben zu meinem Glück die Hoffnung auf Fertigstellung des Bandes über die Jahre seiner Entstehung nie ganz aufgegeben.

Heidelberg/Berlin im Mai 2025

Inhalt

1	**Theoretische Einleitung: Normen und Normkonzepte** —— 1	
1.1	Sprachliche Normen als soziale Normen —— 3	
1.2	Sprachlich-kommunikative Normen —— 4	
1.3	Norm – Normen —— 5	
1.3.1	*Normen* zwischen *Regeln*, *Fehlern* und *Korrektheit* aus pragmalinguistischer Perspektive —— 6	
1.3.2	*Norm* und *Korrektheit* bei Eugenio Coseriu —— 11	
1.3.3	Der Modellcharakter von Norm und die Frage der Referenz in der Diskussion um sprachliche Normen —— 14	
1.4	Arten sprachlicher Normen —— 16	
1.4.1	*Deskriptive* und *präskriptive Normen* —— 17	
1.4.2	*Objektive* und *subjektive* Normen —— 21	
1.4.3	*Implizite* und *explizite Normen* sowie *subsistente Normen* und *kodifizierte Normen* —— 23	
1.4.4	*Endogene* und *exogene* Normen —— 25	
1.4.5	*Sprachliche*, *textuelle* und *diskursive* Normen —— 26	
1.5	Wissen, Werten und Sprechen über Normen —— 28	
1.5.1	Sprachliche Ausgestaltung und Kennzeichen des sprachnormativen Diskurses —— 30	
1.5.2	Normative Autoritäten und normative Akteure —— 33	
1.5.3	Argumentation im sprachnormativen Diskurs —— 38	
1.5.4	Relevanz der sprachlichen Akteure —— 40	
1.6	Normen und Normimagination —— 41	
1.7	Normen und Sprachvariation —— 43	
1.8	Sprachnorm, Standard und Standardnorm —— 44	
1.9	Normierung, Normalisierung, Kodifizierung und Standardisierung —— 49	
1.9.1	Das sprachtheoretische Konzept der ‚Standardisierung' —— 50	
1.9.2	Kodifizierung —— 55	
1.9.3	Standardisierung, Ausbau und pragmatische Schriftlichkeit —— 56	
1.9.4	Ausgewählte Aspekte der Standardisierung des Französischen —— 59	
1.9.4.1	Selektion —— 59	
1.9.4.2	Ausbau, Kodifizierung und Akzeptanz —— 62	
1.9.4.3	*Français régionaux* —— 65	
1.9.4.4	Destandardisierung, Restandardisierung und *nouveau prescriptivisme* —— 68	
1.10	Zusammenfassung —— 70	

Arbeitsaufgaben —— 71

2		Normdiskussion oder der sprachhistorische Blick auf die Sprachnormierung in Frankreich —— 73
2.1		Der *bon usage* —— 73
2.1.1		Konzeptuelle Vorläufer des *bon usage* im 16. Jahrhundert und Anfang des 17. Jahrhunderts —— 74
2.1.2		Vaugelas' Dimensionen des *bon usage* —— 77
2.1.3		Der Rückgriff auf den *bon usage* in den nachfolgenden Jahrhunderten —— 81
2.2		*Remarques, remarqueurs* und ihr Einfluss bis heute —— 83
2.2.1		Vaugelas als *remarqueur* und Charakteristika der *remarques* —— 83
2.2.2		*Remarqueurs* des 17. und 18. Jahrhunderts in der Nachfolge Vaugelas —— 86
2.2.3		Der Einfluss der *Remarques* auf nachfolgende Abhandlungen und normative Diskussionen in Sprachchroniken —— 89
2.2.4		Sprachchroniken —— 93
2.3		Französisch als Nationalsprache: *Français–Langue nationale* —— 99
2.3.1		Der *rapport* des Abbé Grégoire und die Existenz der *patois* —— 103
2.3.2		Variation, Innovation und Wandel der französischen Sprache zu Zeiten der Französischen Revolution —— 106
2.3.2.1		Variation, Innovation und Wandel im lexikalischen Bereich —— 106
2.3.2.2		Variation und Normierung im lautlichen Bereich —— 111
2.3.2.3		Variation, Innovation und explizite Normierung im pragmatischen Bereich: Die diskursiven Praktiken —— 112
2.3.3		Alphabetisierung, Mehrsprachigkeit und Vermittlung des Französischen nach der Französischen Revolution —— 115
2.3.4		Die Schulgesetze des 19. Jahrhunderts —— 117
2.4		*Crise du français* —— 118
2.4.1		Manifestationen der Idee einer ‚Krise der französischen Sprache' —— 118
2.4.2		Die Orthografie in der Diskussion um die ‚Krise des Französischen' —— 124
2.5		Sprachpurismus —— 126
2.5.1		Sprachpurismus im Französischen allgemein —— 126
2.5.2		Lexik und Semantik —— 130
2.5.3		Entlehnungen und der Fremdwortpurismus —— 131
2.5.4		Anglizismen: Entlehnungen aus der englischen Sprache —— 131
2.5.5		Neologismen —— 135
2.5.6		Die Aussprache und Artikulation —— 137
2.5.7		Die Orthografie —— 137
2.5.8		Die Syntax —— 138
2.5.9		Puristische Diskurse und der Plurizentrismus in der Frankophonie —— 139

2.6	Zusammenfassung —— 140	
Arbeitsaufgaben —— 141		

3	**Sprachnormierung und die *Académie française*: zwischen Symbolik und tatsächlichem Einfluss —— 143**	
3.1	Gründung und Aufgaben der *Académie française* —— 144	
3.2	Die normative Kraft der Akademiewörterbücher —— 147	
3.3	Grammatische Normierung durch die *Académie française*: die Akademiegrammatik —— 156	
3.4	Normierungsaspekte der *Communiqués de mises en garde* der *Académie française* —— 158	
3.5	Die *Académie française* als Normierungsinstanz im Onlineauftritt —— 159	
3.6	Der Zwiespalt zwischen normativem Wirken und symbolischer Funktion: die aktuellen Entwicklungen —— 165	
3.7	Zusammenfassung —— 167	
Arbeitsaufgaben —— 168		

4	**Sprachnormierung und die Plurizentrik des Französischen —— 169**	
4.1	Französisch zwischen Mono- und Plurizentrik —— 169	
4.1.1	Mythos der sprachlichen Einheit —— 169	
4.1.2	Sprachbezeichnungen —— 170	
4.1.3	Das Französische als plurizentrische Sprache: Allgemeines —— 171	
4.2	Plurizentrik: ein konzeptueller Zugriff —— 173	
4.2.1	Das Konzept der ‚plurizentrischen Sprachen' in historischer Perspektive —— 173	
4.2.2	Die Debatte um *Normative Zentren* —— 176	
4.2.3	Wachsendes Verständnis für die Plurizentrik des Französischen —— 178	
4.3	Plurizentrik und Sprachnormierung außerhalb Frankreichs: ausgewählte Beispiele —— 179	
4.3.1	Französisch in Kanada —— 179	
4.3.2	Ein Beispiel für das frankophone Europa —— 182	
4.3.3	Frankophone Regionen in Afrika —— 183	
4.4	Zusammenfassung —— 186	
Arbeitsaufgaben —— 186		

5	**Normative Grammatiken und normative Wörterbücher —— 187**	
5.1	Einführung —— 187	
5.2	Normative Grammatiken des Französischen —— 188	
5.2.1	Definition von ‚Normativen Grammatiken' und ihre Funktion —— 188	
5.2.2	*Grammatisation* und grammatisches normatives Wissen —— 191	

5.2.3		Normative Grammatiken des Französischen in historischer Perspektive: ein Überblick ab dem 17. Jahrhundert —— 191
5.2.4		Moderne normative Grammatiken des Französischen —— 196
5.2.4.1		Der *Bon usage* von Grevisse —— 196
5.2.4.2		*Grammaire méthodique du français* —— 198
5.2.4.3		*Grande Grammaire du français* —— 201
5.3		Normative Wörterbücher des Französischen —— 205
5.3.1		Definition von ‚Normativen Wörterbüchern' —— 205
5.3.2		Normative Wörterbücher in der historischen Perspektive: ein Überblick ab dem 17. Jahrhundert —— 207
5.3.3		Moderne normative Wörterbücher des Französischen —— 210
5.3.3.1		Gedruckte Wörterbücher —— 210
5.3.3.2		Einsprachige Wörterbücher in hybrider Publikationsform und digitale Wörterbücher des Französischen und ihre normative Ausrichtung —— 211
5.3.3.2.1		*Le Petit* und *Le Grand Robert* —— 211
5.3.3.2.2		*Dictionnaire de l'Académie française* —— 214
5.3.3.2.3		*USITO* —— 216
5.4		Zusammenfassung —— 217

Arbeitsaufgaben —— 217

6		**Sprachkritik und Sprachnormierung —— 219**
6.1		Sprachnormen mit Blick auf Sprachkultur, Sprachpflege und Sprachkritik —— 219
6.2		Sprachkritik als Konzept und ihre Anwendung —— 221
6.2.1		Sprachkritik in der Vielfalt: von linguistisch fundierter Sprachkritik bis hin zur Sprachkritik von linguistischen Laien —— 223
6.2.2		Sprachkritik in den aktuellen Diskussionen —— 225
6.2.2.1		Sprachkritische Diskussionen im Umfeld der Anglizismen —— 225
6.2.2.2		Sprachkritische Diskussionen im Umfeld von *Gender* —— 228
6.2.2.2.1		Feministische Sprachkritik und die Feminisierung von Berufs-, Funktions- und Amtsbezeichnungen sowie Titeln —— 229
6.2.2.2.2		Normierung und Handlungsempfehlungen zur Feminisierung in Form von Handbüchern und ihre Umsetzung —— 234
6.2.2.2.3		*Écriture inclusive* und *langage inclusif* —— 236
6.2.2.2.4		*Genre neutre* —— 239
6.2.2.3		Sprachkritische Verweise und Kommentierungen in Wörterbüchern —— 240
6.3		Zusammenfassung —— 242

Arbeitsaufgaben —— 243

Bibliografie —— 245

1 Theoretische Einleitung: Normen und Normkonzepte

Nicht selten wird am Beginn terminologischer und konzeptueller Erörterungen darauf verwiesen, dass es sich bei einem bestimmten Begriff, der expliziert werden soll, um eine äußerst mehrdeutige bzw. polyseme Einheit handelt. Dies trifft in besonderem Maße auf den Begriff bzw. das Konzept von ‚Norm(en)' in der Linguistik zu, welches in Abhängigkeit zur Konzeptualisierung von ‚Sprache' steht, wie in der Romanistik Rey (1972, 5), Helgorsky (1982a, 1), Koch (1988, 327), Settekorn (1988, 3) sowie Siouffi und Steuckardt (2007b, X) unterstreichen.[1]

Die Mehrdeutigkeit des Normbegriffs wird häufig unter Rückgriff auf eine binäre Erörterungsstruktur wie beispielsweise *deskriptive* versus *präskriptive Norm* spezifiziert. Die Inhalte und konzeptuelle Adäquatheit solcher Gegenüberstellungen von einzelnen Normtypen werden – da sie bei der Charakterisierung sprachlicher Normen besonders häufig verwandt werden – auch im hiesigen Arbeitsbuch aufgegriffen.

Linguistische Normauffassungen sind an bestimmte sprachwissenschaftliche Schulen bzw. Ausrichtungen gebunden. So betrachtet die Schule des Strukturalismus (cf. Albrecht 2020) sprachliche Normen zweifellos anders als soziolinguistische (cf. Seiler 2012; Sinner 2020; Chalier 2021), generativistische (cf. Morin/Paret 1983) oder auch psycholinguistische bzw. kognitive Ansätze (cf. Tacke 2020). Und schließlich setzt sich auch die Sprachphilosophie mit Fragen der *Norm* und *Normativität* in der Sprache auseinander.

Bei der linguistischen und begrifflichen Betrachtung von *Normen* gerät man darüber hinaus stets von Neuem in ein erkenntnistheoretisches ‚Dilemma', welches sich in der eingangs angesprochenen Mehrdeutigkeit des Begriffs offenbart. In der Mehrzahl der Definitionen wird versucht, zwei Seiten der Normauffassung miteinander zu verbinden: nämlich – wie es der Germanist Gloy einmal sehr treffend formulierte – den „Seins-Aspekt des Normalen und den Sollens-Aspekt einer Vorschrift" (2004, 396) (cf. auch Pöll 2017b, 66). Damit wird das von den Sprechenden als *Normal* empfundene (fr. *normal*) mit dem als *Regel* Interpretierten (fr. *normatif*) kontrastiert (cf. Christmann 1982, 261; Lodge 1997 120–121).[2] Bereits bei Hartung (1977, 15), der sich in der deutschsprachigen Linguistik in den 1970er Jahren intensiv mit Fragen der Normen beschäftigte und seine Überlegungen in einer umfassenden Monographie veröffentlichte, wird dementsprechend zwischen „*Norm* als einer *Abstraktion* und der *Normiertheit* als einer Eigenschaft der [sprachlich-kommunikativen – S.G.] Tätigkeit"

---
[1] Zur Entwicklung des Normbegriffes in Frankreich cf. Baggioni (1994b).
[2] Für die Thematisierung von *Normalvorstellungen* und Sprache cf. Avis (2016). Avis (2016, 11) unterstreicht, dass Normalvorstellungen mit Generalisierungen und zugleich auch mit Ausnahmen in Verbindung gebracht werden.

unterschieden. Beide Aspekte sind miteinander verbunden, denn zumeist werden *Normen* im Sinne von Vorschriften nicht ohne Rückgriff auf das, was üblicherweise den Sprachgebrauch von bestimmten Sprachgemeinschaften oder Sprechergruppen in bestimmten Situationen zu einem bestimmten Zeitpunkt darstellt, beschrieben (cf. Christmann 1982, 261).

Aus sprachphilosophischer Perspektive beschäftigte sich in Frankreich in den zurückliegenden Jahrzehnten vor allem der französische Linguist Sylvain Auroux (1998) mit dem Konzept der ‚Norm'. Für ihn gilt es gleichfalls zwei Betrachtungsweisen zu unterscheiden, allerdings tritt bei Auroux der Vorstellung von Norm als etwas Regelhaftem nicht wie oben bei Gloy das *Normale*, sondern der *Wert* gegenüber:

> On peut envisager une norme comme une *prescription* ou une *règle*, c'est-à-dire un type de proposition reconnaissable en ce qu'il peut généralement être paraphrasé par une phrase introduite par *devoir*. On peut envisager également une norme, comme une valeur, c'est-à-dire un concept comme *bien, beau*, etc. (Auroux 1998, 224).

Auroux (1998, 224) stellt darüber hinaus die gegenseitige Abhängigkeit von beiden, *norme* und *valeur* (dt. Wert), heraus. Für ihn ist es wichtig aufzuzeigen, dass Fragen der Normiertheit bzw. Normativität (fr. *normativité*)[3] historisch mit moralischen und juristischen Normativitätsauffassungen und -zuschreibungen verknüpft sind, was sich nicht zuletzt darin offenbart, dass die sprachlichen Formulierungen normativer Bewertung auf moralische und juristische Diskurse und Bewertungen zurückgreifen. Dies verdeutlichen im Französischen die sprachlichen Ausdrücke wie *mauvais usage* bzw. *bon usage* (dt. schlechter bzw. guter Gebrauch) oder *il ne faut pas dire* (dt. man darf nicht sagen), welche im normativen Diskurs über die französische Sprache nicht selten genutzt werden (Auroux 1998, 227).

Unter den vielfältigen linguistischen Abhandlungen zu Normen finden sich auch kritische Stimmen, die die Beschäftigung mit Normen bzw. mit der Norm als nicht linguistisch oder als nicht linguistische Fragestellung ausweisen oder eine generell antinormative Position einnehmen (cf. Bédard/Maurais 1983, 1; Milroy/Milroy 1985, 5–9; Settekorn 1988, 25). Christmann (1982, 260) spricht in diesem Zusammenhang von einer „norm- bzw. normenfeindlichen Haltung" in der Linguistik. Nichtsdestoweniger werden wissenschaftliche Aspekte von sprachlichen Normen in der Linguistik umfangreich diskutiert. Und dies auch im Sinne einer *allgemeinen Normentheorie* wie sie Bartsch Ende der 1980er Jahre formuliert:

> Und eine allgemeine Normentheorie ist teils empirisch, teils philosophisch, aber sie ist auf jeden Fall nicht normativ in dem Sinne, daß sie bestimmte Normen vorschreibt oder auch nur anrät; vielmehr untersucht sie, welche Typen von Normen es gibt, was deren Funktionen sind, auf

---

[3] Siouffi (2013, 450) fasst unter *normativité*: „[...] le fait que des préconisations – sans aller jusqu'à des prescriptions – aient un véritable impact à leur réception, et soient éventuellement suivies d'effet [...]".

welche Weise sie existieren, wie es um ihre Rechtfertigung in bezug auf bestimmte Werte oder Ziele steht und was ihre systematischen Eigenschaften sind (Bartsch 1987, 5).

Ein aus unterschiedlichen Gründen wieder erstarktes wissenschaftliches Interesse an Fragestellungen zu *Normen* lässt sich für das Französische seit Beginn des neuen Jahrtausends feststellen (Siouffi/Steuckardt 2007a; cf. auch Branca-Rosoff 2007a, 22).

In der deutschsprachigen Romanistik und Französistik ist es das Verdienst von Settekorn und seiner Arbeit zur Sprachnorm im Französischen (1988), welchem es der Mehrdeutigkeit von *Norm* zum Trotz gelang, einzelne konstitutive Merkmale in der Normkonzeptualisierung, im Sinne von *Normen* als *Regeln*, herauszuarbeiten. Aus seiner Sicht gehören dazu der „Handlungsbezug", der „Anspruch auf umfassende Geltung", die „Bindung an Sanktionen", die „Historizität" und die „relative Arbitrarität" (Settekorn 1988, 3–7), auf die auch in diesem Arbeitsbuch an verschiedenen Punkten zurückgegriffen und deren Relevanz thematisiert wird.

Zunächst sollen jedoch *sprachliche Normen* wie schon bei Hartung (1977)[4] als Teil sozialer Normen erfasst werden (cf. später auch Müller 1975, 216; 1985, 264). *Normen* werden von Hartung wie folgt definiert:

> Normen sind also Abstraktionen, gewonnen aus der Verallgemeinerung von Regelmäßigkeiten der sprachlich-kommunikativen Tätigkeit, und als Richtschnur für die erforderliche Beschaffenheit dieser Tätigkeit ihr auch wieder zugrunde liegend (Hartung 1977, 14).

Durch die Heraushebung des Tätigkeitsaspektes in der Definition von Hartung wird die Einbettung der *Normen* in den Rahmen der sozialen Interaktion deutlich. Reboul (2019, 279) unterscheidet *sprachliche Normen* von den *sozialen Normen*, welche spezifizieren, was gesagt werden dürfe und was korrekt sei. Die Verbindung von sprachlichen und sozialen Normen wird im folgenden Kapitel erörtert.

1.1 Sprachliche Normen als soziale Normen

Unser (Zusammen-)Leben als soziale Wesen und damit unsere soziale Interaktion werden maßgeblich durch den Erwerb und die Berücksichtigung sozialer Normen bestimmt, die die sprachliche Interaktion miteinschließen.[5] In diesem Sinne sind

---

4 „In einem hinreichend allgemeinen Sinn können wir soziale Normen – und die Normen der sprachlich-kommunikativen Tätigkeit sind ein spezieller Fall sozialer Normen – als ‚gedankliche Festsetzungen' verstehen, die sich auf menschliche Handlungen beziehen und kollektive Verbindlichkeit besitzen, die vom Handelnden also eine bestimmte Art des Handelns fordern und so auf eine Regulation des Verhaltens hinzielen [...]" (Hartung 1977, 11).

5 Settekorn (1988, 29–37) und Seiler (2012, 83–93) diskutieren die Relevanz soziologischer Ansätze wie beispielsweise jener des französischen Soziologen Pierre Bourdieu für die Konzeptualisierung sprachlich-kommunikativer Normen.

sprachliche Normen wie Gloy ausführt: „lebensgeschichtlich erworbene, subjekt-variable Grössen, die auf dem Wege ihrer Institutionalisierung untereinander abgeglichen werden" (2004, 394). Diese sind eng mit dem Umstand verbunden, dass die Sprache unterschiedliche Möglichkeiten der Realisierung anbietet (cf. Branca-Rosoff 2007a, 22) und generell die Verständigung bzw. Interkomprehension absichert (cf. Müller 1975, 222; 1985, 264). Es stellt sich in diesem Zusammenhang nicht zuletzt die Frage, ob sprachliche Normen, die in unterschiedlicher Form auftreten können, nicht nur mit gewissen Geltungsansprüchen versehen werden, sondern ob diese tatsächlich eine entsprechende Geltung besitzen (Gloy 2004, 393) und ob allein diese Form sprachlicher Normen als soziale Normen eingestuft werden sollten. Sprachliche Normen als soziale Normen würden so als Erwartungen bzw. Setzungen „deontischer Sachverhalte" (Gloy 2004, 394) aufgefasst werden, deren Ziel die Regulierung der Bildung, des Gebrauchs und der Bewertung einzelner sprachlicher Strukturen ist (Gloy 2004, 394). Vom Sprachgebrauch selbst wird dabei in gewisser Weise abstrahiert (cf. Hartung 1977, 13).[6]

Die Idee des ‚sozial in Beziehung Tretens', die für die Formulierung und Weitergabe von Geltungsansprüchen im Sinne von sprachlichen Normen relevant ist, zeigt sich jedoch noch in anderer Form, nämlich in der Überlegung, dass die Sprache nicht allein als System gedacht wird, sondern zugleich als Sprache in ihrem Gebrauch, d.h. in der kommunikativen Interaktion, gewissen Normen und der sozialen Kontrolle unterliegt (cf. Koch 1988, 332). Eine solche Betrachtungsperspektive geht über die genuin linguistische hinaus und ist mit soziologischen und ethnologischen bzw. anthropologischen Betrachtungen verknüpft (cf. Aléong 1983, 256). Das sprechende Individuum bzw. eine jeweilige Sprechergruppe würde dann beispielsweise nicht nur im Hinblick auf Beruf, Bildungsniveau, ethnische oder religiöse Zugehörigkeit, Gender etc., sondern auch im Hinblick auf seinen bzw. ihren Sprachgebrauch eingeordnet und bewertet.

1.2 Sprachlich-kommunikative Normen

In der wissenschaftlichen Literatur, so beispielsweise bei Hartung (1977, 24–25; 26–42), Settekorn (1988, 17) oder Mattheier (1997b, 8), wird das Konzept der ‚sprachlichen Normen' bzw. ‚Sprachnormen' aus den in 1.1 dargelegten Gründen um jenes der ‚sprachlich-kommunikativen Normen' erweitert, das den Sprachgebrauch und kommunikativen Austausch unter den Sprechenden einschließlich seiner „sozialen und situativen Angemessenheit" (Mattheier 1997b, 8) in den Fokus rückt und sich nicht mehr auf Sprache als ein System beschränkt. In anderen Überlegungen werden *sprachliche Normen* in dieser Hinsicht nicht weiter unterschieden und eine genuin

---

6 Hier verweist Seiler (2012, 82) auf Dittmar (1995, 165).

(inner)linguistische bzw. innere Perspektive beibehalten. Nimmt man den sozialen Aspekt in der Betrachtung von *Normen* mit auf, öffnet sich die Perspektive der linguistischen Beschäftigung hin zu einer interdisziplinären Auseinandersetzung, primär mit den Sozialwissenschaften.

Seiler (2012, 96, 167) unterstreicht in diesem Zusammenhang, dass sprachlich-kommunikative Normen „Sprachbewußtseinsgrößen" darstellen und sich somit einer direkten Beobachtung entzögen und indirekt, d.h. durch metasprachliche Kommentierung unterschiedlichster Form, erschlossen werden müssten.

Settekorn (1988, 17–18) untergliedert die *sprachlich-kommunikativen Normen* unter Rückgriff auf Hartung (1977)[7] in *Normen zur Regelung von Rahmenbedingungen*[8] und jenen *Normen, die die Beschaffenheit von sprachlich-kommunikativen Manifestationen regeln*, worunter Beobachtungen, Beschreibungen und auch Vorschriften zum Sprachgebrauch zu fassen sind, zugleich aber auch Einschätzungen und Bewertungen fallen:

> Wir können beispielsweise sagen, daß sich jemand klar, gewählt, geschwollen, gelehrt, höflich, taktvoll, sehr allgemein, verschwommen ausdrückt; oder wir nennen jemanden einen guten, überzeugenden, schlechten Redner. Solche Urteile haben eine besondere Gemeinsamkeit: Sie drücken bestimmte Qualitäten sprachlicher Äußerungen aus, die auch im Falle einer negativen Bewertung grammatische Richtigkeit und semantische Interpretierbarkeit nicht in Frage stellen, zumindest aber von diesen Eigenschaften unabhängig sind (Hartung 1977, 37).

Hartung ist mit der Einbettung der sprachlich-kommunikativen Normen in den konzeptuellen Rahmen einer Normentheorie demzufolge ein Vertreter einer dynamischen Normenauffassung, welcher Normen nicht als statisch ansieht, sondern in ihren jeweiligen Kontexten und von den jeweiligen Sprachbenutzern aus beschreibt (cf. Hartung 1977, 63).

Seiler (2012) verfolgt mit seinem soziolinguistischen normtheoretischen Ansatz vor allem eine Stärkung der Sprecherperspektive bei der Genese sprachlicher Normvorstellungen.

1.3 Norm – Normen

Der Begriff der *Normen* erweist sich insgesamt als wesentlich komplexer bzw. umfassender als z.B. Begriffe wie *Vorschriften* oder *Regeln* oder auch der Begriff des

---

[7] „Wir erhalten auf diese Weise eine erste Gliederung der Normen sprachlich-kommunikativer Tätigkeit in *Normen zur Regelung der Rahmenbedingungen* einerseits und *Normen der Beschaffenheit des Tätigkeitsprodukts* andererseits" (Hartung 1977, 26).

[8] Unter diese Normen, die den Rahmen der sprachlich-kommunikativen Tätigkeit regeln, fasst Hartung Antworten auf Fragen wie: Ist die Kommunikation angemessen bzw. „angebracht"? oder Wer eröffnet oder beendet die Kommunikation? (Hartung 1977, 26).

Standards, der in manchen Fällen synonym zur *Norm* gebraucht wird (cf. Bartsch 1987, 159; Sioufﬁ 2011, 19 und 1.8).

Es ist grundsätzlich angezeigt, allgemein eher von *Normen* im Plural, als von *Norm* im Singular zu sprechen (cf. Bartsch 1987, 72; Sioufﬁ 2011, 19; Seiler 2012, 81; Sinner 2014, 107).

Die Frage, welche die linguistische Forschung, aber in Teilen auch Sprachbenutzer umtreibt, ist wie Sprachnormen erfasst bzw. untersucht werden können. In Anlehnung an die verschiedenen Definitionsmöglichkeiten von *Normen* können die Antworten darauf stark divergieren. Zu den Untersuchungsmöglichkeiten, die sich bemühen, gewisse Regularitäten im Sprachgebrauch herauszufiltern (cf. 1.4.2 zu den *objektiven Normen*), gehören quantitative sowie in Teilen qualitative Verfahren aus dem Bereich der Korpuslinguistik, welche den Sprachgebrauch innerhalb von Korpora in Ausschnitten erfassen, analysieren und interpretieren (cf. z.B. Stumpf 2015). Weit häufiger wird jedoch auf die Auswertung zahlreicher metasprachlicher Äußerungen zurückgegriffen, in welchen eine spezifische Sprachverwendung einzelner Sprechenden von anderen, linguistischen Laien oder auch Linguisten,[9] bewertet – z.B. gelobt oder zurückgewiesen – oder vorgeschrieben wird (cf. 1.5).[10] In dem Kontext der expliziten Bewertung und Zurückweisung einzelner sprachlicher Strukturen wird auch von *Fehlern* gesprochen.

1.3.1 *Normen* zwischen *Regeln*, *Fehlern* und *Korrektheit* aus pragmalinguistischer Perspektive

Die alltagssprachliche Gleichsetzung von *Normen* und *Regeln* (fr. *règles*) muss aus linguistischer Perspektive hinterfragt werden, allerdings weichen auch hier die Auffassungen in Teilen deutlich voneinander ab und es wird zwischen sprachlichen *Normen* und *Regeln* nicht immer klar unterschieden (Bartsch 1987, 163).

Gloy (1993) und Seiler (2012, 104–105) beispielsweise fassen unter *Regel* all jene Formulierungen, die auf „empirischen Regelmäßigkeiten des Sprachgebrauchs" (Gloy 1993, 44) beruhen ohne Anspruch auf Angemessenheit bzw. Korrektheit. Demgegenüber sehen sie *Normen* als „Anweisungen bzw. erlebte Verpflichtungen, die den Vollzug von Handlungen betreffen, die Art ihrer Durchführung, die Beschaffenheit des Handlungsproduktes, die zu verfolgenden Handlungszwecke" (Gloy 1993, 45)

---

9 *Linguistische Laien* und *Linguisten* sollen hier keinesfalls als Antagonismen, sondern eher in Form eines Kontinuums zwischen der wissenschaftlichen und nicht-wissenschaftlichen Betrachtung gelesen werden (cf. Steuckardt 2020, 311–312; Neusius 2021, 373–389).

10 Die *Duden Grammatik* des Deutschen (2005) verzichtet beispielsweise weitestgehend auf Werturteile und bemüht sich um eine neutrale Beschreibung (Lange 2008, 5).

an.¹¹ Damit trennen sie die beiden Seiten zahlreicher Normendefinitionen auch terminologisch. Ebenso diskutiert Ripfel (1989) das Abhängigkeitsverhältnis von *Normen* und *Regeln*, wobei sie letztere als konventionalisierte Handlungsmuster ansieht:

> Ähnlich wie Wertvorstellungen sind Regeln in gewisser Hinsicht Grundlage von Normen, und dennoch auch grundsätzlich von diesen zu unterscheiden. *Regel* wird in diesem Fall im Sinne von *Handlungsregel* oder *Handlungsmuster* verwendet. Regeln ergeben sich aus Regelmäßigkeiten (des Handelns), sind aber von Regel- bzw. Gesetzmäßigkeiten der Natur strikt zu trennen (cf. Öhlschläger 1974). Eine Regelbeschreibung sagt, wie etwas gemacht wird; man muß die Regel aber nicht über Regelbeschreibungen lernen, man kann sich diese auch durch eigene Beobachtung aneignen und weiß dann, wie etwas gemacht wird oder kann es. Regeln spielen sich in einer Gemeinschaft ein, d. h. sie sind konventionell bestimmt (Ripfel 1989, 194).¹²

Koch (1988, 338) definiert *Regeln* als „partikuläre Handlungsmuster" und differenziert sie in *Sprachregeln* und *Sprechregeln*, wobei letztere universale und konstitutive Regeln des Sprechens darstellen und nicht an die Einzelsprache gebunden sind, sondern die Sprechtätigkeit grundsätzlich erst ermöglichen.

Nicht in allen Fällen, in denen in der linguistischen Konzeptualisierung auf Regelmäßigkeiten im Sprachgebrauch zurückgegriffen wird, erfolgt die Anzeige einer *Regel*, d.h. dass feststellbare Regelmäßigkeiten im Sprachgebrauch auch Regeln widersprechen können (cf. auch Felder 2016, 40). Umso mehr plädiert Felder dafür, das Konzept der ‚Sprachnorm' als ‚Scharnier' zwischen dem sprachlichen System und dem Sprachgebrauch anzusehen:

> Aus diesem Grund kommt der Sprachnorm besondere Aufmerksamkeit zu, weil sie einerseits die Festigkeit der Sprachverwendung in Form konventionalisierter Regularitäten als Regeln sicherstellt. Andererseits kann sich die Norm aber auch auf Grund geänderter Regularitäten im Sprachgebrauch ändern (Felder 2016, 14).

So ist es gleichfalls nicht verwunderlich, wenn im Zusammenhang mit der Beschreibung und Bewertung von Normen von *Fehlern* gesprochen wird, ohne dass *Fehler* exakt definiert wird (cf. Klein-Zirbes 2002, 100). Danielle Leeman-Bouix (1994, 19) unterstreicht in ihrer umfassenden Abhandlung zur Frage von *Fehlern* (fr. *fautes*) im Französischen, dass diese von den Sprechenden zumeist als Gefahr wahrgenommen werden.

Eine als *Fehler* ausgewiesene Sprachstruktur bzw. Sprachverwendung in Verbindung mit der Bewertung von *korrekt* oder *falsch* kann sich grundsätzlich auf

---

11 Gloy, Seiler und auch Ripfel (1989, 195) weisen *Normen* klar die Idee der Verpflichtung zu, die aber beispielsweise mit der Vorstellung, dass jeder sprachlichen Varietät entsprechende Normen zuzuschreiben sind (cf. 1.7), in Konflikt gerät.
12 Damit unterscheidet sich diese Auffassung von Regelkonzeptionen in bestimmten Modellen der theoretischen Linguistik wie jenen der generativen Grammatik. Bossong (1996, 610) sieht das Regelbündel als Existenzform von *Normen* an.

verschiedene sprachliche oder kommunikative Aspekte wie orthografische, lautliche, syntaktische, lexikalisch-semantische, textuelle oder auch stilistische[13] beziehen. Bartsch unterscheidet zwei Arten der Korrektheit, „nämlich die Korrektheit der sprachlichen Mittel und die Korrektheit des Sprachgebrauchs" (1987, 5).[14] Eine Unterscheidung, die in der Diskussion um *Fehler* in der Sprache und in der Kommunikation allgemein nicht immer ausreichend berücksichtigt wird, die aber in der vorliegenden Konzeptualisierung von Bartsch insgesamt zu schematisch ist und demzufolge von Gloy (1993) kritisiert wird.

In den nachfolgenden Überlegungen werden *Fehler*, die z.B. der Übermüdung oder Unaufmerksamkeit der Sprechenden in der Kommunikation zuzuschreiben sind, d.h. eher physisch bzw. kognitiv bedingt sind, von der weiteren Betrachtung ausgeschlossen.

Fehler können sowohl mit sprachlichen Varianten in Verbindung gebracht werden, die sich (noch) nicht im Sprachgebrauch durchgesetzt haben, im Sinne von idiolektalen Varianten[15] oder auch *Ad-hoc*-Bildungen, zum anderen aber auch mit einem Sprachgebrauch, der sich zwar bereits verbreitet hat, aber einer kodifizierten Norm, dem sogenannten *Standard*, im Sinne einer Normabweichung widerspricht. Ein solcher Sprachgebrauch kann also durchaus schon eine gewisse Regelmäßigkeit aufweisen, wie dies beispielsweise bei der Verwendung des französischen *subjonctifs* nach der Konjunktion *après que* (dt. nachdem) der Fall ist, die in einzelnen Varietäten des Französischen in Frankreich geläufig ist und in Analogie zum Gebrauch des *subjonctifs* nach *avant que* (dt. bevor) erfolgt (cf. Canut/Ledegen 1998; Piron/Vincent 2021). Ein anderes Beispiel wäre der von Hummel im Französischen angezeigte häufigere Gebrauch von Adverbien in Internetforen, die nicht mehr unveränderlich sind, sondern im Genus und/oder Numerus angepasst und somit wie ein Adjektiv gelesen werden, wie in „*J'arrête nette* ma consommation de cannabis" (Hummel 2018, 6) (dt. Ich habe meinen Cannabisgebrauch klar/eindeutig beendet), in welchem das Adverb in der femininen Form des Adjektivs *nette* verwandt wird.

Im Prinzip lässt sich ein als *Fehler* deklarierter Sprachgebrauch, der nach und nach von weiteren Sprechenden bzw. Sprechergruppen übernommen wird und sich konventionalisiert, in dieser Perspektive als Indikator für die sprachliche Innovation bzw. Dynamik und möglicherweise sprachlichen Wandel ansehen. Nach Coseriu beginnt und entwickelt sich der Sprachwandel immer als „,Verschiebung' einer Norm" (cf. Coseriu 1974, 119).

---

13 Zur Differenzierung von *Stil*, *Register* und *Varietät* siehe Felder (2016, 50–51).
14 In diesem Sinne wird in einem Teil der linguistischen Arbeiten in *System-* und *Normfehler* differenziert, wobei als Systemfehler diejenigen sprachlichen Strukturen ausgewiesen werden, die als ungrammatisch eingestuft werden (cf. Schneider 2013, 30).
15 Als *Idiolekt* wird der individuelle Sprachgebrauch eines Sprechenden bzw. Schreibenden bezeichnet.

Siouffi (2011, 18) spricht auf individueller Ebene von einer doppelten Normativität, d.h. von einer *Normativität der Regeln* und einer *Normativität der Fehler*.

Der als *Fehler* gekennzeichnete sprachliche Ausdruck kann in der Bewertung an die Grammatikalität (im Sinne der sprachlichen Korrektheit) des sprachlichen Systems gekoppelt und gegenüber dem System als *Fehler* bzw. als sprachlich *korrekt* oder *falsch* charakterisiert werden. Dies träfe im Französischen zum Beispiel in der Flexionsmorphologie auf eine Pluralbildung von Sg. *journal* (dt. Zeitung) zu Pl. **journales* und nicht wie im Französischen üblich und grammatikalisch korrekt *journaux* zu. Branca-Rosoff (2007a, 21) zitiert in diesem Kontext auch den Gebrauch und die Position von *pas* als Negationsmarker des Französischen, der stets nach der konjugierten Verbform steht, weshalb das von ihr gewählte Beispiel dem System des Französischen widerspricht **Il a mangé pas* (dt. wörtlich: Er hat gegessen nicht). Derartige *Fehler* sind in den ersten Phasen des Fremd- bzw. Zweitspracherwerbs des Französischen durchaus zu beobachten.

Die Idee der Identifizierung von korrekten bzw. nicht korrekten Äußerungen ist für Bartsch (1987, 2) maßgeblich für die Konstruktion von Grammatiken. Grammatiken werden in der Alltagsvorstellung zumeist als präskriptive Darstellungen wahrgenommen, in denen der korrekte Sprachgebrauch abgebildet ist (cf. 5.2). Für die Identifizierung als *korrekte* Sprachstruktur ist jedoch die konkrete Referenz als Entscheidungsgrundlage wesentlich. So ist die Vorstellung beispielsweise der *syntaktischen Korrektheit* keineswegs trivial, sondern durchaus vielschichtig, da sich auch hier die Frage nach der Referenz für die Bewertung stellt. Bezieht man sich bei der Entscheidung, ob etwas *syntaktisch korrekt* ist, auf den schriftlichen Standard und spart die mündliche Nähesprache[16] aus, in welcher z.B. unvollständige Sätze (*Anakoluthe*) durchaus üblich sind (cf. Bartsch 1987, 16–21)? Auch die ‚Korrektheit' von ganzen Texten muss anders bewertet werden als jene von einzelnen Sätzen. Die Korrektheit von Texten wird zumeist mit der *Textkohärenz* identifiziert (cf. Bartsch 1987, 23), in anderen Zusammenhängen auch im Umfeld von *Diskurstraditionen*[17] erörtert. Die Frage ist also, was für den jeweiligen sprachlichen Bereich oder für die jeweilige Varietät als *korrekt* gilt und nicht was allgemein oder abstrakt in einer Sprache bzw. im Sprachgebrauch *korrekt* ist.

Die Auszeichnung als *Fehler* eines Sprachgebrauchs, der von der Standardnorm bzw. vom formellen Sprachgebrauch abweicht, spielt besonders im sprachpuristischen Diskurs eine nicht unerhebliche Rolle (cf. 2.5). In diesem Rahmen werden einzelne Sprachstrukturen als *korrekt* oder auch *legitim* (cf. Aléong 1983, 255) eingeschätzt, andere als *nicht korrekt, fehlerhaft* oder *illegitim* eingestuft und in Teilen

---

[16] Für die Definition und Abgrenzung von *Nähe-* und *Distanzsprache* cf. Koch/Oesterreicher (1990).
[17] Für die Konzeptualisierung von ‚Diskurstraditionen' in der deutschsprachigen Romanistik siehe vor allem Koch (1997), Oesterreicher (1997) und Wilhelm (2001) und in einer ersten Zusammenschau auf Französisch Loiseau (2013).

abgewertet. So wird im aktuellen Französischen beispielsweise *on s'est eu au téléphone* (dt. Wir hatten uns am Telefon im Sinne von ‚telefonieren') oder *payer en carte* (dt. mit Karte zahlen) von der *Académie française* als fehlerhaft (fr. *emplois fautifs*) ausgewiesen und durch *on s'est téléphoné* oder *je l'ai eu au téléphone*[18] bzw. *payer par carte* ersetzt.[19] Ein weiteres von der *Académie française* als fehlerhaft ausgewiesenes Beispiel betrifft die Doppelmarkierung des *complément circonstanciel* (dt. adverbiale Bestimmung) im Falle von *Dans cette vidéo, on y voit...* (dt. In diesem Video sieht man dort ...) für *Dans cette vidéo, on voit...*[20] (dt. In diesem Video sieht man ...) (cf. *Académie française* Kapitel 3).

Neben diesen als *Fehler* ausgewiesenen Abweichungen vom *Standard* kommt es auch zu *hyperkorrekten Formen*, bei denen die übermäßige Orientierung der Sprechenden bzw. Schreibenden am *Standard* schließlich zu sprachlichen Strukturen und Äußerungen in der Kommunikation führt, die so im Standard nicht vorhanden sind (cf. 2.5.7).

Von *Fehler* wird jedoch gleichfalls gesprochen, sobald es sich um einen Sprachgebrauch handelt, der zwar dem Sprachsystem nicht entgegensteht, aber als funktional oder soziokulturell nicht adäquat angesehen wird, also damit der Norm bzw. den Normen widerspricht (cf. Eggert 2017, 59 oder *pragmatische Korrektheit* bei Bartsch 1987, 29–60).[21] Beispiele hierfür wären der heute in Frankreich sozial bzw. politisch nicht mehr als korrekt angesehene Gebrauch von *Mademoiselle* (dt. Fräulein) in der Anrede von Frauen oder der Gebrauch von Tabuwörtern wie *merde* (dt. Scheiße) in einer feierlichen Rede. Damit steht hier nicht die *sprachliche Korrektheit* im Sinne oft von *grammatischer Korrektheit* (fr. *grammaticalité*), sondern die kommunikativ-situative bzw. kontextuell-situative *Angemessenheit* (fr. *acceptabilité*) der sprachlichen Mittel im Fokus (cf. die Differenzierung von *grammaticality* bezogen auf die Kompetenz in generativistischer Perspektive von Chomsky und *acceptability* bezogen auf die Performanz in Hymes 1972, 281; Settekorn 1988, 15; Riegel/Pellat/Rioul 1994, 19). Diese Form der *Angemessenheit* wird in besonderem Maße von sprachlichen und kulturellen Traditionen geprägt (cf. Koch 1988, 341 und cf. *Diskurstraditionen* in 1.4.5). Unter pragmalinguistischem Gesichtspunkt unterscheidet Schrott (2020, 170) *Normen* dementsprechend in *allgemeine Regeln*, *sprachliche Traditionen* und *diskursive Traditionen*:

> From a pragmalinguistic point of view, the normative force of the discourse traditions is the most important one, since they shape verbal interactions in communication and thus are responsible

---

18 https://www.academie-francaise.fr/sest-eu-au-telephone (13. Oktober 2023).
19 https://www.academie-francaise.fr/payer-en-carte (14. November 2023).
20 https://www.academie-francaise.fr/dans-cette-video-y-voit (13. Oktober 2023).
21 Bartsch (1987, 46) nimmt zudem eine Differenzierung in *pragmatisch sinnvoll* und *pragmatisch korrekt* vor, auf die an dieser Stelle nicht weiter eingegangen wird.

for the linguistic patterns and structures that are selected in different types of interaction (Schrott 2020, 172).

Albrecht (2020) zeigt auf, dass von der Prager Schule der Strukturalisten im Rahmen ihrer Vorstellungen zur *Sprachkultur* die *sprachliche Korrektheit* durch die „Zweckdienlichkeit" (2020, 110) und im weitesten Sinne durch die *funktionale Angemessenheit* ersetzt wurde.

Der *Angemessenheit* oder auch *Adäquatheit* wird heute auch in modernen Grammatiken wie der 2021 erschienenen *Grande Grammaire du français* (GGF), herausgegeben von Abeillé und Godard (2021), mehr Raum gegeben als dies in anderen, früher veröffentlichten Grammatiken des Französischen der Fall ist (cf. Kapitel 5), womit in der Bewertung einzelner Sprachstrukturen bzw. Äußerungen die grammatische deutlich stärker mit einer pragmatischen Sichtweise verbunden wird.

Die Vorstellung der *sprachlichen Korrektheit* wird vor allem im Rahmen der schulischen Vermittlung bzw. in institutionellen Lernumgebungen geprägt und im *Sprachbewusstsein* (fr. *conscience linguistique*) verankert (cf. 1.5). Nach Milroy und Milroy (1985, 1) haben alle Sprechenden eine Vorstellung bzw. Haltung darüber, was im Sprachgebrauch *korrekt* bzw. *inkorrekt* ist.

1.3.2 *Norm* und *Korrektheit* bei Eugenio Coseriu

Eugenio Coseriu (1921–2002) hat sich in verschiedenen Schriften[22] und auch in einer programmatischen Interviewreihe (Kabatek/Murguía 1997) zur *Norm*, zur *Normativität* und zu Fragen der *Korrektheit* geäußert. Coserius *Norm*-Konzeption ist weit verbreitet, weicht jedoch deutlich von anderen Normvorstellungen ab. Coserius Normvorstellung ist eindeutig als sprachtheoretischer Ansatz zu verstehen (cf. Kabatek 2023, 34), welcher an dieser Stelle knapp referiert werden soll.

Grundlegend für die Normkonzeption bei Coseriu ist zweifellos die strukturalistisch gedachte Differenzierung in *System*, *Norm* und *Rede* (im spanischen Original *sistema*, *norma* und *habla*), die sich kritisch mit der dichotomischen Vorstellung von *langue* und *parole* bei Ferdinand de Saussure auseinandersetzt (Coseriu 1975, 39–56; cf. Kabatek 2020, 127):

> Die ‚Norm' umfaßt die in der Sprache einer Gemeinschaft historisch verwirklichte Technik, alles, was in dieser Sprache allgemein und traditionell verwirklicht ist, ohne dabei schon notwendig funktionell zu sein (z.B. die beiden ‚obligatorischen' Varianten [b] und [ß] des Phonems /b/ im

---

22 Die erste Erörterung der Differenzierung von *System*, *Norm* und *Rede* findet sich 1952 im Aufsatz „Sistema, norma y habla", erschienen in der *Revista de la facultad de humanidades y ciencias de Montevideo*, welcher ursprünglich auf einen im Mai 1952 gehaltenen Vortrag zurückgeht (Kabatek 2020, 130).

> kultivierten Spanisch; das sogenannte Zäpfchen-r des Pariser Französisch usw.). Das ‚System' stellt die Gesamtheit der funktionellen (distinktiven) Oppositionen dar, die in einer und derselben Sprache festgestellt werden können, sowie die distinktiven Regeln, nach denen diese Sprache gesprochen wird, und, daraus folgend, die funktionalen Grenzen ihrer Variabilität; das System als solches geht schon über das historisch Verwirklichte hinaus, weil es auch das nach den bestehenden (in der Norm nur teilweise angewandten) Regeln Realisierbare enthält (Coseriu 1970, 79).

Norm ist in der Vorstellung von Coseriu einerseits umfassender als das *System*, da es auch die nicht systematischen Realisierungen erfasst; andererseits sind im *System* gleichfalls alle zu erwartenden, traditionellen, aber auch alle potenziell möglichen Realisierungen impliziert (cf. Kabatek 2020, 132). Die *Norm* stellt somit eine Auswahl aus allen durch das *System* möglichen funktionalen Realisierungen sprachlicher Strukturen auf allen Ebenen dar.[23]

> Unter *Norm* im deskriptiv-linguistischen Sinne verstehe ich die *übliche Realisierung* (in Opposition zum funktionellen System) (Coseriu in Kabatek/Murguía 1997, 188).

In der *Rede* erfolgt wiederum eine Selektion aus den durch das *System* legitimierten *normalen Realisierungen* (Coseriu 1975, 57–58). Coseriu illustriert die Unterscheidung von *System*, *Norm* und *Rede* mit Beispielen der verschiedenen sprachlichen Ebenen, darunter zahlreiche lautliche Realisierungen, in den romanischen Sprachen und so auch im Französischen:

> Ebenso kann *r* im Französischen auf unterschiedliche Art und Weise ausgesprochen werden; seine Variationsbreite reicht hier vom alveolaren *r* der südlichen Dialekte bis zum uvularen „Pariser" *r* und kann auch die Realisierung *[x]* umfassen, weil es im Frz. kein Phonem /x/ neben ihm gibt (wie das aber im Spanischen oder im Deutschen der Fall wäre). Unter allen hier möglichen Varianten aber ist die normalste und allgemeinste das Zäpfchen-*r* (Coseriu 1975, 67).

Die Ebene der *Norm* ist bei Coseriu zweigeteilt, in die soziale und individuelle Norm. *Norm* wird durch die Traditionen innerhalb einer Sprachgemeinschaft geprägt. Einer so konzipierten individuellen Norm kann nicht die Eigenschaft der Allgemeingültigkeit zugeschrieben werden. Vom *System* aus gedacht, wäre in der Morphologie beispielsweise der Plural des Nomens *cheval* (dt. Pferd) im Französischen *chevals*, da das typische Pluralmorphem bei Nomen im Französischen das -*s* ist; *Norm* ist indes die Pluralform *chevaux* (Coseriu 1975, 69; cf. Kabatek 2023, 41).

Mit seiner Dreiteilung von *System*, *Norm* und *Rede* in der sprachtheoretischen Auseinandersetzung ist Coseriu von einem oft als allgemein verstandenen Normverständnis im Sinne einer *Bewertung* oder auch *Vorschrift* (präskriptive Norm) entfernt (cf. auch Coseriu 1975, 81).

---

[23] https://coseriu.ch/de/system-norm-und-rede/ (24. März 2024).

Hinzufügen müssen wir, daß es hierbei nicht um die *Norm* im landläufigen Sinne geht, die nach Kriterien der Korrektheit sowie der subjektiven Bewertung des Ausgedrückten bestimmt oder auferlegt wird, sondern um eine objektiv in der Sprache selbst enthaltene Norm, um die Norm nämlich, die wir als Mitglieder einer Sprachgemeinschaft notwendigerweise befolgen und nicht um jene Norm, an der man erkennt, ob wir eine Sprache innerhalb der Gemeinschaft wiederum ‚gut' bzw. vorbildlich anwenden. Aber in der von uns gemeinten Norm geht es darum, *wie man spricht* und nicht darum, *wie man etwas sagen sollte*. Und die sich demnach ausschließenden Begriffe sind hier *normal* und *unnormal*, aber nicht *korrekt* und *unkorrekt* (Coseriu 1975, 81).

Norm, gedacht in der Coseriuschen Interaktion von *System*, *Norm* und *Rede*, nähert sich demnach eher dem *Gebrauch* an (cf. Kabatek 2023, 43).

Wenn es nach Coseriu jedoch um *Verhaltensnormen*, d.h. „die konkrete Norm, die man zu einer bestimmten Zeit befolgt oder nicht befolgt" (Coseriu in Kabatek/Murguía 1997, 187) geht, können diese verschieden sein. Sie existieren auf allen drei Ebenen der Sprache, d.h. auf der Ebene des Sprechens im Allgemeinen, auf der Ebene der Einzelsprache und auf der individuellen Ebene (Coseriu in Kabatek/Murguía 1997, 187–188).

Coseriu hat sich gleichfalls mit der Frage der sprachlichen *Korrektheit* auseinandergesetzt und auch hier auf die Idee der *Norm* Bezug genommen. Die dafür fundamentale Schrift blieb lange Zeit unveröffentlicht und wurde erst 2019 durch Matus Olivier und Samaniego Aldazábal in gekürzter Form herausgegeben (Kabatek 2023, 45). *Korrektheit* ist für Coseriu stets an das *System* gebunden (Kabatek 2020, 132), weshalb *korrekt* nicht allgemein im Sinne der *Standardnorm* gelesen werden kann, sondern in Abhängigkeit zu der jeweiligen Varietät und stets nur mit Bezug auf die Aktualität (Coseriu in Kabatek/Murguía 1997, 207, 211; Matus Olivier/Samaniego Aldazábal 2019, 69): „This means that all the varieties of a language have their correctness in the sense of rules and traditions" (Kabatek 2023, 45).

Den expliziten Bezug zum *Standard* stellt Coseriu indes mit dem Begriff des *ejemplar* (dt. Exemplarischen) her (Matus Olivier/Samaniego Aldazábal 2019, 81; Kabatek 2020, 133). Das *Exemplarische* ist für ihn in gewisser Weise eine Idealisierung der Sprache als ein System von Regularitäten und nicht von den weiter oben erwähnten Realisierungen; Regularitäten, welche er gleichfalls als *norma* (dt. Norm) ausweist (cf. Kabatek 2020, 135). Diese Interpretation von *Norm* ist mit *regionalen Standards* in der Architektur von Sprache als Diasystem durchaus vergleichbar (Kabatek 2020, 136) und von seinem Normverständnis innerhalb der Konzeptualisierung von *System*, *Norm* und *Rede* abzugrenzen.

Im Rahmen der Auseinandersetzung um die *Korrektheit* greift Coseriu auch die Idee der *Angemessenheit* (span. *apropriado/inapropriado*) auf, die er auf der Ebene des Diskurses ansiedelt und auf welcher es beispielsweise *unangemessen* wäre, mit einem fünfjährigen Kind in der Art und Weise zu kommunizieren wie mit einem Erwachsenen (Matus Olivier/Samaniego Aldazábal 2019, 35).

1.3.3 Der Modellcharakter von Norm und die Frage der Referenz in der Diskussion um sprachliche Normen

Unabhängig davon, dass wir von der Vorstellung ausgehen, dass in einer Sprache nicht nur eine sprachliche Norm existiert, sondern die einzelnen Varietäten über eigene Normen verfügen, wird als Geltungsbereich für die historische Einzelsprache[24] oft eine Varietät herausgehoben und als *Standardvarietät, Standardsprache* oder nur *Standard*, d.h. als *die Norm* festgelegt (Gloy 2004, 395) (cf. 1.8). Gleichwohl eine solche Aussage für viele zunächst plausibel und annehmbar erscheint, liegt die Schwierigkeit darin, diese *Standardvarietät* als Referenz in Normenfragen problemlos zu identifizieren, wie auch Siouffi herausstellt:

> Du point de vue de la langue, la difficulté à identifier une référence simple et stable devient un problème majeur, tant à l'école que dans nombre d'usages quotidiens (Siouffi 2011, 24).

Diese Schwierigkeit wird durch den Umstand der oftmals mehrsprachigen Gesellschaften noch verstärkt, in denen dann nicht nur eine Sprache mit ihren Varietäten vorhanden ist, sondern unterschiedliche Sprachen und (Kontakt-)Varietäten verwandt werden. Darauf macht auch Seiler (2012, 81, 116) in seiner Arbeit zum Französischen und dem Kreolischen auf Martinique aufmerksam. Den Sprechenden fehle nach Seiler in verschiedenen Kontexten ein „Bewußtsein für die klaren Grenzen zwischen den Varietäten" (2012, 107). Auf Martinique und Guadeloupe ist der Gebrauch von sogenannten *Interlekten* (fr. *interlecte*) verbreitet, welcher seinen Niederschlag auch in verschiedenen Sprachbezeichnungen wie *français créolisé* oder *créole francisé* oder in negativ konnotierten und mit Stereotypen sowie auch Diskriminierungen behafteten Ausdrücken wie *français banane* oder *créole banane* findet, welche in öffentlichen Internetforen belegbar sind (cf. Klimenkowa 2024, 258, 263).

In Frankreich wird nicht selten der *bon usage* (cf. 2.1) als Referenzpunkt in Normfragen genutzt (cf. Christmann 1982, 262; Aléong 1983, 261; Winkelmann 1990, 335; Seiler 2012, 21) und damit in gewisser Form als Standardvarietät angesehen, ohne den *bon usage* allerdings in den jeweiligen Darstellungen zwingend weiter zu erörtern oder zu spezifizieren. Dieser Norm wird oftmals der Charakter eines Modells zugeschrieben, weshalb Bossong sie als „norme-modèle" (1996, 610) bezeichnet. Interessanterweise grenzt Bossong (1996, 610) in seiner Arbeit eine Norm ab, die er als unerreichbar ansieht und sie deshalb in Anlehnung an die Vorstellung von unerreichbarer Liebe als *platonische Norm* (fr. *norme platonique*) bzw. *norme-étalon*

---

[24] Hierunter ist Coserius Verständnis von historischer Einzelsprache gefasst, welches in einigen Fällen falsch interpretiert wird. Dies verdeutlicht Albrecht (1997, 15) auf prägnante Art und Weise: „,Historisch' bezieht sich nicht notwendigerweise auf Vergangenes, sondern auf eine im Lauf der Geschichte entstandene, kulturelle – also nicht ,natürliche' – Gegebenheit, die sich nicht vollständig aus allgemeinen Gesetzmäßigkeiten ableiten läßt" (Albrecht 1997, 15).

(fr. *étalon*, ‚Eichmaß') bezeichnet, die sich nicht mit einer konkreten Varietät in Verbindung bringen lässt.

In den zurückliegenden Jahren gewinnt in der Frage um *die Norm* auch die Diskussion um das *français de référence* (dt. Referenzfranzösisch) zunehmend an Bedeutung,[25] welche insbesondere, aber nicht ausschließlich, im Rahmen der Frankophonie diskutiert wird (cf. Amit 2016, 243). So sieht Poirier (2000, 151) das Referenzfranzösische als eine Varietät, die allen Sprechenden des Französischen weltweit als Orientierung bzw. eben als Referenz diene. Francard (2000, 8) vertritt eine insgesamt sehr weite Auffassung von einem *français de référence* und sieht die Benennungen *français standard, français normé, français central, français de la bourgeoisie parisienne, français de la plus saine partie de la Cour* als synonym zum Referenzfranzösischen an. Für Gadet (2000, 265) ist der ausschlaggebende Punkt in der Konzeptualisierung eines ‚Referenzfranzösischen', dass dieses den realen Sprachgebrauch der Sprechenden erfassen und sich nicht an Idealisierungen orientieren sollte.

Unter *français de référence* wird aber nicht selten auch das Französische gefasst, welches im Mittelpunkt der Beschreibung von allgemeinen Grammatiken und Wörterbüchern des Französischen steht und keine Sprachstrukturen bzw. sprachlichen Ausdrücke beinhaltet, die beispielsweise regional markiert sein könnten oder mit denen Einschränkungen im Gebrauch verbunden sind (Francard 2000, 8; Poirier 2000, 150–151; Avanzi 2024, 404). Eine solche Definition zeichnet eine gewisse Abstraktheit aus, weshalb die Konturen einer dergestalt definierten Varietät durchaus schwer zu fassen sind (cf. Francard 2000, 8).

Für Goose (2000, 84) ist die Frage nach der Referenz mit Blick auf die schriftliche Textproduktion und die Orthografie leichter zu klären als für den Bereich der Aussprache. Während für das Schreiben über Jahrhunderte die ‚guten Autoren' (fr. *bons auteurs*) als Referenz genutzt wurden, ist dies für das Sprechen weit weniger ausgeprägt. Hier sind es im Französischen selten die *bons orateurs* bzw. *bons locuteurs* (dt. guter Sprecher bzw. Redner), die als Gruppe oder auch namentlich konkret benannt werden.

Detey und Le Gac (2010, 167) stellen sich die Frage, welche Sprechenden bzw. Sprechergruppen des Französischen zur Illustration des modernen *français de référence* herangezogen werden könnten (cf. auch die Frage der Modellsprecher in 1.8). Beide konzentrieren sich in ihren Überlegungen besonders auf Aspekte der Aussprache und Intonation. In der zweiten Hälfte des 20. Jahrhunderts bleibt das *français de référence* auf lautlicher Ebene in Frankreich zunächst auf Sprechende aus dem Pariser Raum und der Region *Île de France* eingegrenzt, die jedoch, vor allem aus der Sicht derjenigen, die nicht dort beheimatet sind, nicht unbedingt ein neutrales Französisch (fr. *français neutre*) sprechen (cf. Pustka 2008, 213, 221; Pöll 2020, 399); in den 80er Jahren des 20. Jahrhunderts wird diese Eingrenzung zunehmend

---

25 Die historische Zuordnung des *français de référence* zeichnet Swiggers (2000) nach.

aufgehoben (Detey/Le Gac 2010, 168). Auch die Einengung der Referenz auf die politisch-kulturelle bzw. edukative ‚Elite', d.h. auf eine sozial determinierte spezifische Bevölkerungsgruppe, verschiebt sich zugunsten einer stärkeren Berücksichtigung der Kommunikationssituation (Detey/Le Gac 2010, 168–169 und cf. 1.8).

Wie auch für andere Diskussionen im Umfeld von Normen gibt es in diesem Bereich gleichermaßen kritische Stimmen wie Laks (2002), der die Diskussion und die Konstruktion einer solchen Referenz grundsätzlich in Frage stellt.

Sowohl die regionale Einengung auf Paris und Umgebung als auch die Idealisierung des Sprachgebrauchs eines Teils der Sprechenden im Sinne einer Elite, die einen anzustrebenden und legitimierten Standard verwendet, sind historisch erklärbar und stellen Folgen soziopolitischer, -ökonomischer und -kultureller Entwicklungen dar (cf. Kapitel 2).

In der empirischen Forschung über Normen, vor allem der Aussprachenormen, des Französischen und den Standard wurde bei der Suche nach der Referenz das Augenmerk lange Zeit auf die Sprachproduktion und weniger auf die *Wahrnehmung* (fr. *perception*) eines bestimmten Sprachgebrauchs als Standard gelegt. Hier zeichnet sich erst seit den zurückliegenden zehn Jahren eine deutliche Veränderung ab, allen voran in und seit der Studie von Marc Chalier zu den Aussprachenormen des Französischen in unterschiedlichen Teilen der Frankophonie (2021).

Im Kontext der Vermittlung des Französischen als Fremdsprache (fr. *français langue étrangère* – FLE) stellt sich die Frage eines solchen sprachlichen Modells stets von Neuem. An dieser Stelle wird noch einmal unterstrichen, dass der berechtigte Rückgriff auf den sprachlichen Standard in der didaktischen und institutionellen Vermittlung des Französischen stets im Einklang mit dem Hinweis auf die sprachliche Diversität und Heterogenität kommunikativer Praktiken stehen sollte.

1.4 Arten sprachlicher Normen

Schaut man sich die Differenzierung in unterschiedliche *Arten* von *Sprachnormen* in der Mehrzahl der vorhandenen Darstellungen an, wird offensichtlich, dass in der Klassifikation zumeist auf eine binäre Struktur zurückgegriffen wird, die in ihrer Anlage nicht selten mit dem Gedanken an die häufig sehr eindimensionale Unterscheidung in *korrekt* und *falsch* oder an die des *Normalen* oder *Regelmäßigen* verbunden wird (cf. Branca-Rosoff 2007a, 25). Eine solche binäre bzw. eher dichotomische Zuordnung findet sich auch im Rechtswesen, von dem die Überlegungen zu Sprachnormen in Teilen inspiriert wurden.

Hinzu kommt in der Betrachtung unterschiedlicher Normen der Aspekt, dass der als *normal* empfundene Sprachgebrauch in einer heterogenen Gesellschaft deutlich differieren kann. Die Idee einer homogenen Sprachgemeinschaft in der Betrachtung von Normen wird bereits von Bartsch in ihrer umfassenden sprachtheoretischen Abhandlung zu Normen klar zurückgewiesen:

> Das Verständnis der Sprache als eine einheitliche Norm und zugleich als ein einheitliches System setzt eine homogene Sprachgemeinschaft voraus. Die ist im allgemeinen eine unzulässige Idealisierung, die lediglich auf isolierte einzelne Dialekte zutreffen kann, und selbst dort ist die Annahme der Eindeutigkeit des Systems zweifelhaft (Bartsch 1987, 67).

Wichtig ist es zu erkennen, dass die einzelnen Klassifikationen sprachlicher Normen, die in verschiedenen Arbeiten beschrieben und hier nachfolgend in Ausschnitten erörtert werden, wie *deskriptive Normen* und *präskriptive Normen* oder *implizite Normen* und *explizite Normen*, nebeneinanderstehen und nicht in einer einzigen Darstellung unmittelbar zusammengesetzt bzw. aufeinander bezogen werden können. Es ist daher nicht möglich, alle Arten von Normen in einer Gesamtdarstellung zu vereinen, ohne dass es zu kaum überschaubaren Überlappungen und Verzerrungen käme. Da die Differenzierung in spezifische Arten von Normen jedoch in zahlreichen allgemeinen Darstellungen zu Sprachnormen thematisiert wird und mit ihr bestimmte Aspekte von Normen erörtert werden können, werden nachfolgend die relevantesten Arten von Normen aufgegriffen.

Eine Typisierung der Normen ist selbstverständlich auch nach den einzelnen sprachlichen Bereichen wie beispielsweise morphologische oder grammatische Normen oder entsprechend der Komplexität der sprachlichen Strukturen möglich; denkbar sind hier Normen auf Wort-, Satz- oder Text- bzw. Diskursebene, jedoch sind derartige Klassifikationen von Normen kaum Gegenstand wissenschaftlicher Kontroversen und werden dementsprechend seltener in den Normentypologien beschrieben.

Typologisierungen sprachlicher Normen können in anderer Form ein nicht unerhebliches Potenzial an Diskussion und Kritik in sich bergen – so beispielsweise die Kritik einer zu schematischen bzw. zu starren Abgrenzung einzelner Arten von Normen. Auf dieses Kritikpotenzial soll bei der Erörterung der nachfolgenden Unterscheidungen zugleich aufmerksam gemacht werden.

1.4.1 *Deskriptive* und *präskriptive Normen*

Die sehr verbreitete Differenzierung in *deskriptive* und *präskriptive Normen*, welche von einer strukturalistischen Perspektive geprägt ist (cf. Albrecht 2020), wird heute nicht selten als zu schematisch zurückgewiesen (Siouffi 2011, 17), da sie unter anderem die Sprechenden selbst zu wenig beachtet und mit der Vorstellung in Konflikt gerät, dass Normen stets mit einem expliziten Handlungsbezug ausgestattet seien (cf. Settekorn 1988, 9). Bereits Hartung (1977, 18) hatte auf diese Schwierigkeit verwiesen. Wenn Normen mit einem gewissen Geltungsanspruch und einer gewissen Verbindlichkeit als definitorische Komponenten versehen würden (cf. 1.3.3), wären rein *deskriptive Normen* kaum denkbar. Dennoch ist eine solche Differenzierung in *deskriptiv* versus *präskriptiv* in der wissenschaftlichen Literatur immer wieder zu finden. Um diesem konzeptuellen Problem zu entgehen, schlägt Gilles Siouffi vor, stattdessen *präskriptive* von *nicht-präskriptiven Normen* zu unterscheiden und nicht mehr von *deskriptiven Normen* zu sprechen (Sioufi 2011, 19), wobei bei den *nicht-präskriptiven Normen* die Verbindlichkeit ihrer Befolgung relativ gering wäre.

Wenn jedoch von *deskriptiver Norm* oder *deskriptiven Normen* gesprochen wird, ist oftmals weniger die Norm als solche gemeint. Die Zuweisung von *deskriptiv* stellt die Art und Weise der Abbildung oder Beschreibung von Normen oder die Form der Abstraktion eines in bestimmten Bereichen sowie Varietäten relativ regulären bzw. ‚normalen' Sprachgebrauchs in den Vordergrund, d.h. letztlich die Sprachproduktion (cf. Auroux 1998, 240). Die Idee der Erfassung des regulären oder normalen Sprachgebrauchs ist auch in der Darstellung von Ayres-Bennett präsent:

> Descriptive texts are based on the descriptive norm; starting from the 'facts' or with usage, they describe what is 'normal', 'regular' or 'frequent' in language usage, without making a value judgment about it (Ayres-Bennett 2020, 187).

Mit Blick auf die Grammatik des Französischen und einem ihrer frühen Vertreter, Louis Meigret, führt Poutingon zur Differenzierung von *deskriptiv* und *normativ* aus:

> En fait, le descriptif, l'observation, est de l'ordre normal, alors que le normatif ressortit à la loi : est *normal* ce qui arrive habituellement, ce qui se fait ; est *normatif* ce qui dit arriver, ce qui doit se faire. La frontière entre descriptif et normatif est d'autant plus fine, que la description peut elle-même refléter une norme. Lorsque Meigret constate que « le, ni la, ne sont jamais mis avant les noms propres : comme Pierre, Philippe, Jeanne, Jacqueline ni ne disons le Pierre, la Jeanne » (p. 19v) on peut considérer qu'il ne fait que rendre compte d'une norme intériorisée que la majorité des locuteurs respectent plus ou moins inconsciemment (Poutingon 2004b, 190).

Für Auroux (1998) ist die empirische Erfassung – heute würden wir zumeist von statistischer bzw. korpuslinguistischer Erfassung sprechen – des *Regulären* (fr. *régularité*) durch die Linguistik jedoch grundsätzlich an die Kenntnis von Regeln gebunden:

> Il y a hétérogénéité essentielle entre l'étude statistique de la régularité, et l'existence de règles. Supposons en effet qu'existe une règle, la régularité des actions connectées avec une règle contient à la fois des actions correctes et incorrectes ; pour les distinguer, il faut connaître la règle (Auroux 1998, 240).

Auf den Zusammenhang von *Deskription* und *Regularität* verweist auch Curzan in ihrer Arbeit zur Normierung des Englischen:

> Descriptive „rules" describe regularities in a language variety's structure that are developed through analysis of what speakers do; they are sometimes invariant, but not always (Curzan 2014, 18).

Hartung schreibt *Norm* immer eine Handlungsabsicht und eine Verhaltensveränderung zu, weshalb er sie grundsätzlich als *präskriptiv* ausweist, was die Idee, dass die Linguistik auch Normen beschreibt und dann von *deskriptiven Normen* spricht, für ihn nicht grundsätzlich ausschließt (Hartung 1977, 18). Für Hartung ist daher der Akt des Beschreibens von Normen in der Konzeptualisierung von *deskriptiven Normen* relevant, welchen auch Auroux (1998, 241) akzeptiert, wenn damit allerdings in keiner Weise suggeriert werde, ob die so beschriebenen sprachlichen Formen auch korrekt seien, d.h. einen Geltungsanspruch implizieren.

Wird die ‚reine Beschreibungsebene' verlassen, wird jedoch der Hinweis auf die Existenz *deskriptiver Normen* auch in anderer Hinsicht in der Argumentation gerechtfertigt, nämlich dann, wenn der Blick auf die verschiedenen Sprachvarietäten im sprachlichen Diasystem, wie z.B. die *Schriftsprache* oder *diastratische* oder auch *diatopische Varietäten*, innerhalb einer historischen Einzelsprache gerichtet ist, wie auch Koch ausführt:

> Innerhalb einer Sprache$_d$ (historischen Einzelsprache) existieren mehrere *deskriptive* Normen (*Normen$_d$*), von denen jede einer *Varietät* der Einzelsprache entspricht [...] (Koch 1988, 328).

Koch (1988) unterstreicht die Verbundenheit von *deskriptiven* und *präskriptiven* Normen, indem er die *präskriptive Norm* als einen „Sonderfall" unter den deskriptiven Normen einer Einzelsprache ansieht (Koch 1988, 337). Auch für Ayres-Bennett (2020, 187) bilden die *deskriptiven Normen* die Basis für die *präskriptiven Normen*, welche subjektiver seien, eine Idealisierung darstellen und mit Werturteilen verbunden würden:

> The prescriptive norm is typically based on the descriptive norm, that is, it often begins with the observation of usage, but then a notion of what is right and wrong, correct and incorrect, is added (Ayres-Bennett 2020, 187).

In der Vorstellung von Ayres-Bennett (2020, 187) stehen sich die *deskriptiven* und *präskriptiven Normen* nicht dichotomisch gegenüber, sondern eröffnen ein Kontinuum.

Sinner (2005, 4; 2014, 107–108) stellt in seinen Darstellungen den *präskriptiven Normen*, die auch an mögliche Sanktionen gebunden sind, die *deskriptiven Normen* gegenüber, die er unter Rückgriff auf Eugenio Coseriu als *Gebrauchsnormen*[26] und

---

[26] In anderen Fällen werden *Gebrauchsnormen* mit den Normen identifiziert, die die sprachliche Kommunikation prägen, wie im Falle der Definition von Bartsch (1987, 171): „Gebrauchsnormen: Diese regeln den Gebrauch der kommunikativen Mittel; es sind Regeln für den Gebrauch eines Instruments. Es handelt sich hierbei um semantische, pragmatische und, insbesondere, stilistische Normen. Diese Normen regeln die Interpretation von in Situationen gebrauchten Ausdrücken. Sie werden zum Teil in den Lexika einer Sprache kodifiziert. Lexika und Stilistiken haben einen normalisierenden Effekt bezüglich des Sprachgebrauchs in einer Bevölkerung".

dementsprechend als übliche und normale Realisierungen im System auffasst (cf. 1.3.2). Für die Sprechenden erschließen sich *deskriptive Normen* durch ihre gesammelten Kommunikationserfahrungen und nicht durch Kodifizierungsbestrebungen, womit die reine Ebene der Beschreibung von *deskriptiven* Normen verlassen werden würde, während die *präskriptiven Normen*, die einen sozial gemeinhin akzeptierten Sprachgebrauch abbilden würden, mit der Idee der Kodifizierung und entsprechenden normativen Autoritäten wie Sprachakademien oder auch mit der institutionellen Vermittlungsinstanz *Schule* in Verbindung gebracht werden (cf. Eggert 2017, 58; Bertucci 2019, 168; Albrecht 2020, 112; Colonna 2021, 238). Allerdings ist die Kodifizierung keineswegs Voraussetzung für die *präskriptiven* Normen (Sinner 2020, 153). In der Vorstellung von Coseriu kommt der *präskriptiven Norm* die Exemplarität zu (cf. 1.3.2).

Auf die ungenügende Abgrenzung in der Darstellung zu *deskriptiven Normen* zwischen der Ebene der Linguistik, die vornehmlich den Sprachgebrauch beschreibt, und der Ebene der Sprechenden, für die die *deskriptiven Normen* als *Repräsentationen* verankert sind, macht Chalier in Anlehnung an die von der Soziolinguistin Houdebine-Gravaud formulierte Kritik aufmerksam:

> Ensuite, il faut ajouter à la critique de Houdebine-Gravaud le fait que la définition de la *norme descriptive* ne sépare pas suffisamment la description qu'en font les linguistes des normes implicites non décrites des locuteurs (Chalier 2021, 12).

Für Pustka, Chalier und Jansen (2017, 102) liegen *deskriptive* und *präskriptive Normen* nicht auf derselben theoretischen Ebene, sondern unterscheiden sich in ihrem Zugriff auf die sprachliche Produktion (deskriptiv) oder eben die sprachliche Repräsentation (präskriptiv), was Chalier (2021) gleichermaßen unterstreicht:

> En effet, les normes descriptives ont leur fondement dans la production linguistique, l'usage étant différent selon le groupe social et selon la situation de communication. Les normes prescriptives sont, elles, fondées sur les représentations des locuteurs, ces derniers ayant une conscience plutôt homogène de ce qui est considéré comme un « bon » ou un « mauvais » usage (Chalier 2021, 14).

In der Vorstellung von Moreau (1997, 219) selektieren bzw. hierarchisieren die *präskriptiven Normen* und auch für Pöll (2017b, 66–67) stellen die *präskriptiven Normen* grundsätzlich eine Auswahl aus für ihn *objektiven Normen* dar. Pöll differenziert zudem die *präskriptiven Normen* in *normes existantes* (dt. existierende Normen) und *normes valides* (dt. gültige Normen). Er nutzt als Basis einer solchen Differenzierung die Anerkennung und Akzeptanz der Normen durch die Sprechenden. Die Gültigkeit

---

Müller (1985, 276) lehnt im Französischen den Begriff der *norme d'usage* (dt. Gebrauchsnorm) wegen der Dominanz des *usage* in *bon usage* ab und plädiert daher für *norme statistique* (dt. statistische Norm).

einer Norm impliziert jedoch nicht zugleich, dass diese auch praktiziert wird. Die gültigen Normen sind in Referenzwerken wie Wörterbüchern zu finden, deren Verlagen die allgemeine Genehmigung zugeschrieben wird, diese Normen abzubilden (Pöll 2017b, 67).

Müller (1985) knüpft seine Definition von *präskriptiver Norm* eng an die Existenz von Regeln bzw. Vorschriften und die Obligation derselben; die Auswahl tritt in seiner Definition selbst in den Hintergrund:

> La norme prescriptive désigne un registre linguistique doté d'un système spécifique de règles instituées par des actes normatifs et rendues obligatoires par une communauté. [...] la norme prescriptive est *un registre de prescriptions écrites, imposées officiellement*, un registre où l'utilisation de la langue est *contrôlée et dirigée de l'extérieur* (Müller 1985, 281).

Wird *präskriptive Norm* im Singular verwandt, wird diese Art der Norm oft auch mit dem *Standard* bzw. der *Standardnorm* identifiziert (Müller 1985, 281; Ossenkop 2008, 72; Lebsanft/Tacke 2020, 3) (cf. 1.8).

Unter der Vielfalt der in der wissenschaftlichen Literatur beschriebenen Arten von Normen nehmen *präskriptive Normen* eine prominente Position ein. Auch wenn ihre soziale Funktion unterschiedlich bewertet wird, sind sie konstitutiver Teil der sprachtheoretischen Beschreibungen von Normen.

1.4.2 *Objektive* und *subjektive* Normen

Insbesondere in der Soziolinguistik wird in Anlehnung an Labov zwischen *subjektiven* und *objektiven Normen* unterschieden (Siouffi 2011, 18). In der französischen Linguistik und für das Französische wird in diesem Zusammenhang nicht selten auf die Typologisierung von Normen durch Alain Rey aus dem Jahre 1972 verwiesen:

> Avant toute tentative pour définir la « norme », la moindre considération lexicologique découvre derrière le terme deux concepts, l'un relevant de l'observation, l'autre de l'élaboration d'un système de valeurs, l'un correspondant à une situation objective et statistique, l'autre à un faisceau d'intentions subjectives. Le même mot, utilisé sans précaution, correspond à la fois à l'idée de moyenne, de fréquence, de tendance généralement et habituellement réalisée, et à celle de conformité à une règle, de jugement de valeur, de finalité assignée (Rey 1972, 5).

Helgorsky (1982a, 1) definiert die *objektive Norm* als diejenige, die aus der Objektbeobachtung, d.h. aus der Beobachtung der Sprache gewonnen und als *regelmäßig* und *normal* betrachtet wird. Damit nähert sie sich in vielen Fällen der bereits diskutierten Konzeptualisierung von *deskriptiver Norm* an; allerdings wird mit der Wahl des sprachlichen Ausdrucks *objektiv* zugleich unterstrichen, dass diese nicht durch eine wie auch immer geartete Form eines subjektiven Blicks gefiltert wird und – wie Helgorsky selbst hervorhebt – an die Existenz eines Systems bzw. einer Struktur gebunden ist (Helgorsky 1982a, 1).

Nach der Einbettung der Diskussion um eine *objektive Norm* bzw. *objektive Normen* in strukturalistische Arbeiten, z.B. von Louis Hjelmslev oder Eugenio Coseriu, unterstreicht Helgorsky (1982a, 6), dass die *objektiven Normen* in unterschiedlichem Maße durch Abstraktionen oder Generalisierungen des Sprachgebrauchs gewonnen werden, d.h. *Sprachgebrauchsnormen* darstellen. Auroux (1998, 260) macht in seiner Arbeit aus sprachphilosophischer Sicht deutlich, dass die statistische Erfassung und die Festlegung einer *objektiven Norm* nicht von der Notwendigkeit der Auswahl (*choix*) entbinden. Das Kriterium der Auswahl hatten wir bereits bei der Charakterisierung der *präskriptiven Normen* gesehen.

Klinkenberg (1982, 58) knüpft die Existenz *objektiver Normen* an Auswertung statistischer Daten, d.h. an Korpusdaten zum Sprachgebrauch einzelner Sprechergruppen. Moreau (1997, 218) fasst in diesem Sinne die *objektiven Normen* als Funktionsnormen und setzt sie mit Frequenznormen, statistischen Normen bzw. Regeln gleich. Lafontaine verbindet die Konzeptualisierung von *objektiver Norm* mit der sprachlichen Variation und definiert sie als „l'ensemble des règles qui régissent une variété linguistique donnée" (1986, 16). So sieht auch Moreau (1997, 219) die *objektiven Normen* auf unterschiedlichen Komplexitätsebenen. Sie führt als französisches Beispiel für den generellen Anwendungsbereich die Position des Hilfsverbs (fr. *auxiliaire*) vor dem Verb an, die alle Frankophonen so verwenden. In anderen Fällen unterscheidet sie den Gebrauch hinsichtlich einzelner Gruppen von Sprechenden und nutzt zur Illustration den Gebrauch der Auxiliarverben *être* und *avoir* im *passé composé* wie in *je suis tombé* und *j'ai tombé* (dt. ich bin gefallen), welche jeweils von unterschiedlichen Sprechergruppen verwandt werden. Ledegen (2013, 376) ergänzt in dieser Hinsicht, dass die Sprechenden sich der *objektiven Normen* nicht bewusst seien und sie sie nicht in allen Fällen in Worte fassen könnten.

Auch Pöll (2017b, 66) greift in seiner Darstellung, wie wir bereits gesehen haben, auf die *objektiven Normen* zurück und verweist auf die Idee des *Normalen* bei der Konzeptualisierung ‚objektiver Normen' und stellt diesen auf der Ebene des *Normativen* sowohl die *subjektiven* als auch die *präskriptiven Normen* gegenüber. Als *subjektiv* fasst Pöll jene Normen auf, die als Vorstellungen bei den Sprechenden über einen ‚guten Sprachgebrauch' vorhanden sind, und sieht sie als Gegenpol zu den *präskriptiven Normen* an (Pöll 2017b, 66). Mit dieser Vorstellung *subjektiver Normen* ist das sogenannte *imaginaire linguistique* bzw. *normatif* verbunden (cf. Houdebine-Gravaud 2002, 14; Remysen 2009, 20) (cf. 1.5). *Subjektive Normen* stehen dann auch der *norme-évaluation* (Norm-Bewertung) nahe (Boucherit 2002, 28), weshalb die *subjektiven Normen* bei Moreau (1997, 222) und später auch Ledegen (2013, 377) als *evaluative Normen* ausgewiesen werden (cf. 1.5).[27] Diese *subjektiven* bzw. *evaluativen Normen* befinden

---

[27] Labov verwendet in seinen Arbeiten auch den Begriff *Norm*, ohne ihn jedoch selbst konzeptuell weiterzuentwickeln bzw. explizit zu definieren (Baggioni 1994b, 283).

sich in dieser Perspektive auf dem Gebiet der Einstellungen und Repräsentationen von *Normen* (Moreau 1997, 222).

> Elles consistent à attacher des valeurs esthétiques affectives ou morales aux formes : ainsi, quand la priorité va au capital symbolique, les formes préconisées sont jugées belles, élégantes, etc. les stigmatisées étant perçues comme dysphoniques, relâchées, vulgaires... (Moreau 1997, 222).

Paveau und Rosier (2008, 48) ordnen der *subjektiven Norm* gleichfalls die Idee der Bewertung, der Individualität, aber auch der sozialen Orientierung im Sinne der Einschränkung, was im gesellschaftlichen Rahmen *sagbar* ist bzw. gesagt *werden muss*, zu und ergänzen den Aspekt der sozialen Wahrnehmung (fr. *perception sociale*):

> Celle-ci [la norme subjective – S.G.] est la source de jugements de valeur qui sont (parfois) linguistiquement « faux » mais souvent « vrais » du point de vue de leur perception sociale (Paveau/Rosier 2008, 48).

Auch Chalier (2021, 15) plädiert dafür, die *subjektiven Normen* in *normes subjectives des représentations et attitudes* (dt. subjektive Normen der Repräsentationen und Einstellungen) und *normes subjectives des perceptions* (dt. subjektive Normen der Wahrnehmungen) zu differenzieren. Damit würde sich die Differenzierung von *subjektiven* und *objektiven* Normen von der Vorstellung *deskriptiver* und *präskriptiver* Normen deutlich abgrenzen.

Nach Seiler (2012, 124) indes sollte nicht nur von *subjektiven Normen* gesprochen werden, wenn es um die Identifikation von Attitüden und individueller Bewertung geht, sondern generell, sobald das sprechende Individuum im Blickpunkt der Normen steht und damit normkonstituierend ist.

Wir können festhalten, dass die binäre Konzeptualisierung zwischen *objektiven* und *subjektiven Normen* noch immer verbreitet ist, wenngleich diese Binarität keinesfalls als Existenzabhängigkeit beider Normen voneinander gewertet wird, wie auch Seiler (2012, 110) aufzeigt, wenn er herausstellt, dass *subjektive Normen* ohne *objektive Normen* denkbar sind.

1.4.3 *Implizite* und *explizite Normen* sowie *subsistente Normen* und *kodifizierte Normen*

Greifen wir an dieser Stelle den bereits thematisierten Aspekt der Formuliertheit von Normen auf. Unter dieser Perspektive wird nicht selten, auch in Anlehnung an Hartung (1977, 16), zwischen *impliziten* und *expliziten Normen* als den beiden wesentlichen Formen von Normen der sprachlichen Kommunikation unterschieden. Diese Differenzierung ist gleichfalls nicht unumstritten, insbesondere dann, wenn Normen unter Rückgriff auf die Vorstellung ‚Sprache als System' im Sinne von Coseriu betrachtet werden (cf. Schreiber 1999, 12),[28] da die Idee der Explizierung von Normen für die Sprache bzw. Sprachstrukturen aus genuin linguistischer Sicht nicht relevant wäre (cf. Koch 1988, 328–329; Schreiber 1999, 12). Normen existieren und gelten jedoch, wie auch Seiler (2012, 113) noch einmal unterstreicht, unabhängig von ihrer Formuliertheit; sie müssen demzufolge nicht expliziert werden.

Während in den Definitionen bzw. Konzeptualisierungen der *expliziten Normen* im Sinne von formulierten Normen zumeist Einigkeit herrscht, erweist sich die Definition von *impliziten Normen* komplexer. *Implizite Normen* werden wie bei Hartung mit spezifischen Kommunikationserfahrungen verbunden:

> Implizite Normen sind Erfahrungen, die der Produktion und Rezeption sprachlicher Äußerungen zugrunde gelegt werden. Beim Rezipienten führen sie zur Entwicklung bestimmter Erwartungen. Das Wissen vom Vorhandensein bestimmter Erwartungen veranlaßt den Sprecher, sich ein Bild von den Hörererwartungen zu machen, und sich davon bei der Gestaltung der Äußerung leiten zu lassen. Handlungen zu gestalten und Erwartungen zu lenken, sind zwei Seiten in der Funktion von Normen (Hartung 1977, 16).

Implizite Normen sind daher keineswegs nur als individuelle Normen anzusehen, sondern entwickeln sich in der sprachlichen Interaktion (cf. Hartung 1977, 17) und beruhen auf einem System von Bewertungen, welches kognitiv bei den Interagierenden verankert ist (cf. *Sprachbewusstsein* in 1.5). Unter *impliziten Normen* werden demzufolge Normen gefasst, denen die Sprechenden unbewusst folgen (cf. Dürscheid/Schneider 2019, 48).

> Implizite Sprachnormen sind auf Vorerfahrungen und auf stillschweigendem Konsens beruhende Erwartungen, die in die Produktion und Rezeption sprachlicher Äußerungen einfließen (Winkelmann 1990, 335).

Moreau (1997, 219) weist darauf hin, dass der Erwerb der *impliziten Normen* mit einem gewissen sozialen Druck einhergehe, sich konform zu bestimmten Praktiken innerhalb einer Gruppe zu verhalten, d.h. die Unbewusstheit oder die vorausgesetzte Übereinkunft sollte hier nicht in der Absolutheit gelten. Gloy bezeichnet die Normen, die interindividuell im „stillschweigenden Konsens" existieren, als *subsistente* Normen und grenzt diese von *kodifizierten Normen* ab, die in schriftlich fixierter Form vorliegen (Gloy 2004, 394). Wichtig ist es für Gloy, die jeweiligen Akteure der Kodifizierung zu kennzeichnen, weshalb er die *kodifizierten Normen* weiter in *informelle* Normen und *statuierte Normen* untergliedert. Nur bei den *statuierten Normen* läge eine

---

28 In der Auffassung von Coseriu werden unter *Normen* alle traditionellen, allgemeinen und beständigen, wenngleich nicht immer funktionell notwendigen Realisierungen gefasst (Coseriu 1992, 297). Coseriu führt in Abgrenzung zu Saussures Differenzierung von *langue* und *parole* die Unterscheidung von drei Ebenen, d.h. *System*, *Norm* und *Rede* ein (cf. 1.3.2).

institutionelle Ermächtigung zur Kodifizierung beispielsweise in Wörterbüchern oder Grammatiken vor (Gloy 2004, 394).

Kodifizierte Normen haben eine konzeptuelle Nähe zu *expliziten Normen*. *Explizite Normen* werden jedoch neben der angesprochenen Kodifiziertheit auch durch ihren präskriptiven Charakter identifiziert:

> Erst wenn diese Normen expliziert sind, kann man von ‚explizit als geltend anerkannten Normen' sprechen. Solche Normexplikationen werden von Linguisten bei der Normkodifizierung und von Lehrern und Erziehern gegenüber Kindern und, generell, Sprachlernenden ausgeführt (Bartsch 1987, 144).

Nach Settekorn werden dementsprechend *präskriptive Normen* im „Sinne kodifizierter Vorschriften" (1988, 9) als *explizite Normen* angesehen (cf. auch Selig 2021, 32). Diesen Normen kommt der grundlegende „Mangel an Retrospektivität" zu, der zu „Nichtübereinstimmungen mit dem wirklichen Sprachgebrauch" führt (Hartung 1977, 17); ein Mangel, der gleichfalls für die *präskriptiven Normen* beschrieben wird.

Aléong (1983, 269) referiert mit *expliziter Norm* vor allem auf die Standardnorm des Französischen, konkret auf den *bon langage*, welcher in der Schule, der Verwaltung, in der Rechtsprechung und auch in den Medien verbreitet und als Referenz genutzt wird. Er unterstreicht zudem den Aspekt der Ideologisierung sprachlicher Normen, der bei den expliziten Normen besonders zum Tragen kommt (Aléong 1983, 270 und cf. 1.9.1).

1.4.4 *Endogene* und *exogene Normen*

Die Unterscheidung von *endogenen* und *exogenen Normen* gestattet es aus Sicht von Siouffi, noch klarer zwischen dem Sprachgebrauch und entsprechenden Werturteilen zu unterscheiden (Siouffi 2011, 19), obschon eine solche Differenzierung in Teilen bereits bei anderen Unterscheidungen mitschwingt. *Endogene Normen* werden an die Entwicklung von durch den Sprachgebrauch stabilisierten Varietäten gekoppelt (cf. Siouffi 2020b, 108–109) und zeigen eine gewisse Nähe zu *objektiven Normen* (Pöll 2017b, 67), während bei der Idee *exogener Normen* auf die Bewusstwerdung bzw. Bewusstmachung der vorhandenen Normen auf Seiten der Sprechenden abgehoben wird.

Es ist nicht erstaunlich, dass die Differenzierung von *endogen* und *exogen* im Kontext der Frankophonie und plurizentrischer Fragestellungen im Französischen, beispielsweise in der Diskussion um einen Standard des *français québécois* oder auch um die Existenz subsaharischer Varietäten des Französischen, eine wesentliche Rolle spielt (cf. auch Bavoux 2008; Seiler 2012, 20, 38; Ledegen 2013, 379; Reinke/Ostiguy 2016, 127). Die Diskussion um *endogene Normen* wird für diese Sprachräume in besonderem Maße von den Arbeiten Gabriel Manessys (1992, 1994 und 1997) geprägt. Programmatisch ist zweifellos Manessys enzyklopädische Darstellung zu *endogenen*

Normen aus dem Jahr 1997. Ausgangspunkt seiner Überlegungen ist die regionale Verbreitung des Französischen über Frankreich hinaus und die Frage, welche Rolle das Französische Frankreichs als potentielle Referenznorm in diesen Regionen spielt (cf. 1.3.2). Im Laufe der Jahre entwickelt bzw. präzisiert Manessy sein Konzept der ‚endogenen Norm', sodass sich aus Sicht von Pöll heute drei Auffassungen von Manessy zu *endogenen Normen* unterscheiden lassen:

> (1) les normes endogènes qui correspondent à des normes objectives (= pratique récurrente sentie comme normale) ;
> (2) les normes endogènes à valeur emblématique et (partiellement) conscientes, qui peuvent être assimilées aux normes subjectives (= représentations idéalisantes) ; et
> (3) les normes endogènes qui ont été formalisées et concurrencent, tout comme les précédentes et à des degrés divers, les normes exogènes dans les situations où le respect de la norme prescriptive est exigée [sic] (= normes endogènes codifiées) (Pöll 2017b, 67–68).

In diesen drei Auffassungen tritt die Spezifik in der Entwicklung *endogener Normen* etwas in den Hintergrund. In den oben genannten Regionen wie Quebec oder das subsaharische frankophone Afrika, in denen die Präsenz und das Prestige der hexagonalen Norm aus Frankreich im *imaginaire linguistique* (cf. 1.5) noch in Teilen verankert sind, treten zunehmend ein oder mehrere regionale Sprachgebräuche (im Sinn von *usages*) hinzu, die innerhalb der regionalen Sprechergemeinschaft valorisiert werden (cf. Pöll 2017b, 68). Dies trifft gleichermaßen auf den Standard des *français québécois* zu (cf. Reinke/Ostiguy 2016,145):

> Pour ce qui est du *français québécois standard* (désormais FQSt), il correspond à la norme endogène, ou l'infranorme, entendue comme l'usage réel du standard sur un territoire limité, par un groupe de locuteurs donné, dans une situation bien définie, qui se distingue du non-standard, et qui se montre plus tolérant et plus riche en variantes que le standard exogène, et qui s'observe davantage dans la langue parlée (Reinke/Ostiguy 2005, 198).

Ledegen (2013, 381) hebt heraus, dass die Entwicklung *endogener Normen* in besonderem Maße in post-diglossischen Situationen zu beobachten sei. Chalier (2021) erfasst mit seinem empirischen, perzeptiven Zugriff die *endogenen Normen* der französischen Aussprache, die im Sprachbewusstsein der Sprechenden verankert sind, in der französischsprachigen Schweiz (*Suisse romande*) und in Quebec.

1.4.5 *Sprachliche*, *textuelle* und *diskursive* Normen

In einer ganz anderen Perspektive, als die bisher erörterten, werden Normen auch entsprechend der Komplexität der sprachlichen Struktur oder Einheit, die in den Fokus der Betrachtung rückt, in *sprachliche*, *textuelle* und *diskursive Normen* unterschieden. Dabei ist insbesondere die Abgrenzung zwischen textuellen und diskursiven Normen nicht immer eindeutig und eng an die Definition sowie Unterscheidung von *Text* und *Diskurs* gekoppelt. Grundsätzlich verbindet sich mit einer solchen Normendifferenzierung die Auffassung, dass auch der Aufbau von Texten und Diskursen und der Gebrauch einzelner kommunikativer Strategien an bestimmte Normen bzw. Traditionen gebunden sind.

Zur Illustration der Differenzierung von textuellen und diskursiven Normen soll auf aktuelle Arbeiten zum Französischen verwiesen werden. In Untersuchungen zu textuellen Normen zum Französischen wird der Blick zumeist auf den Gebrauch und die Funktion einzelner Sprachstrukturen in einem Text gelenkt, z.B. bei Salvan (2017) auf die Verwendung pronominaler Anaphern in literarischen Texten oder bei Gaudin-Bordes (2017) auf den Gebrauch von Nominalphrasen ohne Determinanten (fr. *bare nouns* oder *constructions à article zéro*) in literarischen Texten wie im Beispiel von *Fillette rouge est aimée des gens qui la voient* (dt. Rotkäppchen wird von den Menschen, die sie sehen, geliebt) (Gaudin-Bordes 2017, 38), in welchem die Nominalphrase ø *fillette rouge* ohne Determinanten verwendet wird. Es handelt sich um Strukturen, die in anderen Texten oder Textsorten eher selten auftreten.

Mit Studien zu diskursiven Normen werden demgegenüber zumeist der Aufbau und die Struktur von Texten bzw. Diskursen sowie die Adäquatheit einzelner sprachlicher Strukturen in bestimmten kommunikativen Situationen und für das Erreichen bestimmter kommunikativer Ziele erforscht, d.h. pragmatische oder auch diskurstraditionelle Fragestellungen spielen hier eine weitaus größere Rolle:

> Discourse traditions play a key role in the selection of adequate linguistic expressions which allow the speakers to successfully perform a communicative task. Speakers follow cultural discourse traditions when they open up a conversation, ask a favor or tell a story. Considering that we speak of general rules or principles on the universal level, we use the term tradition in reference to the historical and individual level (Schrott 2020, 166).

Bei den diskursiven Normen bzw. diskursiven Traditionen ist also gleichfalls die Frage der *Angemessenheit* präsent (cf. Koch 1988, 341). Diese Art der diskursiven Traditionen sind historisch geformt und konventionalisiert sowie im Unterschied zu anderen Normen nicht an eine spezifische Sprachgemeinschaft gebunden (Koch 1988, 342). Diese äußerst vielfältigen Traditionen werden auf verschiedene Arten und Weisen überliefert. Besonders explizit erfolgt die Überlieferung durch normative Instruktion in Form von Handbüchern.

Die spezifische Abhandlung diskursiver Normen bzw. Diskurstraditionen in Lehr- bzw. Handbüchern oder auch Traktaten kann für das Französische auf eine lange Tradition zurückblicken. Zwei Kommunikationsformen standen dabei über Jahrhunderte im Fokus der Beschreibung und Weitergabe: Es handelt sich zum einen um Normen der (höflichen) Konversation, welche in Konversationshandbüchern beschrieben wurden (cf. Radtke 1994); zum anderen um Beschreibungen zur Redaktion von Briefen aller Art (cf. Große 2009; 2017). Aber auch genrespezifische Stildarstellungen für literarische Texte wie Dramen, Novellen, etc. oder Anleitungen für den medialen oder journalistischen Sprachgebrauch, die heute recht zahlreich im

Internet zu finden sind, z.B. wie verfasse ich eine Pressemitteilung? (fr. *comment écrire un communiqué de presse ?*)[29], oder für das wissenschaftliche Schreiben, auch von Haus- oder Abschlussarbeiten, ließen sich hier einordnen.

1.5 Wissen, Werten und Sprechen über Normen

Das Wissen über sprachlich-kommunikative Normen, die Wahrnehmung und Bewertung von Sprache und Kommunikation sowie ihren jeweiligen Normen und das Sprechen bzw. die sprachliche Interaktion darüber sind eng miteinander verbunden.

Als ein Schlüsselbegriff gilt in diesem Bereich das *Sprachbewusstsein*, welches eng mit dem normativen Wissen bzw. den normativen Vorstellungen der Sprechenden verbunden wird. In der Konzeptualisierung von ‚Sprachbewusstsein' durch Bärbel Techtmeier ist *Sprachbewusstsein* komplexer als das „Sprachwissen, Sprachfähigkeit oder Sprachkompetenz" (1987b, 30), da es die Bewertungen über Sprache und ihren Gebrauch miteinschließt:

> Wir definieren *Sprachbewußtsein* als die mehr oder weniger entwickelte Fähigkeit, über Sprache reflektieren zu können (z.B. über Gegebenheiten der sprachlichen Kommunikation, über einzelne sprachliche Erscheinungen, über die Entwicklung oder Bewertung von Sprachen), sprachliche Ausdrucksmittel bewußt einzusetzen und zu bewerten (Techtmeier 1987a, 9).

Die Sprechenden gewinnen ihre Bewertungen von Sprache jedoch nicht nur auf Basis eigener Erfahrungen, sondern durch die Tradierung innerhalb der Gemeinschaft (cf. Techtmeier 1987b, 31). In dieser Hinsicht argumentiert auch Gloy, der Sprachnormen „als deontische Einheiten eines diskursiv vermittelten und sozial abgeglichenen Sprachbewußtseins" (1997, 32) definiert. Das *sprachnormative Wissen* bzw. das *Normbewusstsein* ist Teil des *Sprachbewusstseins* (cf. Seiler 2012, 98). Für Seiler ist das *Sprachnormenbewußtsein* „jener Teil des Sprachbewußtseins, in dem sozio-mentale Dispositionen besonders eng an sprachlich-kommunikatives Verhalten gekoppelt werden" (2012, 193).

Das sprachnormative Wissen muss nicht immer verbalisiert werden, sondern kann als sprachlich-kultureller Wissensbestand ohne Auftreten im sprachnormativen Diskurs existieren (cf. Berrendonner 1982, 16).

Wenn es um das konkrete Sprechen über Sprache, Kommunikation und Normen geht, werden im frankophonen Raum primär die Begriffe *metasprachlich* (fr. *métalinguistique*) und *epilinguistisch* (fr. *épilinguistique*) genutzt. Die Differenzierung beider Begrifflichkeiten ist nicht einheitlich, wenngleich *epilinguistisch* im französisch-

---

[29] https://solutions.lesechos.fr/com-marketing/c/5-etapes-rediger-communique-de-presse-4396/ (23. Oktober 2023).

sprachigen Kontext zunächst in Abgrenzung von *metasprachlich* entwickelt wurde (cf. Seiler 2012, 79).

Wie auch bei anderen Bildungen mit *meta-* wie *metatextuell* oder *metatheoretisch* ist die Idee der höheren Reflexionsebene bzw. des ‚von oben auf etwas hinaufschauen' auch bei *metasprachlich* präsent, da hier zunächst der Blick von einer höheren Ebene auf Sprache im Fokus steht, der nicht mit einer Form der Bewertung von Sprache verbunden sein muss. So kann man ebenso Rey-Deboves Beschreibung des *metasprachlichen Diskurses* verstehen:

> Le système métalinguistique codé est une métalangue, par rapport à une langue donnée, et la réalisation de ce système en discours est un métadiscours, par rapport à un discours dans une langue donnée (Rey-Debove 1978, 20).

Neusius (2021, 77) verwendet in ihrer vergleichenden Studie zur Sprachpflege in Frankreich und Deutschland den Begriff des *Metasprachdiskurses* als übergreifendes Konzept für *Sprachpolitik*, *Sprachpflege*, *Sprachkritik* und *Sprachreflexion*. Sie unterscheidet zwei Arten von *Metasprachdiskursen*: bewertende und beschreibende (Neusius 2021, 116, 439). In dieser Differenzierung würde sich dann die bereits erörterte Unterscheidung von *metasprachlich* und *epilinguistisch* in der französischen Tradition wiederfinden.

Der *epilinguistische Diskurs* wird in der französischen Forschung zumeist weiter als der *metasprachliche* gefasst und beinhaltet zugleich alle Arten der Bewertung von Sprache und Kommunikation von Seiten der Sprechenden und gegebenenfalls Hörenden, die subjektiv oder ideologisch gefärbt oder auch moralischer bzw. ästhetischer Natur sein können,[30] wie Äußerungen *tu parles mal* (dt. du sprichst schlecht), *cette langue est belle* (dt. diese Sprache ist schön), *der sprachliche Ausdruck ist schrecklich* oder *dieser Gebrauch führt zum Verfall der Sprache* (cf. Yaguello 1988, 13; Canut 1998, 70; Seiler 2012, 79; Herling 2015; Reinke/Ostiguy 2016, 94; Albrecht 2024, 130–132). Damit nähert sich diese Art des Diskurses deutlich dem an, was Hartung bereits 1977 unter *Metakommunikation über Normen* auffasst. Hartung arbeitet in seiner breiten Abhandlung zu Normen in Sprache und Kommunikation die Relevanz der Metakommunikation von Normen klar heraus:

> Auf diese Arten werden Normen dann bewußt gemacht, wenn Kommunikationsteilnehmer Urteile über das Verhältnis zwischen erwartungsgemäß zugrunde zu legenden Normen und eigener oder fremder sprachlich-kommunikativer Tätigkeit formulieren, wenn sie also Normeinhaltungen und vor allem Normverletzungen in besonderen Akten ihrer sprachlich-kommunikativen Tätigkeit feststellen und bewerten (Hartung 1977, 16).

---

30 Ästhetische Bewertungen über Sprache werden zumeist in der soziolinguistischen und in Teilen auch der psycholinguistischen Forschung untersucht (cf. Herling 2015, 162–164).

Der *epilinguistische Diskurs* wird in der Interaktion ausgehandelt und stützt sich nicht unbedingt auf eine wissenschaftliche Argumentation, womit die subjektive Sicht unterstrichen wird.[31] Haßler und Niederehe sprechen in diesem Zusammenhang auch von *epilinguistischer Kompetenz*.[32]

Unter normativem Blickpunkt werden in diesem Arbeitsbuch das Sprechen und Reflektieren über Normen einschließlich (subjektiver) Bewertungen als *sprachnormativer Diskurs* gefasst. Der sprachnormative Diskurs könnte auch als epilinguistischer Diskurs gelesen werden, seine spezifische Funktion im Normenkontext wäre jedoch begrifflich so nicht unmittelbar sichtbar.

Settekorn (1988, 10) differenziert in seinem Arbeitsbuch zwischen zwei Arten von Diskursen mit einem Bezug zu *Normen*: dem *sprachnormativen Diskurs* und dem *Diskurs über Normen*. Von *sprachnormativem Diskurs* sollte seiner Ansicht nach nur gesprochen werden, wenn es sich um Diskurse handelt, die „Normen präskriptiv, d.h. mit der Absicht behandeln, sie als vorbildlich einzuführen, durchzusetzen, aufrecht zu erhalten usw." (Settekorn 1988, 10). Für alle anderen Diskurse verwendet Settekorn den Begriff des *Diskurses über Sprachnormen* (1988, 10).

Sprachnormative Diskurse werden im Unterschied zu Settekorns Zweiteilung nicht selten als ein Kontinuum zwischen Beschreiben, Beraten, Generalisieren, Bewerten, aber auch Vorschreiben realisiert (cf. Berrendonner 1982; Glatigny 1998; Daryai-Hansen 2003, 213–214; Große 2009, 2011, 2017; Seiler 2012, 114), weshalb die exakte Abgrenzung Settekorns zwischen *sprachnormativem Diskurs* und *Diskurs über Sprachnormen* an seine Grenzen gerät und hier nicht beibehalten wird. *Sprachnormative Diskurse* können präskriptiv sein, müssen es aber nicht.

Normen werden nach Seiler als „Instanzen des Sprachbewußtseins" gelesen und manifestieren sich in „diskursiven Ereignissen", die entsprechend rekonstruiert und analysiert werden können (Seiler 2012, 109). Damit hebt Seiler den diskursiven Aspekt in seiner Normdefinition und Beschreibung deutlich heraus.

1.5.1 Sprachliche Ausgestaltung und Kennzeichen des sprachnormativen Diskurses

Normen können in vielfältiger Form diskutiert, formuliert und hierbei sehr konkret, z.B. mit Hilfe von Beispielen, oder auch recht abstrakt präsentiert werden (cf. Bartsch

---

31 Culioli (1990) grenzt allerdings *epilinguistisch* und *metalinguistisch* in anderer Form voneinander ab, der wir nicht folgen: für Culioli (1990) beinhaltet *epilinguistisch* die unbewusste und unkontrollierte Form, während *metalinguistisch* als bewusste Art und Weise der Auseinandersetzung und Reflexion über Sprache angesehen wird (Canut 1998, 70, cf. auch Auroux 1994a, 23).
32 „Epilinguistische Kompetenz wäre somit als eine vor dem metasprachlichen Bewußtsein liegende Fähigkeit zu betrachten, die auch die Produktion von Texten ermöglicht, ohne dass die dabei wirkenden Regularitäten und Beziehungen explizit werden müssten" (Haßler/Niederehe 2000, 11).

1987, 170). Dieses Sprechen über Normen lässt sich im Rahmen des *sprachnormativen Diskurses* analysieren.

> Pour informer les locuteurs de ses jugements et de ses décisions, pour les formuler, les justifier, les commenter, la norme prescriptive tient un certain type de discours. Discours réglé par la nature de son objet : évaluation critique et condamnation éventuelle des autres discours, – qui sont aussi le discours de l'autre – et, moins franchement, jugement de valeur hiérarchisant les usages et à travers eux les usagers (Rey 1972, 17–18).

In verschiedenen Arbeiten wird die Ausgestaltung des sprachnormativen Diskurses im Französischen thematisiert (cf. z.B. Berrendonner 1982; Auroux 1998; Seguin 2004; Caron 2004b; Canut 2007; Remysen 2009; Große 2017).

Canut (2007, 52–53) unterscheidet drei Arten von Diskursen, in denen in seiner Terminologie epilinguistische Positionen geäußert werden: rein deskriptive Diskurse (fr. *discours descriptifs*) wie in *il existe des articles en français* (dt. im Französischen gibt es Artikel), bewertende Diskurse (fr. *discours évaluatifs/appréciatifs*) wie *Le vrai bambara est celui de Ségou* (dt. Das echte Bambara ist jenes von Ségou) und präskriptive Diskurse (fr. *discours prescriptifs*) wie *On ne dit pas je vais au docteur* (dt. wörtlich: man sagt nicht: Ich gehe beim Arzt).

Große (2017, 64–70) konzeptualisiert den sprachnormativen Diskurs als ein Kontinuum zwischen deskriptiv und präskriptiv mit fünf Abstufungen, für die sie jeweils typische sprachliche Strategien beschreibt und dabei auf die Relevanz von deontischen Verben, den Gebrauch des *conditionnel* oder *futur* und verschiedener Frequenzadverbien oder Modalpartikeln verweist (cf. 1.5.3).

Zur Historie und Tradition des *sprachnormativen Diskurses* im Französischen arbeitet Caron (2004b, 134–135). Er analysiert ihn detailliert am Beispiel der *remarques*, welche um 1700 veröffentlicht wurden (zur Definition der *remarques* und ihrer Rolle in der Normentwicklung des Französischen im 17. und 18. Jahrhundert cf. 2.2). Caron kann über diesen Zeitraum eine deutliche Veränderung im sprachnormativen Diskurs feststellen, indem dieser in den *remarques* ab 1720 immer dogmatischer und weniger erklärend als in den Jahrzehnten zuvor wird und der Verweis auf Referenzen und Beispiele in den *remarques* entfällt.

Im Blickpunkt der Überlegungen zum sprachnormativen Diskurs und seinen synchronen wie diachronen Analysen steht die Suche nach spezifischen Axiomen und Quellen präskriptiver normativer Äußerungen, die nicht selten metaphorisch sind und als Quellkonzepte Kriegs-, Rechts- oder Gesundheitsmetaphern nutzen. Lebsanft (2020, 217–219) differenziert diese Art des Diskurses in einen vorwissenschaftlichen und wissenschaftlichen Diskurs sowie in einen von ‚wissenschaftlichen Laien' und dem von ‚wissenschaftlichen Experten' geführten Diskurs.

Auroux (1998, 227) zeigt in seiner Analyse auf, dass die lexikalischen Ausdrücke, die in sprachnormativen Bewertungen verwandt werden, oftmals dem Moralvokabular (*bien/mal parler, faute, bon/mauvais usage*) oder präskriptiven Praktiken (*il ne faut pas dire…/il faut dire…*) entlehnt sind.

Die sprachlichen Ausdrücke im sprachnormativen Diskurs sind „traditionsgebunden" und können sich durchaus „über einen gewissen Zeitraum formelhaft verfestigen" (Schmitt 2001, 455). Wir sprechen dann von *sprachnormativen Formeln*. Dazu gehören im Französischen beispielsweise *il faut dire* bzw. *disons plutôt* (dt. man muss sagen bzw. sagen wir eher) oder die Zwillingsformel *on dit/on ne dit pas* (cf. Remysen 2009, 225). Einzelne prototypische Strukturen bzw. Referenzen des sprachnormativen Diskurses des Französischen wie *Ne dites pas* oder *bon usage* erlangen im Laufe der Zeit eine solche Relevanz, dass die Sprechenden sich von der Existenz dieser formelhaften Strukturen sowie Referenzen im *sprachnormativen Diskurs* in ihrem Normbewusstsein und Sprachgebrauch beeinflussen lassen (cf. für *bon usage* im sprachpuristischen Diskurs Calabrese/Rosier 2015, 129).

In manchen Fällen ‚maskiert' sich die Präskription und Vorschrift eines bestimmten Sprachgebrauchs im *sprachnormativen Diskurs* als Ratschlag eines guten Freundes wie es Berrendonner (1982, 35) nennt; in anderen Fällen ist er explizit als Regel formuliert.

Der *sprachnormative Diskurs* und der spezifischere *grammatische Diskurs* sind aufgrund deutlicher inhaltlicher Überlappungen auch in ihrer sprachlichen Ausgestaltung sehr ähnlich (Berrendonner 1982, 30–32; Seguin 2004, 148), wobei der *sprachnormative Diskurs* in den moderneren Grammatiken des Französischen in seinen präskriptiven Äußerungen mittlerweile abgeschwächt ist (Siouffi 2011, 23).

Im sprachnormativen Diskurs der Grammatiken wurden und werden, wenn er präskriptiv ausgerichtet ist, Sprachstrukturen auch als *Fehler* (fr. *faute, erreur*), *falsch* (fr. *fautif*) oder auch *inkorrekt* (fr. *incorrect*) bzw. *ungrammatisch* (fr. *agramatical*) eingestuft, wie im nachfolgenden Beispiel von der Grammatik des *Bon usage* von Grevisse ersichtlich ist:[33]

> Il est incorrect de mettre au devant plus, moins, dans ces expressions corrélatives. Ne dites pas (comme certains Bruxellois et certains Flamands) : Au plus je réfléchis ; au plus je suis indécis (Grevisse 1955, 724).

In der Mehrzahl der Fälle handelt es sich bei den so bewerteten Formen um diatopische, diaphasische oder diastratische Varianten einer Sprache (Berrendonner 1988, 51–56), die jedoch nicht dem Standard zugerechnet werden und aus diesem Grund im Sinne von Normabweichungen als *falsch* etc. bewertet werden. In anderen Fällen, z.B. bei *Lernervarietäten*, können es jedoch Strukturen sein, die dem jeweiligen Sprachsystem widersprechen und demzufolge nicht akzeptabel (fr. *inacceptable*) sind, welche dann mit * markiert werden. Die *Grande grammaire* des Französischen zitiert hier Sprachstrukturen wie **J'ai de vélo* oder **Je ferai le leur lire* (Abeillé/Godard 2021, 2.2; cf. 5.2.4.3).

---

[33] Zum Konzept der ‚Grammatikalität' (eng. *grammaticality*) cf. Armstrong/Mackenzie (2013, 29–35).

Der regelhafte Gebrauch kann durch explizite Formulierung als *Regel* gekennzeichnet werden wie im folgenden Beispiel, gleichfalls aus der *Grande grammaire*:

> Seuls les verbes intrinsèquement réfléchis suivent la règle des verbes conjugués avec *être* (*Marie s'est évanouie.*) (Abeillé/Godard 2021, 2.3).

Besonders verbreitet sind im sprachnormativen Diskurs auch deontische Strukturen wie *il faut* bzw. *devoir* oder die bereits genannten formelhaften Zwillingsformeln wie *dites/ne dites pas* (cf. auch Paveau/Rosier 2008, 58–59).

Auch im Sinne von Siouffi (2011, 17) wäre es allerdings naiv zu glauben, dass jeder präskriptive Diskurs zugleich auch sprachnormativ wirkt. Es ist keinesfalls die Versprachlichung der Normen an sich, die ja nicht ohne die Subjekte bzw. Individuen, die Gruppen oder die Sprechenden allgemein stattfindet, sondern die Dynamik der Interaktion in einem ganz bestimmten soziopolitischen bzw. soziokulturellen Umfeld und die affektive Ansprache des Diskurses, die hier entscheidend sind (cf. auch Seiler 2012, 115, 123).

Ayres-Bennett (2014, 188–195; 2020, 187) stellt in dieser Perspektive in ihren Überlegungen zum Wirkungspotenzial sprachnormativer Abhandlungen wie Grammatiken oder *Remarques* im 17. Jahrhundert neben den dort vorhandenen sprachnormativen Diskursen (einschließlich aller Argumente und Werturteile) die jeweilige Absicht und die erzielte Wirkung der Abhandlung.

1.5.2 Normative Autoritäten und normative Akteure

Ein präskriptiv ausgerichteter sprachnormativer Diskurs wird ähnlich wie bei der Normierung im juristischen Bereich nicht selten durch Rückgriff auf sprachlich relevante Autoritäten legitimiert. Bartsch erfasst die Vorstellung *normativer Autoritäten* in folgender Weise:

> Allgemein gesprochen, besteht die soziale Realität einer Norm in Beziehungen zwischen Normautoritäten, Subautoritäten, Normverstärkern und Normdurchsetzern, Normkodifizierern und Normsubjekten, die im Fall sprachlicher Normen auch all die anderen Rollen gelegentlich oder in permanenter Funktion übernehmen. Dieses Netz von Beziehungen, die durch bestimmte Handlungen und Aktivitäten zustandegebracht werden, bauen die normative Kraft einer Norm auf durch Feststellen von Modellen, Ausübung von Kritik und Korrektur, und schließlich durch positive und negative Sanktionen (Bartsch 1987, 62–63).

Als *normative Autoritäten* werden zum einen nicht personelle Autoritäten wie Wörterbücher, Grammatiken oder sehr pauschal sprachliche Nachschlagewerke, zum anderen aber auch vielgestaltige personelle wie institutionelle Akteure aus der Literatur, der Wissenschaft, den Schulen, Fachkommissionen, Sprachinstitutionen und Sprachakademien oder den Medien allgemein gelesen (cf. Berrendonner 1982, 39–42; Lodge 1997, 12; Schmitt 2001, 460; Remysen 2009, 244; Siouffi 2011, 18, 23; Große

2017, 311–320; für Grevisse: Lieber 1986; Ayres-Bennett/Seijido 2011, 233–235; Siouffi 2015, 138; Chalier 2021, 15). Die unterschiedlichen normativen Autoritäten stehen zumeist in einem Hierarchiegefälle untereinander, weshalb Einzelnen von den Sprechenden eine ‚höhere' Autorität zugeschrieben wird als Anderen (cf. Lebsanft 2020, 218). Diese Form der Legitimation sprachnormativer Äußerungen ist in der Entwicklung über die Jahrhunderte jedoch insgesamt eher rückläufig. Es ist wichtig herauszustellen, dass normative Autoritäten nicht mit denjenigen Akteuren bzw. Autoritäten, die die Normierung bzw. Standardisierung in der Historie befruchteten, wie beispielsweise im 16. Jahrhundert die Buchdrucker, deckungsgleich sind (cf. *standardizer* bei Vandenbussche 2007, 28–30).

Lange Zeit lag die normative Autorität für die Sprache und so auch für das Französische bei den Grammatikern und ihren jeweiligen Diskursen und Veröffentlichungen, wobei *Grammatiker* breit verstanden werden sollte und die Autorinnen und Autoren von Grammatiken sowie Wörterbüchern, Akademiemitglieder, Sprachchronisten usw. miteingeschlossen sind (cf. Moreau 1997, 221).

> Émetteurs professionnels de normes prescriptives, ils partagent un même objectif, l'identification et la promotion des bonnes formes, et ils jouent un rôle important dans le processus de codification, de °standardisation et de °normalisation d'une langue (Moreau 1997, 221).

Die *Grammatiker* (im weiten Sinne) bewerteten den Sprachgebrauch oftmals unter Rückgriff auf spezifische Sprechergruppen oder auch einzelne literarische Autoren. Damit kommt auch der in literarischen Texten genutzten heterogenen Sprache und der Literatur allgemein eine gewisse normative Autorität zu, welche sich im Verlauf der Jahrhunderte in ihrer Relevanz verändert (cf. Kapitel 2).

Die Funktion sprachfördernder Institutionen (Sprachakademien, Verlagshäuser und Herausgeber von Wörterbüchern, Grammatiken, Handbüchern etc.) als sprachnormative Autoritäten im Unterschied zu Autoritäten wie Gerichten und dem Gesetzgeber im juristischen Kontext wird von Bartsch (1987, 92) erfasst:

> Die sprachfördernden Institutionen können nicht auf eine so klar umrissene formgebende Gewalt zurückgreifen. Sie stützen sich auf ihren eigenen Sprachgebrauch und den ihrer gesellschaftlichen Schicht, wobei sie selbst meist weniger ihren eigenen Sprachgebrauch als ihre eigene Normempfindung berücksichtigen, die außer Aspekten des eigenen Sprachgebrauchs auch noch auf dem literarischen Stil der Vergangenheit, und damit auf den an der Schriftsprache orientierten Sprachformen aufgebaut ist.

Es handelt sich somit grundsätzlich um eine Form der Zuschreibung von normativer Autorität an verschiedene Akteure, die auf der Grundlage formuliert wird, dass ihnen bestimmte Kompetenzen zugeschrieben werden. Es müssen jedoch nicht immer spezifische Akteure auftreten, sondern die sprachnormative Autorität kann auch kollektiv bzw. abstrakt erfolgen, im Sinne von *tout le monde sait...* (dt. alle Welt weiß...) (Paveau 2006, 182).

Sehen wir uns ein Beispiel einer Autoritätszuschreibung aus der Grammatik des *Bon Usage*, der Französischgrammatik des Belgiers Maurice Grevisse (cf. 5.2.4.1) aus dem Jahr 1955 an, in welchem konkret auf die französische Sprachakademie referiert wird: „L'Académie ne signale pas l'emploi d'*ancêtre* au féminin" (Grevisse 1955, 181). Der französischen Sprachakademie wird jedoch nicht nur wie hier aufgezeigt in einzelnen Grammatiken bzw. Wörterbüchern eine sprachnormative Autorität attestiert, sondern sie ist auch im allgemeinen metalinguistischen Diskurs sehr präsent (cf. 3):

> Parmi les institutions chargées de veiller au respect du bon usage, l'Académie occupe une place privilégiée dans les discours métalinguistiques ordinaires, qu'il s'agisse de l'interpeller dans la résolution de questions douteuses ou de la critiquer en tant qu'autorité fiable en matière de langue (Vicari 2016a, 267).

Solch normative Autorität kann aber nicht nur innerhalb des sprachnormativen Diskurses selbst, sondern auch in anderer Form zugewiesen werden. Hierunter fällt in Frankreich beispielsweise die Durchführung öffentlichkeitswirksamer Diktate im Rahmen des *Championnat de France d'orthographe* bzw. *Championnat du monde d'orthographe* (cf. Settekorn 1988, 124–134). Die dort seit 1985 und über einen Zeitraum von zwei Jahrzehnten öffentlich vorgetragenen Diktate vermitteln einen Eindruck des Standards der französischen Orthografie (Pöll 2020, 404) und geben somit Auskunft über die präskriptive Norm. Da in diesen Diktaten nicht selten auch wenig frequente Lexeme integriert werden, deren standardkonforme Orthografie nur eingeschränkt in der Sprachgemeinschaft bekannt ist und es aus diesem Grund in den Diktaten vermehrt zu fehlerhaften Orthografien kommt, die medial inszeniert werden, ist eine Erhöhung von ‚sprachlicher Unsicherheit' (fr. *insécurité linguistique*) unter den Teilnehmenden und Zuhörenden nicht ganz ausgeschlossen. Diese wird jedoch während der Diktate sogleich ‚abgemildert', indem werbewirksam auf sprachnormative Schriften wie Wörterbücher verwiesen werden (cf. Settekorn 1988, 130 und Seiler 2012, 126–127 für die Kritik am Konzept der ‚sprachlichen Unsicherheit' und 2.4.1).[34]

Unter den französischen Sprachinstitutionen, die zur Stützung der Argumentation im sprachnormativen Diskurs als normative Autoritäten zu finden sind, verfügt die *Académie Française* über eine besondere Position (cf. Kapitel 3), wenngleich sich insbesondere in der zweiten Hälfte des 20. Jahrhunderts weitere Sprachinstitutionen wie die private Gesellschaft *Défense de la langue française* (DLF) oder die staatlich-ministerielle *Délégation à la langue française et aux langues de France* (DGLFLF) gründeten, welche für sich gleichfalls eine gewisse sprachlich-normative Autorität in Anspruch nehmen (cf. Funk 2019). In Quebec verfügt vor allem der 1961 gegründete

---

34 Die Tradition der Diktatwettbewerbe ist auch in anderen Räumen der Frankophonie verbreitet, wenngleich etwas weniger öffentlichkeitswirksam. In Belgien werden die *Championnats d'orthographe* beispielsweise *bereits* seit 1971 jährlich durchgeführt (https://www.championnats-orthographe.be/ – 24. September 2024).

Office québécois de la langue française über diese Form der sprachnormativen Autorität.

Auch den audiovisuellen Medien (Radio, Fernsehen) kommt im 20. und 21. Jahrhundert sowohl als reale, wie auch als abstrakte normative Autorität eine besondere Funktion zu.[35] Im realen Bereich geben die genannten Medien durch professionelle Sprecherinnen und Sprecher jeweils Vorbilder an. Zugleich verbreiten die Sprecherinnen und Sprecher diese Modelle in ihren Sendungen und Produktionen im Sinne von *Normverstärkern* umfassend (cf. Bartsch 1987, 62, 63; Müller 1975, 240–241; 1985, 291–292). Reinke (2004, 16–17) unterstreicht in diesem Zusammenhang die Bilateralität in der Interaktion, da sich die Modellsprecher und -sprecherinnen (fr. *locuteurs modèles*) am prestigereichen Standard ausrichten und ihn zugleich verbreiten. Aus diesem Grund sind beispielsweise Selbstkorrekturen von Seiten professioneller Sprecherinnen und Sprecher nicht selten. Branca-Rosoff zitiert dazu das folgende Beispiel einer sogenannten *liaison fautive* (dt. fehlerhafte Bindung bzw. *liaison*), die vom Moderator im Anschluss sofort selbst korrigiert wird: „Très peu-z-assuré assuré pardon (17/3/2004, France Culture matin, journaliste)" (2007a, 31).

Nach Reinke (2004, 16), Pöll (2008, 105) sowie Reinke und Ostiguy (2016, 118) identifizieren die *Québécois* die Sprecherinnen und Sprecher von *Radio-Canada* als Modellsprecher des *français québécois* bzw. für das im frankophonen Kanada gesprochene Französisch (Villeneuve 2017, 52).[36] Ähnliches ließe sich zweifelsohne auch in Frankreich für *Radio France* oder die großen staatlichen, aber auch privaten Fernsehsender *TF1* sowie *France 2* oder *TV5* feststellen. In der aktuellen Untersuchung von Chalier (2021) wird deutlich, dass den Sprecherinnen und Sprechern in den audiovisuellen Medien Frankreichs noch heute die Rolle des sprachlichen Vorbilds zuerkannt wird (2021, 440).

Die sprachnormative Autorität der audiovisuellen Medien sollte indes keinesfalls mit einer sprachpuristischen Haltung verwechselt werden und auch die jeweilige inhaltliche Ausrichtung der einzelnen Sendungen entscheidet maßgeblich über die Art und Weise des Sprechens, wobei sich die tägliche Nachrichtensendung, d.h. primär die informativen bzw. informationsbetonten Formate hier deutlich von Unterhaltungsformaten wie Talksendungen unterscheiden. Die ‚Sprache der Medien' weist damit in keinem Fall Homogenität auf und zeichnet sich zugleich durch Mischung verschiedener Genres aus (cf. auch Blanche-Benveniste 2007b; Branca-Rosoff 2007b; Gadet 2007b). In Talkformaten im Radio oder Fernsehen wird die Distanz, einschließlich der sprachlich-kommunikativen, zwischen den Gesprächspartnern sehr bewusst

---

35 Dies ist auch in Großbritannien mit Rückgriff auf die BBC der Fall (Milroy/Milroy 1985, 2; Bossong 1996, 615).
36 Reinke (2004, 132) konnte in ihrer Studie zu Quebec keinen Unterschied im Sprachgebrauch zwischen staatlichem und privatem Quebecer Fernsehen ausmachen.

abgebaut (cf. Branca-Rosoff 2007a, 46; Reinke/Ostiguy 2016, 119) und nicht nur der Standard verwendet.

> En particulier, les radios qui visent les adolescents se livrent à une publicisation du privé. Dans certaines émissions-phare de ces chaînes, l'auditeur est invité à exposer sa vie intime au regard des autres, ce qui modifie profondément les rôles socio-discursifs et déplace les frontières entre le langage public et le langage informel, naguère exclu de la scène publique (Branca-Rosoff 2007b, 65).

Rossi (2007, 24, 30) erwähnt für das Radio in Frankreich die Sender *Skyrock* oder *Fun Radio*, deren Sprachgebrauch allgemein als vulgär und trivial beschrieben würde, und grenzt diese vom Sprachgebrauch in den staatlichen französischen Radiosendern deutlich ab. Branca-Rosoff (2007b, 66) kann in ihrer Analyse des Sprachgebrauchs im Radio zeigen, dass der Rückgriff auf das *français ordinaire* in den einzelnen Sendungen auf unterschiedliche Art und Weise erfolgt: in den politischen Sendungen durch eine syntaktische Markierung und im Jugendradio indes durch die Lexik.

In bestimmten Formaten, wie beispielsweise in Medientrashformaten oder stark interaktiven Sendungen, kann in den zurückliegenden Jahren sogar eine bewusste Abkehr vom sprachlichen Standard beobachtet werden.

Neu hinzu tritt als Autoritätsargument in sprachnormativen Abhandlungen wie Grammatiken und Wörterbüchern der Rekurs auf Korpora und quantitative Studien, denen dann gewissermaßen als Referenz normative Autorität zugesprochen wird. In diesem Sinn wird die normative Autorität datenbezogen stärker abgesichert und ist weniger intuitiv als vielmehr empirisch basiert. Damit wird der sprachliche Dateninput für Fragen der Normierung zugleich heterogener und auch diverser. Als Quellen zur Identifikation von Sprachnormen wurden vor der maschinellen bzw. digitalen Erfassung umfassender Sprachdaten vor allem literarische Texte bekannter Autorinnen und Autoren zur zumeist individuellen Auswertung herangezogen, aber in geringerem Umfang auch Mitglieder der Sprachgemeinschaften befragt sowie letztlich der Intuition, d.h. dem sogenannten *Sprachgefühl* (fr. *sentiment de la langue*) der normativen Akteure gefolgt (cf. Bartsch 1987, 97).

Zu den genannten sprachnormativen Autoritäten mit ihren jeweiligen Akteuren, die institutionell verankert sind und wozu auch die an Schulen und Hochschulen Lehrenden gehören,[37] gesellen sich jene Einzelakteure, die sich die normative Autorität ohne jegliche institutionelle Anbindung selbst zuschreiben und so auch öffentlich in Erscheinung treten sowie ihrem Sprachgefühl entsprechend einzelne Sprachstrukturen bewerten. Konnte man die Relevanz solcher Einzelakteure bereits in den Sprachchroniken zum Französischen des 19. und 20. Jahrhunderts sehr gut

---

[37] Colonna (2021, 238) bezeichnet diese als *agents glottopolitiques* und ordnet hier auch die Familie mit ein.

beobachten (cf. 2.2.4), wird diese Form der Selbstzuschreibung normativer Autorität heute in Internetforen, in Blogs, in der Kommentierung von Videos auf einschlägigen Videoportalen oder den sozialen Medien wie *Instagram* besonders deutlich. Calabrese und Rosier (2015, 125) stellen in ihrer Darstellung zum Sprachpurismus hier den sogenannten „*grammar nazi*" als moderne Form des engagierten *remarqueur* heraus, der die aus seiner Sicht sprachliche Integrität erhalten möchte und demzufolge eine sprachnormative und vor allem sprachpuristische Bewertung einzelner Sprachstrukturen bzw. Äußerungen vornimmt. Neben der Selbstzuschreibung von sprachnormativer Autorität ist auch die interaktive Aushandlung des sprachnormativen Diskurses relevant (cf. Vicari 2016b). Die interaktive Aushandlung wird insbesondere in partizipativen Formaten der Normierung deutlich, welche von Lukač und Heyd (2023, 230) terminologisch unter *grassroots prescriptivism* gefasst wird.

Normative Autorität, die jedoch recht schwer zu fassen ist, weil sie im sprachnormativen Diskurs weit weniger präsent bzw. untersucht ist, haben aber auch die jeweiligen individuell spezifischen bzw. variierenden sozialen Gruppen wie Familiennetzwerke oder Freundesgruppen (cf. auch Kibbee 2021, 204).

Schließlich sollten die Relevanz des französischen Staates und seiner juristischen Entscheidungen in Gestalt sprachpolitischer Gesetzgebung wie die *Loi Toubon* von 1994 unter den normativen Autoritäten erwähnt werden, die insgesamt wissenschaftlich gut erhoben und fundiert beschrieben sind (cf. Müller 1985, 286–287; Braselmann 1999, 9–17, Schmitt 2001; Eckkrammer/Lescure 2015, 145–146; Tacke 2015; Ayres-Bennett 2024). Die Umsetzung der *Loi Toubon* zwischen 1994 bis 2024 ist im *Rapport au Parlement sur la langue française* (2024)[38] erfasst.

Chalier (2021, 18–19) stellt in seiner Modellierung von sprachnormativer Autorität der autoritären Normperspektive eine demokratische und dynamische Sicht der Normen gegenüber und unterstreicht damit die gegenseitige Beeinflussung normativer Perspektiven zwischen den einzelnen Sprechenden, der linguistischen Sicht und den verschiedenen öffentlichen Institutionen.

1.5.3 Argumentation im sprachnormativen Diskurs

Für den sprachnormativen Diskurs, insbesondere wenn er präskriptiv orientiert ist, sind als Stützen der Argumentation neben den im vorangegangenen Kapitel behandelten Autoritäten und dem *bon usage* als Referenz über die Jahrhunderte zudem rhetorische bzw. logische Kategorien sowie einzelne tradierte, auch ästhetische oder moralische Qualifizierungen wie ‚Klarheit' (fr. ‚*clarté*'; ‚*netteté*'), ‚Reinheit' (fr. ‚*pureté*'), ‚Logik' (fr. ‚*la logique*'), ‚Schönheit' (fr. ‚*beauté*'), ‚Eleganz' (fr. ‚*élégance*'), ‚genie de la

---

38 https://www.culture.gouv.fr/Thematiques/langue-francaise-et-langues-de-france/Actualites/Publication-du-Rapport-au-Parlement-sur-la-langue-francaise-2024 (27. Juni 2024).

langue', ,Natürlichkeit', (fr. ,*naturel'*), ,*noblesse'* (dt. ,Vornehmheit') relevant, die der Sprache allgemein oder den Texten, aber auch Sätzen bzw. Äußerungen zugesprochen bzw. für diese eingefordert werden (cf. Berrendonner 1982, 38; Yaguello 1988, 65–68, 119–126; Leeman-Bouix 1994, 20–25; Schmitt 2001, 459–460; Greive 2001). Darüber hinaus werden im sprachnormativen Diskurs auch Kategorisierungen wie *anglicisme, néologisme, emprunt, canadianisme* (cf. Daryai-Hansen 2003, 235; Remysen 2009, 56, 57), oder stärker wertende, weil sie noch deutlicher auf die Abweichung vom Standard referieren, Charakterisierungen wie *faute, provincialisme, mot impropre, vulgarisme, barbarisme* oder *solécisme* (cf. Remysen 2009, 57, 69, 80, 226; Ayres-Bennett/Seijido 2011, 77) als Bezugsgrößen verwandt und etablieren sich als Apologien (cf. Große 2020).

In folgendem Beispiel aus der Grammatik des *Bon usage* von Grevisse wird die satzinitiale Verwendung der *participe présent* im Französischen an die Klarheit gekoppelt, die einen solchen Gebrauch verlange:

> La clarté demande que le participe (présent ou passé) placé au commencement d'une phrase ou d'un membre de phrase se rapporte au sujet du verbe principal : CONNAISSANT votre générosité, j'espère que vous ne repousserez pas ma demande (Grevisse 1955, 653).

Für alle diejenigen, die die Grammatik lesen bzw. rezipieren, wird damit in gewisser Form suggeriert, dass ein derartiger Gebrauch nicht (weiter) in Frage gestellt werden solle und er allgemeingültig sei, da dieser die Klarheit des französischen Ausdrucks garantiere.

Neben rhetorisch oder ästhetisch motivierten Zuschreibungen gibt es auch andere relevante argumentative Stützen. Nicht selten wird der sprachnormative Diskurs so durch zumeist unspezifische, oft adverbiale Frequenzangaben (bzw. nach Remysen ,Vitalitätsangaben') angereichert, beispielsweise *en général, (presque) toujours, parfois, rarement* (dt. allgemein, [fast] immer, manchmal, selten), deren Abgrenzung nur in Ausschnitten quantitativ nachvollzogen werden kann und eher der intuitiven Sprachbeobachtung der Verfasser der jeweiligen Abhandlung entspringt (Willems 1986, 59; Schmitt 2001; Remysen 2009, 55, 195; Funk 2017, 108–111). In den beiden folgenden Beispielen werden in diesem Sinne die Adverbialphrasen *très régulièrement* (dt. sehr regelmäßig) und *généralement* (dt. allgemein) genutzt:

> Pardonner quelqu'un. On dit très régulièrement : vous êtes pardonné (§611,2) bien que – du moins en règle stricte – on ne dise pas : pardonner quelqu'un. – Cette dernière construction tend à s'introduire : [...] (Grevisse 1955, 469).
> On évite généralement les constructions m'y, t'y, après un impératif (cf. Vaugelas, Rem., p. 95), et l'on préfère y-moi, y-toi : Mènes-y-moi (Littré) (Grevisse 1955, 395).

Die Wahl der Verben bzw. Verbalphrasen *(il faut, devoir, pouvoir, éviter, observer, remarquer, recommander, condamner* etc.) und ihres Tempus und Modus (z.B. Imperativ, Konditional, Futur) wie in *on évitera* (dt. man wird vermeiden) oder *on peut l'employer* (dt. man kann es/sie verwenden) sowie unterschiedliche Negationsstrukturen *ne...pas* oder *ne ...jamais* in *on n'utilise pas, on utilisera jamais, on ne dira pas* (dt. man gebraucht nicht, man wird niemals... gebrauchen, man wird nicht sagen) können den sprachnormativen Diskurs in einer eher deskriptiven oder auch eher präskriptiven Ausrichtung steuern (cf. Berrendonner 1982, 23; Daryai-Hansen 2003, 243–247; Remysen 2009, 219, 226; Ayres-Bennett/Seijido 2011, 77; Große 2017, 66–68; 2020).

> En principe, *plus bon* ne se dit pas dans la langue cultivée (Grevisse 1955, 276).
> Les participes paſſifs ſont ordinairement indéclinables, quand ils ſont précédés du verbe auxiliaire avoir. Ainſi il faut écrire, Les grands Princes ont toujours protégé les ſciences, & non pas protégés [...] (Restaut 1774, 370).

Remysen führt des Weiteren Kommunikationsaspekte an, die in der Explizierung und Argumentation normativer Aspekte genutzt werden und nennt als Beispiel: „*débarbouillette* risque de ne pas être compris par un Français" (2009, 55) (dt. wörtlich: *débarbouillette* riskiert von einem Franzosen nicht verstanden zu werden), in welchem das sprachliche Unverständnis oder Nichtverstehen unter den französischen Erstsprachlern als Argument gegen die Verwendung des Lexems *débarbouillette* (dt. Waschlappen) genutzt wird.

Die Argumentation im sprachnormativen Diskurs kann grundsätzlich auch auf sprachsystemimmanenten Argumenten fußen. Remysen (2009, 237) erwähnt in diesem Zusammenhang beispielsweise die semantische Nähe zwischen zwei sprachlichen Ausdrücken oder auch die Berücksichtigung morphologischer Regeln.

Die einzelnen Arten der argumentativen Strukturen bzw. Muster können auch zusammen verwandt werden und sich so gegenseitig stützen (cf. Osthus/Polzin-Haumann 2002, 262; Remysen 2009, 291).

Argumentative Muster des sprachnormativen Diskurses wurden in einzelnen normativen Genres wie Grammatiken oder Wörterbüchern mit ihren Vorwörtern besonders häufig untersucht, andere hingegen kamen erst nach und nach in den Blickpunkt der Analysen (cf. Große 2017 für die Redaktion von Briefen in Briefstellern [= fr. *manuels épistolographiques*]; Neusius 2021 für den Metasprachdiskurs in der Sprachpflege) bzw. sind noch nicht umfassend erforscht wie die zahlreichen sprachkritischen Diskurse (cf. Lebsanft 2020, 221; Kapitel 6).

1.5.4 Relevanz der sprachlichen Akteure

Wenn wir uns im vorangehenden Kapitel auf die Ausgestaltung des sprachnormativen Diskurses, die Formuliertheit sowie die Bewertung von Normen gestützt haben, soll an diesem Punkt noch einmal herausgestellt werden, dass es die Sprechenden, Sprechergruppen und in gewissem Sinne auch Sprachgemeinschaften sind, die sprachnormatives Wissen einschließlich möglicher Bewertungen ausbilden, sich aneignen, verarbeiten und sich gegebenenfalls in ihren Praktiken davon leiten oder nicht leiten lassen (cf. Gloy 1997, 28):

> Les phénomènes normatifs ne deviennent des « réalités » que si des personnes les intègrent dans leurs pratiques (Branca-Rosoff 2007a, 30).

Grundsätzlich kann die Übereinstimmung von theoretisch-normativen Aspekten und der sprachlichen wie diskursiven Praxis nicht automatisch mit der Befolgung sprachnormierender Hinweise aus Grammatiken, Wörterbüchern etc. durch die Sprechenden gleichgesetzt werden.

Eine sprecher- und handlungszentrierte Perspektive in der Analyse von Normen wird für den frankophonen Raum insbesondere in der Untersuchung von Seiler (2012) sichtbar, in der die interne Verarbeitung „präskriptiver Vorgaben" (2012, 22, 110) nicht ausgespart wird.

1.6 Normen und Normimagination

Nach den verschiedenen Ausführungen zu *Normen* ist es an der Zeit sich zu fragen, in welchem Verhältnis das Normbewusstsein und die Normimagination (fr. *imaginaire normatif*) stehen. Die Idee der Bewertung, aber zugleich der Idealisierung von Normen spielen u.a. bei Houdebine (1993) oder auch Moreau (1997) eine Rolle, welche als eigenständige Arten der Normen *evaluative Normen* (fr. *normes évaluatives*) und *phantasmierte Normen* ausweisen (fr. *normes fantasmées,* in einigen Darstellungen wie Houdebine 1993 auch als *fiktive Normen* [fr. *normes fictives*] erfasst) (cf. Houdebine-Gravaud 2002, 20–21; Seiler 2012, 112). Die *normes évaluatives* stehen in Verbindung zu den *präskriptiven Normen* (Seiler 2012, 112).

Es sollen an dieser Stelle primär Moreaus Überlegungen zu den phantasmierten Normen, den *normes fantasmées* bzw. *fictives*, aufgegriffen werden. Handelt es sich hier um Vorstellungen der Sprechenden über ein gewisses imaginiertes sprachliches Ideal oder eher über Vorstellungen sprachlicher Realitäten, die nachfolgend idealisiert werden? Houdebine definiert die *normes fictives* als „idéal de langue non étayé par un discours antérieur de type académique ou grammatical traditionnel, idéal « subjonctif » ou « pratique »" (1993, 34). Auch Moreau sieht die *normes fantasmées* als sprachliches, nicht erreichbares und überhöhtes Ideal an (1997, 222–223), weshalb die *normes fantasmées* sich an die anderen Arten der Normen wie deskriptive, subjektive, präskriptive oder objektive Normen anlehnen können (cf. Ledegen 2013, 377).

Der Begriff des *imaginaire linguistique* (dt. sprachliche Imagination) kommt in Frankreich 1975 in Studien zur Phonologie des Französischen und seiner Dynamik im *français régional* auf, und wird dort anderen Begriffen wie *attitude* (dt. Haltung) oder *représentation* (dt. Vorstellung), welche in soziolinguistischen Arbeiten verbreitet sind, vorgezogen. Seit den 80er Jahren des 20. Jahrhunderts etablierte er sich schließlich in (sozio)linguistischen Arbeiten zum Französischen (Houdebine-Gravaud 2002, 9, 11).

Siouffi (2015, 145–148) deckt in seiner detaillierten Untersuchung zu Gilles Ménage, einem der wichtigsten *remarqueurs* des 17. Jahrhunderts (cf. 2.2.2), auf, dass in Momenten, in denen für eine normative Argumentation und Entscheidung nicht auf bestimmte Referenzen bzw. Autoritäten zurückgegriffen werden kann oder soll, die Idee des Imaginierten zu Tage tritt.

Für Siouffi ist das *imaginaire linguistique* nicht von der sprachlichen Realität abgeschnitten:

> Et cette dernière idée est sans doute l'élément déterminant qui nous permet de penser que, s'il existe un « imaginaire linguistique », cet imaginaire n'est sans doute pas complètement coupé du réel. Loin de se définir par son opposition avec le principe de réalité, l'imaginaire linguistique y participerait au contraire d'une manière étrange et subtile. À la différence de ce qu'on pourrait concevoir comme un imaginaire « général », l'« imaginaire linguistique » se caractérisait en effet par ses liens avec une formalité assez précise, qui est celle du langage. De cette formalité, il existe un discours qui se propose comme perpétuel objectif de rendre le compte-rendu le plus fidèle possible, c'est le discours linguistique. De sorte qu'il est tout à fait envisageable de défendre que l'« imaginaire linguistique » n'existerait probablement pas sans discours linguistique (Siouffi 1995, 47).

In dieser Perspektive ließe sich auch das *imaginaire normatif* fassen. Damit wäre das *imaginaire normatif* zwar eine idealisierte, aber nicht von der sprachlichen Realität abgekoppelte normative Vorstellung.

Wörterbücher, Grammatiken, aber auch Abhandlungen sprachlicher Beobachtungen, die in den *remarques* oder Sprachchroniken zu finden sind (cf. 2.2), tragen zur Konstruktion idealisierter Vorstellungen über den Sprachgebrauch und den *Standard* bei (cf. für das Verhältnis von Sprachchroniken und *imaginaire linguistique* Remysen 2009). Der *Standard*, in verschiedener Form als unerreichbares sprachliches Ideal konzipiert, ist für Müller in Anlehnung an Immanuel Kant eine Art ‚kategorischer Imperativ' der Sprache (Müller 1985, 282).

In der *normativen Imagination* sind auch andere Vorstellungen über Sprache wie sprachpuristische Überlegungen verbreitet (cf. 2.5). Dabei werden einzelne Varietäten des Französischen oder einzelne Sprachverwendungen systematisch abgewertet. Zu diesen zählen beispielsweise die Vorstellungen eines schlechten Sprachgebrauchs unter Jugendlichen oder in der französischen Presse und einer Pressesprache, welche voller Fehler sei (cf. Canut 2007; Vicari 2017), sowie die oberflächliche Vorstellung, dass die gesprochene Sprache generell fehlerbehaftet bzw. unvollkommen sei (Blanche-Benveniste 2010, 13, 44). Im folgenden Beispiel eines kommentierenden Austauschs auf einem Videokanal über die ‚schlimmsten' bzw. ‚schwerwiegendsten' Fehler (fr. *la pire faute*) äußerst sich ein Teilnehmender (Moche_Rebelle) zum Sprachgebrauch der Jugendlichen in folgender Form:

Et malheureusement, les fautes de syntaxe et d'orthographe se banalisent chez les jeunes. Notre pauvre langue massacrée. La lecture se perd... 😟 ça m'attriste tout cela 😟.[39]

Zu den sprachpuristischen Imaginationen gehört des Weiteren das Phantasma eines *einzigen guten Französisch* (Houdebine 1993, 37), welches die sprachliche Heterogenität und Dynamik grundsätzlich ausblendet. Hier findet demzufolge keine Abwertung, sondern eine Überhöhung einer Varietät des Französischen statt.

Um sprachpuristische Vorstellungen bzw. Idealisierungen zu verbreiten, wird von den Sprachpuristen aktuell die Möglichkeit der Kommentierung von Meinungsäußerungen in den sozialen Medien und im Internet intensiv genutzt (cf. Calabrese/Rosier 2015, 123). Die sprachbezogene Kommentierung in den sozialen Medien ist jedoch nicht auf die sprachpuristischen Anmerkungen beschränkt.

1.7 Normen und Sprachvariation

Allen Sprachvarietäten kommt in strukturalistischer und variationslinguistischer Perspektive im Diasystem *Sprache* für das Funktionieren eine *Norm* zu (Christmann 1982, 267, 271; Gloy 2004, 395), d.h. zugleich, dass die Sprechenden in ihrem individuellen sprachlichen Repertoire über unterschiedliche Normen verfügen und nicht allein auf die Kenntnis eines Standards oder Non-Standards reduziert werden sollten (cf. auch Blanche-Benveniste 2007a, 20, 35). Eine Schwierigkeit liegt allerdings in der Abbildung der unterschiedlichen Normen und der auf der Makroebene oftmals üblichen Abstufung zwischen dem *Standard* und *Non-Standard*, d.h. den anderen sprachlichen Varietäten, die innerhalb einer Sprechergemeinschaft als nicht standardsprachlich eingestuft werden.

Aus der Normperspektive werden auf der Mikroebene verschiedene sprachliche Strukturen aus Bereichen wie der Phonie, der Morphologie, der Lexikologie bzw. Terminologie und Syntax als Varianten angesehen und unterschiedlich bewertet. Einige werden dabei als Anzeichen für sprachliche Veränderungen bzw. sprachlichen Wandel gelesen, andere erweisen sich als *Hapax* (Einzelbeleg) (cf. Siouffi 2011, 13). Die Akzeptanz sprachlicher Variation, d.h. auf der Mikroebene die Akzeptanz und Wahrnehmung von sprachlichen Varianten, die als nicht standardsprachlich charakterisiert werden, ist bei den Sprechenden und in der Art der Bewertung unterschiedlich ausgeprägt und offenbar im Bereich der Grammatik im Unterschied zur Lexik und vor allem zur Phonie geringer. Grammatische Varianten werden deshalb oftmals als *Fehler* zurückgewiesen (Gadet 2007a, 114) (cf. 1.3.1).

Schließlich kommt ein weiterer Aspekt in der Zusammenschau von Normen und Sprachvariation hinzu. Bei der Diskussion um ‚die Norm' im Sinne eines Standards

---

[39] https://www.jeuxvideo.com/forums/42-51-72721052-1-0-1-0-la-pire-faute-de-francais-est-or-que.htm (11. April 2024).

wird nicht nur allzu häufig die sprachliche Diversität generell ausgeblendet, sondern *Norm* oft auch als allein für die geschriebene Sprache relevant betrachtet (cf. Schreiber 1999, 17; Villeneuve 2017, 49).[40] Wird die gesprochene Sprache in die normative Betrachtung miteinbezogen, wird auch sie – ähnlich der geschriebenen Sprache – als relativ homogen angesehen und allein mit dem spontanen und familiären Sprachgebrauch identifiziert (cf. Blanche-Benveniste 2007a, 18), was in der Terminologie von Koch und Oesterreicher (1990/2011) dem nähesprachlichen Sprechen entsprechen würde.

Nimmt man jedoch die Idee der Existenz von Sprachnormen für alle Varietäten als Grundlage weiterer Überlegungen an, weisen beispielsweise auch alle gesprochenen Varietäten des Französischen, wie die geschriebenen Varietäten, spezifische Normen auf. Im Unterschied zur schriftsprachlichen Norm unterliegen die Normen der gesprochenen Varietäten jedoch nicht der Präskription (cf. Siouffi 2011, 19) und werden deutlich seltener unter normativ-präskriptiven Aspekten thematisiert.

1.8 Sprachnorm, Standard und Standardnorm

Die Begriffe *Norm* und *Standard* werden im nicht-wissenschaftlichen, aber teilweise auch im wissenschaftlich-linguistischen Diskurs in Frankreich bzw. über das Französische in Frankreich zumeist synonym gebraucht (cf. Müller 1975, 232; 1985, 281; Erfurt 2008, 14; Ossenkop 2008, 72). Neben *Standard* sind in linguistischen Abhandlungen *Standardnorm*, *Standardsprache*,[41] im Französischen häufig *langue standard* oder *français standard*, und auch *Standardvarietät* gebräuchlich.[42] Müller (1975, 217; 1985, 267–270) verwendet in seiner umfassenden Darstellung zum Französischen den Begriff von *norme absolue* für den heute gebräuchlichen Begriff *Standard*.

---

40 Ob diese Eingrenzung in jedem Fall angemessen ist, wird auch in der Diskussion um die *Plurizentrik* des Französischen nochmals aufgegriffen (cf. Kapitel 4).
41 Die früher durchaus geläufige Bezeichnung *Hochsprache* wird heute im deutschsprachigen Raum kaum mehr verwandt (cf. Felder 2016, 23; Butterworth/Hahn/Schneider 2018, 4). Gloy (1993) grenzt *Hochsprache* und *Standardsprache* voneinander ab und stellt die sozial distinktive Funktion der *Hochsprache* in der Definition in den Mittelpunkt: „eine Prestige-Varietät, deren Beschaffenheit und Wert sich nicht an Kodifikationen, auch nicht an Überregionalität bemißt, sondern allein daran, wer diese Varietät spricht" (Gloy 1993, 53). Winkelmann plädiert in seiner Darstellung zum Französischen dafür, *Hochsprache* und *Standardsprache* beizubehalten, und definiert *Hochsprache* als „Varietät, die zur überregionalen Kommunikation verwendet wird, literarische Geltung besitzt und in der betreffenden Sprachgemeinschaft hohes Prestige genießt, jedoch nicht notwendigerweise explizit normiert ist" (Winkelmann 1990, 335).
42 Erfurt (2008, 20) konstatiert, dass ein Großteil der französischen Linguistik der Konzeptualisierung eines ‚Standards' durchaus kritisch gegenübersteht, allerdings sind hiervon diejenigen auszunehmen, die sich im Bereich der Frankophonie mit Fragen des Standards und auch seiner Plurizentrik beschäftigen (cf. Kapitel 4).

Wissenschaftstheoretische Überlegungen zur Festlegung des *Standards* im Sinne einer Literatursprache finden sich seit der ersten Hälfte des 20. Jahrhunderts und hier zunächst bei der Prager Schule der Strukturalisten. Sie sehen als soziale Charakteristikum der Zuordnung zum Standard den Gebrauch der zeitgenössischen gebildeten Schreibenden und Sprechenden an, der nicht älter als fünfzig Jahre zurückliegen sollte (Albrecht 2020, 113). Mit dieser zeitlich engen Festlegung lassen sie als Referenz für den Standard die auch in Frankreich oftmals als Bezugsgröße herangezogenen ‚klassischen Autoren' wie jene aus dem 17. und 18. Jahrhundert für die Definition von *Standard* nicht mehr zu. Den allgemeinen Rahmen für die Aussagen zur *Norm* und zum *Standard* bildet bei der Prager Schule das Konzept der ‚Sprachkultur' (cf. Daneš 2006; Albrecht 2020).

Lebsanft und Tacke (2020, 4–10) zeichnen die Historie der konzeptuellen Entwicklung von *Standard* im anglophonen Raum und insbesondere in der anglophonen Soziolinguistik (Großbritannien und Nordamerika) nach und verweisen dort auf die soziolinguistische Perspektive von William Labov, der mit dem *Standard* die soziokulturelle dominante und relative gebildete (obere) Mittelschicht bzw. Klasse verbindet, deren gewöhnlicher bzw. normaler Sprachgebrauch als Orientierung für die Festlegung des Standards dient. Sinner beschreibt diesen Einfluss Labovs auf die Konzeptualisierung des *Standards* wie folgt:

> An important aspect of Labov's approach is the clear differentiation between the manifold varieties used by the various social groups in diverse social contexts, on the one hand, and the so-called standard language, on the other. It is seen as something that serves as a benchmark by which the varieties can be "measured" or assessed. The standard language is apparently perceived as an idealized language norm all other instances of linguistic performance are usually measured against (Sinner 2020, 149).

In verschiedenen Arbeiten zum *Standard* bzw. zur *Standardisierung* wird versucht, allgemeine Kriterien für die Definition von *Standard* festzulegen. Zu den von Schreiber (1999, 11) aus verschiedenen Definitionen zusammengetragenen Charakteristika von *Standardsprache* gehören Überregionalität und gesamtgesellschaftliche Gültigkeit, Kodifiziertheit sowie funktionale Differenziertheit („Plurivalenz"). Aus der Diskussion um die *Standardsprache* der zurückliegenden Jahre sollte die Frage ihrer Gültigkeit für die geschriebene und gesprochene Sprache ergänzt werden. Zudem haben die *Standardsprache* und ihre Beherrschung noch immer eine ganz spezifische gesellschaftliche Relevanz,[43] wenngleich sie rein linguistisch betrachtet nur eine unter

---

[43] Der Soziologe Pierre Bourdieu (1930–2002) erörtert dies in seiner Abhandlung *Ce que parler veut dire* (1982) als *ökonomisches Kapital* und bezieht sich damit jedoch keinesfalls allein auf die geschriebene Standardsprache, sondern auf die gesamte Kommunikation bzw. sprachliche Interaktion, die auch Varietäten wie das *français populaire* integriert.

zahlreichen Varietäten ist (cf. Völker 2011, 81; Ledegen 2013, 378; Dürscheid/Schneider 2019, 12).

Bei der Konzeptualisierung von ‚Sprache' als Diasystem mit verschiedenen Varietäten wird der *Standard* nicht als *Standardsprache*, sondern als *Standardvarietät* aufgefasst:

> Die Standardvarietät ist dabei diejenige Varietät mit der maximalen kommunikativen Reichweite, da sie im Allgemeinen den gesamten geographischen, sozialen und funktionalen Raum einer Sprache abdeckt (Völker 2011, 81).

Winkelmann (1990, 335) stellt als Besonderheit der Standardvarietät in Abgrenzung zu anderen Varietäten des Französischen die explizite „Festschreibung" dieser Varietät im „historischen Normierungsprozess" heraus, d.h. dass sie in Abgrenzung zu anderen Varietäten normiert bzw. kodifiziert wurde.

> Le français standard, par exemple, n'est qu'une variété parmi d'autres, mais qui, promue au rang de langue officielle, se trouve strictement normée et contrôlée institutionnellement (Riegel/Pellat/Rioul 1994, 11).

In der Mehrzahl der Darstellungen wird dementsprechend die *Standardvarietät* in ihrer Konzeptualisierung wie bei Schreiber und Winkelmann, mit der *Kodifizierung* verknüpft. So auch bei Felder (cf. auch 1.9.2):

> Der Ausdruck *Standardvarietät* ist aus sprachwissenschaftlicher Sicht adäquat, wenn es um die Erfassung einer real vorkommenden sprachlichen Erscheinungsform gehen soll, die den festgelegten (kodifizierten) Normen des korrekten mündlichen und schriftlichen Gebrauchs entspricht (Felder 2016, 24).

In der Auswahl, Beschreibung und Bewertung einzelner Sprachstrukturen in normativen Abhandlungen während des Standardisierungsprozesses[44] erfolgt methodologisch, wie wir bereits ausgeführt haben, zumeist eine Rückbindung auf die geschriebene Sprache, in manchen Fällen allein auf die Literatursprache als einer besonderen Form der geschriebenen Sprache, auf einzelne Textsorten und auf den Sprachgebrauch einer eingrenzbaren, möglichst wenig diffusen, sozialen Gruppe von Sprechenden (cf. Gadet 2007a, 28, 114; Erfurt 2008, 30). Die Identifikation der Sprechergruppe wird über die Beobachtung und in Teilen korpuslinguistische Erfassung sogenannter "model speakers/writers" (Takahashi 2008, 177) realisiert (cf. auch

---

[44] Siehe auch die Aufgabenzuweisung in der Beschreibung dieses Prozesses durch Mattheier (1997c, 3): „Die Analyse eines Standardisierungsprozesses hat demnach die Aufgabe, linguistisch und soziolinguistisch die Entwicklung nachzuzeichnen, durch die sich eine solche Standardnorm innerhalb eines bestimmten sozio-historisch gegebenen Varietätensystems und innerhalb der Sprachgemeinschaft, die die Trägergruppe dieses Systems ist, im Laufe der Zeit ausbildet und seine Vorbildlichkeit entwickelt".

Ammon 1997, 184–85).⁴⁵ Dabei werden einzelne Eigenschaften der Modellsprecher bzw. -schreiber neutralisiert, z.B. deren areale Zuordnung (Armstrong/Mackenzie 2013, 21), so dass keine regionale Einordnung erfolgen kann. Es wird zudem ihr Sprachgebrauch in bestimmten, distanzsprachlichen Kommunikationssituationen favorisiert (cf. Koch 1988, 341). Derartige Begrenzungen und in bestimmter Hinsicht deutliche Idealisierungen (cf. Villeneuve 2017, 49) ermöglichen erst die Herausstellung einer Varietät als *Standard* (cf. Gadet 2007a, 28; Takahashi 2008, 173), die dann in ihrer Weitergabe als *Standardnorm*⁴⁶ als nicht mehr regional oder sozial markiert wahrgenommen werden soll und auch pragmatisch weitgehend unauffällig wäre (cf. Felder 2016, 25; Große 2020).

In den zurückliegenden Jahren trat bei der *Standardisierung* des Französischen in Frankreich die Bindung an die soziale Stellung der Sprechenden bzw. Schreibenden zugunsten einer Registerverschiedenheit bzw. diaphasischer Variation in den Hintergrund (Müller 1985, 293; Gadet 2007a, 92, 148, 161; Armstrong/Mackenzie 2013, 221). Damit werden der Kommunikationssituation und den Differenzierungen in *formell* und *informell* bei der Festlegung der Standardvarietät mehr Raum gegeben. In der relativ rezenten Definition der *Standardsprache* für das Deutsche greifen auch Dürscheid und Schneider (2019, 9) nicht mehr auf die soziale Situierung der Sprechenden zurück, sondern konzeptualisieren die *Standardsprache* viel deutlicher in einem situativ-kommunikationellen Sinne, und das nicht nur mit Blick auf die Sprechenden, sondern auch mit Blick auf die Angesprochenen:

> Die deutsche Standardsprache (das Standarddeutsche) ist diejenige Ausprägung der deutschen Sprache, die man verwenden würde, wenn man beispielsweise einem Nicht-Ortsansässigen aus einer anderen Region oder einem Menschen, der Deutsch als Fremdsprache lernt, den Weg zum Bahnhof erklären würde. Es ist das, was man in der Alltagssprache auch ‚Hochdeutsch' nennt: die Sprachform, die man im Gesprochenen und im Geschriebenen überregional auch in formelleren Situation verwendet, im Unterschied etwa zur sogenannten Umgangssprache und zu den Dialekten (Dürscheid/Schneider 2019, 9).

In der normativen Erfassung einer *Standardvarietät* wird in verschiedenen Abhandlungen sowohl von *Standardnorm* als auch *präskriptiver Norm* gesprochen (cf. 1.4.1). In ihrer theoretischen Modellierung und ihrer Prestigezuschreibung nähern sich beide an, sind jedoch nicht gleichzusetzen, da sich *präskriptive Normen* in Abgrenzung zur *Standardnorm* durch ein gewisses Maß an Ahistorizität auszeichnen, die ihnen im Rahmen ihrer ‚Konstantisierung' (Koch 1988, 341) zugeschrieben wird.

---

45 Allerdings ist hier der Hinweis relevant, dass auch die Modellsprecher sich ihrerseits an der kodifizierten Standardvarietät orientieren und damit eine wechselseitige Beeinflussung vorliegt (Ammon 1997, 185).
46 Für die Definition von ‚Standardnorm' wird auf Mattheier (1997c) verwiesen, der die Vorstellung des Wissens über die als „richtig bzw. vorbildlich" bewerteten sprachlichen Realisierungen innerhalb einer Gesellschaft bzw. Gemeinschaft in den Vordergrund stellt.

Ahistorizität ist jedoch nicht mit Retrospektivität zu identifizieren, die grundsätzlich mit jeder Form der Explizierung von Normen einhergeht, da bei der Festschreibung im Sinne der Explizierung der Sprachgebrauch bereits verändert ist.

Selig erfasst die Veränderung in der Zuschreibung und Wahrnehmung der *Standardvarietät* in den zurückliegenden Jahrzehnten als einen Übergang von der „präskriptiven zur funktionalen Normkonzeption" (2021, 32).

Der *Standardvarietät* werden je nach wissenschaftlicher Ausrichtung entweder sogenannte *Substandardvarietäten* oder *Non-Standardvarietäten* gegenübergestellt, d.h. all jene Varietäten einer historischen Einzelsprache, die als nicht exemplarisch angesehen werden (cf. Erfurt 1993, 344, 348). Wenngleich die Idee der Existenz von *Substandardvarietäten* aus linguistischer Perspektive nicht primär hierarchisch gedacht und nicht an eine Abwertung dieser Varietäten geknüpft ist, hat sich die Verwendung des ‚neutraleren' Ausdrucks *Non-Standardvarietäten* für alle Varietäten außerhalb des Standards in Abgrenzung zu dem Begriff der *Substandardvarietät* durchgesetzt (cf. Schreiber 1999, 12, 17; Lebsanft/Tacke 2020, 11). Nicht selten wird auch die gesprochene Sprache unter die *Non-Standardvarietäten* eingeordnet (Schreiber 1999, 17, 19), was jedoch in dieser Allgemeinheit vermieden werden sollte, da eine solche Kategorisierung nur ungenügend die Heterogenität der sprachlichen Variation innerhalb des Mündlichen berücksichtigt. Die immer präsentere Wahrnehmung der *Non-Standardvarietäten* inner- und außerhalb der Sprachwissenschaft wurde nach Milroy und Milroy (1985) der stärkeren sozialen Präsenz unterer Bevölkerungsschichten insgesamt zugeschrieben.

In sprachpuristischen Arbeiten kommt es nicht selten zu einer Überhöhung der geschriebenen *Standardvarietät* als Maßstab für die Gesamtheit der sprachlichen Interaktion bzw. Kommunikation, einschließlich der mündlichen Kommunikation, so dass wir von einer *Ideologisierung der Standardsprache* sprechen können (cf. auch 1.9.1), welche zumeist in populäre bzw. nicht-wissenschaftliche sprachkritische Diskurse eingebettet ist (cf. Kapitel 6). So wird in diesen Diskursen beispielsweise kritisiert, dass im mündlichen und informellen Sprachgebrauch kein korrektes Französisch gesprochen wird. Dabei referiert man mit ‚korrektem Französisch' auf den schriftlichen Standard, der in dieser Situation aus funktional-pragmatischer Sicht jedoch nicht adäquat wäre. Typische Merkmale, an denen eine solche Kritik festgemacht wird, sind beispielsweise der Ausfall von *ne* in der Negation oder auch eine umgangssprachliche Lexik.

Die Standardvarietät und ihre Konstruktion sowie Legitimation können insbesondere in der Vermittlung des Französischen als Fremdsprache (fr. *français langue étrangère* – FLE) Probleme generieren, sobald eine Gleichsetzung von der Vermittlung des Französischen als ausschließliche Vermittlung der *Standardvarietät* gelesen sowie umgesetzt wird und zugleich der Gebrauch der *Standardvarietät* ungenügend situiert wird, womit sich eine nur eingeschränkte kommunikative Kompetenz bei den Französischlernenden ausprägt (cf. Guerin 2008).

1.9 Normierung, Normalisierung, Kodifizierung und Standardisierung

Wenn in der Konzeptualisierung von ‚Norm' die Prozesshaftigkeit in den Vordergrund gerückt wird, wird im Deutschen von *Normierung*, *Normativierung*, aber vor allem von *Normalisierung* gesprochen, wobei letztere nach Sinner (2014) den Gesamtprozess als solchen oder in engerem Rahmen den Ausbau beschreiben kann:

> Normalisierung umfasst zwei komplementäre Vorgänge, Normativierung oder Normierung der Sprache (die Haugens Wahl eines Sprachmodells und ihrer Kodifizierung entspricht) und Normalisierung der Sprache im engeren Sinne, d.h. Erweiterung ihres Anwendungsbereiches (Sinner 2014, 61).

Im Französischen wird üblicherweise zwischen *normalisation* und *normativisation* unterschieden. Es stellt sich die Frage, ob es sich hier gegebenenfalls um potenzielle Unschärfen in der begrifflichen Verwendung handelt oder ob darunter unterschiedliche Konzepte zu fassen sind. Siouffi (2011, 17) definiert einen Unterschied zwischen *normalisation* und *normativisation*, indem er *normalisation* im Sinne von Stabilisierung und *normativisation* im Sinne der Intervention gebraucht.[47] Während wir im Französischen von *normalisation*, im Deutschen von *Normalisierung* sprechen, verwendet man im anglophonen Kontext oft *standardization* (cf. Sinner 2020, 151–152), wodurch die terminologische Abgrenzung der Konzepte untereinander über die Sprachgrenzen hinweg erschwert wird.

In der Entwicklung zahlreicher moderner (National-)Sprachen, darunter auch des Französischen, werden Normierungsaspekte mit Fragen der *Kodifizierung* und auch *Standardisierung* verknüpft.

Die *Kodifizierung* ist in der Norm-Auffassung der Prager Strukturalisten in der ersten Hälfte des 20. Jahrhunderts besonders präsent (Albrecht 2020, 112); sie ist somit für die sprachtheoretische Entwicklung von *Standardisierung* im 20. Jahrhundert besonders relevant. Für sie war die *Kodifizierung* eng mit der Entwicklung der Literatursprache verbunden:

> La codification de la langue littéraire ne doit pas reposer sur une notion romantique de pureté de la langue basée surtout sur la continuité historique et l'élimination d'emprunts et autres

---

[47] In anderen romanischen Sprachräumen wie beispielsweise in Katalanisch-, Galicisch- oder Euskerasprachgebieten in Spanien wird *Normalisierung* (*normalización*) als umfassendes Konzept verstanden: „Normalization was introduced for being a term that comprises the totality of processes implied in the codification, elaboration and implementation. The term, originating in the 1960s by the Valencian (socio) linguist Lluís Aracil and adopted from political language, is oriented towards the dissolution of a diglossic situation. Together with *normativization*, it underpins the inherited preference for *norm* instead of *standard* in Catalan sociolinguistics" (Sinner 2020, 160–161). Für die Abgrenzung von *normalisation* und *standardisation* im Französischen cf. auch Baggioni (1994a, 28).

> formes « inutiles » […], mais plutôt sur l'observation réaliste de l'usage qu'en font les meilleurs auteurs – écrivains, scientifiques et chefs de file intellectuels (Garvin 1983, 145).

Kodifizierung wird von den Prager Strukturalisten als Prozess in zwei Etappen untergliedert: 1. die Erarbeitung einer *Standardnorm* mit Hilfe von Wörterbüchern, Orthografiehandbüchern oder normativen Grammatiken und 2. die Übernahme der *Standardnorm*, welche insbesondere durch die Bildungseinrichtungen und demzufolge institutionellen Lernumgebungen abgesichert wird (cf. Garvin 1983, 147). In der Kodifizierung der Standardnorm, allen voran in der Grammatik und Orthografie, kommt der Linguistik heute für gewöhnlich eine aktive Rolle zu (cf. Garvin 1983, 149).

Der Standard zeichnet sich in Abgrenzung zu anderen Varietäten wie beispielsweise des *langage populaire* oder auch den fachsprachlichen Varietäten durch eine besonders breite Funktionalität aus, d.h. dass die Standardvarietät in zahlreichen Kommunikationssituationen verwandt werden kann (cf. Garvin 1983, 146).

Daraus ergibt sich allgemein die Frage, in welchem Verhältnis die *Kodifizierung* und die *Standardisierung* stehen.

1.9.1 Das sprachtheoretische Konzept der ‚Standardisierung'

Im anglophonen Raum wurde die historische Entwicklung einzelner Sprachen und die Herausbildung von Nationalsprachen mit dem Konzept von *Standardisierung* verbunden. Eine sehr allgemeine Definition von *Standardisierung* gibt Curzan: „Standardization aims to minimize variation in the standard variety, to encourage ([…]) speakers and writers all to use one form, […]" (2014, 30).

In Arbeiten zur *Standardisierung* wird nicht selten auf die Ausführungen und die sehr klare sowie einfache Modellierung von Einar Haugen zurückgegriffen, welche in zwei Versionen vorliegt; in der ursprünglichen von 1964/66 und dem im Jahre 1983 erweiterten Modell. Grundlegend ist Haugens Unterteilung des Standardisierungsprozesses in vier Bereiche, die allerdings nicht als nacheinander abfolgende Prozesse verstanden werden, sondern durchaus parallel ablaufen können: „(1) selection of norm, (2) codification of form, (3) elaboration of function, and (4) acceptance of community" (Haugen 1966b, 933). In der von Haugen 1983 überarbeiteten Fassung wird *acceptance* durch *implementation* ersetzt (cf. Ayres-Bennett 2021, 34). Haugens vierdimensionales Modell wird heute aus verschiedenen Gründen in seiner Absolutheit und in seiner Schlichtheit als nicht mehr adäquat angesehen, die vielfältigen Standardisierungsprozesse des 20. Jahrhunderts abzubilden (cf. Ayres-Bennett 2021, 27; Elspaß 2021, 96). Da es jedoch auch in der Beschreibung der Standardisierung im Französischen prominent genutzt wurde (vor allem bei Lodge 1997) und auch die Prozesshaftigkeit der Entwicklung einer Standardvarietät klar hervorhebt (cf. Völker 2011, 109), wird es zunächst kurz umrissen, um dann konzeptuelle Erweiterungen dieses Modells anzuzeigen.

Die *Auswahl der Norm* (Punkt 1 in Haugens Modell) ist nur in Teilen als bewusste Selektion oder bewusste Entwicklung einer Varietät als Norm im Sinne eines Standards zu sehen.[48] Zunächst wird unter den verschiedenen Varietäten einer historischen Einzelsprache eine Varietät mit einem, wie es Mattheier (1997c, 5) nennt, „Leitnormcharakter" versehen (= Selektion). Der Prozess der Selektion muss, wenn er bewusst erfolgt, keineswegs konfliktfrei verlaufen und wird in Teilen von Sprachdiskussionen wie bei der italienischen *questione della lingua* (dt. Sprachenfrage) durch Diskussionen bzw. Kontroversen begleitet, welche durchaus mehrmals und zu unterschiedlichen Zeiten ausbrechen können (cf. Mattheier 1997c, 5). Die Selektion wird in der Mehrzahl der Arbeiten mit der Diatopik verknüpft, ist aber keinesfalls darauf zu beschränken.

Die *Kodifizierung* (Punkt 2 bei Haugen) beinhaltet im Wesentlichen die „Entwicklung eines Schriftsystems, die Entwicklung der Orthographie, Fixierung der Regeln der Grammatik" (Sinner 2014, 60).[49]

Unter *funktionalem Ausbau* (Punkt 3) versteht Haugen (1966b, 932) die Entwicklung der Sprache entsprechend den kommunikativen Erfordernissen bzw. Bedürfnissen der jeweiligen Sprachgemeinschaft. Der Ausbau impliziert die Verwendung des Standards in immer mehr kommunikativ-situativen Kontexten und Genres bzw. Textsorten.

Mit *Akzeptanz* (Punkt 4) zielt Haugen (1966b, 933) primär, aber nicht ausschließlich, auf sprachpolitische Entscheidungen ab, die den Gebrauch und auch die Vermittlung der Sprache in der jeweiligen Gesellschaft befördern.

Milroy und Milroy (1985) knüpfen an die Überlegungen von Haugen an und zeigen insbesondere die Verflechtung von *Standardisierung* mit bestimmten ideologischen Entwicklungen innerhalb des Prozesses auf. Die *Ideologie der Standardisierung* fußt nach Milroy und Miroy (1985, 26) auf der Vorstellung von Sprache als einer relativ stabilen, invarianten und unveränderlichen Einheit. Für Milroy und Milroy (1985, 22–23) ist *Standardisierung* ein historischer Prozess, der sich nicht auf den schriftlichen Gebrauch der Sprache eingrenzen lässt:

> Standardisation is motivated in the first place by various social, political and commercial needs and is promoted in various ways, including the use of the writing system, which is relatively

---

[48] Allerdings wurde Anfang der 1960er Jahre beispielsweise mit dem *euskera batua* für das auch in Frankreich gesprochene Baskische bewusst ein Standard entwickelt, der nicht auf einer einzelnen Varietät fußt, sondern Elemente unterschiedlicher regionaler Varietäten in sich vereint (Sinner 2014, 60).

[49] Mackenzie (2013, 19) unterstreicht, dass nicht alle Regeln, die im Französischen kodifiziert sind, tatsächlich Bestandteil der französischen Grammatik seien, sondern einzelne wie die Anpassung des Perfektpartizips nach *avoir* (dt. haben) im Beispiel „Cette section de l'autoroute, ils l'ont refaite il y a six mois." eher als grammatisches Virus („grammatical virus") und Epiphänomen der Sprachpädagogik („epiphenomenon of language pedagogy") verstanden werden sollten.

> easily standardised; but absolute standardisation of a spoken language is never achieved (the only full standardised language is a dead language) (Milroy/Milroy 1985, 22).

Die *Standardisierung* des schriftlichen Sprachgebrauchs wird durch die *Kodifizierung* vorangetrieben, welche demzufolge das Mündliche in der Regel außen vorlässt:

> The norms of written and formal English have then been codified in dictionaries, grammars and handbooks of usage and inculcated by prescription through the educational system. Standardisation through prescription has clearly been most successful in the written channel: in the daily conversation of ordinary speakers, however, it has been less effective. Indeed, the norms of colloquial, as against formal, English have not been codified to any extent (Milroy/Milroy 1985, 37).

Für Milroy und Milroy (1985, 63) liegt die im Vergleich zum schriftlichen Sprachgebrauch weniger ausgeprägte *Standardisierung* im Mündlichen vor allem darin begründet, dass alles Mündliche mehr sprachliche Ambiguität aufweise und auch toleriert würde, da sie in der Kommunikationssituation selbst und auch unter Rückgriff auf parasprachliche Mittel unmittelbar reduziert werden könne. Außerdem werde der schriftliche Standard explizit mit Hilfe von Instruktionen, z.B. in Form von Grundlagengrammatiken, erworben (Milroy/Milroy 1985, 64). In der theoretischen Modellierung der *Standardisierung* bleibt demzufolge die Frage der *Standardisierung* des mündlichen Sprachgebrauchs bis heute ein Raum für Diskussionen und sprachtheoretische Kontroversen.

Lebsanft und Tacke (2020, 29) verweisen auf die Unterscheidung von *informeller* und *formeller Standardisierung*, die von Stewart (1968) in die Konzeptualisierung von *Standard* eingebracht wurde (cf. auch Ayres-Bennett 2021, 33). Die *formelle Standardisierung*, welche für das Französische ab dem 16. Jahrhundert einsetzt und im 17. Jahrhundert massiv vorangetrieben wird, hat stets die Tendenz, das höchste Register und die gebildetsten Sprecher als Grundlage anzusehen. Damit kodifiziert die *formelle Standardisierung* im Sinne von Lebsanft und Tacke (2020, 29) eine als exemplarisch angesehene Varietät auf unterschiedlichen Ebenen wie der Orthografie, aber auch der Grammatik oder Lexik.

In einigen Darstellungen werden die Begriffe *Standardisierung* und *Kodifizierung* nahezu gleichgesetzt. Ayres-Bennett (2020, 187) plädiert aufgrund der damit einhergehenden Ambiguität einer solchen begrifflichen Gleichsetzung dafür, *Kodifizierung* als neutralen Begriff anzusehen im Sinne von Auroux' Vorstellung der *grammatisation* (cf. Kapitel 5) und zugleich *Kodifizierung* (engl. *codification*) nicht mit der *Standardisierung* (engl. *prescriptivism*) gleichzusetzen. Interessant ist dabei, dass nach Ayres-Bennett (2020, 187) die Kodifizierung mittels präskriptiver und auch deskriptiver Texte erfolgt. Für sie sei zudem die Kodifizierung bei Haugen nicht spezifisch genug und lasse das Verhältnis von Kodifizierung zur Präskription unscharf.

Ayres-Bennett (2021) stellt in ihrer kritischen Zusammenschau die unterschiedlichen Beschreibungsansätze für *Standardisierung* vor und berücksichtigt unter diesen auch den in den zurückliegenden Jahren stärker beobachteten Bereich der

Standardization ‚from below' (dt. *Standardisierung ‚von unten'*) in Anlehnung an das Konzept der ‚Sprachgeschichte von unten', entwickelt von Stephan Elspaß in der historischen Soziolinguistik des Deutschen (cf. auch Elspaß 2021). Mit diesem Perspektivenwechsel ‚von unten' soll in der linguistischen Beschäftigung der Blick von der Vorstellung einer homogenen Sprache zu einer heterogenen Perspektive und von der sprachlichen Elite hin zur demografischen Mehrheit, d.h. beispielsweise auch den sogenannten ‚einfachen Schreibern', innerhalb des Standardisierungsprozesses gelenkt werden, wie das mit der Arbeit von Sowada (2021) über die Korrespondenz aus dem Ersten Weltkrieg in der historischen Soziolinguistik des Französischen und den Schriftpraktiken weniger geübter Schreiber der Fall ist. Elspaß (2021, 98) nimmt in seine Überlegungen zur *Standardisierung von unten* auch diejenigen sprachlichen Formen und Strukturen in die Untersuchungen auf, welche im Laufe des Standardisierungsprozesses keine Akzeptanz fanden und in Teilen stigmatisiert wurden. Wichtig sind für ihn die adäquate Erstellung der Corpora und auch Veränderungen in der Methodologie, die die *Standardisierung von unten* von anderen Studien zur Standardisierung unterscheiden (Elspaß 2021, 102, 108).

Rutten und Vosters (2021) entwickeln innerhalb der historischen Soziolinguistik zugleich ein Standardisierungskonzept für *Standardisierung ‚von oben'* (engl. *Standardization ‚from above'*) und fassen darunter eine *Standardisierung*, die eine minimale Variation und zugleich eine maximale funktionale Variation beinhalte und keiner spezifischen Sprechergruppe zugeordnet werde, d.h. sich keinesfalls auf eine soziale Schicht beschränke (Rutten/Vosters 2021, 66). Sie arbeiten dementsprechend mit einem Begriff von *Standard*, den wir weiter oben bereits für die rezente Forschung zum Standard thematisiert haben. Für Rutten und Vosters liegt diese Art der Modellierung von *Standardisierung* auf der diskursiven Ebene, da diese im Wesentlichen metasprachliche Aushandlungen innerhalb der Standardisierung beinhalte, und ist eng mit der Ideologisierung des Standards verwoben (Rutten/Vosters 2021, 67, 78):

> [...] it imposes a standard language ideology, projecting the desire to achieve uniformity and homogeneity at the level of the nation onto the language, and it achieves a discursive split of the sociolinguistic continuum into standard versus non-standard forms of language use (Rutten/Vosters 2021, 77).

Damit greifen Rutten und Vosters eine stets von Neuem diskutierte Frage auf, nämlich in welchem Verhältnis normative Praktiken im Sinne präskriptiver Praktiken und der jeweilige Sprachgebrauch stehen. Nur die Beobachtung und Analyse beider Perspektiven wird aus ihrer Sicht eine mögliche gegenseitige Beeinflussung abschätzen können (cf. Rutten/Vosters 2021, 80). In der von Rutten und Vosters fokussierten *top-down*-Standardisierung ist es jedoch wichtig, eine progressive von der regressiven Orientierung zu unterscheiden:

> [...] when considering the impact of top-down standardization efforts, it is important to distinguish between norms representing progressive, incoming forms and norms representing conservative, historical forms (Rutten/Vosters 2021, 81).

Ein Großteil der normativen Praktiken nimmt sich so der konservativen Formen an und blendet die sprachlichen Innovationen in der Bewertung oder Empfehlung aus bzw. nutzt sie in der Beschreibung als Varianten, von denen es sich im Sprachgebrauch abzugrenzen gilt. Rutten und Vosters konstatieren in den von ihnen zur Illustration herangezogenen sprachnormativen Diskursen, dass in diesen nicht selten eine Reduktion auf zwei sprachliche Varianten, die gegenübergestellt werden, stattfindet, wenngleich das Variantenspektrum oftmals deutlich umfassender ist (Rutten/Vosters 2021, 84).

Ayres-Bennett (2021, 52–55) ergänzt in ihrer Abhandlung zu den vielfältigen Standardisierungsansätzen die von Haugen vorgeschlagenen vier Ebenen durch zahlreiche spezifische Fragen wie: *Welche Norm (im Sinne von Varietät) wird ausgewählt, eine monozentrische oder eine plurizentrische?*, *Welches Ziel hat die Kodifizierung (deskriptiv, präskriptiv, puristisch)?* Schließlich fasst sie ihre abschließenden Überlegungen in einem Modell zusammen, welches wir hier (allerdings ohne die zyklische Abhandlung) übernehmen:

	NORM	**FUNCTION**
SOCIETY	*Selection*	*Implementation*
	Type of norm selected	Nature of the implementation
	Agents of selection	Agents of implementation
	Goals/outcomes of selection	Goals/outcomes of implementation
		Acceptance
		Nature of the acceptance
		Leaders and laggards
		Degree of acceptance
LANGUAGE	*Codification*	*Elaboration*
	Type of codification	Nature of the elaboration
	Agents of codification	Agents of elaboration
	Goals/outcomes of codification	Goals/outcomes of elaboration

Abb. 1: Weiterentwicklung von Haugens Modell der *Standardisierung* aus Ayres-Bennett (2021, 55).

1.9.2 Kodifizierung

Kodifizierung wird in der Mehrzahl der Arbeiten als explizite Formulierung von gültigen bzw. verbindlichen Normen in einem eher öffentlichen bzw. offiziell-institutionellen Rahmen wie Wörterbüchern, Handbüchern, Grammatiken etc. verstanden. Für Hartung (1977, 12) erfolgt die *Kodifizierung* im Anschluss an die zumeist unbewusste Zuschreibung von Verbindlichkeit von normorientiertem Handeln durch die Sprechenden und wird durch Sprachkodifizierer (fr. *codificateurs*) umgesetzt (cf. Hundt 2009, 117). Mattheier (2000, 1104–1105) sieht die *Kodifizierung* im Unterschied beispielsweise zu Lodge als Abschluss des Standardisierungsprozesses an (cf. zu Lodge 1.9.4).

Wichtig ist es herauszustellen, dass die *Kodifizierung* durchaus über einen längeren Zeitraum erfolgt, wie es auch in Frankreich der Fall war,[50] und nicht nur als eine Beschreibung der Standardvarietät verstanden werden sollte, sondern dass mit ihr eine Bekräftigung bzw. Stabilisierung, Bestätigung oder Setzung neuer Sprachnormen (in besonderem Maße in der Orthografie) einhergeht (Bartsch 1987, 251; Ammon 1997, 179). Bei der *Kodifizierung* einer Varietät als Standard im Sinne der Präskription ist in der Regel eine Rückbindung an eine „Institutionsinstanz" mit einer entsprechenden Legitimation erkennbar, wobei diese Instanz, beispielsweise eine Sprachakademie wie die *Académie française*, politisch bzw. staatlich autorisiert sein kann, aber nicht sein muss (Mattheier 1997b, 9; cf. Funk 2019).

Die *Kodifizierung* beinhaltet, dass für unterschiedliche sprachlich-strukturelle Ebenen wie für die Grammatik im Sinne von Morphologie und Syntax, aber auch für verschiedene kommunikative Bereiche „Anweisungstexte" existieren, die die Standardvarietät normativ abbilden (Mattheier 1997c, 3; cf. Lebsanft/Tacke 2020, 30). Jedoch müssen nicht alle Elemente bzw. Sprachstrukturen einer Standardvarietät kodifiziert sein (cf. Mattheier 1997b, 9; Ammon 1997, 185).

Bossong (1996, 614) macht darauf aufmerksam, dass eine effektive Standardisierung und *Kodifizierung der Aussprache* einer Sprache erst mit der Entwicklung der wissenschaftlichen phonetischen Beschreibung und einer entsprechenden phonetischen Transkription im ausgehenden 19. Jahrhundert möglich werden.

Für die Sprachbereiche der Morphologie, der Syntax oder auch der Orthografie stehen unterschiedliche Kodifizierungsinstrumente der Standardvarietät zur Verfügung, die in unterschiedlichem Maße verbindlich sind (Dürscheid/Schneider 2019, 52). Für die Orthografie bzw. Orthoepie liegen zumeist spezialisierte orthografische

---

[50] Mattheier (1997c, 7) unterstreicht, dass die Kodifizierung einschließlich der Generalisierung der Kommunikationsbereiche der Standardvarietäten in Europa für die Mehrzahl der Sprachen einen „vorläufigen Abschluss" fand. Die mit dem Wort „Abschluss" oftmals einhergehende Priorisierung des Abschlusses trifft auf sprachliche Prozesse wie die Kodifizierung nicht zu, daher sollte an diesem Punkt die Vorläufigkeit nochmals herausgestellt werden.

Abhandlungen mit relativ hoher Verbindlichkeit vor; ebenso spezialisiert sind die normativen Grammatiken, welche in einzelnen Fällen neben grammatischen Fragen auch die Orthografie mit aufgreifen (cf. 5.1). Normative Wörterbücher indes enthalten neben lexikalisch-semantischen Informationen zum Wortschatz gleichfalls Angaben zur Grammatik und Orthografie. In ihrer Verbindlichkeit werden diese jedoch anders, d.h. in der Regel weniger verbindlich als beispielsweise orthografische Abhandlungen oder Grammatiken wahrgenommen (cf. 5.2).

Weniger festgelegt auf einem bestimmten thematischen Bereich sind die Schwierigkeitswörterbücher bzw. -darstellungen (fr. *dictionnaires de difficultés*) (cf. Lebsanft/Tacke 2020, 30), die über rein morphologische, syntaktische, phonetische bzw. phonologische Aspekte hinausgreifen und auch die Pragmatik stärker berücksichtigen. Wenngleich den normativen Grammatiken, normativen Abhandlungen zur Orthografie und den normativen Wörterbüchern ein immenser Stellenwert in der *Kodifizierung* der Standardvarietät zugeschrieben wird, betonen Lebsanft und Tacke (2020, 3), dass auch die ‚populären' Abhandlungen wie die erwähnten Zweifel- oder Schwierigkeitswörterbücher nicht unwesentlich zur Standardisierung beitragen.

1.9.3 Standardisierung, Ausbau und pragmatische Schriftlichkeit

Der funktionale Ausbauprozess im Haugenschen Sinne geht sprachhistorisch mit Regulierungen und Generalisierungsbestrebungen einher, bei denen eine oftmals eher diaphasisch eingeschränkte Varietät, welche z.B. ausschließlich als Sprache der schönen Literatur, in der Kanzleisprache oder nur in bestimmten Kommunikationssituationen gebraucht werden konnte,[51] immer mehr Kommunikationsbereiche bzw. Ausbaudomänen ‚erobert'. Nach Phasen eines zunächst relativ unregulierten funktionalen Sprachgebrauchs wird die nunmehr immer breiter genutzte Varietät nach und nach kodifiziert.

Selig differenziert den *Ausbau* in Anlehnung an Koch und Oesterreicher (2011, 136) in eine erste extensive und eine zweite intensive Phase sowie in nachfolgende Ausgleichsprozesse (cf. Frank-Job 2022, 838), womit der Ausbau auf der Ebene der Textsorten, Diskurstraditionen und den entsprechenden Versprachlichungsstrategien sichtbar wird (cf. Selig/Linzmeier 2023, 8, 10):

> Die als *extensiver Ausbau* (Ia) bezeichnete (ungelenkte oder gelenkte) Ausweitung der Gebrauchssituationen eines Idioms in den Bereich der Distanzkommunikation setzt sprachliche Entwicklungen in Gang, die als *intensiver Ausbau* (Ib) bezeichnet werden können: Die besonderen funktionalen Anforderungen der formellen und kognitiv komplexen Distanzkommunikation führen zur Entwicklung entsprechender sprachlicher Mittel und lösen, wenn sich die

---

[51] Dies trifft vor allem für das Italienische zu (cf. Mattheier 1997c, 6).

Diskurstraditionen des Distanzbereichs verfestigen, die Herausbildung von Ausbauvarietäten aus (Selig 2021, 32).

Formelle, distanzkommunikative Bereiche sind beispielsweise in der Administration oder auch im Handel zu finden und geben ein differenziertes Bild der standardsprachlichen Kommunikation über die literatursprachliche Kommunikation hinaus.

Keller (1992) und Moos (1997) fassen die Ausbreitung der Kommunikationsbereiche im Mittelalter als *pragmatische Schriftlichkeit*. Keller (1992, 1) führt diesen Begriff für die Erforschung der Schriftlichkeit und ihrer Funktionen ein und subsumiert darunter jede Form des Schriftgebrauchs, die dazu beiträgt, dem Menschen bei der Bewältigung praktischer Schwierigkeiten oder Probleme zu dienen.[52]

Selig und Linzmeier (2023, 10, 12, 13, 15) übernehmen die von Rudi Keller (1990) in der Beschreibung der Sprachwandelprozesse geprägte Metapher der *invisible hand* (dt. unsichtbare Hand, cf. auch schon Seiler 2012) für jene Teile des *Ausbaus* in der Standardisierung, die nicht sprachplanerisch initiiert bzw. bedingt sind, sondern *bottom up* von einzelnen Akteuren bzw. Gruppen in ihrer sprachlichen Praxis als Experten innerhalb ihrer fachlichen Expertennetzwerke vorangetrieben werden. Selig und Linzmeier sprechen aus dieser Sicht von einer *polymorph* konzeptualisierten *Standardisierung*.

Durch die sich seit Ende des 20. Jahrhunderts ausbreitende computervermittelte Kommunikation (fr. *communication électronique scripturale, communication virtuelle* oder *écrit numérique*, für die Terminologie cf. Panckhurst/Cougnon/Fairon 2024, 380) bzw. Kommunikation in den sozialen Medien verändern sich die sprachlichen Praktiken im schriftlichen Medium und erfassen in Ausschnitten auch die standardsprachliche Kommunikation. Krefeld (2011, 276) schreibt der Kommunikation in diesen Medien und der damit einhergehenden veränderten Schriftlichkeit, die nicht mehr distanzsprachlich, sondern in vielen Punkten nähesprachlich ist, gewisse „Standardisierungsimpulse" zu. Durch die veränderten kommunikativen Praktiken, die in Teilen deutlich kollaborativer, interaktiver und auch multimodaler sind, kommt es zur Ausbildung neuer sprachlicher, textueller und diskursiver Normen für diese Formen der schriftlichen Kommunikation. Die Modelle, die hierbei eine Orientierung geben, sind nun nicht mehr ausschließlich die distanzsprachliche, medial schriftliche Kommunikation, sondern die medial mündliche Nähekommunikation. Besonders deutlich wird dies in der Anfang des 21. Jahrhunderts häufig analysierten und aktuell mittlerweile eher unüblichen Chatportalkommunikation (cf. Thaler 2003, 2012; Frank-Job 2008). Anis (2002) beschreibt Spezifika der Chat- und SMS-Kommunikation und spricht in diesem Zusammenhang von der Entwicklung einer neuen

---

52 Moos (1997, 315) schreibt die Eigenschaft des Pragmatischen an sich allen Textsorten des Mittelalters zu, nimmt aber zugleich den Bereich der administrativen Kommunikation von der *pragmatischen Schriftlichkeit* aus und integriert in sein Konzept der ‚pragmatischen Schriftlichkeit' solche Kommunikationsbereiche wie die Erbauungsliteratur (Moos 1997, 317).

Varietät des geschriebenen Französisch. Für Frank-Job (2022, 838) sind die mit der computervermittelten Kommunikation bzw. mit der Kommunikation in den neuen Medien einhergehenden sprachlichen Veränderungen so einschneidend, dass sie sich für eine neue Periode in der Periodisierung des Französischen ausspricht. Wichtig ist es jedoch, die Breite der kommunikativen Praktiken zu analysieren und sich nicht auf einzelne Praktiken, wie lange Zeit die Chatportalkommunikation, zu begrenzen, um unzulässige Verallgemeinerungen zur Kommunikation in diesen Bereichen zu vermeiden und um die Neuartigkeit nicht zu überhöhen (cf. Wagner 2016, 53).

Typische Kennzeichen der nähesprachlichen computervermittelten Kommunikation in Chats oder SMS waren anfänglich beispielsweise Grafien (fr. *graphie*), die sich an der Aussprache orientieren wie in *biz* (fr. *bises* – Küsschen) oder *ossi* (fr. *aussi* – dt. auch), von Anis 2002 als *néographies* erfasst, oder auch Kürzungen wie in *tjs* (fr. *toujours* – dt. immer) und Reduktionen auf die Anfangsbuchstaben wie in *tvb* (fr. *tout va bien* – dt. alles in Ordnung), in welcher vor allem die Vokale in der grafischen Umsetzung ausfallen (Anis 2002; cf. Overbeck 2015, 284; Pustka 2022, 23; Panckhurst/Cougnon/Fairon 2024, 383, 389–391). Aber auch infomationsstrukturelle Spezifika nähesprachlicher Praktiken wie der häufige Gebrauch von Linksversetzungen (fr. *dislocation à gauche*) wie im Falle von *nous, on* in „nous on y est pour rien mon bébé" (Frank-Job 2008, 74) (dt. wir wir können dafür nichts Baby) wurden beobachtet. Allerdings sind umfassendere sowie sprachtheoretisch fundierte Analysen notwendig, um sprachlich bzw. korpusbasiert die Frage der Neuartigkeit oder des Innovationscharakters des Sprachgebrauchs in diesen kommunikativen Praktiken zu bewerten und somit nicht von einzelnen sprachlichen Varianten oder auch einzelnen Innovationen auf eine allgemeine Neuartigkeit zu abstrahieren. Ein Beispiel für eine solch ausgerichtete Analyse ist die Arbeit von Stark (2020), in welcher der Ausfall des Determinanten („ø semaine prochaine", dt. nächste Woche) und des grammatikalischen Subjektes („ø m'exporte à Genève", dt. exportiert mich nach Genf) in der SMS und WhatsApp Kommunikation (fr. *écrit numérique mobile*) untersucht und wissenschaftlich eingeordnet werden (Stark 2020, 184).

Die Dynamik und die Veränderungen in der kommunikativen Praxis und damit einhergehende Prozesse der Standardisierung sind auch in anderen Bereichen der computervermittelten Kommunikation wie im Wechsel von einem formellen Brief zu einer formellen Email auf diskurstraditioneller Ebene gut nachvollziehbar. Bestimmte distanzsprachliche Schlussformeln, die in Briefen auf Französisch gebräuchlich waren und in Teilen noch sind wie *Je vous prie d'agréer, Madame, Monsieur, l'expression de mes sentiments distingués* wirken heute auch in einer formellen Email als veraltet bzw. nicht angemessen. In der kommunikativen Praxis setzt sich *Bien cordialement* (dt. wörtlich ‚sehr herzlich', adäquat eher ‚sehr freundlich' oder ‚mit freundlichen Grüßen') als übliche Formel in den eher formelleren Emails immer stärker durch und lässt damit andere Formeln in den Hintergrund treten.

Da die Standardisierung hier prinzipiell als ein dynamischer Prozess verstanden wird, ist keinesfalls davon auszugehen, dass der Ausbauprozess grundsätzlich als abgeschlossen dargestellt werden kann, sondern eher Phasen von manifesterem oder weniger manifestem Ausbau und expliziter Normierung zeigt.

1.9.4 Ausgewählte Aspekte der Standardisierung des Französischen

Lodge (1997, 43, 44; 2011, 66) baut in seiner auf das Französische ausgerichteten, umfassenden Darstellung zur Standardisierung auf dem bereits vorgestellten Modell Haugens auf und unterteilt den Prozess der Herausbildung des Standards ihm folgend in die vier, bereits bekannten Bereiche: *sélection* (13. Jh.), *élaboration des fonctions* (14.-16. Jh.), *codification* (17. und 18. Jh.) und *acceptation* (19. und 20. Jh.).

An dieser Stelle werden wir den Prozess der Selektion umfassender als die anderen Teilprozesse beschreiben, die im zweiten Kapitel des Arbeitsbuches in unterschiedlichen Zusammenhängen erörtert werden.

1.9.4.1 Selektion

Auch wenn die Vorstellung der *Selektion* einer diatopischen Varietät, d.h. einer Varietät, deren Verwendung zunächst regional begrenzt ist, für den Standard in der sprachtheoretischen und sprachhistorischen Modellierung der Standardisierung eingängig erscheint, ist der Prozess dieser Form der Selektion für das Französische weit weniger transparent und in der Rückschau nur durch die Auswertung unterschiedlicher Arten von Quellen möglich, die auch die sprachlichen und sozioökonomischen, soziopolitischen und soziokulturellen Entwicklungen der jeweiligen Periode nachzeichnen. Die Auswahl einer diatopischen Varietät als Standardvarietät, d.h. als überregionale Referenz bzw. Referenzvarietät, ist im Wesentlichen sozial determiniert (cf. Lodge 1997, 119) und impliziert in der Beschreibung zugleich die umfassende Kenntnis der diatopischen Variation in der Schriftlichkeit des französischen Mittelalters.

Lodge (2008, 367) erwähnt, dass die Anfänge der Standardisierung im Französischen in Abgrenzung zum Italienischen mit Dante Alighieri oder auch zum Deutschen mit Martin Luther weniger klar seien. Die Frage der gegenseitigen Beeinflussung von mündlichem Sprachgebrauch und schriftlicher Fixierung steht als eine der möglichen Fragen im Fokus der wissenschaftlichen Diskussion:

> [...] les spécialistes sont divisés sur la question de savoir si les normes de la langue écrite furent basées à l'origine sur un dialecte oral ou si, inversement, la focalisation initiale s'est faite dans la langue écrite avant de s'étendre à la langue parlée (Lodge 2008, 367).

In der Diskussion um die *Standardisierung* des Französischen und speziell der Selektion einer Varietät als supraregionale Varietät spielen im Mittelalter der Raum um

Paris, d.h. die Île-de-France, und der Status des *francien* als ‚ausgewählte' diatopische Varietät (oder eben *dialecte*) eine nicht unerhebliche Rolle. Der am Königshof in Paris gesprochenen Varietät wird nach Lodge in den metasprachlichen Texten seit der zweiten Hälfte des 12. Jahrhunderts ein entsprechendes Prestige für den nordfranzösischen Raum, dem Gebiet der *langues d'oïl*, zuerkannt (Lodge 1997, 137). Das Prestige sollte jedoch nicht mit einer umfassenden Verbreitung dieser Varietät verwechselt werden, denn ihre Verbreitung ist keine unmittelbare Voraussetzung für den Standardisierungsprozess (cf. Grübl 2014, 171; Siouffi 2025, 50–52, 56–57).

Im 19. Jahrhundert wird durch den Philologen Gaston Paris und sein Konzept des *francien* die Idee eines einzelnen Dialektes als Ausgangspunkt für die Standardisierung des Französischen verstärkt (cf. Lodge 2008, 368). Grübl kritisiert Gaston Paris' Auffassung zum *francien* als der „Urform der exemplarischen Varietät, die im Mittelalter als Literatur- und Verwaltungssprache das französische Königreich und in der Neuzeit als *langue universelle* die ganze Welt eroberte" (2014, 56) als sprachhistorisches Dogma. Die Rolle des Raums in und um Paris und seinen dort verwandten sprachlichen Varietäten, verstanden nicht nur als gesprochene Varietäten, sondern auch als geschriebene im Sinne von *Skriptae* (*Skripta* hier als nordfranzösische Regionalschriftsprache definiert),[53] wird für die Standardisierung in der Mehrzahl der Arbeiten nicht grundlegend angezweifelt, jedoch besteht neben der bereits angesprochenen Frage der jeweiligen Relevanz der alltagssprachlichen, medial mündlichen Varietäten im Unterschied zu den distanzsprachlichen, medial schriftlichen Varietäten für den Standard auch Uneinigkeit in der genauen zeitlichen Situierung dieser Entwicklung. Entscheidenden Einfluss auf die Entwicklung eines Standards übt nach Glessgen (2017, 325, 338) die Pariser *Skripta*, d.h. die Pariser Schriftsprache, erst ab dem 14. Jahrhundert und damit recht spät aus. Zudem bleibt die Pariser *Skripta* bis heute für ihre Anfänge recht dürftig beschrieben, wenngleich sie ab dem 14. Jahrhundert als eine supraregionale Ausgleichsvarietät fungierte und die anderen Regionalskriptae zurückdrängte (Grübl 2015, 8; Glessgen 2017, 370, 385; Siouffi 2020b, 99).

Die Arbeiten von Lodge (1997, 2008, 2013), der sich nicht auf die *Skriptae*, sondern auf den mündlichen und auch alltäglichen Sprachgebrauch der Region Paris bezieht und eine soziolinguistische Interpretation fokussiert, unterstreichen, dass es sich entgegen einer traditionellen Lesart bei dem *francien* keinesfalls nur um eine einzige Varietät bzw. einen einzigen Dialekt handelt, sondern dass man vielmehr von

---

[53] Das Verhältnis zwischen den mündlichen und schriftlichen regionalen Varietäten erfasst Siouffi (2020b, 97) in folgender Form: „On constate en effet qu'aucun écrit médiéval ne reflète complètement un dialecte oral donné, et que les divers dialectes sont représentés à l'écrit par un nombre toujours minoritaire de traits spécifiques. Ces scriptas comportent une majorité de traits communs transdialectaux, et une minorité de traits spécifiques de tel ou tel dialecte (Dees 1985) ; on parle de « scriptas dialectalisées ». Fruits de compromis, et suivant des règles fixées dans des écoles de scribes, elles permettent de toucher un public plus large, mais ne doivent pas être interprétées comme le reflet de systèmes linguistiques fonctionnels à l'oral".

einer *Koine*,⁵⁴ d.h. einer überregionalen Ausgleichs- und Mischvarietät (cf. Rey/Duval/Siouffi 2007, 105–106), ausgehen sollte, die in der gesprochenen Sprache im mittelalterlichen Paris entstanden, dort seit dem 13. Jahrhundert nachweisbar sei und später kanonisiert würde.

> On peut imaginer que cette *koinè* ait été à l'origine une construction purement écrite, mais il serait plus réaliste de supposer qu'elle résultait d'une koinéisation réelle survenue dans le parler parisien lors du prodigieux essor démographique qu'a connu cette ville aux XIIe-XIIIe siècles (Lodge 2008, 373–374).

Grübl zieht diese Form des von Lodge konzeptualisierten Ablaufs des Standardisierungsprozesses mit folgender Argumentation in Zweifel:

> Denn wenn die schriftsprachliche Standardisierung erst im Zuge der überregionalen Verbreitung eines im politischen Zentrum verschriftlichten städtischen Mischdialekts begonnen haben soll, wie konnten dann schon die Skriptae des 13. Jahrhunderts, für die man wohl einen jeweils autonomen Ausbauproßeß auf der Basis eines regionalen Idioms anzunehmen hätte, sich einer gemeinsamen, überregionalen Norm annähern (Grübl 2014, 7–8).

Der genaue Einfluss der jeweils gesprochenen oder der geschriebenen Varietäten (*scriptae*) auf die Herausbildung der supraregionalen Norm für das Französische im Mittelalter bleibt in der Diskussion und kann nicht als abgeschlossen gelten (cf. für einen Überblick der Diskussion bei Glessgen 2017 und auch Grübl 2014). Es sind letztlich zwei Erklärungsansätze, die in dieser Diskussion konkurrieren: Basis des französischen Standards ist eine *gesprochene Mischvarietät* oder eben eine *schriftsprachliche Varietätenmischung*. Somit wäre der Ausgangspunkt für die Standardisierung des Französischen in beiden Fällen keine einzelne diatopische Varietät (im Sinne eines Coseriuschen *Primärdialektes*), sondern eine Varietätenmischung als Resultat von Ausgleichprozessen (Grübl 2014, 109). Die besondere Rolle von Paris und Umgebung als normativem Zentrum, die bei Lodge (1997, 2004, 2013) mit seiner Sicht auf den mündlichen Sprachgebrauch oder auch bei Cerquiglini in seiner kritischen Analyse (2007, 44–51, 127–163) in den Fokus rückt, wird insbesondere für den Zeitraum des 12. und 13. Jahrhunderts in Frage gestellt. Auf der schriftsprachlichen Ebene sollte mit Blick auf die in der schriftlichen Kommunikation sehr präsenten, spätmittelalterlichen Kanzeleisprachen darüber hinaus von verschiedenen normativen Zentren ausgegangen werden, die miteinander interagieren und so allmählich zu entsprechenden Ausgleichprozessen führen und sich somit ihre regionalen Charakteristika nach

---

54 Wenngleich Lodge (1997) in seiner Darstellung zur Entwicklung des Standards im Französischen von *Koineisierung* spricht, unterscheidet er sehr klar zwischen *Koineisierung* im Sinne einer Varietätenmischung und *Standardisierung* (Lodge 2010). Grübl (2015, 19) unterstreicht, dass die Varietätenmischung keinesfalls nur in nähesprachlichen Varietäten, sondern Koinisierung auch bei schriftsprachlichen Varietätenkontakten auftreten kann.

und nach abschwächen (cf. Grübl 2014, 189, 194; Ernst 2015, 79). Für die literarischen Texte zeichnet das Französische aus dem Raum Paris seit Ende des 13. Jahrhunderts ein hohes Prestige aus (cf. Frank-Job 2022, 840).

Die *Selektion* einer Varietät spielt in der weiteren Entwicklung des Französischen auch in anderer Hinsicht eine Rolle, nämlich als Vaugelas im 17. Jahrhundert den Standard des Französischen als *bon usage* der „plus saine partie de la Cour" definiert (cf. 2.1.2).

1.9.4.2 Ausbau, Kodifizierung und Akzeptanz

Größere Einigkeit herrscht indes für einzelne Phasen des *Ausbauprozesses*, insbesondere in der Phase vom 14. bis ins 16. Jahrhundert, als das Französische weitere Bereiche der wissenschaftlichen, administrativen und generell öffentlichen Kommunikation übernimmt und somit dort vor allem das Lateinische verdrängt, wenn auch keineswegs vollständig (cf. Lodge 1997, 166, 177). Dieser Prozess wird nach Kloss (1978) auch *Schriftkultureller Ausbau* genannt (Frank-Job 2008, 2022). Er begann keinesfalls erst im oben genannten Zeitraum, sondern schriftkulturelle Ausbauprozesse sind Prozesse, die sich über Jahrhunderte entwickeln. Dieser Ausbauprozess wird, wie wir bereits gesehen haben, in extensiven (diskurstraditionell) und intensiven (notwendige einzelsprachliche Mittel) Ausbau differenziert.

Der Ausbauprozess verläuft für das Französische zwischen dem 14. und 16. Jahrhundert regional nicht gleichförmig. Lodge führt für den Norden bzw. Westen Frankreichs, konkret für die *Picardie* oder die *Lorraine*, eine gewisse Zurückhaltung im Ausbau an (Lodge 1997, 170; Ernst 2015, 81). Im Süden Frankreichs, dem Einflussbereich der *langues d'oc*, setzt der Prozess zudem später ein, ist dort deutlich abrupter als im Einflussbereich der *langues d'oïl* im nördlichen Frankreich und in der Mitte des 15. Jahrhunderts für den schriftsprachlichen Gebrauch sehr weit fortgeschritten (Lodge 1997, 171). Forciert durch die politische, ökonomische und administrative Zentralisierung Frankreichs und der „flächendeckenden Etablierung der königlichen Verwaltungsstrukturen ab dem späten 13. Jahrhundert" (Grübl 2014, 194), wird dieser Prozess der Anwendung sowie Verbreitung und damit auch Vereinheitlichung des schriftsprachlichen Französisch als überregionaler Varietät bzw. als *königliches Französisch* (fr. *langue du roi* oder *français du roi*) auf sprachpolitischer Ebene durch königliche Erlasse und Dekrete, die den Gebrauch des Französischen festschreiben, unterstützt (cf. Lodge 1997, 173–174; Schmitt 2001; Grübl 2014, 180). Während sich das Französische in den schriftsprachlichen Praktiken nunmehr ausbreitet, werden bis zum 19. Jahrhundert im mündlichen Sprachgebrauch weiterhin die sogenannten ‚patois' breit genutzt (cf. *patois* 2.3).

Der *Ausbau* zeigt sich nicht allein in der Ausbreitung der Kommunikationsbereiche für das Französische, sondern wird in anderer Form auch innersprachlich beispielsweise auf der Ebene der Lexik durch die zahlreichen Neologismen sichtbar, die im 14. und 15. Jahrhundert in das Französische aufgenommen werden (cf. Lodge 1997,

187; Cerquiglini 2007, 28). Der Ausbau und die Standardisierung sind somit in der Entwicklung von spezifischen Fachterminologien auf Französisch gut fassbar. Die Ausarbeitung derartiger Terminologien wird durch die Notwendigkeit der Redaktion fachsprachlicher Texte auf Französisch befördert und verläuft in der Suche nach adäquaten sprachlichen Ausdrücken nicht immer komplikationslos (cf. Ernst 2015, 87 für den Bereich der medizinischen Terminologie). Auch Lodge (1997, 189) weitet in seiner Studie demzufolge die Idee des *Ausbaus* über den *funktionalen Ausbau* auf innersprachliche Bereiche wie Veränderungen in der Morphosyntax aus und erörtert hier neben anderen auch die Grammatikalisierung zahlreicher subordinierender Konjunktionen wie *afin que* (dt. damit) im 14. und 15. Jahrhundert. Lodge folgt in seiner Argumentation gleichfalls Haugen, der den funktionalen Ausbau mit einem hohen Maß an sprachlicher Variation und somit mit einer intralinguistischen Argumentation verknüpft (Lodge 1997, 249).[55] Diese Art der Variation in der geschriebenen Sprache des Französischen wird erst später durch die *Kodifizierung* der Standardvarietät begrenzt. Zugleich wird durch die Ausweitung des Lesens infolge der zunehmenden Alphabetisierung der Bevölkerung ab dem 17. Jahrhundert die Verbreitung der Standardvarietät befördert (cf. Lodge 1997, 221).

Das 16., 17. Jahrhundert und in Teilen das 18. Jahrhundert sind für die *Kodifizierung* der Standardvarietät des Französischen in Frankreich entscheidende Jahrhunderte, in welchen den Grammatikern, den *Remarqueurs*, dem *bon usage* und der im 17. Jahrhundert gegründeten *Académie française* jeweils spezifische Funktionen zukommen (cf. Kapitel 2 und 3).

> Au cours du 16e s., le français accéda également au statut de langue décrite, et se vit doté de codifications graphiques, de dictionnaires et de grammaires, selon le processus dit de grammatisation ou d'équipement de la langue. Une langue littéraire soignée et pensée en vue d'une « idée » fit l'objet d'une culture particulière, dans un souci de faire contrepoids au latin (Siouffi 2020b, 100).

Die Grammatiker, *Remarqueurs* etc. agieren allerdings nicht losgelöst von der Sprachgemeinschaft und Gesellschaft und der sich dort entwickelnden Normen (cf. Lodge 2011, 76–77):

> Mais il ne faut pas se laisser duper par les apparences : l'évolution des normes au XVIIe siècle ne pouvait être l'affaire d'un petit cercle de personnes cultivées. Elle reflétait un consensus où toute la communauté linguistique était engagée. Le rôle des grammairiens n'est pas d'innover ou

---

[55] Intralinguistische Entwicklungen und Grammatikalisierungsprozesse, die den innersprachlichen Ausbau nachzeichnen, sind in den zurückliegenden Jahren umfassend beschrieben worden. An dieser Stelle soll als Beispiel die Entwicklung des unbestimmten französischen Artikels *un*, *une* (dt. ein, eine) stehen, der von Carlier (2001) erfasst wurde.

> d'initier. Il se limite à étiqueter et à enregistrer l'usage, à donner à la réallocation collective et inconsciente une expression explicite (Lodge 2011, 77).

Der Kodifizierungsprozess sollte letztlich als ein Prozess verstanden werden, in dem der Variantenreichtum für den geschriebenen Standard eingegrenzt und expliziert wird.

Die in verschiedener Form kodifizierte Standardvarietät muss jedoch als eine solche von der Gesellschaft bzw. Sprachgemeinschaft angenommen werden; es ist ein Prozess, welcher in der Konzeptualisierung der *Standardisierung* in Anlehnung an Haugen als *Akzeptanz* bezeichnet wird. Es handelt sich hier nicht um einen genuin sprachlichen, sondern um einen sozialen Prozess, der die Ausbreitung der Standardvarietät innerhalb der Gesellschaft in den Blick nimmt (cf. Lodge 1997, 249). Dieser Prozess war in Frankreich seit dem 17. Jahrhundert, in welchem neben dem Französischen zahlreiche andere Sprachen verwandt wurden und werden, von einer durchaus mehrere Generationen und auch Jahrhunderte andauernden Phase des Bilinguismus begleitet (cf. Lodge 1997, 255). Dieser führt zumeist in eine diglossische Sprachkontaktsituation, in welcher die Standardvarietät des Französischen in distanzsprachlichen Kontexten genutzt wird, während im mündlichen nähesprachlichen Bereich und von der zumeist ländlichen Bevölkerung andere Sprachen wie Okzitanisch, Bretonisch, Elsässisch etc. oder Dialekte verwandt werden, die oftmals unter dem allgemeinen und negativ konnotierten Begriff der *patois* zusammengefasst sind (für die Definition von *patois* cf. 2.3) (cf. Lodge 1997, 260). Die konkreten Ausprägungen einer solchen diglossischen Situation sind für das 17. bis 19. Jahrhundert nur selten detaillierter erfasst und beschrieben worden, eine Ausnahme stellen die *enquête* (dt. Umfrage) und der *rapport* (dt. Bericht) von Abbé Grégoire dar (cf. 2.3.1).

Der Standardisierungsprozess im Sinne des *Ausbaus* und die Weitergabe des Wissens um die *Standardvarietät* und ihre *Akzeptanz* werden im 19. Jahrhundert in besonderem Maße von der Entwicklung der allgemein verbindlichen Schulpflicht und der damit einhergehenden Alphabetisierung sowie von umfassenden Binnenmigrationsbewegungen bzw. höherer Mobilität (von ländlichen Räumen in die urbanen Zentren) geprägt. Der *Standard* stellt seit dieser Zeit eine Sprachvarietät dar, die in der Schule und allgemein in institutionellen Lernumgebungen nunmehr systematisch gelehrt und von den Schülern erlernt wird (fr. *français scolaire*) (cf. auch Müller 1985, 291; Erfurt 2008, 30). Zudem wird mit dem Gebrauch der *Standardvarietät* ein entsprechendes soziales Prestige verbunden, welches zunehmend ideologisiert wird, weshalb die Kenntnis des *Standards* demzufolge überhöht wird.

Die Anzahl der einsprachigen *patois*-Sprechenden geht demgegenüber im Verlauf des 19. und 20. Jahrhunderts sehr deutlich zurück (cf. 2.3.3 und Lodge 1997, 266–271; Bergounioux 2013; Kremnitz/Fañch 2024, 551–552). In der zweiten Hälfte des 20. Jahrhunderts und im 21. Jahrhundert diversifiziert und erweitert sich der Anteil der mehrsprachigen Bevölkerung im Kontext der Migration erneut (cf. Kremnitz 2015; Siouffi 2020b, 107; Kremnitz/Fañch 2024, 567–568).

Im 20. Jahrhundert hat die Entwicklung der audiovisuellen Medien (Radio, Kino bzw. Film und Fernsehen) entscheidenden Einfluss auf die Verbreitung der *Standardvarietät* in Frankreich.

Neben diesen Formen der institutionellen Vermittlung der Standardvarietät gelangen in den zurückliegenden Jahren innerhalb der sprachhistorischen und soziolinguistischen Forschung zunehmend auch nicht dirigistische Praktiken der *Standardisierung* in den Fokus der wissenschaftlichen Analyse und Erörterung, wie dies im Französischen im Umfeld des Schreibens im Ersten Weltkriegs der Fall ist (cf. Selig 2021, 37–38 und als Beispiele cf. Steuckardt 2015; Sowada 2021).

1.9.4.3 *Français régionaux*

Auch wenn die Standardvarietät eine überregionale Verbreitung aufweist, schließt dies nicht aus, dass sie vor allem in der mündlichen Verwendung regionale Differenzierungen aufweisen kann. In diesen Fällen wird der Begriff der *regionalen Standards* genutzt, die sprachtheoretisch zunächst für das Italienische (ital. *italiano regionale*) beschrieben wurden. Bezogen auf das Französische wird von *français régionaux*[56] gesprochen (cf. Müller 1975, 116; Ernst 2015, 79–80; Lengert 2015, 365–370; Pustka 2022, 247). Die *français régionaux* zeichnen sich grundsätzlich durch eine größere räumliche Verbreitung als die traditionellen Dialekte aus (Pustka 2022, 104). Sie sind primär durch Ausbreitung des Pariser Standards in Räumen, in denen üblicherweise sogenannte *patois*, d.h. andere Sprachen oder diatopische Varietäten des Französischen, gesprochen wurden, entstanden. In Abgrenzung zu diatopischen Varietäten wie Dialekten (dem Pikardischen, dem Burgundischen, etc.) treten in der Kommunikation von Sprechenden regionaler Standardvarietäten und jenen der Standardvarietät nach Müller (1975, 116) in der Regel keine Verständigungsprobleme auf. Allerdings ist das Abgrenzungskriterium der *Verständlichkeit* in verschiedenen Situationen nicht unbedingt einfach bzw. sinnvoll zu handhaben und aus unserer Sicht keineswegs allgemeingültig (cf. zur Sprachdynamik und *Verständlichkeit* Pustka 2022, 97–99). In der Forschungsliteratur wird bei der Charakterisierung von *français régionaux* nicht immer zwischen den regionalen Standards und diatopischen Varietäten des Französischen im Sinne von *dialectes* unterschieden (für die Begriffsentwicklung in der französischen Linguistik cf. Wolf 1972; Bertucci 2019). Auch die Frage, inwieweit das außerhalb Frankreichs gesprochene Französisch unter die *français régionaux* subsumiert werden kann, wird in verschiedener Form diskutiert (cf. Bertucci 2019; Pöll

---

[56] Diese sollten jedoch nicht mit den lange Zeit als *langues régionales* (Regional- oder Minderheitensprachen) bezeichneten Sprachen wie dem Bretonischen oder Katalanischen verwechselt werden, die auf dem Territorium Frankreichs gesprochen und welche heute als *langues de la France* bezeichnet werden (cf. Cerquiglini 1999).

2017a und Kapitel 4). Wir beschränken uns nachfolgend auf das hexagonale Französisch.[57]

Die Regionalisierung der Standardvarietät zeigt sich oft in der Lexik, wo man die regional gebrauchten Lexeme zumeist als Regionalismen (fr. *régionalismes*) bezeichnet wie z.B. *cagole* aus Marseille (ursprünglich ‚Prostituierte' bzw. ‚Sexarbeiterin', heute nicht mehr regional eingeschränkt für *fille/femme vulgaire – Le Grand Robert*),[58] *ça pleut* anstelle von *il pleut* (dt. es regnet) im Raum, der von Vichy nach Chambéry reicht.[59] Regionalismen gibt es nicht nur im Bereich der Lexik, sondern auch in anderen Bereichen wie der Morphosyntax; ganz besonders gut wahrnehmbar sind sie allerdings phonetisch bzw. phonologisch (cf. Tacke 2015, 218). Auf dieser Ebene wird oftmals von *accent* (dt. Akzent) gesprochen (cf. Rézeau 1995, 679; Lengert 2015, 372); eine Bezeichnung, die jedoch mehrdeutig ist und auf wissenschaftlicher Ebene in diesem Kontext eher vermieden werden sollte. Im *français du Midi* (oder auch *français méridional* oder *français du Sud*, Pustka 2022, 247), als einem der wichtigsten Regionalstandards Frankreichs, welcher im Süden Frankreichs gesprochen wird, sind die Aussprache des <o> in geschlossenen Silben, d.h. Silben, welche auf Konsonant enden, als offenes *o* [ɔ] z. B. in *rose*, die dorsale Artikulation des <r> [r], die Beibehaltung der Differenzierung der Nasalvokale in *brin/brun* und damit von vier Nasalvokalen [ɛ̃], [œ̃], [ɔ̃], [ɑ̃] sowie die gleichzeitige konsonantische Realisierung der Nasalvokale mit [ŋ] als [ɛ̃ŋ], [œ̃ŋ], [ɔ̃ŋ], [ɑ̃ŋ] oder die Artikulation des standardgemäßen stummen *e* (Schwa) im Auslaut wie bei *trente* (dt. dreißig) als prototypische Varianten zu nennen, mit denen Sprecherinnen und Sprecher aus der Region des *Midi* leicht identifiziert werden (cf. Müller 1975, 119, 122; Chaurand 2000, 644; Lengert 2015, 376; Avanzi 2024, 421 und *Français de nos régions*).[60] Müller (1975, 112–113) listet am Beispiel des *français de Marseille* zahlreiche Varianten in der Morphosyntax auf, wobei es sich aus unserer Sicht nicht immer um Varianten eines im Kommunikationsradius größer zu konzipierenden regionalen Standards, sondern eher um genuin dialektale Varianten, die sich im urbanen Zentrum von Marseille entwickelt bzw. erhalten haben, oder auch um diastratische Varianten des Französischen wie *c'est* für *ce sont* in *C'est mes amis* (dt. Das sind/ist meine Freunde) (Müller 1975, 123) handelt. Grundsätzlich ist die Abgrenzung von regionalen Standards und Dialekten zweifellos schwierig (cf. auch Müller 1975, 126; Chaurand 1985, 367).

---

57 Für die Regionen außerhalb Frankreichs seit auf das Arbeitsbuch von Pöll (2017a) verwiesen.
58 Für die Entregionalisierung der Lexik cf. https://francaisdenosregions.com/2019/04/21/ces-particularismes-locaux-qui-se-deregionalisent/ (13. Juli 2024).
59 https://www.ouest-france.fr/leditiondusoir/2023-08-25/dites-chez-vous-on-dit-plutot-ca-pleut-ou-il-pleut-d1eb5fec-9fbf-43a1-8241-411d712f934f (16. Juli 2024).
60 https://francaisdenosregions.com/2018/06/10/petit-guide-linguistique-pour-les-gens-du-nord-en-vacances-dans-le-sud/ (16. Juli 2024). Pustka (2022, 254) warnt vor einer zu starken Pauschalisierung der Artikulation oder auch Elision des Schwas in der Region.

Da auch zu bestimmten Fragestellungen und einzelne Regionen, nicht nur begrenzt auf die *français régionaux*, sondern auch zu anderen variationslinguistischen Fragestellungen umfassende aktuelle Datenerhebungen fehlten, nutzen vor allem Mathieu Avanzi, unter Mitarbeit von André Thibault, und sein Forschungsteam die Methoden der sogenannten *sciences participatives* oder *sciences collaboratives* (dt. kollaborative oder partizipative Forschung oder *Citizen Science*), um sprachgeografisch und auch variationslinguistisch zu arbeiten, indem sie die Sprechenden nicht persönlich vor Ort befragen, sondern sie in einem 2015 begonnenen Projekt bitten, Fragen zu einzelnen Varianten und Charakteristika in ihrer Region in einer *Grande enquête sur le français de nos régions* online zu beantworten.[61] Alle so erhobenen Daten werden von ihnen wissenschaftlich aufbereitet, um daraus Kartenmaterial zu erstellen, welches auf den Webseiten von *Français de nos régions* für zahlreiche Fragestellungen und Nutzungen abrufbar ist. Das Projekt beschränkt sich nicht nur auf lexikalische Regionalismen[62] wie *chocolatine* für *pain au chocolat* (Avanzi 2024, 416), sondern führt auch andere Formen von Regionalismen wie lautliche oder syntaktische an.

Durch diese wissenschaftlichen Erhebungen wird sichtbar, dass beispielsweise die in bestimmten Regionen verbreitete Frageform *c'est quelle heure?* für *quelle heure est-il?* (dt. Wie spät ist es?)[63] ein Regionalismus ist:

---

61 https://neuchatel.eu.qualtrics.com/jfe/form/SV_7VgVHduwAMB50cS (13. Juni 2024).
62 Avanzi (2024, 404) definiert Regionalismus wie folgt: „a linguistic feature employed by people living in compact, geographically bounded areas which, regardless of size, exclude Paris and Île-de-France".
63 https://francaisdenosregions.com/2018/06/10/petit-guide-linguistique-pour-les-gens-du-nord-en-vacances-dans-le-sud/ (16. Juli 2024).

68 — Theoretische Einleitung: Normen und Normkonzepte

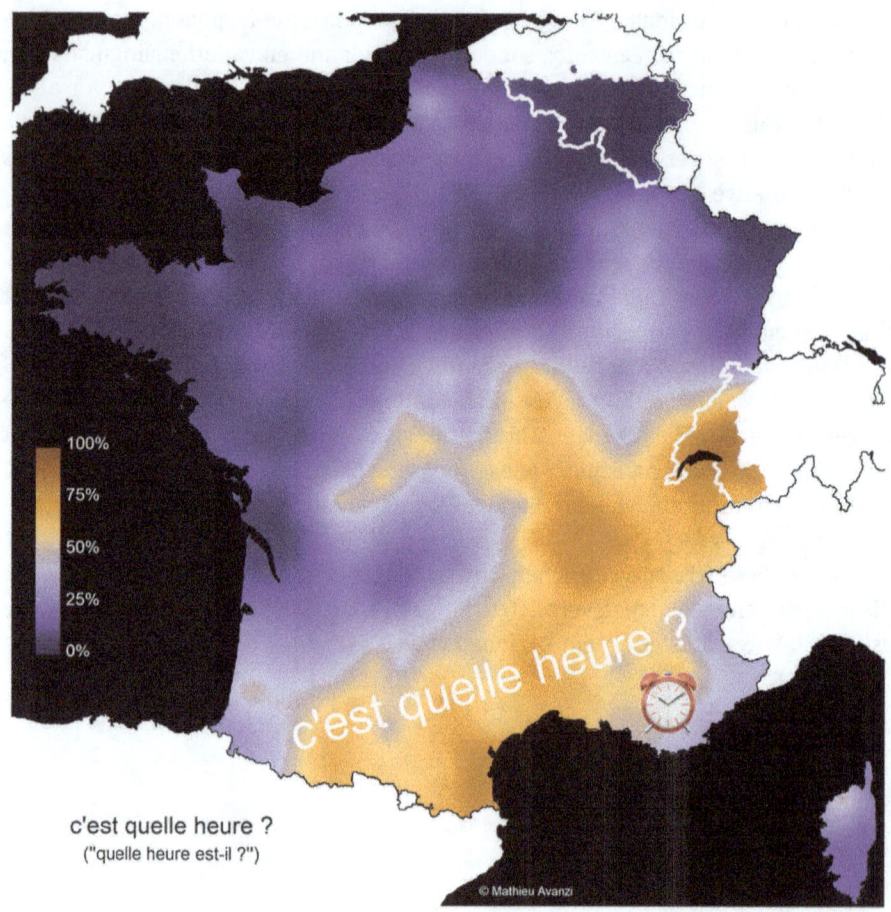

Abb. 2: Beispiel aus *Français de nos régions* von Mathieu Avanzi.

Die Arbeit der Forschungsgruppe wurde in anderer Form erweitert, indem mittlerweile eine Applikation (fr. *application*) *Français de nos régions* zur Datenerhebung genutzt wird, die es ermöglicht, genauere geografische Zuordnungen der Teilnehmenden und ihrer sprachlichen Varianten zu erhalten.

1.9.4.4 Destandardisierung, Restandardisierung und *nouveau prescriptivisme*

Bei der Beschreibung der Standardvarietät des Französischen in Frankreich, welche relativ früh fixiert und als Ideal verankert wurde (cf. z.B. Lebsanft 2002, 64, Koch 2003, 207 und Kapitel 2), wird über einen langen Zeitraum ihre zeitlich eingeschränkte Gültigkeit nur ungenügend berücksichtigt und die Beschreibung oder Präskription des Standards demzufolge nur gering den jeweiligen Veränderungen im

Sprachgebrauch angepasst. Seit dem 18. Jahrhundert ist daher von den Sprachbenutzern die „Kluft" zwischen der als Standardnorm festgeschriebenen *Standardvarietät* im Sinne einer präskriptiven Norm und der sprachlichen Realität wahrnehmbar (Baum 1983, 398). Eine solche Abkopplung der Beschreibung der Standardvarietät von der sprachlichen Entwicklung führt zu Kontroversen und zu sprachpuristisch geprägten Diskussionen über den vermeintlichen *Sprachverfall* des Französischen (Koch 1988, 344; Rey-Debove 2003, 4; Gadet 2007a, 30; Boyer 2013, 185 und Kapitel 2.5).

Diese Kluft wird in anderer Hinsicht als Folge sogenannter *Destandardisierungsprozesse* (fr. *déstandardisation*) eingestuft. *Destandardisierung* ist allerdings wissenschaftlich-konzeptuell nicht einheitlich gefasst, so dass der Prozess selbst und seine Folgen bisher nur sehr schematisch beschrieben sind. Mattheier fasst in Anlehnung an den tschechischen Linguisten und Strukturalisten der Prager Schule František Daneš unter *Destandardisierung* den folgenden Prozess:

> Es handelt sich hier um Spannungen zwischen einer zu einem bestimmten früheren Zeitpunkt erfolgten Kodifizierung einer Standardvarietät und dem öffentlich-offiziellen Sprachgebrauch einer Gemeinschaft in Wort und Schrift, in dem sich neu herausgebildete subsistente Normen widerspiegeln (Mattheier 1997c, 7).[64]

Kristiansen (2021, 684) unterstreicht die Ambiguität des Begriffs *Destandardisierung*, der das ambivalente Verhältnis von *Norm* und *Variation* in der aktuellen sprachlich-kommunikativen Realität nur ungenügend abbildet. Für Cerruti, Crocco und Marzo (2017, 17) geht der Prozess der *Destandardisierung* mit einem klaren Verlust an normativem Prestige des *Standards* einher.

In der französischen Forschung hat das Konzept der ‚Destandardisierung' kaum Verbreitung gefunden; eine Ausnahme bilden hier die Arbeit von Pöll (2005) und der Band von Erfurt und Budach (2008).[65] Frank-Job (2008, 64) benutzt in ihrem Aufsatz im Band von Erfurt und Budach den Begriff der *Destandardisierung*, um die „activités de locuteurs qui visant à une infraction consciente de la norme prescriptive et à l'établissement d'une norme nouvelle par des mécanismes de sanction-récompenses communicatives" zu bezeichnen und damit als bewusste Handlung auszuweisen.

Die Rolle der digitalen bzw. der computergestützten Kommunikation, auch in den sozialen Medien (fr. *médias socionumériques*), für die Beibehaltung (fr. *préservation*) bzw. Entwicklung der Standardvarietät wird bisher vor allem im

---

[64] Auer (1997) stellt drei verschiedene Lesarten für *Destandardisierung* vor, worunter er bezogen auf das Deutsche auch das Verschwinden bzw. den Ersatz einer allgemeinverbindlichen Standardvarietät durch Regionalstandards fasst (Auer 1997, 136).
[65] Krefeld (2011, 275) spricht mit Blick auf das Italienische nicht von *Destandardisierung*, sondern von *Restandardisierung*, sobald diastratisch markierte Charakteristika des populären Italienischen (it. *italiano popolare*) als eine Form des *neo-standard* akzeptiert werden. Für das Konzept des *neo-standard* im Italienischen siehe auch Cerruti, Crocco und Marzo (2017) und Berruto (2017).

Zusammenhang mit den Fragen einer zunehmenden *Destandardisierung* erörtert oder, wie bereits erwähnt (cf. 1.9.3), mit der Diskussion um eine ‚neue Schriftlichkeit' (cf. Bellamy 2021, 693) verbunden.

Siouffi interpretiert *Destandardisierung* in Abgrenzung zur *Standardisierung* auch als ein gewisses ‚Autonomiebestreben' sehr unterschiedlicher sprachlicher Varietäten, die in ihrer heterogenen Gesamtheit gerade nicht im Umfeld der *Standardisierung* erfasst werden können:

> La déstandardisation peut être attribuée aux volontés d'autonomisation linguistique de certaines variétés, à la place croissante des terminologies et des langages spécialisés, à la modification du rapport politique aux langues dans le contexte postcolonial, aux contacts de langues, et à l'apparition de micro-sociétés se choisissant des usages linguistiques propres (« langage des banlieues ») (Siouffi 2020a, 90).

Die Diskussion um möglicherweise deutliche Veränderungen in der Schriftlichkeit, die zunächst im eher nähesprachlichen Bereich der computervermittelten Kommunikationen auftraten, können potenziell zur Ausprägung eines neuen schriftlichen Standards führen, der dann auch die distanzsprachliche Schriftkommunikation erfasst und in diesem Sinne nicht zu einer *Destandardisierung*, sondern zu einer *Restandardisierung* führt (Koch 2003, 210; Berruto 2017b, 32–33).

Restandardisierungsprozesse lassen sich auch für andere Epochen des Französischen beschreiben, so spricht Koch (2003, 210–211) von einer *Restandardisierung* in mittelfranzösischer Zeit.

Siouffi beschreibt in seinem sprachnormentheoretischen Aufsatz den Rückgang der Präskription bzw. präskriptiver Praktiken in Frankreich, die in unterschiedlicher Form sichtbar werden; so beispielsweise in der Zurückhaltung präskriptiver Äußerungen in Grammatiken (cf. auch 5.2.4) oder in der schwindenden normativen Kraft einzelner Instanzen wie der *Académie française* (Siouffi 2011, 23–24). Zugleich weist er darauf hin, dass dieser Rückgang in besonderem Maße den allgemeinen Sprachgebrauch (fr. *langue commune*) betreffe, währenddessen in spezifischen bzw. spezialisierten Bereichen der Sprache und Kommunikation wie der Wirtschaft oder dem Sport eine Art Mikropräskription zu Tage trete, die er als „nouveau prescriptivisme" bezeichnet (Siouffi 2011, 24).

1.10 Zusammenfassung

Norm ist wie aufgezeigt ein äußerst mehrdeutiger Ausdruck. In der Linguistik sollte man grundsätzlich von sprachlichen *Normen* im Plural sprechen. Die häufige Gleichsetzung von *Norm* und *Standardvarietät* ist zumeist verwirrend und wird daher aus sprachnormtheoretischer Sicht verworfen. Für die Idee eines allgemein verbindlichen und kodifizierten Sprachgebrauchs wird der Begriff *Standardvarietät* präferiert.

Wichtig ist es zugleich herauszustellen, dass die verschiedenen Differenzierungen von Arten sprachlicher Normen wie *präskriptive*, *objektive Normen* etc. nicht als generell gültig bzw. nicht gültig gefasst werden können, sondern sie vor ihrem jeweiligen theoretischen Hintergrund gelesen werden müssen. Dies ist auch der Grund, warum sie nicht in eine Gesamtdarstellung eingebunden werden. Dies schließt nicht aus, dass in der Konzeptualisierung der einzelnen Normen eine gewisse Nähe zwischen ihnen wie beispielsweise zwischen den *präskriptiven* und den *expliziten Normen* oder der *deskriptiven* und *objektiven Normen* zu erkennen ist.

Die *Standardisierung* stellt einen wichtigen Prozess in der Entwicklung des Französischen dar. Der *Standardvarietät* werden allgemein Überregionalität, eine ausgeprägte funktionale Differenziertheit und lange Zeit ein hohes soziales Prestige zugeschreiben. Im Zuge veränderter soziokultureller, soziopolitischer und medialer Entwicklungen wird eine solche, partiell ideologische Überhöhung der Standardvarietät abgebaut. Die Beschreibung und die Geschichte des Französischen allein auf den Standardisierungsprozess zu beschränken, wäre zu einseitig und wird ihrer Dynamik und Vielfalt im Varietätenspektrum nicht gerecht.

Arbeitsaufgaben

1. Argumentieren Sie, wann und warum es angebracht ist, in der linguistischen Betrachtung von *Normen* im Plural zu sprechen.
2. Erörtern Sie, in welchem Verhältnis *präskriptive* und *explizite Normen* stehen.
3. Konsultieren Sie die aktuellste Ausgabe der französischen Grammatik des *Bon usage* von Goose und Grevisse und suchen Sie dort nach mindestens drei *remarques normatives*. Welche Funktion hat diese Form der Kommentierungen in der Grammatik? Sind die *remarques normatives* präskriptiv ausgerichtet?
4. Informieren Sie sich auf den Seiten von *Français de nos régions* über Regionalismen in Frankreich bzw. der Frankophonie. Suchen Sie dabei auch gezielt nach Beispielen für Entregionalisierung von Regionalismen (https://francaisdenosregions.com/index-des-termes/).
5. Erörtern Sie, ob Destandardisierungs- und Restandardisierungsprozesse parallel ablaufen können und begründen Sie Ihre Antworten.

2 Normdiskussion oder der sprachhistorische Blick auf die Sprachnormierung in Frankreich

Im folgenden Kapitel werden einzelne Aspekte herausgegriffen, welche die Entwicklung einer Standardnorm in Frankreich und die Diskussion über sprachliche Normen über die Zeit in besonderem Maße begleiten. Dazu gehören die Festlegung und Konzeption des *bon usage* im 17. Jahrhundert, die zahlreichen sprachlichen und sprachnormativen Kommentierungen in den *Remarques* und später in den *chroniques du langage* ebenso wie Diskussionen um sprachlichen Purismus in Frankreich, die Akzeptanz oder Zurückweisung von Entlehnungen, vor allem aus dem Englischen, der öffentliche Verweis auf die Krise des Französischen (fr. *crise du français*) oder die Debatte um den Gebrauch des Französischen als Nationalsprache (fr. *langue nationale*) im Umfeld der Französischen Revolution.

Die nachfolgende Darstellung ist nur in Teilen chronologisch, in anderen wird sie stärker themenbezogen entwickelt. Sie gibt zudem nicht den Grammatiken und Wörterbüchern den Vorzug, welche üblicherweise mit der Sprachnormdiskussion identifiziert werden und allgemein gut beschrieben sind, sondern versucht, in diesem sprachhistorischen Kapitel anderen Abhandlungen mehr Aufmerksamkeit einzuräumen.

Der Schwerpunkt liegt außerdem auf den Entwicklungen und Diskussionen seit dem 17. Jahrhundert, welches üblicherweise als Jahrhundert der Standardisierung *par excellence* angesehen wird.

2.1 Der *bon usage*

Als Referenzpunkt für die normative Bewertung wird im 17. Jahrhundert vom Akademiemitglied (fr. *académicien*) Claude Favre de Vaugelas (1585–1650) in seinen *Remarques sur la langue françoise utiles à ceux qui veulent bien parler et bien escrire* (1647) der *bon usage* (dt. guter Sprachgebrauch) etabliert, welchem er sogleich einen *mauvais usage* (dt. schlechter Sprachgebrauch) gegenüberstellt: „Il y a fans doute deux fortes d'vfages, vn bon & vn mauuais" (Vaugelas 1647, préface II). Vaugelas' *Remarques* wurden allein bis 1738 mehr als zwanzig Mal herausgegeben, so dass man bei seinem Werk von einem regelrechten Publikumserfolg sprechen kann, welcher unter anderem dadurch bedingt war, dass seine *remarques* (dt. Anmerkungen) den adäquaten Sprachgebrauch des *honnête homme* (dt. ehrenhafter Mann)[1] anzeigten

---

[1] Dieser *ehrenhafte Mann* darf sich in seinem Sprechen allerdings nur eines exemplarischen Registers (*registre exemplaire*) bedienen, weshalb eine Pluralität an Registern oder diaphasischen Varietäten bei diesen Sprechern nicht erwartet werden darf (Wolf 1983, 111).

und diese Beobachtungen insbesondere für Neuankömmlinge am französischen Königshof nicht nur von sprachlicher, sondern zugleich von hoher sozialer Relevanz waren (Ayres-Bennett 1987, 192, 197).

Mit dem Rückgriff auf den Sprachgebrauch, den *usage*, in der Normzuschreibung geht Vaugelas auf Forderungen einzelner französischer Grammatiker und Literaten des 16. Jahrhunderts ein (Trudeau 1992, 168).

2.1.1 Konzeptuelle Vorläufer des *bon usage* im 16. Jahrhundert und Anfang des 17. Jahrhunderts

Trudeau (1992) zeichnet die konzeptuelle Vorbereitung der Auffassung des *bon usage* im 16. Jahrhundert umfassend nach. Zu denjenigen, die den *bon usage* in jener Zeit inhaltlich vorbereiten, gehört unter anderen der Pariser Drucker Geoffroy Tory (1480–1530), welcher am königlichen Hof wirkt, mit seiner Abhandlung *Champfleury* (1529). Es ist nicht verwunderlich, dass sich die Berufsgruppe der Drucker mit der Idee des guten Sprachgebrauchs auseinandersetzen, ist es doch die Erfindung des Buchdrucks sowie eine deutliche Fokussierung auf den schriftlichen Sprachgebrauch, die die Festlegung und typografische sowie orthografische Homogenisierung der Sprache im schriftlichen Gebrauch befördert (Rey/Duval/Siouffi 2007, 469, 552; cf. Lodge 1997, 40). Tory beklagt sich in seiner Darstellung über einige der zeitgenössischen sprachlichen Moden des Französischen, worunter für ihn auch regionale Varianten und Neologismen fallen. Er präferiert generell eine *honneste langage* (dt. ehrenhafte Sprache) und fordert eine Grammatik des Französischen ein, welche den Sprachgebrauch stärker filtern sollte (Winkelmann 1990, 339; Trudeau 1992, 24–27). In seiner normativen Grundkonzeption bleibt Tory den antiken Modellen treu (Marzys 2010, 193). Auch Settekorn (1979, 503; 1988, 44) unterstreicht die Relevanz der Überlegungen von Tory für Fragen der Normierung, da Tory herausstellt, dass eine Nichtbeachtung der zu damaliger Zeit empfohlenen Einengung des Sprachgebrauchs und der damit verbundenen Zurückweisung einzelner sprachlicher Strukturen (cf. 2.6) unweigerlich zu einer veränderten und pervertierten Sprache führen würde.

In eine andere Richtung zielt die Arbeit *La Deffence et Illustration de la langue françoyse* (1549) des Literaten Joachim du Bellay (1522–1560), welcher in Abgrenzung zu Tory Entlehnungen aus anderen Sprachen als Bereicherung der französischen Sprache nicht zurückweist, sondern eindeutig befürwortet. Er möchte so vor allem das literarische Französisch stärken sowie das Prestige der französischen Sprache in

Abgrenzung zum Lateinischen und in Teilen zum Italienischen[2] erhöhen (Trudeau 1992, 57, 61; Lodge 1997, 180, 183; Marzys 2010, 193; cf. auch Winkelmann 1990, 338).[3]

Als weiterer Wegbereiter des *bon usage* gilt der Grammatiker Louis Meigret (1510?–1560?) mit seiner Vorstellung von einem *bel usage* (dt. schöner Sprachgebrauch) und von der normativen Durchsetzungskraft des Volkes (fr. *le peuple*) (Trudeau 1992, 69–82; Rey/Duval/Siouffi 2007, 543; Walsh/Kibbee 2024, 193). Meigret sieht seine Aufgabe in der Sichtbarmachung der Ordnung bzw. der ordnenden Struktur der Sprache, die in gewisser Weise der Normierung voranzustellen sei (Winkelmann 1990, 338; Rey/Duval/Siouffi 2007, 555). Die Basis der Überlegungen von Meigret ist das gesprochene Französisch der gebildeten Bevölkerung; eine Zuschreibung, welche auch für Vaugelas im 17. Jahrhundert entscheidend sein wird (Lodge 1997, 227; Marzys 2010, 193).

Eine weitere Frage, die in den Debatten um die Norm und den guten Sprachgebrauch in dieser Zeit mehrfach aufgegriffen wird, ist jene der genauen geografischen Situierung eines solchen guten Sprachgebrauchs, an welchem man sich fortan orientieren sollte. Einzelne metalinguistische Quellen bekräftigen den Eindruck, dass die Ursprünge des guten Sprachgebrauchs, auch als *bon langage* ausgewiesen, zu dieser Zeit am Hofe des Königs François Ier (1494–1547) und in der Stadt Paris gesehen werden (Trudeau 1992, 53; cf. auch Brunot 1966c, X/1, 174; Lodge 1997, 222, 225, 226; Rey/Duval/Siouffi 2007, 502–503). Allerdings weitet der Buchdrucker Henri Estienne (1528?–1598) die Idee des guten Sprachgebrauchs auch auf die kultivierten Sprecher der umliegenden Städte von Paris wie Orléans, Bourges oder Tours aus (Lodge 1997, 228).

Neben den erwähnten Literaten (du Bellay), Buchdruckern (Tory) und Grammatikern (Meigret) des 16. Jahrhundert bereitet auch François Malherbe[4] (1555–1628) die konzeptuelle Entwicklung des *bon usage* vor, wenngleich er selbst keine sprachnormative Abhandlung verfasst, sondern sich darauf beschränkt, einzelne literarische Schriften, wie jene von Pierre de Ronsard (1524–1585) oder Philippe Desportes (1546–1606), sprachkritisch und seinem Sprachgefühl (fr. *sentiment de la langue*) entsprechend zu kommentieren (Winkelmann 1990, 339; Trudeau 1992, 141–152; Lodge 1997, 230; Rey/Duval/Siouffi 2007, 609–614; Siouffi 2013). Für Malherbe ist dabei wesentlich, dass sich die poetische Sprache nicht über die Regeln des alltäglichen Sprachgebrauchs (fr. *usage ordinaire*) hinwegsetzen, aber um dessen Strukturen bereichern sollte, ohne jedoch den volkstümlichen Sprachgebrauch (fr. *registre populaire*) selbst

---

2 Das Italienische war am französischen Hofe des 16. Jahrhunderts weit verbreitet.
3 Die Idee der *défense* (dt. Verteidigung) gehört seit Du Bellay zum Inventar sprachpuristischer Diskurse bis in die heutige Zeit (cf. Siouffi 2022, 111).
4 Settekorn (1988, 50) macht darauf aufmerksam, dass nicht nur Malherbe, der aus der Normandie (Caen) stammt, sondern auch andere „Protagonisten der höfischen Sprachnormierung" aus „nichtzentrale Regionen", d.h. der Provinz, kommen und von der „sie sich umso deutlicher abzugrenzen suchten, als ihnen das Zentrum sozialen Aufstieg und Anerkennung bieten konnte".

zuzulassen (Flutre 1954, 241; Trudeau 1992, 149, 158). Malherbe verbannt in seinen Glossen der genannten literarischen Werke eine Vielzahl von sprachlichen Strukturen als nicht akzeptabel und engt so den von ihm akzeptierten Sprachgebrauch ein (Winkelmann 1990, 339, 340; Siouffi 2013, 441). Er sucht nach dem im jeweiligen Kontext semantisch exaktesten bzw. passenden Lexem und weist zahlreiche Lexeme brüsk zurück, darunter Archaismen wie *défermer* (dt. öffnen), Entlehnungen, Neologismen, *mots sales* (dt. schmutzige Wörter) wie das aus dem medizinischen Vokabular stammende *barbier* (dt. Quacksalber) oder generell fachsprachliche Lexeme wie das aus dem Marinewortschatz übernommene Verb *caler* (dt. fachsprachlich: herunterlassen), aber auch Provinzialismen wie Gasconismen (fr. *gasconismes*). Die Gasconismen sind bedingt durch die regionale Herkunft nicht weniger Adliger aus der Gascogne, einschließlich des französischen Königs Henri IV. (1553–1610), am französischen Hofe des 16. bzw. 17. Jahrhunderts keineswegs selten (Brunot 1891, 238, 259, 300; Brunot 1966b, III/1, 4,5; Siouffi 2013, 441, 442; Siouffi 2025, 90–92). Malherbe beschränkt sich in seinen Glossen nicht auf die lexikalisch-semantische Ebene, sondern bewertet gleichfalls morphologische Aspekte wie die Konjugation von *aller* (dt. gehen) und seinen damaligen Varianten in der 1. Person Präsens Aktiv: *je vois*, *je vais*, *je vay*. In diesem Punkt ist er nach Einschätzung von Brunot (1891, 413) eher zurückhaltend: Da der *usage* nach Meinung von Malherbe noch nicht festgelegt ist, plädiert er für die Form *je vois*, welche sich allerdings später nicht durchsetzt.

Die Formulierung seiner Randglossen ist zumeist recht eindeutig, wenn man sich die von ihm zur Kritik genutzten sprachlichen Ausdrücke genauer ansieht: *mal* (dt. schlecht), *mal parlé* (dt. schlecht gesprochen), *mal exprimé* (dt. schlecht ausgedrückt), *plébee* (dt. plebejisch), *sottise* (dt. Dummheit), *ridicule* (dt. lächerlich) (Brunot 1891, 113). Malherbes Einschätzungen und Urteile gehen zurück auf eine intensive und genaue Lektüre der einzelnen literarischen Werke. Diese Praxis wird im 17. Jahrhundert zu Reflexionen über die geschriebene Sprache anregen (Siouffi 2013, 441–442). Darüber hinaus vertraut Malherbe seinem *oreille* (dt. Gehör) (Siouffi 2013, 443–445), welches vielleicht am ehesten mit einem ‚erstaunlichen rhythmischen Sprachgefühl' wiedergegeben werden könnte. Trotz der sehr präskriptiven normativen Formulierungen Malherbes schränkt Siouffi (2013, 452) die tatsächlichen Auswirkungen auf den Sprachgebrauch ein.

Aus Sicht Malherbes dienen seine Vorschläge der sprachlichen ‚Reinheit' (fr. *pureté*) und ‚Klarheit' (fr. *clarté*) (Wolf 1983, 107–108; Winkelmann 1990, 340). ‚Reinheit' und ‚Klarheit' werden damit von Malherbe als sprachliche Konzepte nicht mehr wie in der Antike allein rhetorisch bzw. stilistisch interpretiert, sondern jetzt sprachlich-ideologisch aufgeladen und prägen als ideologische Komponenten den sprachnormativen Diskurs bis heute (cf. Rey/Duval/Siouffi 2007, 610–611). Malherbes Kommentierungen und Empfehlungen wirken nach Winkelmann über die poetische Sprache hinaus auf andere Bereiche der geschriebenen Sprache und auf den höfischen

Konversationsstil (Winkelmann 1990, 340).[5] Warum Malherbes Überlegungen fruchtbar sein konnten, schildert Winkelmann unter Rückgriff auf Settekorn und mit Blick auf die soziohistorische Entwicklung Frankreichs im 17. Jahrhundert:

> Seine Bemühungen um eine Normierung der französischen Sprache waren nicht zuletzt deshalb von Erfolg gekrönt, weil seine Sprachdoktrin auf derselben Linie wie die französische Staatsideologie des 17. Jahrhunderts lag und weil sie sich mit dem zeitgenössischen Bildungsideal deckte (cf. Settekorn 1988, 50) (Winkelmann 1990, 340).

Ayres-Bennett (1987, 55) legt durch die systematische Lektüre von Vaugelas' Manuskript und seinen handschriftlichen Notizen offen, dass sich Vaugelas, der mit seinen Arbeiten prägend für die Festschreibung des sprachlichen Standards sein wird, von Malherbes Kommentierungen durchaus inspirieren ließ.

2.1.2 Vaugelas' Dimensionen des *bon usage*

Vaugelas stellt sich bei der Konzeption und der Entscheidung über den ‚guten Sprachgebrauch' keineswegs selbst als normativ-bewertende Instanz in den Mittelpunkt, sondern verweist auf verschiedene Autoritätsebenen. Der *bon usage* wird von Vaugelas daher zunächst in zweifacher Hinsicht in einer realen sozialen Dimension verankert:
– zum einen als Art und Weise des Sprechens[6] – nicht des Schreibens – eines Teils des königliches Hofes (nicht des Königs allein) und
– zum anderen als Sprache der zeitgenössischen Autoren.

Allerdings werden jeweils nur „*la plus saine partie de la cour*" sowie „*la plus saine partie des Autheurs du temps*", d.h. die kultivierten Frauen und Männer des gesamten Pariser Königshofes bzw. die kultivierten zeitgenössischen Autoren, wie die zu damaliger Zeit sehr bekannten Jean Chapelain (1595–1694), Vincent Voiture (1597–1648) oder Jean-Louis Guez de Balzac (1597–1654), in den Blick genommen (Vaugelas 1647, préface II; cf. Blochwitz 1968, 111–112; Wolf 1983, 110; Schöni 1988, 27; Marzys 1998, 42; Paveau/Rosier 2008, 295; Marzys 2010, 201). Damit wird der *bon usage* auf den Sprachgebrauch einer relativ kleinen Gemeinschaft oder auch Minderheit von Sprecherinnen und Sprechern im Sinne eines „Soziolektes einer Elite" eingeschränkt

---

5 Allerdings blieben Malherbes Kommentierungen nicht ohne Kritik. Als Kritikerin tritt auch Marie Le Jars de Gournay – Mlle de Gournay (1565–1645) auf, die in ihrer Abhandlung *Du langage françois* die *Docteurs en l'art de parler* kritisiert, womit auch Malherbe gemeint ist (Gournay 2002, 697).
6 Wolf (1983, 110) weist zurecht darauf hin, dass Vaugelas' Präferenz für die gesprochene Sprache, über Jahrhunderte Referenzgröße für den exemplarischen Gebrauch des Französischen, in Vergessenheit gerät und die geschriebene Sprache den Vorzug erhält.

(Müller 1975, 235; Baum 1983, 371; Settekorn 1988, 56; Trudeau 1992, 170; Marzys 2010, 190, 195, 199), in welchem bestimmte Sprachgebräuche wie Fachsprachen oder auch der Sprachgebrauch der französischen Provinzen zumeist abgelehnt werden (Ayres-Bennett 1987, 13; Branca-Rosoff 2007a, 26) und welcher sich somit vom allgemeinen Sprachgebrauch (fr. *usage commun*) entfernt (Müller 1975, 33; Schmitt 2001, 456). Marzys identifiziert den von Vaugelas eingegrenzten Sprachgebrauch soziokulturell als Sprachgebrauch der „*honnêtes gens de Paris*" (dt. die ehrenhaften Menschen bzw. die ehrenwerte Gesellschaft von Paris):

> D'une part, la notion de « cour » ne se limite pas à l'aristocratie ni à l'entourage immédiat du roi, puisqu'elle comprend « plusieurs personnes de la ville » qui participent à la « politesse » des courtisans ; en d'autres termes, tous ceux qui, par leur fortune, leur culture ou leurs fonctions dans l'État, sont en relations avec le milieu aristocratique et aspirent à suivre son mode de vie. Pour parler le langage de l'époque, la cour, au sens large où l'entend Vaugelas, pourrait s'identifier à l'ensemble des « honnêtes gens » de Paris (Marzys 2010, 192).

Vaugelas ist sich bewusst, dass er mit einer solch relativ elitären Zuordnung des guten Sprachgebrauchs einen Großteil der Sprecherinnen und Sprecher des Französischen der damaligen Zeit auf einen schlechten Sprachgebrauch einschränkt. Dies ist offensichtlich auch der Grund, weshalb sich der *bon usage* seit dem 17. Jahrhundert zu einer „*ne-varietur*-Konzeption" (Wolf 1983, 111; Schöni 1988, 29; Schmitt 2001, 456) entwickelt und er in normativen Bewertungen noch heute zumeist im Sinne einer präskriptiven Norm verstanden wird (Christmann 1982, 262; Polzin-Haumann 2003, 99; Große 2020, 422).

Als weitere normative Instanz treten in der Konzeption von Vaugelas neben den Teilen des königlichen Hofes und den erwähnten zeitgenössischen Autoren schließlich die „gens savants en la langue" (dt. wörtlich: die in der Sprache gelehrten Menschen) hinzu, d.h. im weitesten die Grammatiker, deren ‚Befugnisse' allerdings variieren (Vaugelas 1647, préface II; Ayres-Bennett 1987, 14): Während der Hof den Sprachgebrauch vorgibt, welchem die Autoren folgen sollten, werden die Grammatiker allein bei den Zweifelsfällen befragt (cf. auch Trudeau 1992, 171). So auch im folgenden Beispiel aus Vaugelas' *Remarques* zum *accord* (dt. Angleichung) des Perfektpartizips von *faire* (dt. machen):

> *C'est vne des plus belles actions, qu'il ayt jamais faites.*
> I'ay appris que c'eſtoit ainſi qu'il falloit eſcrire, & non pas au ſingulier *qu'il ayt jamais faite*, parce que ce participe ſe rapporte à *plus belles actions*, & non pas à *vne*. La preuue en eſt claire, en ce que le participe *faite*, ou *faites*, ſe rapporte de neceſſité abſoluë au pronom *que*, qui eſt aprés *actions*, & il n'y a point de Grammairien, qui n'en demeure d'accord (Vaugelas 1647, 153).

Schließlich benennt Vaugelas explizit die Frauen, die zu Sprachproblemen befragt werden sollten, da sie weder die klassischen Sprachen Latein oder Griechisch sprächen noch in Grammatik unterrichtet würden (Vaugelas 1647, 503–505; Flutre 1954, 242–244; Settekorn 1988, 58; Trudeau 1992, 184, 187, 188; Ayres-Bennett 2016b, 168).

Vaugelas verdeutlicht diese Forderungen an einzelnen Beispielen, darunter an dem Gebrauch des Syntagmas *servir à Dieu/servir Dieu* (dt. Gott dienen):

> De meſme ils croiront que *feruir à Dieu*, ſoit mieux dit que *feruir Dieu*, parce qu'en Latin on dit *feruire Deo*, au datif, & ainſi d'vne infinité d'autres. C'eſt pourquoy le plus eloquent homme qui ayt iamais eſté, auoit raiſon de conſulter ſa femme & ſa fille dans les doutes de la langue, pluſtoſt qu'Hortenſius ny que tous ces autres excellens Orateurs qui fleuriſſoient de ſon temps. De là vient auſſi que pour l'ordinaire les gens de lettres, s'ils ne hantent la Cour ou les Courtiſans, ne parlent pas ſi bien ny ſi aiſement que les femmes, ou que ceux qui n'ayant pas eſtudié ſont touſiours dans la Cour (Vaugelas 1647, 505).

Vaugelas verweist in seinen *Remarques* auch an anderen Stellen auf einen unter den Frauen abweichenden Gebrauch, so bei der Genuszuweisung von *amour*, welche die Frauen im Unterschied zu den Männern mit dem femininen Genus verwenden (Vaugelas 1647, 390; cf. auch Flutre 1954, 243).

Flutre (1954, 244) führt den von Vaugelas propagierten Einfluss der Frauen in Sprachfragen auf ihre Rolle in den Salons der damaligen Zeit zurück. Die einzige *salonnière* (dt. Salondame), die durch eine Anspielung in einer *remarque* Vaugelas' zu *debrutaliser* (dt. wörtlich: entbrutalisieren) im Nachhinein eindeutig identifiziert werden kann, ist die bekannte adlige *salonnière* Catherine de Vivonne Rambouillet, Marquise de Rambouillet (1588–1665) (Vaugelas 1647, 492; Marzys 2010, 201). Grundsätzlich war Vaugelas jedoch mit den Pariser Salons und dort geführten sprachlichen Diskussionen gut vertraut (Ayres-Benett 1987, xiv).

Betrachtet man die Konzeptualisierung des *bon usage* aus variationslinguistischer Perspektive, wird deutlich, dass aus dem Inventar sprachlicher Varianten einzelne Varianten oder auch Varietäten bzw. deren Gebrauch mit bestimmten Werturteilen verknüpft werden, die historisch durchaus über einen längeren Zeitraum verankert bleiben.[7] So werden von Vaugelas verschiedene *gasconismes* gerügt bzw. zurückgewiesen, darunter auch das Syntagma *Il m'a dit de faire* (dt. er hat mir gesagt bzw. mitgeteilt zu machen):

> CEtte façon de parler eſt venuë de Gaſcogne, & s'eſt introduite à Paris ; mais elle ne vaut rien. Il faut dire *il m'a dit que je fiſſe*. Ce qui a donné lieu à cette erreur vray-ſemblablement, c'eſt que l'on a accouſtumé de dire, *il m'a commandé de faire, Il m'a prié de faire, il m'a conjuré de faire, il m'a chargé de faire*, car ce feroit mal dit, *il m'a commandé que je fiſſe, il m'a prié que je fiſſe*, & ainſi des autres (Vaugelas 1647, 322).

---

7 Für die deutsche Sprache erarbeitete Lange (2008) mit ihrer Untersuchung zur Historizität bestimmter Werturteile gegenüber einzelnen Varianten im Deutschen eine beispielhafte Studie, die für das Französische bis heute noch aussteht. Im Zentrum ihrer Studie steht zugleich die Frage, ob die Entstehung von Negativurteilen gegenüber einzelnen Varianten mit der sprachlichen Standardisierung des Schriftdeutschen zusammenfalle.

In einem anderen Fall wird ein Lexem, konkret *voisiné* (dt. Nachbarschaft), als provinziell, d.h. als diatopisch markiert eingestuft, dessen Gebrauch im *bon usage* der Klarheit des Ausdrucks widerspräche:

> VOifiné pour *voifinage*, comme j'enuoye des fruits à tout mon voifiné, pour dire à tout mon voifinage eft vn mot Prouincial infupportable à quiconque fçait la pureté de noftre langue (Vaugelas 1647, 434).

Als eine diatopische und in Teilen diastratische Variante zeichnet Vaugelas zudem den Gebrauch von *je va* für *je vais* (dt. ich gehe) aus, wobei *je va* am königlichen Hofe verwandt wird und *je vais* zu jener Zeit als eine Variante aus der Provinz bzw. des Volkes von Paris gilt:

> TOus ceux qui fçauent efcrire, & qui ont eftudié, difent, *ie vais*, & difent fort bien felon la Grammaire, qui conjugue ainfi ce verbe, *ie vais, tu vas, il va* ; car lors que chaque perfonne eft differente de l'autre, en matiere de conjugaifon, c'eft la richeffe & la beauté de la langue, parce qu'il y a moins d'equiuoques, dont les langues pauures abondent. Mais toute la Cour dit, *ie va*, & ne peut fouffrir, *ie vais*, qui paffe pour vn mot Prouincial, ou du peuple de Paris (Vaugelas 1647, 27).

Vaugelas identifiziert in seinen *Remarques* darüber hinaus einzelne Sprachstrukturen, in denen der Gebrauch am Hofe und der Pariser Gebrauch übereinstimmen, in anderen – wie gesehen – aber auch differieren.

Der *bon usage* wird von Vaugelas des Weiteren als eine Norm im Wandel angesehen und demzufolge nicht starr und ‚für immer gültig' festgeschrieben (Ayres-Bennett 1987, 24).

Vaugelas bezieht in seinen Kommentierungen ähnlich wie Malherbe gleichfalls Überlegungen zur *pureté* und *netteté* ein, wobei *pureté* von ihm fast ausschließlich negativ besetzt wird, indem er Wörter bzw. Sprachstrukturen benennt, die der Reinheit des *bon usage* widersprächen (Ayres-Bennett 1987, 43–47). Unter den die Reinheit störenden Faktoren („vices") führt er vor allem die Barbarismen und Solözismen an. Als Beispiele für Barbarismen zählt er den Gebrauch von *pache* anstelle von *pacte* (dt. Pakt) oder von *sortir* für *partir* (dt. losgehen, losfahren) auf (Vaugelas 1647, 567, 568).

Im Unterschied zu der kurz nach den *Remarques* von Vaugelas erscheinenden *Grammaire generale et raisonnée* (1660) von Antoine Arnauld (1612–1694) und Claude Lancelot (1615?–1695) und der dort dominanten Grammatikauffassung ist der *bon usage* von Vaugelas nicht in jedem Fall der Vernunft (fr. *raison*) verpflichtet (Wolf 1983, 113; Ayres-Bennett 1987, 29, 33, 34; Lodge 1997, 232; Ayres-Bennett/Seijido 2011, 72-73). Arnauld und Lancelot, die Vaugelas rezipierten, richten die Norm in Abgrenzung zu Vaugelas an einem Gebrauch aus, der sich eher dem logischen Denken (fr. *pensée*) unterordnet (Ludwig/Schwarze 2012, 103; cf. Große 2020, 422).

Siouffi (2015, 137) zeigt für die nach Vaugelas folgenden *remarqueurs* wie Dominique Bouhours (1628–1702) oder Gilles Ménage (1613–1692) auf, welche Aspekte bei der Bestimmung des *bon usage* relevant sind und in gewisser Weise mit einer normativen Autorität (fr. *autorité*) ausgestattet werden, worunter der zeitgenössische Sprachgebrauch (fr. *usage contemporain*), die Historizität des sprachlichen Gebrauchs und der sprachlichen Strukturen (fr. *histoire, étymologie*), die Regeln bzw. Vorschriften (fr. *règles*), aber auch die Vernunft (fr. *raison*), das Gehör (fr. *oreille*[s]) und neu auch die Vorstellung (fr. *imaginaire*) fallen.

2.1.3 Der Rückgriff auf den *bon usage* in den nachfolgenden Jahrhunderten

Mit dem Blick der Aufklärung und der Propagierung eines Sprachgebrauchs, der im 17. Jahrhundert an der sprachlichen Elite des Hofes orientiert war, modifiziert sich langsam auch der Zugriff auf den *bon usage*. Im Eintrag zu *usage* in der *Encyclopédie* von Diderot und D'Alembert wird Vaugelas' Definition des *bon usage* diskutiert und als zu allgemein zurückgewiesen (Encyclopédie 1765, XVII, 516).[8] Christmann (1982, 263) spricht von einer „gewissen ‚Demokratisierung'" des *bon usage*. Die Definition des *bon usage* in der *Encyclopédie* orientiert sich nun an der Mehrheit des Hofes und der Mehrheit der guten Autoren der Zeit (cf. Lodge 1997, 239):

> [...] je dirais que le bon usage est la *façon de parler de la plus nombreuse partie de la Cour conformément à la façon d'écrire de la plus nombreuse partie des auteurs des plus estimés du tems* (Encyclopédie 1765, XVII, 517).

Es ist der „bon usage de la langue nationale", der so definiert und in einen *usage douteux* (dt. zweifelhafter Gebrauch) und einen *usage déclaré* (dt. angezeigter Gebrauch) unterschieden wird. Als Referenz dient die jeweilige sprachliche Praxis derjenigen, denen die Autorität zugeschrieben wird (Encyclopédie 1765, XVII, 517).

Im ausgehenden 18. Jahrhundert verliert der *bon usage* mit der (zeitweiligen) Abschaffung der französischen Monarchie seine soziale Anbindung an den königlichen Hof (Lodge 1997, 240) und bereits in der zweiten Hälfte des 18. Jahrhunderts verschiebt sich die normative Autorität immer deutlicher vom Hof hin zum Großbürgertum (fr. *grande bourgeoisie*) (Lodge 1997, 238).

Im 19. und 20. Jahrhundert verändert sich die Konzeption des ‚bon usage' weiter, indem er vornehmlich in grammatischen Zusammenhängen angeführt wird und sich seine soziale Referenz nunmehr ausschließlich auf die Sprache der guten Autoren beruft. Diese Ausrichtung der grammatischen Konzeption des ‚bon usage' erfährt in der Grammatik *Le bon usage* von Maurice Grevisse schließlich ihren Höhepunkt (Müller 1975, 30, 242; Lieber 1986, 25; Wilmet 1995, 965) (cf. 5.1.2).

---

8 Der Eintrag zu *usage* wurde der Unterschrift folgend offenbar von Nicolas Beauzée (E.R.M.B.) redigiert.

Die Anbindung grammatischer normativer Betrachtungen an die Autorität des so definierten *bon usage* wird bis in die zweite Hälfte des 20. Jahrhunderts kaum in Frage gestellt und entsprechend perpetuiert (cf. Schöni 1988, 40; Lebsanft 2002, 65; Große 2020, 423).

Erst seit den 70er Jahren des 20. Jahrhunderts rückt man im Zuge unterschiedlicher Demokratisierungsbestrebungen außerhalb der *Académie française* deutlich vom *bon usage* als Normideal ab (Lieber 1986, 68; Baum 1983, 396):

> Que reste-t-il de cette attitude, assimilant la norme linguistique aux bonnes manières et jetant l'exclusive sur tous les usages qui s'écartent de celui de la classe socio-culturellement dominante ? Adoptée avec peu de modifications par les protagonistes du siècle des Lumières, elle traversa la Révolution pratiquement sans dommage, fut reprise par la bourgeoisie du XIXe siècle, héritière de la société aristocratique de l'Ancien Régime, puis inculquée progressivement par l'école à l'ensemble des habitants de l'espace linguistique français. Apparemment battue en brèche aujourd'hui par la montée du français « relâché » et des variétés populaires, professionnelles et régionales, elle subsiste pourtant en grande partie, bien qu'il n'y ait plus de cour à Paris ni à Versailles et que les écrivains ne se soumettent plus toujours au « bon usage » des grammairiens et des dictionnaires. Car il subsiste toujours des « honnêtes gens » : or, toute personne qui aspire à cette qualité, c'est-à-dire à un minimum de culture, prend soin de s'exprimer en « bon français » (Marzys 1984, 37).

Allerdings ist in verschiedenen Grammatiken des Französischen der begriffliche, wenngleich nicht immer konzeptuelle, Rückgriff auf den *bon usage* bis heute existent (z.B. in der Grammatik von Grevisse/Goosse 2016), und wird hier auch im Sinne eines *Standards* gebraucht (Trudeau 1992, 199), ohne dass die Kriterien und Parameter für die Bestimmung des *bon usage* im Einzelnen nachvollziehbar sind (Rey-Debove 2003, 8). Zur Illustration des Gesagten soll ein Beispiel aus der Grammatik des *Bon usage* (Grevisse/Goosse 2008) herangezogen werden, konkret *Nous sommes lundi* (anstatt *il est lundi*, dt. es ist Montag), welches durch den Rückgriff auf den *bon usage* zunächst autorisiert wird. Im Anschluss werden dort verschiedene literarische Beispiele als Belege zur Bestätigung zitiert:

> On a critiqué *Nous sommes lundi*, sous prétexte que *lundi* serait là traité comme un attribut. Cette façon de s'exprimer est autorisé par le bon usage :
> [...] On était UN DIMANCHE (TROYAT, Les semailles et les moissons, p. 27). [...] Nous sommes LA NUIT DE PAQUES (Curtis, Roseau pensant, p. 368) (Grevisse/Goosse 2008, 393–394).

Das Beispiel *Nous sommes lundi* wird damit als eine Struktur angesehen, die zum Standard der französischen Sprache gehört und mit dem Argument ‚legitimiert', dass vergleichbare Strukturen in vornehmlich literarischen Beispielen zu finden sind. In diesem Sinne wird der *bon usage* als eine präskriptive Norm betrachtet und nicht als ein Rückgriff auf eine konkrete Verwendung im Gebrauch des Französischen (cf. auch Auroux 1998, 242–243).

Auf eine besondere Interpretation des *bon usage*-Begriffs sei noch hingewiesen, die über die soziale Zuordnung klar hinausführt. Der Linguist und Sprachchronist

Marcel Cohen (cf. 2.2.4) sieht den Begriff des *bon usage* als einen Kampfbegriff bzw. einen agonistischen Begriff an und bewertet entsprechende Sprachdiskussionen, bei denen es nicht mehr um den kommunikativen Nutzen, sondern um das Prestige geht, als nicht notwendig (Cohen 1966b, 47–48).

2.2 *Remarques, remarqueurs* und ihr Einfluss bis heute

Die *remarqueurs* spielen insgesamt, wie bereits herausgestellt wurde, vor allem im 17. Jahrhundert, im Unterschied zu den Grammatikern, eine wesentliche Rolle in der Normierung des Französischen. Der Personenkreis der *remarqueurs* lässt sich nicht ohne Weiteres auf eine spezifische Personengruppe wie beispielsweise Grammatiker eingrenzen, weshalb Paveau und Rosier die *remarqueurs* wie folgt charakterisieren:

> [...] un ensemble hétérogène de personnes qui se sont mises à émettre des avis et des remarques sur la langue française. Cette pratique, née au XVIe siècle, recouvre en partie l'ensemble des puristes puisque bien souvent ces remarques ont une portée non pas seulement descriptive mais prescriptive (Paveau/Rosier 2008, 76).

Die *remarqueurs* haben als Gelehrte und Vertraute der Pariser Salons, wie dies beispielsweise bei Dominique Bouhours im 17. Jahrhundert der Fall war, eine große Strahlkraft in sprachlichen Fragen und eine entsprechende öffentlich sichtbarere Relevanz, als dies für die eigentlichen Grammatiker der Fall ist (Paveau/Rosier 2008, 34–35).

Der Ausgangspunkt für die Kommentierung in einer *remarque* bildet oftmals ein zweifelhafter Sprachgebrauch (fr. *usage douteux*) bzw. eine sprachliche Unsicherheit (Ayres-Bennett/Seijido 2011, 42).[9] Darunter fallen Details aus den verschiedenen sprachlichen Bereichen wie die Aussprache, Orthografie, Morphologie, Syntax, der Stil und die Lexik, wobei letztere insgesamt relativ dominant in den *remarques* beschrieben ist (Ayres-Bennett/Seijido 2011, 43, 197). Nicht in allen Fällen wird innerhalb des Kommentars ein konkreter sprachlicher Vorschlag unterbreitet, der nach der Lektüre im eigenen Sprachgebrauch genutzt werden könnte.

2.2.1 Vaugelas als *remarqueur* und Charakteristika der *remarques*

Der *académicien* Vaugelas, dessen Vorstellung des *bon usage* bereits beschrieben wurde und der unter den *remarqueurs*[10] zweifellos der bedeutsamste ist, vermeidet in

---

9 Lebsanft (2020) beschreibt die Filiation von den *remarques* zu den Schwierigkeitswörterbüchern.
10 Paveau und Rosier (2008, 76) stellen den Zusammenhang zwischen der Arbeit der *remarqueurs* und sprachpuristischen Aktivitäten her: „Cette pratique, née au XVIe siècle, recouvre en partie

seinen sprachlichen Darlegungen demzufolge den konzeptuellen Rahmen einer Grammatik (Ayres-Bennett 2014, 178) und wählt für seine sprachlichen Beobachtungen und Überlegungen, die über die Grammatik bzw. Syntax signifikant hinausgehen und vor allem auf die Lexik ausgerichtet sind, die Form kurzer Kommentierungen (fr. *remarques*), von denen er insgesamt 549 in loser, nicht alphabetischer Abfolge und ohne erkennbare logische Struktur veröffentlicht (cf. Ayres-Bennet/Seijido 2011, 42–54).

Die *remarques*, die sich in ihrer thematischen und strukturellen Konzeption nicht in Abgrenzung einzelner *remarqueurs* untereinander, sondern auch bei ein- und demselben Autor als sehr heterogen präsentieren, werden von Ayres-Bennett in Anlehnung an Vaugelas wie folgt beschrieben:

> Après avoir examiné toute ces définitions plus ou moins floues dans les dictionnaires, nous n'avons identifié que très peu de caractéristiques du genre : en définissant les remarques comme des observations ou notes écrites qui expriment une réflexion ou un commentaire, on ne fait aucune référence ni à la substance typique des remarques (est-il juste de considérer qu'elles discutent de détails infimes et même de broutilles de l'usage linguistique ?) ni au type de présentation souvent associé aux observations (remarques détachées qui ne sont pas liées les unes aux autres) (Ayres-Bennett 2004, 22).

Vaugelas greift in seinen *Remarques* nicht wenige sprachliche Schwierigkeiten bzw. Subtilitäten heraus, die noch heute diskutiert werden und so auch in sogenannten Schwierigkeitswörterbüchern des Französischen (fr. *dictionnaires de difficultés* – für die Beschreibung dieser Wörterbücher cf. Wolf 2020) oder auch in Sprachlehrwerken zu finden sein könnten. Darunter fallen beispielsweise die Schwierigkeiten in der Anwendung des *accord* (dt. Angleichung) oder in der Entscheidung der Voran- oder Nachstellung der Adjektive innerhalb einer Nominalgruppe (fr. *épithète mal placé*), zudem Fragen zum grammatischen Genus, zur Akzeptanz einzelner lexikalischer Einheiten wie *en somme* (dt. letzlich, zusammenfassend) oder *à présent* (dt. derzeit, gegenwärtig), zur Bedeutungs- und Gebrauchsdifferenzierung beispielsweise von *songer* für *penser* (dt. denken) oder von *proches* für *parents* (dt. Verwandte) oder zum Gebrauch von *si on* bzw. *si l'on*. Auch Fragen zur Orthografie und zur Aussprache werden von Vaugelas erläutert, darunter die Abgrenzung zwischen dem aspirierten oder stummen h (fr. *h aspiré* oder *h muet*).

Sehen wir uns eine seiner Erörterungen zum Genusgebrauch des Adjektivs bei der gleichzeitigen Verwendung zweier Nomina als ein Beispiel für die Vaugelaschen *remarques* etwas genauer an. Wie so oft geht Vaugelas zunächst von einem konkreten

---

l'ensemble des puristes puisque bien souvent ces remarques ont une portée non pas seulement descriptive mais prescriptive". Paveau und Rosier vertreten insgesamt jedoch eine sehr weite Auffassung von *Purismus*, die auch in dieser Definition sichtbar wird (cf. 2.5). In anderen Fällen und ohne eine solche weite Definition von *Purismus* würde man die Arbeit der *remarqueurs* nur zu geringen Teilen als einen Ausdruck von Sprachpurismus ansehen.

Beispiel aus, das Grundlage seiner weiteren Überlegungen ist: „Ce peuple a le cœur & la bouche ouuerte à vos loüanges" (dt. wörtlich: Das Volk hat ein offenes Herz und einen offenen Mund für Ihre/eure Lobpreisungen). Zudem zieht Vaugelas in dieser *remarque* die Auffassung von Malherbe zur Bewertung des Ausdrucks hinzu und erörtert hier wie auch in anderen Fällen den Gebrauch im Lateinischen, das im konkreten Fall den Rückgriff auf die maskuline Form des Adjektivs befürwortet, sobald die maskuline und feminine Form in einem Syntagma aufeinanderträfen, weil das Lateinische wie auch andere Sprachen das maskuline Genus scheinbar als das noblere Genus ansähe. Vaugelas insistiert und fordert eine entsprechende Regel. Im weiteren Verlauf der Argumentation versucht Vaugelas die einzelnen Aspekte abzuwägen und fügt den Umstand an, dass im oben zitierten Beispiel der Gebrauch der maskulinen Pluralform *ouverts* den auditiven Eindruck (im fr. Original *l'oreille* – dt. das Ohr), d.h. im übertragenen Sinne den Wohlklang, störe. Vaugelas spricht sich schließlich für die Verwendung der femininen Form *ouverte* aus, da es auch die Form sei, die man üblicherweise am französischen Hofe gebrauche.[11]

> Vn adjectif auec deux ſubſtantifs de different genre.
>
> EXemple, Ce peuple a le cœur & la bouche ouuerte à vos loüanges. On demande s'il faut dire ouuerte, ou ouuerts. M. de Malherbe diſoit, qu'il falloit euiter cela comme vn eſcueil, & ce conſeil eſt ſi ſage, qu'il ſemble qu'on ne s'en ſçauroit mal trouuer; Mais il n'eſt pas queſtion pourtant de gauchir touſjours aux difficultez, il les faut vaincre, & eſtablir vne reigle certaine pour la perfection de noſtre langue. Outre que bien ſouuent voulant éuiter cette mauuaiſe rencontre, on perd la grace de l'expreſſion, & l'on prend vn deſtour qui n'eſt pas naturel. Les Maiſtres du meſtier reconnoiſſent aiſément cela. Comment dirons-nous donc ? Il faudroit dire, *ouuerts*, ſelon la Grammaire Latine, qui en vſe ainſi, pour vne raiſon qui ſemble eſtre commune à toutes les langues, que le genre maſculin eſtant le plus noble, doit predominer toutes les fois que le maſculin & le feminin ſe trouuent enſemble ; mais l'oreille a de la peine à s'y accommoder, parce qu'elle n'a point accouſtumé de l'ouir dire de cette façon, & rien ne plaiſt à l'oreille, pour ce qui eſt de la phraſe & de la diction, que ce qu'elle a accouſtumé d'oüir. Ie voudrois donc dire, *ouuerte*, qui eſt beaucoup plus doux, tant à cauſe que cét adjectif ſe trouue joint au meſme genre auec le ſubſtantif qui le touche, que parce qu'ordinairement on parle ainſi, *qui eſt la raiſon deciſiue*, & que par conſequent l'oreille y eſt toute accouſtumée. Or qu'il ſoit vray que l'on parle ainſi d'ordinaire dans la Cour, ie l'aſſeure comme y ayant pris garde ſouuent, & comme l'ayant fait dire de cette ſorte à tous ceux à qui le l'ay demandé, par vne certaine voye qu'il faut touſjours tenir, quand on veut ſçauoir aſſeurément ſi vne choſe ſe dit, ou ſi elle ne ſe dit pas. Mais qu'on ne s'en ſie point à moy, & que chacun ſe donne la peine de l'obſeruer en ſon particulier (Vaugelas 1647, 82–84).

Vaugelas' *Remarques* sind aber nicht nur wie im vorangehenden Beispiel empfehlend („je voudrais donc dire" – dt. ich würde also sagen), sondern können durchaus auch präskriptiv sein (cf. Schöni 1988, 25, 39), was im von ihm genutzten normativen

---

11 Die *remarque* wird hier in gekürzter Fassung zitiert; im Original ist sie ausführlicher, da Vaugelas im Anschluss noch ein Beispiel von Malherbe hinzuzieht und bewertet.

Diskurs deutlich sichtbar wird. So lehnt Vaugelas beispielsweise den Gebrauch der Struktur *chez* + Autorennamen wie *chez Platon* als ‚unerträglich' („insupportable") ab, wenngleich diese, wie er selbst heraushebt, im Sprachgebrauch breite Verwendung findet (Vaugelas 1647, 311–312). In anderen Fällen weist er ein Lexem, in dem Fall *aviser* im Sinne von *apercevoir* und *découvrir* (dt. bemerken und entdecken), zwar nicht zurück („ne peut pas eftre abfolument rejetté" – dt. kann nicht absolut zurückgewiesen werden), aber kennzeichnet es klar als einen Ausdruck des niederen Stils und des Volkes („il eft bas & de la lie du peuple" – dt. er ist nieder & vom Abschaum des Volkes) (Vaugelas 1647, 404). So spricht Vaugelas der sprachlichen Variation im *usage* nicht die Existenz ab, fordert aber bei der Verwendung im schriftlichen Standard deren explizite Kennzeichnung als Gebrauchsvariante einzelner Personen wie Autoren, u.a. mit Formulierungen wie *dit-il* (dt. sagt er) (Ayres-Bennett 2014, 179), um die Eingrenzung auf den Sprachgebrauch eines bestimmten Autors klar zu kennzeichnen.

Die *Remarques* von Vaugelas ergänzen in gewisser Form die normativen Grammatiken, die im 17. Jahrhundert veröffentlicht werden (cf. 5.1), indem sie deren Funktion der normativen Kommentierung übernehmen und sich gleichfalls der zur Präskription ausgewiesenen metasprachlichen Formulierungen bedienen (Ayres-Bennett 2014, 180; 194; Ayres-Bennett/Seijido 2011, 97). Auch räumen sie der Sprachvariation mehr Spielraum als die (normativen) Grammatiken der Zeit ein.

Zugleich ist der Einfluss von Vaugelas' *Remarques* auf die normativen Grammatiken, aber auch auf andere normative Schriften, bereits in den Grammatiken seiner Zeitgenossen wie Laurent Chiflet (1659)[12] oder Claude Irson (1662) unübersehbar und selbst in der *Grammaire generale et raisonnée* (1660) nachweisbar (Ayres-Bennett/Seijido 2011, 60-62; 276–277; Große 2020).

2.2.2 *Remarqueurs* des 17. und 18. Jahrhunderts in der Nachfolge Vaugelas

Vaugelas folgen im 17. und 18. Jahrhundert zahlreiche *remarqueurs*: neben den bekannten und in Teilen bereits erwähnten *remarqueurs* Gilles Ménage, Dominique Bouhours oder Thomas Corneille (1625–1709), sind dies Nicolas Andry de Boisregard, (1658–1742), Olivier Patru (1604–1681), Éléazar de Mauvillon (1712–1779), Abbé d'Olivet, Henri Dubois de Launay (17..–1794) oder auch die im 17. Jahrhundert gegründete *Académie française* selbst (cf. Kapitel 3). Sie weichen in ihren Darstellungen jedoch vom Vaugelaschen Modell in unterschiedlicher Form ab, so z. B. in der puristischeren Sicht in *Remarques nouvelles de la langue françoise* (1675) und *Suite des Remarques*

---

12 Allerdings steht insbesondere Chiflet der Kommentierungsmethode Vaugelas durchaus kritisch gegenüber und räumt den Grammatikern eine höhere Autorität in den Sprachenfragen ein (Trudeau 1992, 192).

nouvelles sur la langue françoise (1692) von Dominique Bouhours, welcher Neologismen nur zulässt, solange es sich um die Bezeichnung einer neuartigen Sache handelt (cf. Ayres-Bennett 1987, 206; Ayres-Bennet/Seijido 2011, 25), wie beispielsweise im Fall von *inutilités* (dt. ohne Nutzen) (Bouhours 1693, 301). Bouhours spricht sich gleichfalls gegen den nicht selten gebrauchten Neologismus *desentêter* (dt. den Kopf verlieren) im *stile sublime* (dt. erhabener Stil) aus, akzeptiert ihn aber in der Konversation und im *stile médiocre* (dt. mittelmäßiger Stil) (Bouhours 1692, 517).

Welch schreib- und stilpraktischer Wert den *remarqueurs* zugemessen wird, lässt sich u.a. daran messen, dass der bekannte französische Autor Jean Racine (1639–1699) seine Theaterstücke Bouhours zur grammatischen Kontrolle vorlegte (Lodge 1997, 238).

Gilles Ménages Perspektive als *remarqueur* in den *Observations de Monsieur Ménage sur la langue françoise* (1672) unterscheidet sich von anderen primär durch eine deutlich diachrone Ausrichtung und durch zahlreiche Ausblicke in die Sprach- und Wortgeschichte (Etymologie) (Ayres-Bennett 1987, 207). Ausgangspunkt der Kommentierungen ist bei Ménage zumeist eine Frage zum Sprachgebrauch, die von ihm mit *S'il faut dire* (dt. Muss man ... sagen) oder *S'il on peut dire* (dt. Kann man ... sagen) eingeleitet wird, wie im Beispiel zur semantischen Differenzierung von *vacances/vacations* (dt. und juristische Fachsprache: Ferien/Gerichtsferien) ersichtlich:

> *S'il faut dire* les vacances, *ou* les vacations. ON dit à Paris *vacations*, en parlant de la ceffation des Juridictions ; & *vacances*, en parlant de celle des Colléges (Ménage 1675, 134).

Nicht selten nimmt er in seinen Ausführungen explizit zu Vaugelas' Kommentierungen bzw. Entscheidungen Stellung und analysiert umfassend den Sprachgebrauch der französischen Autoren.

Da auch Jahrzehnte nach der Gründung der *Académie française* im Jahre 1635 die Veröffentlichung einer Akademiegrammatik noch aussteht (cf. 3.3), entscheiden sich die Akademiemitglieder im Jahr 1704, die *Remarques* von Vaugelas in einer von der Akademie autorisierten Form und unter der Leitung von Thomas Corneille zu kommentieren und damit in gewisser Form als akademietauglich zu autorisieren: *Observations de l'Académie Françoise sur les Remarques de M. de Vaugelas*. Dazu erscheinen neben den *Remarques* von Vaugelas recht umfangreiche *observations* (dt. Beobachtungen), die in Teilen die damals aktuellen Sprachentwicklungen aufgreifen. So wird beispielsweise die Verwendung von *je va* für die 1. Person Singular von *aller* im schriftlichen Sprachgebrauch nunmehr eindeutig stigmatisiert (Corneille 1704, 31), die bei Vaugelas noch in anderer Form kommentiert wurde (cf. 2.1.2), d.h. die Sprachvariation wird aus normativer Sicht deutlicher eingeschränkt und abgewertet.

Die *Remarqueurs* verantworten neben der Beschreibung des *bon usage* (Ayres-Bennett/Seijido 2011, 271–272) auch die Einrichtung bzw. Stabilisierung sprachlicher

Regeln, z.B. für den Gebrauch der *auxiliaires* (dt. Hilfsverben) bei Bewegungsverben oder des *accord* des Perfektpartizips (fr. *participe passé*); eine Aufgabe, die gemeinhin normativen Grammatiken zugeschrieben wird. Dazu soll zur Illustration die Kommentierung zum Gebrauch der *auxiliaires être* und *avoir* in Verbindung mit dem Verb *passer* (dt. geschehen, passieren, verlaufen) aus den *Nouvelles remarques* von Vaugelas angeführt werden, welche 1690 postum von Alemand herausgegeben werden. In den *Nouvelles remarques* werden auch Positionen anderer *remarqueurs* aufgenommen, von denen diejenigen von Bouhours als besonders gelungen herausstellt werden:

> Ce que M. de Vaugelas n'a fait icy qu'ébaucher, on peut dire que le P. Bouhours l'a mis dans ſa derniêre perfection. Ce Pére dit donc que quand *paſſer* a un régime, & qu'il a rapport aux lieux & aux perſonnes, il faut employer l'auxiliaire *avoir*, & dire, *Il a paſſé chez un tel, L'armée a paſſé par la Picardie, L'Empire des Aſſyriens a paſſé aux Médes* : mais qu'il faut mettre le Subſtantif *être* quand *paſſer* n'a ny régime ny rélation expreſſe aux lieux & aux perſonnes ; ou, pour mieux dire, quand il eſt mis abſolument & ſans ſuite : comme, *Le Roy eſt paſſé, L'armée eſt paſſée, L'Empire des Romains eſt paſſé*. Il fait encore remarquer la différence qu'il y a entre *un mot qui eſt paſſé*, & *un mot qui a paſſé*, puiſque le premier marque que ce terme eſt hors d'uſage ; & l'autre, qu'il y a été reçû. Et enfin, qu'on dit, *Cette femme eſt paſſée*, pour dire *qu'elle n'eſt plus ni belle ni jeune*. On ne peut rien de mieux imaginé : mais comme ce Pére a ajouté quelques Remarques ſur *paſſer* & *ſe paſſer*, qui n'ont pas été au goût de M. Ménage, cela a cauſé une grande conteſtation entre ces deux Grammairiens François, dont nous pourrons parler plus amplement dans nos Queſtions de Langue (Vaugelas 1690, 520–521).

Einzelne *remarqueurs* richten sich mit ihren Kommentierungen auch an Lernende des Französischen. Ein besonders interessantes Beispiel für den Perspektivwechsel auf die deutschsprachigen Lernenden des Französischen im 18. Jahrhundert sind die mehr als 800 Seiten umfassenden *Remarques sur les germanismes – ouvrage utile aux Allemands, aux François et aux Hollandois* (1747, 1753) von Éléazar de Mauvillon (cf. Große 2021). So kommentiert der Hugenotte Mauvillon, der nach seiner Flucht aus Südfrankreich als Übersetzer, Privatsekretär und Sprachlehrer zunächst in Sachsen arbeitet und später als Professor am *Collegium Carolinum* in Braunschweig wirkt (Hoffmann 1981, 28), in besonderem Maße zahlreiche sprachliche Abweichungen vom französischen Standard bzw. Transferleistungen, die den deutschsprachigen Lernenden bei der Verwendung des Französischen als Fremdsprache unterlaufen. Darunter nicht idiomatische wortwörtliche Übersetzungen eines Ausdrucks des Deutschen in das Französische wie bei *Cela n'est pas à avoir* (dt. Das ist nicht zu haben) oder auch die Nichtbeachtung der denotativen Abgrenzung zwischen dt. ‚können' und frz. *pouvoir/savoir* und damit der fehlerhaften Verwendung von frz. *pouvoir* im Sinne von *savoir* (‚Fähigkeit besitzen, etwas zu tun') (Mauvillon 1753, I, 95, 187). In anderen Fällen jedoch erörtert Mauvillon Sprachstrukturen, die gleichfalls für L1-Sprecher des Französischen relevant sind, womit er sprachliche Fragestellungen und mögliche sprachliche Unsicherheiten aufnimmt, die nicht dem Fremdspracherwerb zuzuschreiben sind, wie dies in der Gebrauchsdifferenzierung von *ce/il*, z.B. in *il est étonnant, c'est dommage* (dt. es ist erstaunlich, das ist schade), der Fall ist (Mauvillon 1753, I, 85).

Bei anderen *remarqueurs* des 18. Jahrhunderts wird wiederum ein spezifischer regional und sprachkontaktbedingter Sprachgebrauch, z.B. in der *Lorraine* (dt. Lothringen), den es mit Blick auf den *bon usage* und die Standardnorm zu ‚korrigieren' gilt, herausgegriffen, wie im Falle der *Remarques sur la langue françoise, a l'usage de la jeunesse de Lorraine* (1775) von Henri Dubois de Launay oder den *Gasconismes corrigés* (1766) von Jean Desgrouais. Zur potenziellen Leserschaft Desgrouais' zählt das alphabetisierte und größtenteils bereits französisierte Großbürgertum im Süden Frankreichs, wo der Einfluss des Gascognischen besonders deutlich ist (Osthus 2006, 1538), und damit nicht mehr wie im 17. Jahrhundert der *honnête homme* im Zentrum der Aufmerksamkeit steht. Wenngleich Desgrouais zu großen Teilen den Gebrauch der Lexik kritisiert und korrigiert, wie beispielsweise die Verwendung von *service* für *domestique* (dt. Diener), greift er zur Erörterung auch Aussprachevarianten und syntaktische Varianten heraus, so im Falle des pleonastischen Gebrauchs von *j'y vais aller* (dt. wörtlich: ich gehe dorthin gehen) als Gascognismus für *j'y vais* (dt. ich gehe dorthin) (Desgrouais 1766, 182, 229–230).

Lassen wir Gilles Siouffi zu Wort kommen, der die Bedeutung der *remarqueurs* für die Diskussion um sprachliche Normen und die Verbindung zum Sprachgebrauch wie folgt erfasst:

> C'est ici qu'une connaissance approfondie du travail des remarqueurs, de leur « tradition » et de leurs pratiques discursives peut s'avérer précieuse : elle peut aider à faire le tri entre ce qui, dans la norme, s'appuie sur un commentaire discriminant de l'usage et manifeste une certaine opérativité dans les transformations que l'idiome subit, et ce qui, sans être totalement inopérant, maintient la norme dans une sorte d'empyrée qui relève davantage de l'idéal ou de l'imaginaire linguistique, et fait d'elle une dimension de la langue qui, précisément, n'est pas l'usage (Siouffi 2004, 11–12).

Die *remarqueurs* haben dementsprechend im Kontext der Beschreibung sprachlicher Normen und des sprachlichen Standards einzelne sprachliche Varianten gegenüber anderen herausgehoben und sie als dem *bon usage* zugehörig deklariert, in anderen Fällen aber auch Kommentierungen vorgenommen, die für eine sprachliche Umsetzung wenig praktikabel scheinen und eher mit der Imagination über die Sprache und die Sprachverwendung spielen, uns aber dennoch einen breiten Einblick in die sprachlichen und sprachnormativen Diskussionen jener Zeit vermitteln.

2.2.3 Der Einfluss der *Remarques* auf nachfolgende Abhandlungen und normative Diskussionen in Sprachchroniken

Verschiedene Textsorten der Auseinandersetzung mit dem Sprachgebrauch (fr. *usage*) bzw. mit der Normierung nehmen Anleihen an den *Remarques*, allerdings sollen hier nicht diejenigen Werke im Zentrum stehen, die die einzelnen *remarques* mehr oder weniger getreu kopieren oder nachahmen. Es wird in diesem Abschnitt vielmehr veranschaulicht, inwiefern die *remarques* die nachfolgenden grammatischen, sprachnormativen und sprachpuristischen Beschreibungen beeinflussen. Dies trifft auch auf neue Formen der Sprachgebrauchsdiskussion wie die seit dem 19. Jahrhundert veröffentlichen Sprachchroniken zu. Sprachchroniken wie auch Schwierigkeitswörterbücher stehen neben den traditionellen funktionalen Grammatiken, greifen aber in Teilen ähnliche Sprachstrukturen zur Erörterung heraus, wenngleich sie sich in der Darstellung und auch Bewertung einzelner Strukturen deutlich unterscheiden können.

Aufgrund dieser Art der Filiation und Verknüpfung ist es nicht erstaunlich, dass sich Louis Philipon de la Madeleine (1734–1818) für seine *Grammaire des gens du monde* (1807) weniger auf die Tradition der etablierten funktionalen Grammatiken oder auf die Grammatik von Port-Royal bezieht, sondern auf die *Remarques* Vaugelas' (Ayres-Bennett 1994, 33). Bereits der Abbé Jean-Francois Féraud (1725–1807) hat sich für sein *Dictionnaire grammatical* (1761) und später sein dreibändiges *Dictionaire critique de la langue française* (1787) von den *Remarques* inspirieren lassen und orientiert sich in seinen normativen Einschätzungen vor allem an dem, was man sprechen sollte (Ayres-Bennett 1994, 33; 2011, 256–57, 260; Seguin 1999, 260) (cf. 5.3.2).

Besonders deutlich wird der Einfluss der *Remarques* in der *Grammaire des grammaires* von Charles-Pierre Girault-Duvivier (1765–1832) (Baum 1983, 377; Ayres-Bennett 1987, 215; Ayres-Bennett/Seijido 2011, 261; Große 2020, 427). Girault-Duvier (1859, xv–xvi) listet nicht nur unter den von ihm zur Zusammenstellung seiner Grammatik genutzten Werke verschiedene *remarqueurs* auf, sondern reichert seine Darstellung insgesamt mit zahlreichen *remarques, observations* und Beispielen an, die er in Teilen aus der durchaus kritischen Lektüre der Grammatiken und der *Remarques* übernimmt. Seine Grammatik kann somit – wie der Titel *Grammaire des grammaires* (dt. Grammatik der Grammatiken) bereits andeutet – als Kompendium der Beschreibung des sprachlichen Standards jener Zeit, wie er insbesondere in literarischen Texten verwandt wird, gelesen werden (cf. 5.3.2).

Eine andere Frage, nämlich inwieweit sprachliche Variation, beispielsweise regionale Varianten (cf. 2.5.8), im 19. Jahrhundert als normgerecht oder standardkonform bewertet werden, wird in der Sammlung von Sprachstrukturen aus dem belgischen Französisch von Antoine-Fidèle Poyart (1726–1810), *Flandricismes, wallonismes et expressions impropres de la langue française* (1806), deutlich, welche insgesamt in vier Editionen bis 1830 erscheint (Dister 2022, 130). In dem von Poyart diskutierten Beispielen, die zwar alphabetisch angeordnet sind, in ihrer Grundstruktur ansonsten aber gleichfalls den *remarques* ähneln, wird die alleinige Ausrichtung und Akzeptanz an dem in Frankreich gesprochenen und geschriebenen Pariser Französisch im 19. Jahrhundert sichtbar, wie dies bereits in den gegen die Gascognismen gerichteten *remarques* von Desgrouais aus dem 18. Jahrhundert der Fall war (Ayres-Bennett 1994, 36; cf. auch 2.2.2). So wird beispielsweise die Konstruktion *aimer de faire quelque chose* anstelle von *aimer à faire quelque chose* (dt. etwas gern tun) von Poyart als ebenso unangemessen zurückgewiesen wie *dans le soleil* für *au soleil* (dt. in der Sonne) (Poyart 1821, 3, 51).

In welchem Verhältnis Normierungs- und besonders Standardisierungsprozesse und das Empfinden sprachlicher Unsicherheit (fr. *insécurité linguistique*)[13] stehen, macht Lebsanft (2020) deutlich. So ist es nicht erstaunlich, dass die *remarqueurs* nicht selten sprachliche Aspekte aufgreifen, die von den Sprechergruppen als eine solche Unsicherheit empfunden werden können. Ayres-Bennett (1994, 36) konstatiert für den Zeitraum von 1826 bis 1830, d.h. mehr als einhundert Jahre nach den relevanten *remarques*-Veröffentlichungen, Überstimmungen in der Behandlung von Aspekten sprachlicher Unsicherheit bei den *remarqueurs* und in den späteren Abhandlungen ähnlicher Fragen im *Journal grammatical et didactique de la langue française*, in welchem sich mehrheitlich Grammatiker[14] äußern und welches von der *Société grammaticale de Paris*[15] herausgegeben wird. Die Mitglieder der grammatischen Gesellschaft antworten auf Fragen (*questions/réponses*) und nehmen in dieser Form auch eine sprachberatende Funktion ein. Zur Illustration soll folgende Frage aus dem *Journal* dienen:

> Doit-on dire : *C'est les Français* qui ont remporté la victoire, ou, *ce sont les Français*, ...Dans quelle circonstance fait-on usage de *c'est* de *ce sont* ? (*Journal grammatical et didactique de la langue française* 1827, 24).

Auf diese Frage nach der Verbalkongruenz in der fokussierenden Struktur *c'est/ce sont ... qui* eines Spalt- bzw. Cleftsatzes (fr. *phrase clivée*) folgt eine umfassende sprachliche Erörterung, die schließlich mit dem Hinweis beschlossen wird, dass es notwendig ist, in diesem Beispiel ausschließlich *ce sont* zu verwenden, d.h. die Verbform an das hervorgehobene Nomen anzupassen (*Journal grammatical et didactique de la langue française* 1827, 30).[16]

---

13 Wir stimmen Seiler (2012, 126) zu, dass der Begriff *insécurité linguistique* aus forschungsethischer Perspektive nicht unproblematisch ist, allerdings in der frankophonen Forschung durchaus verbreitet ist (cf. Chalier 2021, 22–26).
14 Grammatiker darf hier nicht mit einem modernen Verständnis von *Grammatiker* identifiziert werden, d.h. eine Person mit fundierter linguistischer Ausbildung, sondern eher als eine an Grammatik und Sprache interessierte Person, gemeinhin Journalisten, Schriftsteller etc. (Saint-Gérand 1999, 418). Um diese von den eigentlichen Grammatikern abzugrenzen, nutzt Saint-Gérand (1999, 418) die durchaus etwas abwertende Benennung *grammatiste*.
15 Auroux (1998, 264) beschreibt, dass die ‚demokratischen' Sprachgesellschaften per Mehrheitsbeschluss über die Akzeptanz der einzelnen diskutierten sprachlichen Strukturen abstimmten.
16 Diese Frage wird auch in anderen Zusammenhängen gestellt und geht letztlich aus Sicht des Sprachwandels mit der Frage einer, wie weit die Grammatikalisierung dieser Struktur vorangeschritten ist. Wird das Verb *être* nicht mehr in Numerus, Tempus, Modus angepasst, geht man von einer stark grammatikalisierten Struktur aus (Gil 2003).

Ein genauer Kenner der Arbeiten der *remarqueurs* insbesondere des 17. Jahrhunderts ist auch Francis Wey (1812–1882), der 1845 die mehr als tausend Seiten füllenden *Remarques sur la langue française du dix-neuvième siècle, sur le style et la composition littéraire* verfasst (Wey 1845, 19–20; Ayres-Bennet 1994, 33). Seine *remarques* sind in zwei Teile untergliedert. Im deutlich umfangreicheren ersten Teil beschreibt er in 417 *remarques* Einzelaspekte der Sprache; im zweiten Teil sind seine *remarques* auf stilistische Fragen sowie auf die Abfassung einer *composition littéraire* (dt. literarischer Aufsatz) ausgerichtet (Ayres-Bennett 1994, 34). Wey kritisiert in seinem Vorwort zu seinen *Remarques* deutlich die Grammatiker (Wey 1845, 22–24). In den Fokus seiner Kommentierung rücken ganz besonders Neologismen (fr. *néologismes*), die er zumeist zurückweist. So lehnt Wey beispielsweise die Neubildung von *plein de cœur* (dt. mit ganzem Herzen) in Analogie zu *plein d'esprit* (dt. bei vollem Verstand) mit der Begründung ab, dass sie nicht zum *bon usage* gehöre (Wey 1845, 82). Ebenso eindeutig formuliert ist die Zurückweisung zum einen des Gebrauchs des Verbs *baser* im Sinne von ‚*fonder*' (dt. basieren auf) (Wey 1845, I, 113–114), eine Form, die heute allgemein akzeptiert ist, oder zum anderen auch der in der Zeit der Französischen Revolution geprägten Bildungen des politisch-sozialen Vokabulars wie *citoyen* (dt. Bürger) oder *citoyennité* (dt. Bürgerschaft) (Wey 1845, I, 147). Die von Wey kritisierten Neologismen beschränken sich indes nicht auf den lexikalischen Bereich, sondern sind auch im grammatischen Bereich zu finden. So beispielsweise bei der Erörterung der Relativa *dont* oder *d'où* oder der Verwendung der korrekten Verbalform von *être* im Spaltsatz *c'est moi qui suis* und nicht *c'est moi qui est* (Wey 1845, I, 244–245, II, 112). Eine Problematik, die – wie wir bereits gesehen haben – immer wieder Anlass zur Kommentierung und Bewertung gibt. Aufschlussreich ist zudem, dass sich Wey auch mit den Anglizismen auseinandersetzt, deren Gebrauch er klar zurückweist, mit dem Argument, dass dieser „offense à la fois l'oreille, le bon goût et le sentiment national" (dt. „sowohl den Wohlklang, den guten Geschmack als auch den Nationalstolz beleidige") (Wey 1845, II, 64). Ein Teil der Argumente wird bis heute in sprachpuristischen Diskursen zur Zurückweisung von Anglizismen genutzt.

Wey ebnet mit seinen sprachpuristisch ausgerichteten *Remarques* den Weg zu einer neuen Form der Öffentlichkeit sprachlich-normativer Betrachtung (Ayres-Bennett 1994, 35), die nicht primär an die Grammatiker und an Grammatiken gekoppelt ist.

Die erhöhte Aufmerksamkeit für Fragen rund um die sprachliche, sprachvariationnelle und sprachnormative sowie sprachnormenkritische Betrachtung findet in der französischen Gesellschaft schließlich ihren Ausdruck in den *chroniques du langage* bzw. *chronique grammaticale* (dt. Sprachchroniken) in Tages- und Wochenzeitungen (Ayres-Bennett 1987, 201, 1994, 33; Ayres-Bennett/Seijido 2011, 263) (cf. Kapitel 6).

2.2.4 Sprachchroniken

Wenngleich die erste periodisch herausgegebene Schrift in Frankreich, die *Gazette de France*, bereits am 30. Mai 1631 erscheint, nimmt die Zahl der Zeitungen und Zeitschriften mit politisch-kulturellem Schwerpunkt in der Französischen Revolution nochmals deutlich zu (Osthus 2006, 1539; McLaughlin 2021, 22).[17] In diesen Zeitungen werden schließlich auch sprachliche Beobachtungen im Stil von Sprachchroniken veröffentlicht, welche spätestens seit Ende des 19. Jahrhunderts in Frankreich sehr verbreitet sind (cf. Osthus 2015, 163):[18]

> Die Kasuistik der *Remarques*-Tradition findet in der seit Ende des 18. Jh. verbreiteten journalistischen Textsorte der Sprachchronik ihre Fortsetzung; Verstöße gegen die grammatische Norm treffen auf den mitunter polemischen Widerstand der Chronisten, wobei die Grenzen zwischen Literatur, Literaturkritik, Sprachkritik und Journalismus fließend sind (Osthus 2006, 1539).

Sprachchroniken werden von sehr unterschiedlichen Personen, d.h. von linguistischen Laien bis hin zu Sprachwissenschaftlern verfasst, und haben insbesondere eine sprachberatende und zugleich oft unterhaltende Funktion (cf. Schwarze 1977, 20; Osthus 2006, 1540).

Eine allgemeine Definition von *Sprachchroniken* findet sich bei Demel (2007, 75): „Unter Sprachchroniken sollen daher nachfolgend alle (Druck- und Online-)Pressetexte gefasst werden, die sich in institutionalisiertem Rahmen periodisch wiederkehrend mit sprachlichen Normen befassen". Eine Definition, die aus heutiger Sicht erweitert werden sollte und somit *Sprachchroniken* als in loser und fester Folge veröffentlichte textuelle Einheiten mit sprachnormativer bzw. sprachkritischer Ausrichtung angesehen werden, die in geschriebener oder gesprochener Form über unterschiedliche mediale Formen (Presse, Radio, Fernsehen, soziale Medien, Videoportale etc.) vebreitet werden.

Schwarze (1977, 21), einer der ersten Romanisten, der sich umfassend mit den Sprachchroniken in Frankreich und Belgien befasste, beschreibt die Funktionen von Sprachchroniken detailliert und stellt dabei die folgenden heraus:

> 1. Sensibilisierung der Sprecher für die normative Seite des Sprachlebens [...], 2. Aufrechterhaltung und Durchsetzung eines weitgehend sprachlich definierten Bildungsideals [...], 3. Bewahrung der kulturellen Identität [...], 4. Anpassung der Sprache an die kognitiven und kommunikativen Bedürfnisse [...] 5. Vervollkommnung der kommunikativen Interaktion der Sprecher (Schwarze 1977, 21–22).

---

17 In Walter (1989a, 128) findet sich eine Auflistung von Zeitungen, die zwischen 1789 und 1791 erstmalig in Frankeich erscheinen.
18 Auch in Italien sind *Sprachchroniken* seit der zweiten Hälfte des 18. Jahrhunderts bekannt (Demel 2007, 79).

Bekannte europäische frankophone Sprachchronisten, deren Abhandlungen nach der Erstveröffentlichung in den regionalen und auch überregionalen Tages- bzw. Wochenzeitungen aufgrund ihrer hohen Popularität zumeist noch einmal in Buchform erscheinen, sind in der ersten Hälfte des 20. Jahrhunderts Abel Hermant (1862–1950) in *Le Temps* (Hermant 1932, 1936) und in der zweiten Hälfte Marcel Cohen (1884–1974) in der *L'Humanité*, Robert Le Bidois (1897–1971), Albert Dauzat (1877–1955) und Jacques Cellard (1920–2004) in der *Le Monde*, André Thérive (1891–1967) in den *Les Nouvelles Littéraires* oder auch die Belgier Maurice Grevisse (1895–1980) in der belgischen Tageszeitung *Le Soir* und sein Schwiegersohn André Goose in *La Libre Belgique* oder Cléante (Louis Chalon) (cf. Schwarze 1977, 8–9; Gadet 1999, 644; Francard 2022, 45–46).[19] Sprachchroniken können auch mit wechselnder Autorschaft veröffentlicht werden, wie dies im Fall der seit 1996 existierenden Sprachchronik *Le bon français* in der französischen Tageszeitung *Le Figaro* der Fall ist (cf. Bochnakowa 2005). Die einzelnen genannten Sprachchronisten unterscheiden sich insgesamt in ihrem normativen Selbstverständnis und -anspruch sehr deutlich.

Sprachchroniken zeichnen sich ebenso wie die *remarques* durch eine variierende Länge ihrer kommentierenden Abhandlung aus. Sie gehen ähnlich ihren Vorläufern gleichfalls kasuistisch, d.h. von einer spezifischen Sprachstruktur bzw. von einem spezifischen Sprachgebrauch aus, den sie zunächst mehr oder weniger detailliert erläutern, unter normativen Blickwinkel bewerten und im Anschluss daran, insbesondere wenn sie sprachpuristisch ausgerichtet sind, nicht selten zurückweisen. Cellard (1983, 651) betrachtet Sprachchroniken als Instrumente der Produktion und Verbreitung von Normen.

> Ces chroniques illustrent les tensions entre la norme et les usages montants, avec plus ou moins d'acrimonie ou de bienveillance. On est frappé par la récurrence des thématiques, des années 1930 à nos jours : les anglicismes, la néologie, la norme grammaticale (emploi de *après que* et subjonctif, emploi douteux des prépositions, etc.) reviennent constamment. Dans l'ensemble, ces chroniqueurs font appel au bon sens pratique et rappellent constamment la norme sociale sous couvert de la norme grammaticale ou linguistique (Paveau/Rosier 2008, 93).

Sprachchroniken können demzufolge sprachpuristisch und konservativ ausgerichtet sein, wie im Falle von Abel Hermant, der seine Sprachchroniken als *Monsieur Lancelot* in den 20er und 30er Jahren des 20. Jahrhunderts im *Le Figaro* veröffentlicht (Osthus 2016, 335). Hermants Ziel ist es, die französische Sprache zu verteidigen („la défense de la langue française") und die sprachlichen Scheußlichkeiten sowie den sprachlichen Missbrauch anzuzeigen („dénoncé des horreurs ou des abus de langage") (Hermant 1936, 368; 1932, 33).

---

19 Anders als möglicherweise heute erwartet, steht der Standard des Französischen und nicht die (regionale) Variation des Französischen in Belgien im Fokus der Chroniken des Belgiers Grevisse, was sich mit Goosse deutlich wandelt (Dister 2022, 133, 135).

Hermant wendet sich unter anderem gegen den von ihm als *snobisme* betitelten Gebrauch einzelner Neologismen wie die Verben *vacancer* (dt. Ferien machen) oder *possessionner* (dt. Besitz ergreifen) oder das Nomen *contre-vérité* (dt. Unwahrheit oder aktuell dt. auch *fake news*) (Hermant 1932, 192, 228; 1929, 258), gegen die missbräuchliche Verwendung von Fachwörtern in der Alltagssprache sowie gegen die „anglomanie" beispielsweise in Kochrezepten wie bei der Bezeichnung *curry* anstelle von ursprünglich Malaysisch *cari* ersichtlich (Hermant 1936, 36, 143, 147). Allgemein zeigt Hermant sich den Anglizismen gegenüber wenig offen (cf. Cellard 1983, 660), wie im Fall von *réaliser* (Hermant 1936, 354) und begründet dies – ähnlich wie die *Académie française* noch heute – mit der Existenz von bereits vorhandenen französischen Äquivalenten für die übernommenen Anglizismen:

> Parler français en français, n'employer de mots étrangers, même anglais, que faute d'équivalents français (Hermant 1936, 152).

In nur wenigen Fällen verteidigt er den Gebrauch von Anglizismen wie bei *interview*, was im Französischen eine Bedeutung annimmt, die kein bereits vorhandenes französisches Wort aufweist (Hermant 1932, 161).

Anders als Hermant können die Autoren in ihren Chroniken die französische Sprache aber auch vor puristischen ‚Attacken' „verteidigen" wollen, wie der französische Linguist und Sprachchronist Marcel Cohen es ausdrückt:

> Notre langue doit être activement défendue contre ceux qui tendent à restreindre sa vie en opposant des blâmes et des condamnations aux changements évolutifs qui sont dans la nature des choses. Elle doit être protégée contre les censeurs dont la seule préoccupation, soi-disant salvatrice pour elle, est de préserver la pérennité des règles enseignées depuis le début du 19ᵉ siècle, à l'appui d'une orthographe elle-même immobilisée (Cohen 1966a, 7).

Cohen karikiert in diesem Punkt die Idee der ‚Verteidigung der französischen Sprache', eine im Sprachpurismus häufig genutzte militärische Metaphorik des Kampfes (cf. 2.5.1), und setzt sich für eine linguistisch fundierte Erörterung sprachlicher Aspekte in den Sprachchroniken ein (cf. Schwarze 1977, 12). Seine Idee der Chronik beruht also nicht auf Zurückweisung oder Negieren bestimmter sprachlicher Strukturen wie dies beispielsweise auch zwei Jahrzehnte nach Cohens Sprachchroniken wieder in der bereits erwähnten Sprachchronik *Le bon français* im *Le Figaro* der Grundtenor ist (Bochnakowa 2005, 29). Marcel Cohen möchte in seinen Sprachchroniken nicht nur punktuelles linguistisches Wissen weitergeben, sondern zugleich eine sprachsystematische Perspektive mitvermitteln (cf. Herrmann 1988, 127).

Cohens Sprachchroniken erscheinen zwischen 1960 und 1974 unter dem Titel *Regards sur la langue française* in der kommunistischen französischen Tageszeitung

Humanité und werden später in vier Bänden als Buch zweitveröffentlicht (Cohen 1963, 1966a, 1970, 1972).[20]

Anlass der Abhandlung in seinen Chroniken ist zumeist eine eigene Beobachtung des alltäglichen Sprachgebrauchs oder eine konkrete Leseranfrage. Der Unterschied zu einer Abhandlung einer spezifischen Sprachstruktur in einer Grammatik und die Tiefe sowie Brillanz der Erläuterung eines spezifischen Sprachgebrauchs wird an seiner Chronik zum unpersönlichen *il* (fr. *il impersonnel*) fassbar (Cohen 1966a, 61–65). Zunächst holt Cohen seine potenziellen Leser in dieser Chronik in ihrem Wissen ab, indem er darauf verweist, dass in der alltäglichen Nähesprache (fr. *conversation courante*) Konstruktionen wie *faut que* (dt. es ist nötig, dass) oder *mieux vaut* (dt. es ist besser, wenn) ohne das unpersönliche *il* gebraucht werden. Interessanter sind aus seiner Sicht indes die distanzsprachlichen Auslassungen von *il* in dieser Funktion, die besonders häufig bei der Verbform *reste* (dt. es bleibt) auftreten, sich aber keineswegs darauf beschränken. Er beobachtet schließlich den Gebrauch anderer Verben im Singular, welche unpersönlich genutzt werden, denen gleichfalls Nominalgruppen im Plural in Subjektfunktion folgen. Er zitiert zur Illustration literarische und journalistische Belege, deren Frequenz er allerdings als relativ gering einschätzt, z.B. „"Dans ce rapport figure les résultats d'une enquête sur l'état de santé" (= il figure)" (L'Humanité, 16 décembre 1953, p. 4)" (Cohen 1966a, 63). Cohen erklärt die relative Häufung eines solchen Gebrauchs („multiplication de ce phénomène" – Cohen 1966a, 63) mit der allgemeinen Bevorzugung der Subjektinversion in literarischen Texten. Seine Erörterung ist also nicht moralischer Natur, auch nicht apodiktisch, sondern basiert auf seiner persönlichen und umfassenden Sprachbeobachtung und linguistischer Interpretation von sprachlichen Varianten, Innovationen und möglichem sprachlichem Wandel.[21] Damit stellt er – wie es auch Osthus (2006, 1541) formuliert – eine wohltuende Ausnahme unter den Sprachchronisten der Zeit dar und ist zugleich ein Beispiel für linguistisch fundierte Sprachkritik (cf. 6.2.1).

Es ist in dieser Hinsicht keinesfalls verwunderlich, dass Cohen der Sprachvariation hohen Stellenwert einräumt, wie am Beispiel des Gebrauchs von *ça* bzw. *cela* im gesprochenen oder geschriebenen Französisch verdeutlicht werden soll:

---

20 Gadet (1999, 644) setzt den Zeitraum der Veröffentlichung der Chroniken Cohens von 1950 bis 1972 an.

21 Nach Coseriu setzt der sprachliche Wandel die sprachliche Innovation voraus, aber nicht jede sprachliche Innovation führt zu sprachlichem Wandel: „Der Sprachwandel (‚Wandel in der Sprache') ist die Ausbreitung oder Verallgemeinerung einer Neuerung bzw. notwendigerweise eine Reihe aufeinanderfolgender Übernahmen. Das heißt, daß letztlich jeder Wandel eine Übernahme ist" (Coseriu 1974, 68).

> Qu'on dise ou écrive *ça* ou *cela*, les deux sont bons, il n'y a pas lieu de faire campagne pour l'un contre l'autre, ni de vitupérer le mélange, puisque, comme j'ai déjà eu l'occasion de le dire, le français aime la variété (Cohen 1963, 38).

In einer anderen Chronik erörtert Cohen den Gebrauch der 3. Person in der Anrede, illustriert diese Verwendung mit verschiedenen französischen Belegen wie das Beispiel aus dem Marktgespräch: „Qu'est-ce qu'elle veut, cette dame?" (dt. Was möchte sie, die Dame?), vergleicht diesen Gebrauch mit jenen in anderen Sprachen, um letztlich feststellen, dass eine derartige Verwendung einen Ausdruck des Zögerns in der höflichen Anrede einzelner Personen darstellt, die sich situationsbedingt nicht zwischen der formellen und informellen Anrede, d.h. *tu* und *vous*, entscheiden mögen (Cohen 1966a, 66–69). Anders als Hermant ist Cohen den Neologismen gegenüber sehr offen und diskutiert den Gebrauch einzelner Lexeme in verschiedenen Diskursen, so z.B. die Verwendung von *participation* (dt. Beteiligung, Teilhabe) im politischen Diskurs durch den französischen Staatspräsidenten Georges Pompidou (Cohen 1972, 261). Anglizismen (sogenannte „snobismes") werden von Cohen nicht einfach abgelehnt, sondern linguistisch eingeordnet und in ihrem Gebrauch beobachtet. So erkennt Cohen beispielsweise, dass das Französische mit den Lexemen *parking, dancing, camping*, oder *caravaning* und *pressing* ein recht produktives Suffix aus dem Englischen (*-ing*) übernimmt (Cohen 1963, 87). Auch die Frage einer möglichen lautlichen Anpassung der Entlehnungen aus dem Englischen im Französischen entscheidet er nicht zugunsten einer einzelnen Form, sondern urteilt, dass sowohl die Anpassung als auch Nicht-Anpassung möglich sind (Cohen 1963, 88). Zudem warnt er vor einer vorschnellen Suche von Ersatzwörtern für die Anglizismen, ohne diese Möglichkeit jedoch grundsätzlich abzulehnen (Cohen 1970, 233).

In anderen frankophonen Regionen wie beispielsweise der Schweiz sind es nicht primär die Anglizismen, die bei den Sprachchronisten Aufmerksamkeit in der ersten Hälfte des 20. Jahrhunderts erregen, sondern die Germanismen, die von dem Schweizer Chronisten Philippe Godet oder Nicollier zurückgewiesen werden (Cotelli Kureth/Acquino-Weber 2022, 18).

Eine relativ aktuelle systematische inhaltliche Analyse vom Sprachchroniken in Frankreich liegt mit Bochnakowa (2005) vor, die insgesamt 1267 Sprachchroniken auswertet, die zwischen 1996 und 2000 im *Le Figaro* erschienen waren. Greifen wir an dieser Stelle zur Illustration die von Bochnakowa untersuchten Sprachchroniken zur *prononciation* (dt. Aussprache) heraus. Zu den in den Sprachchroniken kritisierten Aussprachevarianten gehört auch die *liaison abusive* bzw. *fautive* (dt. fehlerhafte bzw. normwidrige *liaision* bzw. Bindung) wie in „il est « tors » jeu, à tout « tasard »" oder bei den folgenden Wörtern mit einem *h aspiré* im Anlaut, bei denen keine *liaison* erfolgen dürfte: *handicaper, hollandais, hongrois, honteux* (Bochnakowa 2005, 30). Allerdings ist die Differenzierung von *h aspiré* und *h muet* nur diachron erklärbar und in der Synchronie nicht zu erkennen, weshalb nach Pustka (2011, 165) diese Differenzierung zunehmend abgebaut wird. Neben Neologismen und Anglizismen, die überwiegend kritisiert werden, sind es aber sprachliche Moden (fr. *mots à la mode*) wie der exzessive Gebrauch von *culte* oder *performant*, die in den Sprachchroniken erörtert werden (Bochnakowa 2005, 79, 80). Der Bereich der Lexik wird in den Sprachchroniken insgesamt am häufigsten thematisiert (Bochnakowa 2005, 99), was auch bei den *remarqueurs* des 17. Jahrhunderts das am stärksten bearbeitete Themenfeld war. Die Mehrzahl der diskutierten Strukturen und Sujets lässt sich zudem bei anderen Sprachchronisten des 20. Jahrhunderts, in den Schwierigkeitswörterbüchern oder auch in der Grammatik *Le bon usage* finden (Bochnakowa 2005, 102).

Die textsortenspezifische Filiation von den *Remarques* zu den erfolgreichen Sprachchroniken vor allem des 20. Jahrhunderts ist demzufolge evident und mehrfach angezeigt worden (Schwarze 1977, 6; Baum 1983, 377; Lieber 1986, 65–70; Ayres-Bennett 1987, 217; Siouffi 2004, 9–10; Ayres-Bennett/Seijido 2011, 264–265).

> Au XXe siècle les chroniques linguistiques sont peut-être les principales héritières des remarques du XVIIe siècle : elles ont le même point de départ, à savoir l'usage douteux, et présentent les mêmes tendances normatives ; si le public envisagé n'est plus celui des honnêtes gens, on observe le même souci de plaire aux lecteurs et d'éviter une terminologie trop technique (Ayres-Bennett 2004, 28).

Bei der systematischen Auswertung der Themenbereiche in französischen Sprachchroniken durch Cellard (1983) mehr als zwei Jahrzehnte vor Bochnakowa war bereits sichtbar, dass grammatische Fragestellungen in den Sprachchroniken nach und nach verschwinden, die Diskussionen um lexikalische Zweifelsfälle indes erhalten bleiben bzw. wie bei den Anglizismen seit den 60er Jahren sogar zunehmen (Cellard 1983, 653, 662; Osthus 2006, 1541). Cellard (1983, 663) und Gadet (1999, 645) sehen einen möglichen Zusammenhang zwischen dem nachlassenden Interesse an genuin grammatischen Fragen in den Sprachchroniken und der Veröffentlichung der Referenzgrammatik *Le Bon usage* von Grevisse (Erstausgabe 1936 und zahlreiche Neuauflagen bis heute) (cf. 5.2.4.1). Das Interesse an sprachlichen Fragen und hier speziell an Fragen der Norm, die in der Öffentlichkeit und so auch in den Sprachchroniken in der Presse diskutiert werden, verändert sich nach 1968 in Frankreich insgesamt, wenngleich es keinesfalls verschwindet, sondern weniger kontinuierlich und stärker anlassbezogen ist (cf. Quemada 1970, 1972; Schwarze 1977, 31; Daryai-Hansen 2003, 34; Ayres-Bennett/Seijido 2011, 264–266).

Außerdem kommen in der Mitte des 20. Jahrhunderts weitere Formate für Sprachchroniken im Radio und später auch im Fernsehen hinzu. Die Autoren und Autorinnen sind heute zumeist Linguisten, bei denen die deskriptive Ausrichtung der Sprachchronik überwiegt. Auch weiten sich die Themenbereiche aus. So berichtet der französische Soziolinguist Médéric Gasquet-Cyrus seit 1999 auf dem Radiosender *France Bleu Provence* und mittlerweile sogar täglich in seiner Sprachchronik *Dites-le en marseillais* über Besonderheiten des in Marseille gesprochenen Französisch (Gasquet-Cyrus 2022, 51).[22]

Heute sind diese auditiven und visuellen Formen der Sprachchroniken oft auch online auffindbar, wie die Chroniken von Gasquet-Cyrus oder der französischen Linguistin Laélia Véron, ursprünglich 2021 als Radiochronik beim staatlichen Radiosender *France Inter* begonnen,[23] oder auch die bekannte TV5-Chronik des Linguisten, Bernard Cerquiglini, *Merci professeur*, die in Videoportalen abrufbar sind (cf. Große 2020, 431). Online finden sich jedoch nicht nur auditive oder visuelle Formate, sondern auch Mischformen wie bei *Bescherelle ta mère*,[24] die zum einen Fotos beinhalten, zum anderen aber auch grafisch verbal sind, bei denen die Fehlerperspektive sehr vordergründig ist, wobei grundsätzlich nicht die eigenen Fehler, sondern die Fehler anderer kommentiert werden (cf. Walsh/Humphries 2023, 433; Walsh/Kibbee 2024, 210). Eine unterhaltsame Form im Blogformat stellen die Beiträge auf der Seite *langue sauce piquante* der Tageszeitung *Le Monde* dar,[25] in der in loser Folge sehr unterschiedliche sprachliche Aspekte besprochen werden.

Außerdem wandeln sich die Sprachchroniken in ihrer Vermittlungsform und in ihrer Ausrichtung nochmals und erscheinen heute als Audioformate auch in Form von Podcasts.

In Quebec demgegenüber, bedingt durch eine starke Bindung von Identität und Sprache, sind Sprachchroniken auch in Zeitungen bis nach der Jahrtausendwende sehr populär, wenngleich mehr und mehr deskriptiv ausgerichtet (cf. Patzelt 2015, 201–202). Die erste frankokanadische Sprachchronik wurde 1865 von Arthur Buies in der Zeitung *Le Pays* verfasst (Remysen 2009, xxi; cf. für die Entwicklung der frankokanadischen Sprachchroniken Ende des 19. und im 20. Jahrhundert Remysen 2009). Dennoch bleibt im sprachnormativen Diskurs der Sprachchronisten auch die sprachpuristische Ausrichtung erhalten (Remysen 2009, 408).

2.3 Französisch als Nationalsprache: *Français–Langue nationale*

Die Idee des Französischen als Nationalsprache wird in besonderem Maße mit den sprachlichen Vorstellungen während der Französischen Revolution assoziiert. Auch wenn, wie es Settekorn ausführt, der „zugrunde gelegte sprachnormative Standard" (1988, 91–92) des Französischen durch die Französische Revolution nicht modifiziert

---

[22] Aspekte eines *français régional* in einer Chronik aufzuarbeiten, haben eine gewisse Tradition. Hausman (1981) erörtert die Chroniken der Tageszeitung *La Voix du Nord* zum in Nordfrankreich gesprochenen Französisch, die zwischen 1960 und 1970 veröffentlicht wurden.
[23] https://www.radiofrance.fr/franceinter/podcasts/la-chronique-linguiste-de-laelia-veron (3. August 2024).
[24] https://bescherelletamere.fr/ (1. August 2024).
[25] https://www.lemonde.fr/blog/correcteurs/ (25. Mai 2024).

wird, gibt es Aspekte, die für die Diskussion um sprachliche Normen und die Standardisierung im Umfeld der Französischen Revolution nicht uninteressant sind, handelt es sich doch um eine Periode, von der Sonia Branca-Rosoff sagt: „L'établissement d'une norme est en effet un enjeu important [...]"(1986, 279).

Unter die in der Französischen Revolution geführten verschiedenen sprachlichen Debatten fällt diejenige um das Verhältnis des Französischen zu anderen in Frankreich gesprochenen Sprachen wie dem Okzitanischen, Baskischen oder Bretonischen bzw. Dialekten und die damit einhergehende mögliche Beeinflussung des Französischen. Diese Sprachen und Dialekte werden in den damaligen Diskussionen alle gemeinsam unter dem unspezifischen Begriff *patois* zusammengefasst.[26] Hat die Frage der Mehrsprachigkeit (fr. *plurilinguisme*) der französischen Gesellschaft für die Entwicklung der Normen des Französischen in Frankreich in den überblicksartigen Abhandlungen zur Norm kaum Berücksichtigung gefunden,[27] so soll sie hier im Zusammenhang mit der Französischen Revolution und den späteren Bestrebungen zur Entwicklung des Französischen als Sprache, die alle Bürgerinnen (fr. *citoyennes*) und Bürger (fr. *citoyens*) einen soll, diskutiert werden. Weitere Schwerpunkte der Abhandlung stellen die sprachlichen Regulierungen und die Diskussion um mögliche Neuerungen in Lexik, Semantik und Pragmatik während der Französische Revolution dar.

Obgleich zu den Sprecherzahlen der *patois* in den Jahren bzw. Jahrzehnten vor der Französischen Revolution kaum valide soziodemografische Informationen vorliegen (cf. Kremnitz 2013, 265), können wir wahrscheinlich davon ausgehen, dass ein Großteil der Sprecherinnen und Sprecher im Frankreich des 18. Jahrhunderts einsprachig im Sinne der oben erwähnten *patois* ist. Balibar und Laporte grenzen die Verwendung des Französischen vor der Revolution zu Zeiten des *Ancien Régime* stark ein:

> En effet, le pouvoir monarchique pouvant s'exercer à partir d'une langue qui n'était pas la langue de la masse, le français n'était pas la langue de la France, mais la *langue du roi*, langue juridique et langue d'Etat (Balibar/Laporte 1974, 32).

Eine sprachliche Einigung und Durchsetzung des Französischen als *langue nationale* hatte das *Ancien Régime* vor der Revolution demzufolge nicht erreicht (cf. Schmitt 2000, 697). Mit der fortschreitenden Alphabetisierung ab dem 18. Jahrhundert, vor allem in den zumeist unter religiöser Verantwortung betriebenen *Pétites Écoles*, steigt

---

[26] Die *Encyclopédie* (1765, XII, 174) definiert *patois* in diesem Sinn und stellt zudem die negative Konnotation durch Abwertung der *patois* als korrumpierte Sprache heraus: „Patois, (Gramm.) langage corrompu tel qu'il se parle presque dans toutes les provinces : chacune a son *patois* ; ainsi nous avons le *patois* bourguignon, le *patois* normand, le *patois* champenois, le *patois* gascon, le *patois* provençal, etc. On ne parle la langue que dans la capitale".

[27] Allerdings wird diese Frage sehr wohl in Arbeiten zur Plurizentrik des Französischen diskutiert (cf. Kapitel 4).

die Zahl der bilingualen Sprecherinnen und Sprecher, Französisch und *patois*, kontinuierlich an (Seguin 1972, 227; Kremnitz 2013, 267, 269), da mit der Alphabetisierung in Französisch die mündlich und zuerst erworbenen *patois* bzw. Sprachen wie Okzitanisch, Bretonisch oder Pikardisch in der Regel nicht sofort aufgegeben werden. Der Gebrauch der *patois* bleibt allerdings bis auf wenige Ausnahmen auf den mündlichen Sprachgebrauch begrenzt. Gleichzeitig erfordert und befördert der soziale Aufstieg (fr. *la promotion sociale*) bzw. allgemein die soziale Teilhabe die Verwendung des Französischen im Schriftlichen wie im Mündlichen.

So unterschiedlich die einzelnen Phasen bzw. die politischen Ereignisse der Französischen Revolution sind,[28] so vielfältig sind auch die Diskussionen über Sprache und ihren Gebrauch in jener Zeit (cf. Busse 1985, 127).

Mit der Französischen Revolution werden insgesamt zwei große Tendenzen in der Wahrnehmung der Sprachsituation in Frankreich sichtbar: Zum einen herrscht in damaliger Zeit Unkenntnis darüber, in welchem Maße die Bevölkerung Frankreichs des Französischen im Mündlichen und/oder Schriftlichen überhaupt mächtig ist; zum anderen wird während der unterschiedlichen Phasen der Französischen Revolution die Frage der nationalen Identität, Freiheit und Uniformität schließlich immer stärker mit der sprachlichen Einheit verwoben. *Sprache* ist in diesem Kontext nicht mehr nur ein Instrument zur Kommunikation und Durchsetzung eines politischen Ziels, sondern die Entwicklung des Französischen als eine einende Nationalsprache ist selbst das politische Ziel (Schlieben-Lange 1988b, 10).

Schlieben-Lange (1981, 100) zeichnet unter Bezugnahme auf die parlamentarische Beschäftigung mit der Sprachenfrage im Verlauf der Französischen Revolution nach. Sie zeigt auf wie die Diskussion vom Beginn der Revolution, d.h. um 1790, in der die oben beschriebene Mehrsprachigkeit akzeptiert und mit schriftlichen Übersetzungen wichtiger Texte der Revolution aus dem Französischen in andere, regional äußerst relevante Sprachen wie Okzitanisch in gewisser Weise gestützt wird (= *traduction*) (Busse 1985, 129; Kremnitz 2013, 265; Martel 2013, 272),[29] nach und nach von der patriotischen Idee der „Entfaltung einer Nationalsprache" getragen wird

---

28 Üblicherweise werden unter Rückgriff auf Brunots Sprachgeschichte für die Französische Revolution drei Phasen unterschieden: 1. Phase der Toleranz gegenüber der sprachlichen Diversität (*diversité*) bis Anfang 1793 mit zahlreichen Übersetzungsaktivitäten, 2. Radikalisierung gegenüber dieser sprachlichen Diversität zur Zeit des Terrorregimes und Durchsetzung des Französischen per Dekret (*Décret du 2 thermidor* = 20. Juli 1794) und 3. im Anschluss an das Terrorregime eine Phase der stockenden Sprachpolitik (Balibar/Laporte 1974, 83; Martel 2013, 272); allerdings bleibt die Brunotsche Dreiteilung nicht ohne Kritik (Balibar/Laporte 1974, 92).
Das Dekret vom 20. Juli 1794 schreibt in Artikel 1 obligatorisch den Gebrauch des Französischen in allen Formen der öffentlichen Beurkundungen (*acte public*) vor: „Art. 1. A compter du jour de la publication de la présente loi, nul acte public ne pourra, dans quelque partie que ce soit du territoire de la République, être écrit qu'en langue française" (Balibar/Laporte 1974, 96).
29 Die Übersetzung der relevanten Texte wie Dekrete, die erlassen werden, wird am 14. Januar 1790 auf Antrag des flämischen Abgeordneten François-Joseph Bouchette beschlossen (Kremnitz 2015, 15).

(= *francisation*) und gegen Ende der Französischen Revolution in die didaktische Umsetzung zur forcierten Alphabetisierung und zur staatlich organisierten institutionellen Vermittlung des Französischen in der Schule mündet. Die symbolische Funktion der *langue nationale* fasst Schlieben-Lange zusammen:

> Dem Französischen, der *langue nationale* als Symbol und Vehikel der neuen Organisation, die an die Stelle des ökonomischen, juristischen, politischen und symbolischen Vakuums gesetzt wird, kommt damit zentrale Bedeutung zu: als Symbol und Vehikel der *uniformité* muß es zuerst selbst *uniforme* werden, ehe es *universalisiert* werden kann (Schlieben-Lange 1987, 29).

Gerade der Aspekt der *instruction publique* (dt. Volksbildung) hat längerfristige Auswirkungen auf die institutionelle Vermittlung des Französischen und ihres Standards, indem die Französischlehre immer stärker in staatliche und nunmehr nicht religiöse Verantwortung übergeht und die Redaktion von Lehrwerken wie Elementargrammatiken im revolutionären Kontext systematisch gefördert wird (De Certeau/Julia/Revel 1975, 12; Schlieben-Lange 1981, 97). Bereits 1791 wird so ein *Comité d'instruction publique* gegründet, welches damit beauftragt wird, staatliche Schulen zu entwickeln und nationale Lehrprogramme und -bücher für das Französische auszuarbeiten (Balibar/Laporte 1974, 134; Candea/Véron 2021, 163).[30] Am Ende der Französischen Revolution liegen zahlreiche Berichte und Pläne zur Volksbildung und Entwicklung des Schulsystems vor. Balibar und Laporte (1974, 129) erwähnen für den Zeitraum von 1791 bis 1799 25 Projektideen zur Volksbildung, die in den Versammlungen präsentiert wurden; darunter fällt auch der von Jean-Antoine-Nicolas de Caritat marquis de Condorcet (1743–1794) vorgetragene Bericht *Rapport et projet de décret sur l'organisation générale de l'instruction publique* (1792). Die Umsetzung der Projekte jedoch, vor allem im Bereich der Primarschulen, steht in der Französischen Revolution selbst aus (Balibar/Laporte 1974, 119–120); die sprach- und bildungspolitischen Grundlagen wurden in der Revolution allerdings gelegt (cf. Schlieben-Lange 1981, 96–97). In den Archiven des *Comité d'instruction publique* finden sich darüber hinaus auch Ideen und Vorschläge zur Veränderung der Sprache selbst, so zur Reformierung der Orthografie, die in Teilen mit einer Vereinheitlichung der *prononciation* einhergehen (Schlieben-Lange 1987, 32–33). Am weitesten gehen in der Vereinheitlichung die Vorschläge des Grammatikers und Ideologen (fr. *idéologue*) François-Urbain Domergue (1745–1810):

> Vingt prononciations différentes, nées des dialectes féodaux, semblent former vingt idiomes de l'idiome françois. L'égalité a effacé les provinces, la politique commande l'abolition des patois ; la raison, le goût, un saint respect pour la langue de la liberté, nous pressent d'adopter une

---

[30] Die einzelnen sprachpolitischen Entscheidungen, Erlasse und Gesetze zum Französischen sowie weitere Informationen zu den damaligen umfassenden Bildungsprogrammen, auch durch die *idéologues*, beschreiben ausführlich Brunot (1967a, IX,1) und Busse (1986).

prononciation uniforme et pure, dont l'orthographe sera un jour l'image fidèle (Domergue in Schlieben-Lange 1981, 114).

Domergue fordert in diesem Zusammenhang eindeutig eine phonetische und nicht etymologisch basierte Orthografie, welche beispielsweise einzelne nicht mehr gesprochene Laute beinhaltet wie im Falle von *baptême* (dt. Taufe), in welchem das <p> nicht gesprochen wird.

2.3.1 Der *rapport* des Abbé Grégoire und die Existenz der *patois*

Unter den verschiedenen Berichten (fr. *rapports*), die in der französischen Nationalversammlung in der Zeit der französischen Revolution zu Fragen der Sprache vorgetragen bzw. vorgelegt werden, gehört derjenige des Abbé Henri Grégoire (1750–1831), neben dem *rapport* von Bertrand Barère (1755–1841), sicherlich zu den bekanntesten: *Rapport sur la nécessité et les moyens d'anéantir les patois et d'universaliser la langue française* (Le 16 prairial an II = 4. Juni 1794). Die Grundlage seines Berichts ist die Auswertung einer *enquête* (dt. Umfrage), genauer eines *questionnaire* mit 43 Fragen, welches er am 13. August 1790 aus persönlichem Interesse an der Sprachsituation in weite Teile Frankreichs versandt hatte (cf. De Certeau/Julia/Revel 1975, 12–14; Seguin 1999, 269). Die von ihm im *questionnaire* formulierten Fragen sind auf den Gebrauch des *patois* und des Französischen in variierenden Kontexten und Diskurstraditionen sowie verschiedene Gebräuche (fr. *mœurs*) ausgerichtet. Zur Illustration seien fünf Fragen zum *patois*-Gebrauch herausgegriffen:

> 1. L'usage de la langue française est-il universel dans votre contrée ? Y parle-t-on un ou plusieurs patois ?
> 8. Pour quels genres de choses, d'occupations, de passions, ce patois est-il plus abondant ?
> 16. Ce patois varie-t-il beaucoup de village à village ?
> 17. Le [le patois – S.G.] parle-t-on dans les villes ?
> 29. Quelle serait l'importance religieuse et politique de détruire entièrement ce patois ? (Walter 1989a, 24–25).

Grégoire versucht mit seinen Fragen nicht nur einen allgemeinen Überblick über den Gebrauch des Französischen und der *patois* zu erlangen, sondern in Erfahrung zu bringen, in welchem Maße die jeweilige *Sprache* tatsächlich beherrscht wird (cf.Ködel 2014, 196). Die nicht geringen Rückläufe des *questionnaire* von 1790 bis 1792 gehen auf die Beantwortung durch *notables* (dt. einflussreiche Personen, z.B. aus dem Adel, der königlichen Verwaltung oder der Kirche), *clercs* (dt. Geistliche, aber im weiten Verständnis auch Mediziner, Juristen etc.) und *enseignants* (dt. Lehrer) und auch die Mitglieder der *Sociétés des Amis de la Constitution* zurück (Julia/De Certeau/Revel

1975, 8–9; De Certeau/Julia/Revel 1975, 26, 28–30).[31] Für die Befragten bleibt das Ziel der Umfrage allerdings opak; in dem Begleitschreiben, welches Grégoire der Umfrage beilegte, formuliert er recht vage: „Ces questions ayant un but d'utilité publique" (Gazier 1969, 7). Der Gebrauch des *patois* hat für die Befragten der damaligen Zeit – wie es Julia, De Certeau und Revel (1975, 23) beschreiben – etwas Gefährliches und zugleich Faszinierendes. Wie weit verbreitet diese *patois*, d.h. andere Sprachen und Varietäten zu jener Zeit waren, verdeutlicht beispielsweise die Antwort auf die erste Frage des *questionnaire* von Grégoire aus Saint-Geniès im *Departement de l'Aveyron*:

> A l'exception de quelques soldats retirés qui écorchent quelque peu la langue nationale, de quelques praticiens qui la parlent et qui l'écrivent presque aussi mal que les anciens militaires, de quelques ecclésiastiques qui prononcent toutes les lettres et d'un très-petit nombre de ci-devant nobles ou négociants qui ne sont presque pas sorties de leurs foyers, tout le reste parle généralement le patois le plus grossier, et, à quelques petites nuancent près le même langage. Sur environ 40,000 âmes qui forment notre population, il n'y en a peut-être pas 10,000 qui entendent le français, et pas 2,000 qui le parlent ; 3,000 à peine sont capables de le lire (Gazier 1969, 53).

Grégoire unterwirft in seinem bereits erwähnten *rapport*, welchen er 1794, d.h. nachdem er zahlreiche Antworten auf seine Umfrage erhalten und ausgewertet hat, den Gebrauch des Französischen auf Kosten der *patois* der nationalen und sprachlichen Bürgerpflicht (fr. *civisme linguistique*), womit sich die französische Sprache selbst zu einem „revolutionärem Objekt" entwickelt, das aus Sicht Grégoires revolutioniert und vereinheitlicht werden muss (Grégoire 1794; Julia/De Certeau/Revel 1975, 27, 28). Mit der Idee der Vereinheitlichung (fr. *uniformisation*) des Sprachgebrauchs und der Abkehr von den *patois* passt sich Abbé Grégoires nunmehr sprachpolitische Ausrichtung mentalitätsgeschichtlich in die von der Französischen Revolution getragene Konzeption der *uniformité* (dt. Einheitlichkeit) ein (Schlieben-Lange 1988a, 565; 1988b, 13).

Grégoire (1794, 3) konstatiert in seinem *rapport*, dass in Frankreich 30 *patois* gesprochen werden:

> Peut-être n'est-il pas inutile d'en faire l'énumération: le bas-breton, le normand, le picard, le rouchi ou wallon, le flamand, le champenois, le messin [<Metz: variété de francique], le lorrain, le franc-comtois, le bourguignon, le bressan, le lyonnais, le dauphinois, l'auvergnat, le poitevin, le limousin, le picard, le provençal, le languedocien, le velayen [<Velay : Velaisiens], le catalan, le béarnais, le basque, le rouergat [< Rouergue : variété de languedocien] et le gascon ; ce dernier seul est parlé sur une surface de 60 lieues en tout sens (Grégoire 1794, 3).

So kann man in jener Zeit von einer nicht geringen Zahl von Zweisprachigen (Französisch und *patois*) und auch Einsprachigen (nur *patois*), vor allem, aber keinesfalls ausschließlich, in den südlichen *départements* und in den unteren sozialen Schichten

---

31 Auszüge aus den Antworten finden sich bei Gazier (1969) und De Certeau/Julia/Revel (1975).

ausgehen (cf. Walter 1989a, 18). Kremnitz (2015, 16) kommt auf der Grundlage der Angabe von Grégoire auf nur 10% der damaligen Bevölkerung Frankreichs, die in gewissem Maße des Französischen mächtig sei.

Grégoire nutzt zugleich die Metaphorik der Babylonischen Sprachverwirrung, um die zeitgenössische Sprachsituation, in der die *patois* eine außerordentliche Rolle spielen, zu diskreditieren (Grégoire 1794) und stellt zu den Sprecherzahlen der *patois* und des Französischen fest, dass 6 Millionen der Französinnen und Franzosen die Nationalsprache ignorieren:

> On peut assurer sans exagération qu'au moins six millions de Français, surtout dans les campagnes, ignorent la langue nationale ; qu'un nombre égal est à peu près incapable de soutenir une conversation suivie ; qu'en dernier résultat, le nombre de ceux qui la parlent n'excède pas trois millions, et probablement le nombre de ceux qui l'écrivent correctement encore moindre (Grégoire 1794, 3–4).

Den Ausweg aus dieser für das Französischen unvorteilhaften Situation sieht Grégoire in der Entwicklung und dem Ausbau der französischen Sprache, die gemäß der anderen Wissenschaften entwickelt werden muss, frei von Mehrdeutigkeiten sowie Synonymen und der *raison* verpflichtet sein sollte (Grégoire 1794; cf. De Certeau/Julia/Revel 1975, 164; Schlieben-Lange 1981, 121). Damit geht eine eindeutige Abwertung der *patois* einher (cf. Settekorn 1988, 95).

Die tatsächliche und unmittelbare Wirkung des *rapport* ist nach Aussage Brunots (1967a, IX,1, 215; cf. Trabant 1981, 80) allerdings relativ harmlos. Man entscheidet sich nach der Anhörung Grégoires in dem französischen Nationalkonvent (fr. *Convention nationale*), die Ausführung einer neuen Grammatik und eines neuen Vokabulars anzuordnen (cf. Gazier 1969, 314). Wichtig bleibt dennoch Grégoires Erkenntnis, dass das Französische Ende des 18. Jahrhunderts weit davon entfernt ist, die Sprache der Mehrheit der Französinnen und Franzosen zu sein. Dies ändert sich im Verlauf des 19. Jahrhunderts.

Anders als Grégoire setzt Barère in seinem *Rapport du Comité de salut public sur les idiomes* von 27. Januar 1794[32] mit der Idee *populariser la langue française* (Busse 1995, 235; 1985, 131)[33] auf eine eher passive Beherrschung des Französischen im französischen Volk und geht von einer „partielle[n] Zweisprachigkeit" (Trabant 1981, 75) aus. Auch schlägt er die mündliche Übersetzung von relevanten Gesetzestexten vor, die in erster Linie von den in das gesamte Land zu entsendenden *instituteurs de langue française* (dt. Französischlehrer) geleistet werden soll, welche grundsätzlich die Vermittlung des Französischen absichern mögen (Trabant 1981, 73–74, 79). Und

---

[32] Trabant (1981) beschreibt den *rapport* von Barère detailliert. Der *rapport* ist in De Certeau/Julia/Revel (1975, 291–299) enthalten.
[33] „Il faut populariser la langue, il faut détruire cette aristocratie de langage qui semble établir une nation polie au milieu d'une nation barbare" (Barère in De Certeau/Julia/Revel 1975, 295).

nicht zuletzt akzeptiert Barère, anders als Grégoire, die *français régionaux* sowie die *patois*, d.h. Dialekte des Französischen und des Okzitanischen, wie Trabant (1981, 81) unterstreicht, schließt jedoch zugleich die Verwendung des Bretonischen, Deutschen, Baskischen und Italienischen kategorisch aus (Barère in De Certeau/Julia/Revel 1975, 295; Trabant 1981, 82).

Beiden gemein ist die politische Vorstellung des Französischen als Nationalsprache nicht mehr nur einer gebildeten Elite, sondern in der alltäglichen Verwendung des gesamten Volkes: eine Vorstellung, die in dieser expliziten Form erst mit der Französischen Revolution an Bedeutung gewinnt (cf. Trabant 1981, 85–86). Die Neuartigkeit dieses sprachpolitischen Agierens in der Französischen Revolution beschreibt Schlieben-Lange in äußerst klarer Form:

> Was die Veränderungen des *Französischen* selbst betrifft, so handelt es sich um den Versuch, eine Sprache (das Französische) und ihre Verbreitung (gegenüber den Minderheitensprachen) von staatlicher Seite vollständig zu ändern. Dieser Versuch unterscheidet sich grundlegend von früheren sprachpolitischen Maßnahmen. Diese betrafen entweder nur einen eingeschränkten Bereich (z.B. den Rechtsbereich in den verschiedenen Edikten des 16. Jahrhunderts) oder sanktionierten im nachhinein einen bereits geltenden Sprachgebrauch (Vaugelas: La cour et la ville). Zu keiner Zeit war jedoch versucht worden, das Französische für alle Lebensbereiche in ganz Frankreich durchzusetzen. Und zu keiner Zeit war in das Französische selbst prospektiv verändernd eingegriffen worden (Schlieben-Lange 1981, 96).

2.3.2 Variation, Innovation und Wandel der französischen Sprache zu Zeiten der Französischen Revolution

2.3.2.1 Variation, Innovation und Wandel im lexikalischen Bereich

Es herrscht in einigen Fällen eine diffuse Vorstellung von relativ deutlicher sprachlicher Variation und auch sprachlichem Wandel im Bereich der Lexik, der durch die Französische Revolution ausgelöst worden ist (cf. Proschwitz 1966, 88). Um diese Vorstellung besser einordnen zu können, steht nachfolgend die Diskussion von Neologismen, sprachlicher Kreativität und semantischen Innovationen[34] im Mittelpunkt. Die in bzw. nach der Revolution entstandenen lexikographischen Werke, Wörterbücher oder auch Wortlisten, geben allerdings darüber nur bedingt Auskunft (Proschwitz 1966).[35]

Eine mögliche Quelle zur Information über lexikalische Neuerungen bleibt das zwölf Seiten umfassende *Supplément contenant les mots nouveaux en usage depuis la*

---

[34] Wir folgen hier der Auffassung von Gévaudan (2007), der die Idee des Bedeutungswandels neben anderen durch den Begriff der *semantischen Innovation* spezifiziert.
[35] Schlieben-Lange (1981, 103) zitiert als potenzielle Quelle für die polemische Diskussion des politischen Wortschatzes in der Französischen Revolution u.a. die satirische Zeitschrift *Actes des Apôtres*, die bis heute nicht sprachwissenschaftlich ausgewertet ist.

Révolution zu der nach Branca-Rosoff (1986, 279, 281) insgesamt relativ mittelmäßigen fünften Auflage des französischen Akademiewörterbuchs (cf. 3.2),[36] welches 1798 erscheint und nach Fitzsimmons (2017, 100) mehr als 418 zusätzlich aufgenommene Einträge enthält, darunter 213 lexikalische und 118 semantische Neologismen (Rey/Duval/Siouffi 2007, 937–938). Das *Supplément* greift auf eine Arbeit zurück, die ein Jahr zuvor veröffentlicht wurde: *Les Mots nouveaux et les autres changements introduits dans la Langue par la Révolution Françoise*, welche sich am Ende des zweiten Bandes des *Dictionnaire portatif de la langue française* von Abbé Claude-Marie Gattel befindet (Rey/Duval/Siouffi 2007, 937). Im *Supplément* des Akademiewörterbuchs sind lexikalische Neologismen wie *tyrannicide* (dt. Tyrannenmord) verzeichnet und definiert mit „Celui qui tue un tyran" (dt. derjenige, der einen Tyrannen tötet) (DAF 1798, Supplément) oder auch Lexeme, die während der Französischen Revolution eine neue Bedeutungskomponente erhalten wie im Fall von *démocrate* mit „dévoué à la cause de la Révolution":

> DÉMOCRATE. s. m. On appelle ainsi aujourd'hui, par opposition à Aristocrate, celui qui s'est dévoué à la cause de la Révolution (DAF 1798, Supplément).

Allerdings sind die Einträge im *Supplément* nicht auf das politisch-administrative Vokabular beschränkt,[37] weshalb auch technische Neuerungen aufgegriffen werden:

> AÉRONAUTE. subs. mas. Navigateur aérien, qui voyage dans un aérostat. *Voy.* Aérostat, *Dict. de l'Acad* (DFA 1798, Supplément).

Zu den bekanntesten hier verzeichneten technischen Neologismen gehört zweifellos die in der Periode des Terrorregimes der Revolution (fr. *régime de la Terreur*) zur Eliminierung der politischen Gegner häufig eingesetzte *guillotine*:

> GUILLOTINE. s. mas. Instrument de supplice, inventé ou perfectionné par un Médecin nommé *Guillotin*, pour trancher la tête par une opération entièrement mécanique (DAF 1798, Supplément).

Gleichwohl ist die in diesem Eintrag des *Suppléments* Joseph-Ignace Guillotin zugeschriebe Autorschaft offenbar nicht korrekt, vielmehr ist der Erfinder der Guillotine der französische Chirurg und auch Autor verschiedener Einträge in der *Encyclopédie*,

---

[36] Die fünfte Ausgabe des *Dictionnaire de l'Académie* war 1792 fertiggestellt (Caput 1986, 47), ihre Veröffentlichung wird jedoch wegen der zeitweiligen Auflösung der *Académie française* verschoben (cf. auch 3.5).

[37] Proschwitz (1966) zeigt an einzelnen Beispielen auf, dass das politische Vokabular in der Französischen Revolution nicht wirklich neu war, sondern es sich nicht selten um Entlehnungen aus dem Englischen in das Französische handelte, die bereits zuvor im journalistischen und diplomatischen Bereich genutzt wurden, wie *opposition* (dt. Opposition) oder *ordre du jour* (dt. Tagesordnung).

Antoine Louis, welcher die Vorrichtung mit Tobias Schmidt konstruierte (Walter 1989a, 95–96).

Wie kurzlebig ein Teil der neugebildeten Wörter, die im *Supplément* des Akademiewörterbuchs veröffentlicht werden, allerdings sind, wird daran sichtbar, dass in der Abhandlung *Néologie ou Vocabulaire des mots nouveaux* von Louis-Sébastien Mercier von 1801 nur 16 der zahlreichen Wörter des *Supplément* aufgenommen wurden: *activer, adjoint, alarmiste, brûlement, bureaucratie, centraliser, décade, déverser, franc, insurrection, liberticide, organiser, secrétaire, utiliser, vandalisme, vociférer* (Mormile 1973, 238, 247).

Einzelne, durch die Revolution bedingte semantische Innovationen bereits vorhandener Lexeme lassen sich erst verzögert in den französischen Wörterbüchern nachweisen. Dies trifft zum Beispiel auf *fraternité* (dt. Brüderlichkeit) zu, welches sich bedingt durch die Revolution weg von der religiösen hin zu einer sozialen Bedeutung entwickelt (cf. Candea/Véron 2021, 165). Den nachfolgenden Ausschnitten aus den Einträgen des Akademiewörterbuchs zu *fraternité* lässt sich entnehmen, dass der Hinweis zur *Brüderlichkeit* im religiösen Sinne, nicht bereits im *Supplément* von 1798, sondern erst in der folgenden, sechsten Ausgabe (1835) getilgt wurde:

> Il se dit aussi De la liaison étroite que contractent ensemble ceux qui, sans être frères, ne laissent pas de se traiter réciproquement de frères. Il y a fraternité entre ces deux hommes, entre ces deux familles, entre ces deux Républiques, **entre ces deux Églises** (DAF 1798 – Hervorhebung S.G.).
> Il se dit également de La liaison étroite que contractent ensemble ceux qui, sans être frères, ne laissent pas de se traiter réciproquement de frères. Il y a fraternité entre ces deux hommes, entre ces deux familles, entre ces deux républiques, **entre ces deux compagnies** (DAF 1835 – Hervorhebung S.G.).

Ein Wort, das zur Französischen Revolution besondere Verbreitung erfährt, ist zweifellos *citoyen* (dt. Bürger). Wenngleich es sich keinesfalls um ein neues Lexem handelt, sondern im Sinne von *Bewohner einer Stadt* oder als *Bürger Roms* (fr. *citoyen Romain*) bereits vor der Revolution verwandt und in den Wörterbüchern verzeichnet wurde, wird im *Supplément* die semantische Innovation, die es in der Revolution erfahren hat, sichtbar:

> CITOYEN, ENNE. subst. Nom commun à tous les François et autres individus des nations libres, qui jouissent des droits de Citoyen. C'est, relativement aux femmes, une simple qualification (DAF 1798, Supplément).

Bei *citoyen* handelt es sich im Unterschied zu *peuple* nicht mehr um einen eher passiven Untertanen, sondern um ein Individuum, welches in der Gemeinschaft agiert (Guilhaumou/Maldidier 1988, 61).

Auch *révolution* ist von semantischer Innovation betroffen. Der Begriff kommt ursprünglich aus der Fachsprache der Astronomie und wird dort zur Bezeichnung des periodischen Umlaufs der Gestirne genutzt. Unter Rückgriff auf die Periodizität wird der Begriff im italienischen Mittelalter für die „periodisch wiederkehrenden

Aufstände in den Städten verwendet" (Schlieben-Lange 1988b, 7). Die Innovation liegt in der Veränderung von der Bezeichnung von periodisch wiederkehrenden zu einmaligen Ereignissen, welcher sich ab Ende des 17. Jahrhunderts und im 18. Jahrhundert vollzieht. *Révolution* bezeichnet mit der Französischen Revolution nicht mehr das singuläre Ereignis, sondern die einzelnen Prozesse, die im Rahmen der Revolution stattfinden (Schlieben-Lange 1988b, 7). Nicht zuletzt erfährt auch *aristocrate* eine semantische Innovation (gleichfalls im *Supplément* aufgeführt), indem er vom Anhänger der Aristokratie fortan zur Kennzeichnung der Anhänger des *Ancien Régime* und damit zur Diskreditierung sowie gleichzeitigen Ausgrenzung des politischen Gegners genutzt wird (cf. Guilhaumou 1989, 53).

Einzelne Wörter, die in der Epoche der Französischen Revolution kreiert werden, bleiben auf der Ebene der sprachtheoretischen Diskussion und finden keinen wirklichen, auch nicht temporär, Eingang in den Gebrauch des Französischen. So der Vorschlag von Domergue, der *royaume* (dt. Königreich) durch *loyaume* (dt. Reich, indem die Gesetzbarkeit herrscht) ersetzen wollte (Candea/Véron 2021, 166).

Für einzelne Epochen der Französischen Revolution, wie im Sommer 1791, lassen sich in den überlieferten Dokumenten regelrechte *disputes de mots* (dt. Sprachdebatten) nachzeichnen, in welchen um korrekte bzw. eindeutige Benennungen und Bedeutungsschreibungen gerungen wird; beispielsweise um die Benennung der 1791 missglückten ‚Flucht' des französischen Königs und seiner Familie, die in Varennes endet, mit *fuite* oder *enlèvement du roi* (dt. Flucht oder Entführung des Königs) oder um die Preisfrage von Jacques-Pierre Brissot de Warville (1754-1793) in der Zeitung *Le Patriote françois* um das Verhältnis von *républicain* und *citoyen libre* (Guilhaumou 1986, 334–335, 337). Über die verschiedenen politischen Lager hinweg wird über den Gebrauch der Sprache bzw. der Wörter debattiert (Branca-Rosoff 1985, 51). Die Diskussion um die „Garantie von Bedeutungsbeschreibungen" (Schlieben-Lange 1987, 34) des politischen Vokabulars in den Wörterbüchern und ihren Umbau weitet sich in der Revolution nach und nach auf den gesamten Wortschatz aus: „*Alle* Wortbedeutungen müssen neu einheitlich festgelegt werden [...]" (Schlieben-Lange 1987, 35).

Ein Teil des Revolutionswortschatzes verschwindet nach 1800 wieder aus den Wörterbüchern, als einige von ihnen gesäubert werden (Schlieben-Lange 1981, 116).

Ein Sprachbereich, der sich in der Zeit bis zur Französischen Revolution durch relative hohe Variation auszeichnet und im Zuge der Revolution normiert wird, ist der Bereich der Maßeinheiten. Als Längenmaß wird so vor der Revolution in Nantes von *gaule*, in Marseille von *canne*, in Paris von *toise* und in anderen Regionen von *brasse*[38] gesprochen (Balibar/Laporte 1974, 62–63; Walter 1989a, 73). Aber auch für andere Maßeinheiten trifft die Idee der Variation zu. Nach Gründung einer *Commission des Poids et Mesures* (dt. Kommission der Gewichts- und Maßeinheiten) durch die *Académie des sciences* im Mai 1790, wird schließlich am 7. April 1795 in der *Assemblée*

---

38 Dieses Längenmaß geht auf den Gebrauch von zwei Armlängen (fr. *bras*, dt. Arm) zurück.

nationale über ein neues Einheitensystem, dass metrisch und dezimal sowie allgemeinverbindlich ist, abgestimmt (Walter 1989a, 77–78). Auch Lexeme wie *mètre*, *gramme* oder *litre* finden daher Eingang in das *Supplément* des Akademiewörterbuchs.

Neben den Neologismen und semantischen Innovationen werden auch einzelne Wörter, bedingt durch die politisch-sozialen Umwälzungen, ungebräuchlich; darunter fallen beispielsweise *gabelle* (dt. Salzsteuer, die bis zum 21. März 1790 entrichtet werden musste) oder *dîme* (dt. Zehnt), eine obligatorische Abgabe an den Adel, deren Pflicht am 4. August 1789 aufgehoben wird (Walter 1989a, 152).

Auch die Toponymie ist von den Veränderungen in der Französischen Revolution betroffen, welche allerdings zumeist nur von sehr kurzer Lebensdauer sind und nach der Revolution wieder zurückgenommen werden.[39] Schmitt (2000, 700) spricht in diesem Zusammenhang von „toponymischer Purifizierung". So werden während der Revolution in den französischen Ortsnamen sämtliche Hinweise auf den Adel, das Königtum oder die Religion bzw. die Heiligen getilgt, weshalb aus der *Ile-de-Ré* plötzlich *la Républicaine* wird, sich *Bourg-la-Reine* in *Bourg-l'Égalité* wandelt und *Saint-Bonnet* durch *Bonnet-Rouge* ersetzt wird (Walter 1989a, 35, 38).[40] In ähnlicher Form werden auch Umbenennungen von Straßen vorgenommen und insgesamt ein Laisierungsprozess eingeleitet (cf. Hörsch 1994, 1, 39–43). Wenngleich die Umbenennungen bei politischen Veränderungen auch in anderen Regionen, Kontexten und Epochen nicht selten sind und noch heute in verschiedenen Regionen der Welt praktiziert werden, stellen derartige Umbenennungen eine äußerst explizite Form sprachlicher Regulierung dar.

Die bereits angesprochene Idee der *uniformité*, der Einheitlichkeit, die als Grundidee der Revolution identifiziert wurde, fördert zwar allgemein die Propagierung des Gebrauchs des Französischen für alle Teile der Bevölkerung, schließt jedoch die Öffnung des sprachlichen Standards gegenüber dem *français populaire*, im Sinne der Sprache des Volkes, und die Nivellierung der diastratischen Variation nicht mit ein (Seguin 1999, 264):

> Aucune variante „populaire" ne s'imposera, car le peuple doit s'élever jusqu'à la langue idéale, dont les fondements rationnels garantissent l'excellence au-delà, croit-on, des variantes individuelles. Refus définitif et renforcé de la variété des usages. La politique révolutionnaire de la langue a un seul objectif, indiscuté : mener à bien la francisation du peuple pour qu'il coïncide linguistiquement avec la nation : éducation, uniformisation par l'élimination des parles locaux,

---

[39] Hörsch (1994) untersucht umfassend die Veränderungen der Personennamen in der Französischen Revolution und erklärt die Einzigartigkeit dieses Prozesses: „In der Revolutionszeit gewinnt der semantische Gehalt an Bedeutung, und der Name behält seine Durchschaubarkeit bei, die zum eigentlichen Informationsträger wird" (Hörsch 1994, 6).
[40] Walter (1989a, 40, 42) stellt heraus, dass diese Formen der Umbenennungen oftmals aus Gründen der Bestrafung umgesetzt wurden, wie im Falle von Lyon, die mit dem Dekret der Convention vom 21. Oktober 1793 in *Ville Affranchie* umbenannt wurde.

accès de tous aux textes légaux du pouvoir central, développement et diffusion des imprimés en français (Seguin 1999, 264).

2.3.2.2 Variation und Normierung im lautlichen Bereich

Ein charakteristisches Merkmal, welches für Normierungsbestrebungen im Umfeld der Französischen Revolution oft genannt wird, ist die Aussprache der Grapheme <oi> und <ois> in Wörtern wie *roi*, *lois* oder auch *moi* als [wa]. Diese Variante ist nach Aussagen von Thurot (1881, 359–360), der sie graphisch mit *oa* wiedergibt, in der zweiten Hälfte des 18. Jahrhunderts bei einer gewissen Anzahl von Wörtern bereits weit verbreitet, wenngleich in anderen nach Dumarsais auch die Varianten *oe* und *oua* noch genutzt würden. Von den erwähnten lautlichen Varianten wird schließlich in der Revolution nur die Variante *oa* [wa] als Standardnorm fixiert, d.h. standardisiert. währenddessen [we] als reaktionärer, aristokratischer Gebrauch angesehen wird (Figge 1976, 98; Laks 2002, 6). In diesem Zusammenhang spezifiziert Seguin (1972) deutlich, indem er die Rolle der Französischen Revolution allein auf die allgemeine Anerkennung dieser standardisierten Variante festlegt und nicht als auslösendes Moment definiert:

> On sait qu'il ne faut pas considérer la substitution définitive de la prononciation *oa* à *oe* comme un fait spécifiquement révolutionnaire. On ne peut négliger toutefois de constater que c'est à cette date que la nouvelle prononciation est reconnue (Seguin 1972, 253).

In diesem Fall wird die vorhandene sprachliche Variation unter normativem Blickwinkel eingeschränkt, d.h. es handelt sich um keine lautliche Innovation, die durch die Französische Revolution bedingt ist. Diese Form der Normierung lässt sich in den Grammatiken der Zeit belegen: während Urbain Domergue in seiner *Grammaire françoise simplifiée* (1788) die Aussprache von <oi> noch nicht erwähnt, weist er in seiner Grammatik von 1805 die Variante *ouè* zurück und empfiehlt ausschließlich den Gebrauch von *oua* (cf. Walter 1989a, 136).

Figge (1976) zeichnet den gesamten Lautwandel zu [wa] nach, welcher bereits im 16. Jahrhundert abgeschlossen ist, und sieht die seit der Französischen Revolution präferierte Variante in Anlehnung an Rheinfelder (1963) als einen „Parisianismus" an, welcher aus dem „Distinktionsbedürfnis von Bewohnern der Groß- und Hauptstadt" hervorging und sich bereits im 16. Jahrhundert am französischen Hof beobachten lässt (Figge 1976, 93, 96–98).

In der sechsten Ausgabe des Akademiewörterbuchs wird der normierten Aussprache folgend auch die Graphie von <oi> zu <ai> verändert, die wie im Falle der Sprachbezeichnung *françois*, welche zu *français* wechselt.

2.3.2.3 Variation, Innovation und explizite Normierung im pragmatischen Bereich: Die diskursiven Praktiken

Um die Auswirkungen der Französischen Revolution auf die französische Sprache in ihrer Komplexität erfassen zu können, sollte *Sprache* nicht nur im Sinne von Veränderungen im sprachlichen System gelesen werden, sondern die Überlegungen auf die Kommunikation und somit auf die Pragmatik ausgeweitet werden (cf. Bochmann 1988, 16). Wenn am 5. Oktober 1791 durch die *Assemblée législative* die Wörter *Sire* (dt. Herr) und *Majesté* (dt. Majestät) verboten werden (Walter 1989a, 63; Busse 1995, 237), betrifft dies zuallererst die Anrede des Königs, die von nun an in anderer Form erfolgen muss.

Die Anrede kann im Französischen grundsätzlich nominal, d.h. durch den Gebrauch einzelner Nomen bzw. Nominalphrasen, aber auch pronominal (*tu*, *vous*) erfolgen. Beide Formen sind während der Französischen Revolution von Regulierungen betroffen.

Als neutrale und generelle Form der nominalen Anrede soll in der Französischen Revolution *Citoyen* bzw. *Citoyenne* genutzt werden, die somit auch die allgemeinen Formen *Monsieur* und *Madame*, aber auch sehr spezifische Anredeformen ersetzen. Godineau (1988, 94–95) zeigt am Beispiel der femininen Form *citoyenne* auf, dass *citoyenne* nicht einfach *Madame* oder *Mademoiselle* oder *femme* ersetzt, sondern durch ihre Verbindung an die französische Nation eine spezifische Bedeutungskomponente erhält. Die *citoyenne* ist damit keine einfache Bewohnerin Frankreichs mehr, sondern eine Bürgerin, die sich um ihre Heimat sorgt. Allerdings unterstreicht Godineau zugleich, dass *citoyenne* in anderen Fällen auch als Abgrenzung verstanden wird, wenn die Gegner politischer Beteiligung der Frauen als die wahren *citoyennes*, d.h. als diejenigen ansehen, die sich um die häuslichen Angelegenheiten kümmern (Godineau 1988, 95). *Citoyen* bleibt über die Französische Revolution hinaus zu Zeiten des Konsulats (fr. *consulat*) (1799–1804) auch offiziell noch in der Anrede in Gebrauch, während *Citoyenne* im öffentlichen Gebrauch, z.B. als Anrede, verschwindet, ohne das Französische jedoch zu verlassen (Godineau 1988, 108–109).

Das *tutoiement* (dt. Duzen) wird während der Französischen Revolution zeitweilig auf Kommunikationskontexte ausgeweitet, in denen zuvor das *vouvoiement* (dt. Siezen) verbreitet war, wie beispielsweise die Anrede der Lehrerschaft in den Schulen oder in den politischen Debatten der *Sociétés populaires* (Walter 1989a, 69–70). Im Oktober 1793, als Maximilien de Robespierre (1758–1794) eine massive Ausweitung des *tutoiement* einfordert, ist der Gebrauch mit *tu* bzw. *vous* soweit ideologisch aufgeladen, dass er fordert: „*Tutuyons-nous pour ne pas paraître suspects*" (dt. Duzen wir uns, um nicht verdächtig zu wirken) (Robespierre in Walter 1989a, 69). Trotz verschiedentlicher sprachpolitischer Bemühungen setzt sich die Aufhebung der höflichen Anrede mit *vous* und der ausschließliche Gebrauch von *tu* in der Französischen Revolution nicht generell durch. Jedoch ist die vorhandene Datenlage zum tatsächlichen Gebrauch von *tu* eher gering, da die Anrede außerhalb der Briefkommunikation (fr. *communiation épistolaire*) in besonderem Maße den Bereich der mündlichen Kommunikation betrifft, welche nur indirekt in Aufzeichnungen, Protokollen etc. jener Zeit überliefert wird.

Wie sehr jedoch die Diskussionen und Entscheidungen um das *tutoiement* einzelne Diskurstraditionen verändern können, wird für den Bereich der Briefkommunikation sichtbar. In dem aus der Französischen Revolution überlieferten einzigen spezifischen Briefsteller (fr. *manuels épistolographiques*),[41] dem *Secrétaire des Républicains*, werden die Forderungen des *tutoiement* und der Gebrauch von *Citoyen* bzw. *Citoyenne* als generalisierte Anrede im Brief übernommen (cf. Große 2017). Das avisierte Publikum dieses Briefstellers ist deutlich umfassender als in früheren Briefstellern üblich, mit ihm soll dem Volk das Briefeschreiben gelehrt und somit erleichtert werden. Er richtet sich, wie aus dem Modellbriefen in dem Briefsteller ersichtlich wird, an Bauern, Soldaten oder einfache Arbeiter. Eine wichtige Innovation der Briefredaktion liegt hier in der allgemeinen Forderung nach dem *tutoiement*, welche auch für die *lettres d'affaire* (dt. Handelsbriefe) gilt (Große 2008, 92):

> Nous croyons avec certitude qu'il est essentiel de se dépouiller de ce ridicule antique dans la France, ridicule qui fait parler à une seule personne, comme si l'on parlait à plusieurs ; en un mot, nous tutoyons. Cette méthode non-seulement est capable de resserrer les nœuds de la fraternité, mais elle facilite encore le style épistolaire, […] (*Secrétaire des Républicains* 1793, 3).

Aber auch die bis zur Französischen Revolution überaus gebräuchliche Schlussformel *Votre très humble serviteur* (dt. Ihr untertänigster Diener) wird in den Modellbriefen durch neue, weniger untertänig wirkende Formen ersetzt:

> Salut et fraternité
> Je t'embrasse avec respect
> Je t'embrasse, en attendant ta réponse
> Je t'embrasse fraternellement
> Je te salue fraternellement, ainsi que ton épouse
> Je vous embrasse tendrement (*Secrétaire des Républicains* 1793, 13, 17–18, 31, 43, 52, 74).

Wenngleich sich in der Korrespondenz während der Französischen Revolution durchaus Belege für ein ausgeweitetes Duzen und veränderte Briefeingangs- und Schlussformeln finden lassen, setzt sich ein Teil der im Revolutionsbriefsteller geforderten Veränderungen erst nach und nach vollständig durch (z.B. der Wegfall der Briefschlussformel *Votre très humble serviteur*), andere wie z.B. die revolutionären Briefformeln sind temporär und verschwinden aus der Briefkorrespondenz und den Briefstellern kurz nach Ende der Französischen Revolution wieder.

Guilhaumou und Maldidier (1988, 61) zeichnen nach, wie in der Französischen Revolution die Sprechakte des Bittens und Forderns die politische Kommunikation verändern, was besonders in den *Cahiers de doléances* (dt. Beschwerdehefte) deutlich

---

[41] Für die Historie und Definition der Briefsteller für das Französische cf. Große (2017).

wird. Die *Cahiers* gewinnen 1789 an Bedeutung, sind aber bereits die Jahrhunderte zuvor ein Instrument, um Proteste oder Forderungen gegenüber dem französischen König zu formulieren. Die Idee, mit dem König direkt in sprachlichen Austausch zu treten, wird jedoch 1789 als besonderes Moment wahrgenommen (cf. Slatka 1971, 69). In den *Cahiers* des Dritten Standes (fr. *Tiers État*) findet sich in jener Zeit die häufige Forderung der Steuererleichterungen oder nach Anschaffung der Abgaben (Zimmermann 1981, 54). Die konkreten Sprechakte und Äußerungsschemata werden von Slatka (1971) und Zimmermann (1981) analysiert. In der Kombination mit *nous* + Aufforderungsverben wie *demander, supplier* etc. (= Sprechakt des Forderns) stellen die Äußerungen in den *Cahiers* den Ausdruck eines politischen Willens dar (Slatka 1971, 73; Zimmermann 1981, 58–61; Guilhaumou/Maldidier 1988, 62) wie beispielsweise:

> Nous demandons que le sel soit vendu aux salines au prix qu'on le vend à l'étranger, [...] (Zimmermann 1981, 58).
> Nous réclamons ici, au nom de l'Humanité, l'extinction de certains droits féodaux que l'ignorance des siècles barbares a consacrés à l'orgueil féroce des nobles possesseurs de quelques vieux châtelets (Vitriers de Saint-Maixent in Goubert/Denis 2013, 104).

Im Rahmen der *Cahiers de doléances* müssen die Forderungen aber keineswegs immer explizit formuliert sein, sondern sind auch ohne explizite Aufforderungsverben als Forderung erkennbar:

> [...] si le laboureur n'avait [à] payer que sa part comme tous les autres [...], il semble alors que la joie serait plus égale [...] (Zimmermann 1981, 66).

Guilhaumou unterstreicht die Relevanz der so formulierten Forderungen für die Entwicklung der politischen Kommunikation in der Revolution:

> Indéniablement, les cahiers de doléances sont porteurs d'avenir. Ils constituent une étape décisive dans le processus d'inversion du rapport roi/sujets. La formulation explicite d'un acte de demande articulé sur la figure du citoyen, et plus encore sur un nous collectif, rend possible l'émergence d'expressions proprement révolutionnaires (Guihaumou 1989, 34).

Mit den erwähnten pragmatischen Neuerungen, die in der Französischen Revolution zumindest temporär Einzug halten, werden nicht nur einzelne Sprachstrukturen „revolutioniert", sondern die sprachlich-kommunikative Interaktion verändert. Auch dies fällt dementsprechend unter das weite jakobinische Sprachpolitikkonzept des *révolutionner la langue* (cf. Balibar/Laporte 1974, 137).

2.3.3 Alphabetisierung, Mehrsprachigkeit und Vermittlung des Französischen nach der Französischen Revolution

Die Grundschulen (fr. *écoles élémentaires*) hatten sich in Frankreich bereits im 18. Jahrhundert verbreitet (Furet/Ozouf 1977, I, 69). Damit geht die wachsende Alphabetisierung in Französisch einher, die in den Städten in den Jahrhunderten zuvor vorangetrieben wird, allerdings in den Städten im 18. Jahrhundert stagniert, während sie zur gleichen Zeit auf dem Land und vor allem im Norden des Landes zunimmt (Furet/Ozouf 1977, I, 78).

Mit einzelnen Maßnahmen, die in Teilen bereits zu Zeiten der Französischen Revolution angedacht wurden, wird die institutionelle Vermittlung des Französischen und Alphabetisierung im Französischen im Verlauf des 19. Jahrhunderts deutlich ausgeweitet.

Eine allgemeine Schulpflicht wird zur Zeit der Französischen Revolution zwar mehrfach debattiert und in Teilen beschlossen, letztlich jedoch – wie bereits ausgeführt – nicht umgesetzt (Kremnitz 2015, 16) (cf. 2.3.1). So ist es nicht erstaunlich, dass die statistische *Enquête* von Louis Maggiolo (1879–1880) im Vergleich der Alphabetisierung zwischen 1786–90 sowie 1816–20 in einzelnen *départements* zunächst sogar einen leichten Rückgang der Alphabetisierungsrate zeigt (Schlieben-Lange 1981, 100). Allerdings wird Maggiolos statistische Methode, durchgeführt von damaligen *instituteurs*, die auf der Fähigkeit der eigenen Unterschrift auf den Heiratsurkunden fußt und von dieser auf die Schreib- und Lesekompetenz schließt, heute in ihrer absoluten Aussagkraft angezweifelt. Jedoch wird in der kritischen Bewertung Maggiolos nicht immer berücksichtigt, dass vor die Unterschrift auf der Heiratsurkunde von den jeweiligen Beamten nicht selten der Hinweis „*sachant lire et écrire*" (dt. kann lesen und schreiben) gesetzt wurde (Dubois 1980, 592). Mit diesem Hinweis wird stets die Kenntnis des Französischen impliziert. Um Kenntnis von den Sprecherzahlen des Französischen und anderer Sprachen bzw. *patois* zu gewinnen, werden im 19. Jahrhundert weitere Umfragen realisiert. So unternimmt Eugène Coquebert de Montbret (1785–1847) ab 1808 Sprachumfragen in Frankreich und den Nachbarländern (Bochmann 2013, 284).[42] Die Statistiken, die Coquebert de Montbret anfertigt, verdeutlichen, dass in Frankreich neben dem Französischen (2.792.600 Sprecher) auch andere Sprachen hohe Präsenz zeigen: 407.100 für Italienisch, 2.705.000 für Deutsch,

---

42 „Haben die Regionalidiome insgesamt wenig Aufmerksamkeit durch die napoleonischen Präfekten erfahren, so ist es dennoch als bedeutsam zu bewerten, dass sie überhaupt Eingang in die Departementsstatistik gefunden haben. Nachdem Grégoire und Barère nur wenige Jahre zuvor die Patois aus ihrem Nationskonzept ausgeschlossen hatten, stellen die *Mémoires* der Präfekten die ersten offiziellen Dokumente dar, die ihnen wieder einen Platz in der französischen Nation einräumten. Die Departementsstatistik dokumentiert damit eine sprachideologische Readjustierung: Ohne die Prinzipien der Revolution zu verwerfen, wurde über den Umweg der Historisierung und Territorialisierung der Idiome die eigene Sprachenvielfalt wieder in die Nation integriert" (Ködel 2014, 64).

2.277.000 für Flämisch, 967.000 für Bretonisch und 108.000 für Baskisch (Saint-Gérand 1999, 389). Inwieweit diese Sprecher möglicherweise zweisprachig sind, erfassen die Statistiken allerdings nicht.

In der ersten Hälfte des 19. Jahrhunderts wird der Gebrauch des Französischen nach Rey, Duval und Siouffi (2007, 973, 976) insgesamt popularisiert, aber nicht wirklich demokratisiert. Die Popularisierung des Französischen impliziert nicht unbedingt, dass die *patois*, d.h. die Dialekte und anderen Sprachen, überall verschwinden, aber sie werden zurückgedrängt und weiter abgewertet. Caron (2024, 159–160) illustriert die Zurückdrängung am Beispiel einer Verordnung aus dem Arrondissement Cahors von 1835, in welcher der Gebrauch der *patois* in den Grundschulen verboten wird. Der Abwertung der *patois* steht die Aufwertung der geschriebenen Sprache gegenüber, welche durch die Alphabetisierung üblicherweise das Französische ist. Diese Aufwertung des Französischen muss zugleich an einzelne sozio-ökonomische und -politische Entwicklungen gekoppelt werden, wie die Urbanisierung in Frankreich oder technische Entwicklungen, wodurch sich der Gebrauch des Französischen generell ausweitet (Rey/Duval/Siouffi 2007, 973). Rey, Duval und Siouffi stützen sich in ihren Überlegungen zur noch vorhandenen Mehrsprachigkeit im Frankreich des 19. Jahrhunderts auf die Darstellung des Historikers und Soziologen Eugen Weber. Zwischen 1871 und 1914 trifft Weber in Frankreich auf Priester, Polizisten und Armeeangehörige, die sich darüber beschweren, dass man sie auf Französisch nicht verstehe (Rey/Duval/Siouffi 2007, 1039–1040).

Die Vermittlung der französischen Sprache und ihre Verbreitung im schulischen Kontext steht im 19. Jahrhundert unter dem Blickwinkel einerseits der Modernisierung im Sinne einer Ablösung vom Lateinischen (cf. Rey/Duval/Siouffi 2007, 977, 1007, 1008), andererseits aber auch der sprachlichen Korrektheit, von Saint-Gérand als „correctivité du langage" (1999, 418) betitelt. Die sprachliche Korrektheit wird mit Blick auf literarische Texte definiert. Die literarischen Autoren, und ganz besonders jene des 17. Jahrhunderts bzw. des *français classique*, bleiben demzufolge die normative Referenz (cf. Wolf 1979, 148).

Die Ablösung vom Lateinischen in der Lehre des Französischen bedeutet nunmehr auch, dass die französische Grammatik gegen Ende des 19. Jahrhunderts nicht mehr im Kontext des Lateinischen und der Übersetzungen in beide Sprachen gelehrt wird (Balibar 1985, 258–259).

Das geschriebene Französisch wird in den Grundschulen allen voran in Form von Regeln zur Textabfassung (fr. *rédaction*) und der normgerechten Orthografie weitergegeben und geübt (Balibar 1985, 273). Gerade die korrekte Beherrschung der Orthografie wird als eine wesentliche Voraussetzung für den sozialen Aufstieg betrachtet (Rey/Duval/Siouffi 2007, 977).

Wie die Vermittlung konkret aussah, lässt sich nur über die eingesetzten Lehrwerke ermitteln, denn um die Schreibpraxis in der Schule jener Zeit und auch die Umsetzung der Regeln wirklich detailliert zu analysieren, fehlen bis auf wenige Ausnahmen die Dokumente wie Schüleraufgaben oder -aufsätze etc. (cf. Balibar 1985,

259; für die Ausnahmen cf. Chervel 2011, 208–209). Grundsätzlich wird die Lehre des Französischen mit der Durchsetzung der *École Primaire* von 1880 für die Mehrheit der Bevölkerung „*un enseignement monolingue du français grammatical*" (dt. eine einsprachige Vermittlung des grammatischen Französisch) (Balibar 1985, 259).

2.3.4 Die Schulgesetze des 19. Jahrhunderts

Neben der sprach- und bildungspolitischen Vorbereitung der Schulpflicht in der Französischen Revolution (u.a. durch Condorcet oder durch die *Loi Daunou* vom 25. Oktober 1795)[43] sind es die zahlreichen Gesetzesvorschriften des 19. Jahrhunderts, die die Schulpflicht in Frankreich definieren und so auch die institutionelle Vermittlung von grundlegenden Lese-, Schreib- und Grammatikkompetenzen des Französischen durch die Schule absichern sowie die Verbreitung der französischen Standardnorm fördern.[44]

Ein wichtiger Baustein ist das Gesetz des damaligen Bildungsministers, François Guizot, welches nach langen Debatten in der Nationalversammlung am 28. Juni 1833 verabschiedet wird (Louis 2021, 49). Es begründet im Wesentlichen zwei Aspekte: die Freiheit der Lehre und den Aufbau eines öffentlichen Schulsystems. So sollte beispielsweise jede Gemeinde in Frankreich mit mehr als 500 Einwohnern eine Primarschule unterhalten (Louis 2021, 49). Der Schulbesuch und auch die Alphabetisierung nehmen in der Folge des Gesetzes und der Ausweitung der Primarschulen zu, wenngleich insbesondere auf dem Land, wo die Kinder mehrheitlich die Landarbeit unterstützen, der Widerstand gegenüber dem Schulbesuch erhalten bleibt (Louis 2021, 54, 56).

Einen besonderen Schub erhält die allgemein verbindliche Schulbildung durch verschiedene Gesetzesvorschriften in den 80er Jahren des 19. Jahrhunderts, die üblicherweise unter den Begriff der *Lois de Jules Ferry* gefasst werden; mit ihnen wird die öffentliche Schule *laïque*, *gratuite* und *obligatoire* (dt. nicht konfessionell, kostenlos und verpflichtend) (Rey/Duval/Siouffi 2007, 1071). Die Gesetze regeln jedoch keineswegs nur den Schulbesuch selbst, sondern nehmen auch die Ausbildung der Lehrerinnen und Lehrer ins Visier. So ist im ersten Artikel des Gesetzes vom 9. August 1879 die Einrichtung der *écoles normales*, die die Ausbildung der *instituteurs* bzw. *institutrices* übernehmen, durch die *départements* festgeschrieben.[45] Das Gesetz *Loi Camille Sée* vom 21. Dezember 1880 ermöglicht den Mädchen den Zugang zur Bildung im Anschluss an die Primarstufe. Im Gesetz vom 16. Juni 1881 wird schließlich die

---

[43] Zur Rolle von Daunou und dem Gesetzesvorschlag cf. Grevet (1989).
[44] Für eine umfassende Darstellung sei auf Balibar/Laporte (1974), Balibar (1985) und Brunot (1967a; 1967b) verwiesen.
[45] https://www.senat.fr/evenement/archives/D42/1879.pdf (28. Oktober 2023).

Kostenfreiheit der öffentlichen Primarschule verankert[46] und mit dem Gesetz vom 28. März 1882 die Schule für Mädchen und Jungen im Alter von 6 bis 13 Jahren obligatorisch.[47] Beide letztgenannten Gesetze erweisen sich für die ländliche Bevölkerung und die schulische Ausbildung der Mädchen als besonders wichtig. Die Gesetze zeigen insgesamt Wirkung für die Alphabetisierung der französischen Bevölkerung, so dass im Jahre 1908, die Analphabetisierungsrate bereits bei weniger als 4% liegt (Gadet 1999, 587). Die Effekte lassen sich aber auch in einzelnen Kompetenzen der Schreibpraxis selbst wie in der Beherrschung der standardisierten Orthografie ermessen, welche sich nach Aussagen von Chervel (2011, 201) von 1820 bis 1920 kontinuierlich verbessern.

2.4 *Crise du français*

2.4.1 Manifestationen der Idee einer ‚Krise der französischen Sprache'

In der zweiten Hälfte des 19. Jahrhunderts und Anfang des 20. Jahrhunderts führen die Beobachtung der Variation des Französischen im Sprachgebrauch und die Feststellung von sprachlichen Unsicherheiten und Fehlern in zunächst sprachpuristischen Diskursen zu einer Zuspitzung der Sprachdiskussion über den Verfall der französischen Sprache, die von Einzelnen mit der Proklamation einer sogenannten ‚Krise des Französischen' verbunden wird. Im Blickpunkt dieser ‚Krise' stehen die wahrnehmbaren Differenzen, die das Französische zwischen dem schriftlichen und mündlichen sowie im eher populären und demgegenüber im gehobenen Sprachgebrauch auszeichnen (cf. Paveau/Rosier 2008, 23).

Im Verständnis von Söll (1983, 271, 273) beginnt die ‚Krise des Französischen' jedoch deutlich früher, mit der Kodifizierung des Französischen im 17. Jahrhundert und dem Ausschluss der sprachlichen Mehrheit aus dem *bon usage*, für ihn die Sprache einer kultivierten Minderheit bzw. Elite.

Eine der ersten expliziten Verwendungen der Krisenmetaphorik für das Französische geht auf Wey im Vorwort seiner *Remarques* von 1845 zurück (cf. 2.2.3) (cf. Glaser 1925, 468). Wey (1845, 4) führt sehr plastisch aus, was er unter *crise* fasst:

> Sous l'empire, d'idées jeunes et de besoins nouveaux, les publicistes, les philosophes, les hommes d'action improvisent en quelque sorte leur langage ; de violentes ruptures avec le passé éloignent la génération naissante des sources de l'érudition, et peu à peu s'introduisent des néologismes, des locutions barbares, des termes obscurs. Les anciens vocables perdent leur

---

[46] „Art. 1 er.- Il ne sera plus perçu de rétribution scolaire dans les écoles primaires publiques, ni dans les salles d'asile publiques". https://www.senat.fr/evenement/archives/D42/juin1881.pdf (28. Oktober 2023).
[47] https://www.senat.fr/evenement/archives/D42/mars1882.pdf (28. Oktober 2023).

> précision au milieu des acceptions fausses ; des mots étrangement accouplés présentent de folles images ; le goût se pervertit ; le style se bariole, devient nuageux, et enfante des œuvres littéraires, dans le plan desquelles se réfléchissent tous les défauts de la forme (Wey 1845, 5).

Zugleich prophezeit er den Tod der Sprachen, wenn solchen sprachlichen Veränderungen nicht Einhalt geboten würde (Wey 1845, 5). Das größte Problem für die – wie es Wey selbst ausdrückt – Denaturierung der französischen Sprache („dénature le plus la langue dans notre temps" Wey [1845, 21]) liegt in der Ungenauigkeit (fr. *impropriété*) der verwandten Wörter begründet.

Jean-Louis Chiss untergliedert die Diskussionen um die Krise des Französischen, welche in Teilen sprachtheoretisch geführt wird, in zwei zeitliche Ebenen: mit einer ersten Krise in den Jahrzehnten 1860 und 1870 und der Diskussion um den *usage* sowie den sprachlichen Wandel sowie einer zweiten Krise in den Jahren 1910, in welcher die sprachliche Krise mit politischen und institutionellen Implikationen verknüpft wird (Chiss 2006, 234–235). Für das Allgemeinpublikum entstehen über diese Zeiträume hinweg Arbeiten, die die Vorstellung des Krisenmodus und des Sprachverfalls des Französischen in gewisser Hinsicht bedienen, so z.B. von Émile Deschanel mit *Déformations de la langue française* (1897), Claude Vincent mit *Le péril de la langue française* (1910), André Thérive mit *Le français, langue morte* (1923), Étienne Le Gal mit *Écrivez... ? N'écrivez pas... ? Nuances, Tolérances, Libertés grammaticales* (1928) oder schließlich André Moufflet mit *Contre le massacre de la langue française* (1930) (cf. Blanche-Benveniste 1995, 125–126). In der Mehrzahl weisen die zitierten Autoren aus Sicht von Blanche-Benveniste auf nicht tolerierbare Unzulänglichkeiten bzw. Fehler in der Standardsprache des Französisch hin, um so nach Glaser den „Niedergang des Französischen" aufzuhalten:

> Sein Buch soll ja auch einem anderen Zweck dienen, nämlich den Niedergang des Französischen steuern zu helfen durch den Hinweis auf sprachliche Fehler und Irrtümer (Glaser 1925, 471).

Émile Deschanel (1819–1904), Professor für griechische Literatur und zugleich einer der bekanntesten Sprachpuristen in der damaligen Diskussion um die Krise der französischen Sprache,[48] konkretisiert die Vorstellung der Korrumpierung bzw. *déformation* (dt. Deformierung) der französischen Sprache für verschiedene Bereiche:

> 1° Changements de signification (*sémantique*) ;
> 2° Changements de prononciation et de forme (*phonétique* et *morphologie*) ;
> 3° Changements de construction et de tours (*syntaxe*) ;

---

48 „La langue française, si belle, va se corrompant [...]. Mais à présent que l'âge mûr est dépassé, nous sommes dans la crise redoutable" (Deschanel 1898, 5–6).

4° Changements de genre, de nombre, etc.
5° Création de mots mal venus ou inutiles (Deschanel 1898, 12).

Unter den von Deschanel kritisierten Strukturen findet sich der Wechsel in Phonie und Graphie von <oi> zu <ai> bei *Français* (im Unterschied zum Eigennamen *François*, bei dem die Schreibung erhalten bleibt) (Deschanel 1898, 56–60), der seit Ende des 18. Jahrhunderts Standard ist (cf. 2.3.2.2). Aber auch sprachstilistische Hinweise wie die Vermeidung von Metaphern („abus des métaphores") oder die Schelte des Sprachgebrauchs in der Literatur sind bei ihm präsent (Deschanel 1898, 206, 207). Seine Darstellung ist insgesamt stark historisch ausgerichtet und greift auch die Frage der in Teilen falsch interpretierten Etymologie bzw. sekundären Motivation (zumeist als ‚Volksetymologie' konzeptualisiert) auf und damit einen Bereich, der nicht im direkten Zusammenhang mit der ‚Krise', aber für ihn offenbar mit den ‚Deformierungen' des Französischen steht (Deschanel 1898, 246).

Zugleich diskutieren die oben genannten Autoren die Frage der ‚Schuld' für die ‚Krise des Französischen' und finden die Antwort darauf in der zumeist ungenügenden Schulbildung, aber auch im Sprachgebrauch der Journalisten (Glaser 1925, 474, 476).

Die krisenhafte Vorstellung der Sprache wird auch in den zur damaligen Zeit beliebten Sprachchroniken (cf. 2.2.4) wie beispielswiese bei Abel Hermant ausgewiesen und mit bekannten Zuordnungen wie *mauvais usage* versehen (Osthus 2016, 336–337). So differenziert Hermant nach dem Vorbild Vaugelas' in einen guten und schlechten Sprachgebrauch, wobei letzterer vom einfachen Volke wie der *concierge* (dt. Portiersfrau) gebraucht würde und zurückzuweisen sei (Osthus 2016, 337).

Linguisten beteiligen sich gleichfalls an der Diskussion, darunter Albert Dauzat (1877–1955) mit seiner Monografie *La défense de la langue française* (1912), der die Krise der französischen Sprache nicht nur in der Bildung begründet sieht (Dauzat 1912, 61). Ein Krisenmerkmal identifiziert Dauzat in der Veränderung der gesprochenen Sprache der Jugendlichen, die für ihn letztlich die eigentliche Krise darstellt:

> Aussi les évolutions se précipitent chez les jeunes gens et les enfants, qui arrivent à parler trop souvent un charabia informe : idiome barbare tissé de termes d'argot populaire et sportif, dans lequel la syntaxe est bousculée par les ellipses les plus violentes, tandis que les néologismes les plus hirsutes sont accolés aux abréviations de tout genre,— abréviations qu'on retrouve dans l'écriture comme dans la parole : « *Bjour vieux ! C'ment va ?... Tu mas pas zyeuté ?... Chouette ! t'es rien bath !... Mince de tuyau !* [...] » Vous croyez sans doute que c'est une conversation d'apaches ? Non, ce sont des lambeaux de phrases que j'ai entendus à la sortie du lycée Condorcet, dans un groupe de jeunes élèves discutant entre eux les pronostics des courses (Dauzat 1912, 67–68).

Charakterisierungen dieser Art lassen sich noch heute in sprachpuristischen Diskursen zum Französischen finden (c.f. 2.5). Blanche-Benveniste (1995, 127) kommt in ihrer Untersuchung zur Syntax des Französischen zum Schluss, dass in den sprachpuristischen Abhandlungen von 1914 bis 1945 Fehler oder Vulgarismen angezeigt werden, die bereits ein Jahrhundert früher oder auch um 1990 zu finden seien. In ähnlicher Form argumentiert Klinkenberg, der unter den perpetuierten Argumenten für die ‚Krise der französischen Sprache' bis heute auch den Hinweis auf den sich ständig verschlechternden Sprachgebrauch der Jugendlichen auflistet (Klinkenberg 1993, 173).

Eine der Lösungen, die Dauzat in seiner Abhandlung zur Behebung der vermeintlichen Krise favorisiert, ist die Verbesserung der universitären Ausbildung der zukünftigen Lehrerschaft einschließlich einer fundierten wissenschaftlichen und nicht dogmatischen Grammatikvermittlung (Dauzat 1912, 83, 94).

Ihren vorläufigen Höhepunkt findet die wissenschaftliche Betrachtung der ‚Krise' in den 30er Jahren des 20. Jahrhunderts, interessanterweise außerhalb von Frankreich in der angrenzenden Frankophonie, durch den schweizerischen allgemeinen Sprachwissenschaftler, Charles Bally (1865–1947), der damit beauftragt wird, sich zu einer in den Zeitungen ideologisch geführten Debatte über Sorgen um den Sprachzustand des Französischen in der frankophonen Schweiz (fr. *La Suisse romande*) öffentlich zu äußern (Chiss 2018, 36). Bally hält im Mai und Juni 1930 insgesamt fünf Vorträge, welche ein Jahr darauf zusammen veröffentlicht werden. Diese so entstandene Abhandlung, *La crise du français* (1931), ist dem Titel zum Trotz nicht „reißerisch" bzw. sprachpuristisch, sondern favorisiert moderne Überlegungen zur Reformierung des Erwerbs des Französischen in der Schweiz (cf. Cohen 1973, 456). Bally (2004, 27–28) siehst eines der Probleme des Französischen gleichfalls in der Diskrepanz zwischen der mündlichen und schriftlichen Kommunikation auf Französisch, die durch eine modifizierte Vermittlung der Muttersprache in der Schule verändert werden sollte. Dies schließt auch die Grammatikvermittlung mit ein. Die immer wieder heraufbeschworenen Krisen des Französischen betrachtet er zugleich als Anzeichen einer gewissen Demokratisierung des Sprachgebrauchs (Bally 2004, 24).

Chiss versucht, einzelne ‚symptomatische' Aspekte der Krisendiskussion aus damaliger Zeit zu erfassen:

> Sur une séquence courte se déroule le mécanisme « classique » de la crise de langue, en tout cas de sa mise en intrigue : inquiétudes diffuses dans l'opinion sur l'état du français et de son enseignement, caisse de résonance (et d'amplification ?) journalistiques, prises de position plus ou moins autorisées dont celle des linguistes (Chiss 2006, 234).

Die Gründe für die krisenhaften Zuordnungen der Sprache in der zweiten Hälfte des 19. und Anfang des 20. Jahrhunderts sind mit sozialen, politischen und medialen Entwicklungen in jener Zeit zu verbinden, die die weiter oben von Bally angesprochene Demokratisierung der französischen Sprache durchaus fördern (cf. Müller 1975, 30–33):

- Einführung der Schulpflicht und Alphabetisierung der Gesamtbevölkerung
- Ausweitung des schriftlichen Sprachgebrauchs auf Französisch, z.B. im Zusammenhang mit der Korrespondenz zahlreicher Soldaten und ihren Familien und Freunden im Ersten Weltkrieg
- zunehmende Mobilität der Bevölkerung, Urbanisierung sowie Industrialisierung
- im 20. Jahrhundert außerdem Verbreitung des Französischen in den neuen audiovisuellen Medien (Radio ab 1921, Tonfilm ab 1929) (cf. Blanche-Benveniste 1995, 126, 143).

Zunächst scheint es ein Widerspruch zu sein, dass auch die massenhafte Alphabetisierung, d.h. der Erwerb des Französischen in der zweiten Hälfte des 19. Jahrhunderts in Frankreich, das allgemeine Gefühl der Krise des Französischen verstärkt. In der Vermittlung des schriftlichen Standards in der Schule, dessen orthografische oder syntaktische Regeln in Teilen für die Sprachlerner schwer zugänglich sind, wird jedoch die Abkopplung von der alltäglichen sprachlichen Realität der Mehrheit der Sprachbenutzer besonders deutlich wahrgenommen. Zugleich wächst die sprachliche Unsicherheit der Sprecher bzw. Sprecherinnen (cf. Klinkenberg 1993, 186).[49] Einzelne sprachliche Varianten der mündlichen Nähekommunikation werden, sobald sie in der distanzsprachlichen Kommunikation verwandt werden (für ‚kommunikative Nähe bzw. Distanz' cf. Koch/Oesterreicher 1990), als „Fehler oder Verfallserscheinungen" interpretiert und demzufolge die Sprache insgesamt als krisenhaft bewertet (Söll 1983, 284, 285). Die geschriebene Sprache kann demzufolge nicht mehr als Modell für die Sprache insgesamt herangezogen werden, wie Klinkenberg (1993, 183) Ende des 20. Jahrhunderts unmissverständlich herausstellt.

Eine zweite Dimension der Krise des Französischen liegt im Bereich der Lehrinhalte an den Schulen und in der Wende des 19. zum 20. Jahrhunderts auch in der Frage, welche Rolle die klassischen Sprachen in der Vermittlung des Französischen und für die Gesamtentwicklung der Kinder spielen sollten (cf. Müller 1975, 31–32; Paveau/Rosier 2008, 23).[50]

---

49 Das Konzept der ‚sprachlichen Unsicherheit' wurde von William Labov (1972, 117) eingeführt, allerdings gehen die Arbeiten zur sprachlichen Unsicherheit bereits in die 60er Jahre des 20. Jahrhunderts und auf Studien zum Bilinguismus (französisch/englisch) in Kanada zurück (Ledegen 2013, 383). Eine umfassende Definition von *insécurité linguistique* findet sich bei Swiggers: „L'insécurité linguistique peut être définie comme un sentiment socialisé d'aliénation – de double aliénation : d'une part, par rapport à un modèle qu'on ne maîtrise pas/plus, et d'autre part, par rapport à sa propre production, qu'on veut refouler ou forclore. Ce sentiment peut se traduire à la fois dans des attitudes explicites, dans un comportement linguistique (par ex. mélange inapproprié de registres, hésitation dans l'emploi des formes, manque d'aisance au niveau discursif) et dans l'écart entre le comportement linguistique et le discours épilinguistique" (1993, 23).
50 Dauzat diskutiert so den Wert der Lehre der alten Sprachen für die Bildung: „La véritable question se ramène donc à ceci : les humanités anciennes, et en particulier l'étude du latin, peuvent-elles

In den ersten Jahrzehnten des 20. Jahrhunderts reagieren einzelne Linguisten auch in anderer Form auf die sprachpuristischen Diskurse der Krise des Französischen. So erörtert Henri Frei (1899–1980) in seiner *La grammaire de fautes* (1929) verschiedene Strukturen des, wie er selbst ausführt, spontanen Sprachgebrauchs, ohne diese jedoch wie die Sprachpuristen zu verdammen (Frei 1971, 10), sondern linguistisch einzuordnen und beispielsweise als Analogie oder Konformismus zu beschreiben. Als sprachlichen Konformismus fasst Frei u.a. die Beobachtung auf, im spontanen Sprechen den *accord* grundsätzlich auf das vorangehende Element zu beziehen wie im folgenden Beispiel: „leur puissant génie d'observation les *amenèrent* [und nicht *amène* – S. G.] à découvrir [...]" (Frei 1971, 56). Auch das polyfunktionale *que* für die Relativa *lequel, laquelle, dont* etc. findet bei ihm als generalisierter Gebrauch in der *langage populaire* seinen Platz (Frei 1971, 184). Seine Abhandlung kann insgesamt als substantielle Beschreibung zahlreicher Aspekte der französischen Nähesprache und des populären Französisch charakterisiert werden, welche sich wohltuend von den Krisendarstellungen jener Zeit abhebt.[51]

Bis heute wird die Krise der französischen Sprache in sprachpuristischen Diskursen heraufbeschworen und in Verbindung mit allgemeinen gesellschaftlichen Krisen und einer spezifischen Krise der Bildung gelesen (cf. Klinkenberg 1993, 171–172). In diesem Zusammenhang ist der Vorschlag von Söll (1983) zur Behebung der ‚Krise der französischen Sprache' erfrischend unideologisch:

> Wofür sind nun Fehler, Entgleisungen dieser Art symptomatisch? Gibt es nach allem eine objektive Bedrohung des Französischen und damit Anlaß, von einer echten *crise de la langue* zu sprechen? Das Französische macht zweifellos in vielerlei Hinsicht einen Wandel durch, das phonologische System scheint nicht festgefügt, die Syntax ist in Bewegung. Die Anstöße dazu kommen vor allem, wie es natürlich ist, aus dem *français populaire*. Doch es wäre unsinnig, Sprachwandel an sich mit Krise gleichzusetzen. Die Krise ist weitgehend behoben, wenn sich nicht die Sprache, sondern die Einstellung zur Sprache ändert, wenn der Wandel akzeptiert wird (Söll 1983, 283).

Klinkenberg (1993) differenziert in seiner Darstellung zum Krisenmodus des Französischen in eine *crise instrumentale* und eine *crise symbolique*. Wird *Sprache* als Instrument der Kommunikation angesehen, könne man kaum von einer Krise sprechen (Klingenberg 1993, 177–179), während auf der Ebene der Symbolik im Krisendiskurs

---

contribuer, et dans quelle mesure, à la connaissance de notre langue, à la formation de la culture ?" (2012, 23).

51 Es sei an dieser Stelle ergänzt, dass auch seine Überlegungen und Bewertungen zur Differenzierung der Genera und zum generischen Maskulinum von überzeugender Klarheit sowie Aktualität sind: „Le genre masculin ou féminin, en tant que répondant à une différence de sexes, est trop important pour être escamoté. Même les langues qui n'ont ni masculin ni féminin, comme le chinois et le japonais, et celles qui ont perdu le genre, comme l'anglais, disposent de procédés spéciaux pour marquer la différence. Le français actuel, il est vrai, présente des cas où la différence de genre est supprimée par nécessité – *un professeur, un écrivain, un maître de conférences, un docteur, un auteur*, etc. en parlant de femmes – mais ces exemples constituent plutôt une gêne" (Frei 1971, 145).

einzelne, nicht unproblematische Aspekte zu Tage treten. So führen die sozioökonomischen Veränderungen der Sprecherinnen und Sprecher und ihr sozialer Aufstieg zu einer Verstärkung sprachlicher Unsicherheit:

> L'insécurité se fait différemment sentir, on le devine, aux différents échelons de l'échelle sociale. Elle est la plus aiguë au sein des groupes qui ont à la fois des pratiques peu conformes en même temps qu'une conscience aiguë de la norme, et dont l'ascension est liée à la maîtrise de cette norme. C'est dire que l'insécurité atteint son acmé dans la petite bourgeoisie et chez les femmes. En stimulant l'ascension de ces couches de la population, le remodelage social a eu pour effet d'accentuer globalement l'insécurité linguistique. Ce qui se traduit aisément en termes de crise (Klinkenberg 1993, 185–186).

Darüber hinaus charakterisiert Klinkenberg auf der symbolischen Ebene auch die sich verändernde Rolle des Französischen in der Frankophonie als ein Moment für die Herausbildung von Krisendiskursen, in welchen die Akzeptanz für die sprachliche Dynamik und Heterogenität oder in anderer Terminologie *Plurizentrik* des Französischen nicht immer gegeben ist (Klinkenberg 1993, 187–189) (cf. Kapitel 4).

In der Zusammenschau können wir festhalten, dass die französische Sprache selbst nicht in der Krise war bzw. ist, wenngleich die Idee der ‚Krise des Französischen' als Mythos in sprachpuristischen Diskursen immer wieder verbreitet wird. Wird sie jedoch in ihrer symbolischen oder identitären Funktion beschrieben, können sprachliche und kommunikative Veränderungen von den Sprecherinnen und Sprechern durchaus als krisenhaft wahrgenommen werden (cf. Klinkenberg 1993, 189–190).

2.4.2 Die Orthografie in der Diskussion um die ‚Krise des Französischen'

In den Diskussionen um die ‚Krise des Französischen' um die Wende des 19. zum 20. Jahrhunderts spielt auch die Orthografie des Französischen eine nicht unwesentliche Rolle.

Das Französische hat vom Grundprinzip her eine alphabetische Schrift, in welcher einem Laut ein oder mehrere Grapheme bzw. eine Gruppe von Graphemen zugeordnet wird. Da über die Jahrhunderte hinweg der sprachlichen Entwicklung im Mündlichen nur ungenügend durch Anpassungen in der Orthografie Rechnung getragen und zudem in vielen Schreibweisen des Französischen das etymologische Prinzip beibehalten wurde, ist die französische Orthografie eine komplexe und teilweise inkohärente Orthografie mit zahlreichen Ausnahmen, die im sprachlichen Sozialisierungsprozess (cf. ‚socialisation écrite' in Große/Sowada 2020), insbesondere in der Schule, erworben und im Schreibprozess korrekt angewandt werden muss.

Diese etymologisierende Orthografie des Französischen führt im schulsprachlichen Erwerb und auch im Gebrauch zu verschiedenen Schwierigkeiten. Nicht von ungefähr akzeptiert der Linguist Marcel Cohen die weiter oben diskutierte Idee der ‚Krise' der französischen Sprache für den Bereich der Orthografie (1970, 15).

In der Geschichte der französischen Sprache wurden mehrfach Versuche unternommen, diese mit der dritten Ausgabe des Wörterbuchs der *Académie française* im Wesentlichen festgeschriebene Graphie zu reformieren und so auch ihrem Lautbild anzupassen (cf. Wolf 1979, 143).

Gegen Ende des 19. Jahrhunderts kommt es, auch als Reaktion auf die Diskussionen zur ‚Krise des Französischen', zur Wiederbelebung der Reformbewegung der Orthografie des Französischen und so zur Gründung einer *Société de réforme orthographique* (Görtz 1990, 184–185). Diese Reformbewegung nimmt aber im Unterschied zu den vorangegangenen nach Catach (1985, 237) Züge einer sozialen Auseinandersetzung an. Zugleich wird sie wissenschaftlich geführt und von zahlreichen Überlegungen zur Vereinfachung der Orthografie begleitet, z.B. von Arsène Darmesteter (1846–1888) mit *La question de la réforme orthographique* oder Léon Clédat (1851–1930) (cf. Catach 1985, 238–240). In der breit geführten Diskussion um Vereinfachungen sieht sich schließlich der französische Staat veranlasst, eine ministerielle Kommission einzurichten, welche die Vorschläge sichtet und im Juli 1900 einen Bericht vorstellt (Catach 1985, 244).

Für die Schule und die Bewertung orthografischer Fehler im Schreiben werden 1900 bzw. 1901 *Arrêtés ministériels* (dt. Toleranzerlasse) herausgegeben, die einzelne, in schulischen Arbeiten gehäuft auftretende Varianten ‚tolerieren' (cf. Ossenkop 2008, 76). Der Schwerpunkt der Erlasse liegt ursprünglich auf der Syntax, aber auch orthografische Aspekte finden sich berücksichtigt. So z.B. beim *trait d'union* (dt. Bindestrich), welcher wegfallen kann und Schreibungen wie *grandpères* (Hartmann 1900/1901, 475) ermöglicht, welche heute nicht korrekt wäre. Anerkannt werden diese Erlasse allerdings erst 75 Jahre später.[52]

Die ministerielle Kommissionsarbeit wird fortgesetzt und auch die *Académie française* ist um die Jahrhundertwende zu Zugeständnissen zur Vereinfachung der Orthografie bereit, darunter z.B. zum Ersatz von <y> durch <i> in *analise* oder *stile* oder zum Wegfall einzelner historisierender bzw. etymologisierender Schreibweisen wie bei *ognon* für *oignon* oder bei *fond* für *fonds* (Catach 1985, 246–247). Die Vorschläge zur Vereinfachung der französischen Orthografie werden trotz der breiten Diskussion und zahlreichen Projekte nicht umgesetzt. Die Widerstände gegen die Reformbewegung sind nach Catach (1985, 250) Anfang des 20. Jahrhunderts zu massiv.

Da die Kenntnis der Orthografie des Französischen und ihre korrekte Anwendung Voraussetzung für den Erfolg in zahlreichen Berufen und für die öffentliche

---

[52] Ein erster Erlass des damaligen Bildungsministers, Georges Leygues, vom 13. Juli 1900 vereinfacht neben syntaktischen Aspekten auch die Schreibung von Komposita wie *nouveau-né* und *nouveauné* (dt. Neugeborenes) im Französischen (Görtz 1900, 185; Steuckardt 2022, 238).

Kommunikation ist, hat im 20. Jahrhundert der Markt für kommerzielle Hand- bzw. Übungsbücher der Orthografie Konjunktur.[53]

Die Diskussion zur Vereinfachung der französischen Orthografie begleitet das gesamte 20. Jahrhundert und ist ein Aspekt der umfassenden Normendiskussion in Frankreich (cf. Catach 1995).

2.5 Sprachpurismus

2.5.1 Sprachpurismus im Französischen allgemein

Die sehr verbreitete und zugleich diffuse Vorstellung einer einheitlichen französischen Sprache, die möglichst für zahlreiche Kommunikationskontexte verbindlich und von fremden Einflüssen ‚rein' ist (fr. *pure* – lat. *puritas*), führt in Diskussionen über die französische Sprache nicht selten zu sprachpuristischen Bewertungen. Sprachnormierung oder normative Bewertung ist jedoch vom Sprachpurismus (fr. *purisme*) bzw. puristischer Einschätzung abzugrenzen, da Normierung nicht sprachliche Reinigung bedeutet. Allerdings kommt es bei Sprachnormierungsprozessen, welche eine Auswahl aus vorhandenen sprachlichen Strukturen implizieren, nicht selten zur expliziten Zurückweisung von einzelnen Strukturen und bisweilen zu sprachpuristischen Argumentationen.[54]

Sprachpurismus ist keinesfalls ein auf das Französische oder auf Frankreich bezogenes sowie kein ausschließlich aktuelles Phänomen,[55] sondern geht in vielen Fällen mit der metalinguistischen Bewertung sprachlicher Normalisierung und der Ausprägung (nationaler) Standardvarietäten in Europa seit dem 15. Jahrhundert einher (cf. auch Paveau/Rosier 2008, 36–37; Burke 1998 und für verschiedene europäische Sprachen den HESO-Band 3: *Sprachpurismus und Sprachkritik*). Aus sprachpuristischer Sicht gilt es, eine sprachliche Uniformität anzustreben und gleichzeitig sprachliche Heterogenität zu minimieren, indem die Sprache von ‚störenden' Elementen befreit wird (cf. auch Lodge 1997, 12; Gadet 1999, 638).

In der Frühen Neuzeit erfährt das Konzept der ‚sprachlichen Reinheit' einen deutlichen Wandel und wirkt so nicht nur auf die Sprache selbst, sondern beeinflusst nach Dessì Schmid und Robert (2022, 56) in starkem Maße die Mehrheit der sozialen Kommunikationspraktiken.

---

53 Catach (1995, 63) erwähnt so den 1945 erstmals erschienenen *Cours d'orthographe*, welcher sich nach Aussagen der Autoren mehr als 40 Millionen Mal verkauft haben soll.
54 „Der intuitiv motivierte Drang, die Sprache ‚rein' zu erhalten, ist subjektiv in gewissem Maße nachvollziehbar. Das Fremde stellt eine Bedrohung der vertrauten Verhältnisse dar, die sich in der klassischen französischen Standardsprache in idealer Form kristallisieren" (Schweickard 2005, 181).
55 Für einen knappen Vergleich über die Entwicklung des Sprachpurismus in Italien, Frankreich und Deutschland cf. Dessì Schmid und Robert (2022).

In einer breiten Auffassung von *Sprachpurismus* (cf. Walsh 2016, 8) gehört zu seinen Konstanten – wie es Rey (1972, 22) formuliert – neben der Intoleranz gegenüber sprachlicher Variation besonders die Zurückweisung sprachlichen Wandels:

> Purisme, en effet, qualifie une attitude normative permanente reposant sur un modèle unitaire et fortement sélectif de la langue, et ne tolérant aucun écart par rapport à ce modèle prédéfini, quelles que soient les conditions objectives de la vie linguistique de la communauté (Rey 1972, 21).

Nicht zuletzt fällt auch die Herabstufung der gesprochenen Sprache (im Sinne der ‚Nähesprache') gegenüber der geschriebenen Sprache (‚Distanzsprache') in das Feld sprachpuristischer Bestrebungen (cf. Lodge 1997, 13).

Bei Paveau und Rosier (2018) wird in der Beschreibung des Konzepts ‚Sprachpurismus' zwischen einem ‚*purisme de réaction*' (dt. Purismus der Reaktion) und einem der Transformation (‚*purisme de transformation*') unterschieden. In sprachpuristischen Diskursen der Reaktion wird ein die ‚Reinheit' störender sprachlicher Ausdruck bzw. Gebrauch besonders prominent sanktioniert oder verdammt, während das Ziel des Purismus der Transformation ist, sprachpolitisch und proaktiv in die Sprachentwicklung einzugreifen (Paveau/Rosier 2008, 43). ‚Purismus der Transformation' rückt demzufolge konzeptuell nah an den Bereich der ‚Sprachpflege' (cf. 6.1). Der Unterschied zwischen beiden Arten des Purismus lässt sich besonders anschaulich am Beispiel der Anglizismen verdeutlichen (cf. 2.5.4). Die sprachpuristischen Schriften, die sich seit der zweiten Hälfte des 20. Jahrhunderts klar gegen den Gebrauch zahlreicher Anglizismen im Französischen aussprechen – allen voran Étiemble (1964) –, werden in Frankreich seit den 1970er Jahren von staatlichen Bestrebungen der Terminologieentwicklung flankiert. In diesem Zusammenhang werden zu in Teilen bereits etablierten Anglizismen des Allgemein- sowie besonders des Fachwortschatzes (Terminologie) von den staatlichen Kommissionen französische Entsprechungen bzw. Ersatzwörter vorgeschlagen (cf. Paveau/Rosier 2008, 44; cf. 2.5.4 und 3.6). Ein Beispiel für ein Ersatzwort, welches sowohl im allgemein- wie fachsprachlichen Umfeld genutzt wird, ist *fantomisation* für Englisch *ghosting*.[56] Rein fachsprachlich wäre indes der vorgeschlagene französische Terminus aus der Biologie *protéine de liaison avec les molécules odorantes* für das in der englischsprachigen Fachsprache genutzte *odorant-binding protein*.[57]

Die Bewertung derartiger staatlicher Interventionen sollte keineswegs eindimensional als plakative Zurückweisung bzw. Begrüßung der Ersatzformen erfolgen (cf. Braselmann 1999, 113–125). Wenn wie im Fall von Paveau und Rosier das Konzept

---

[56] Veröffentlicht im *Journal officiel* vom 31. August 2023, https://www.culture.fr/franceterme/terme/CULT806 (28. Oktober 2023).
[57] Veröffentlicht im *Journal officiel* vom 27. Juli 2023, https://www.culture.fr/franceterme/terme/COGB368 (28. Oktober 2023).

des ‚Sprachpurismus' mit der Transformation und Intervention verbunden wird, ist Sprachpurismus aus sprachwissenschaftlicher Sicht nicht ausschließlich negativ konnotiert. Die einseitige Zurückweisung von Sprachstrukturen im Wandel oder sprachlichen Varianten in einem sprachpuristischen Diskurs ist indes sprachwissenschaftlich fragwürdig.

Nicht selten werden bei der puristischen Zurückweisung eines bestimmten Sprachgebrauchs Sprachstrukturen identifiziert, an denen der stete sprachliche Wandel oder auch die sprachliche Variation in besonderem Maße nachvollziehbar wird. Zu den beständig kritisierten sprachlichen Strukturen zählt beispielsweise in der französischen Syntax der Gebrauch des *subjonctif* nach der temporalen Konjunktion *après que* (dt. nachdem) in Analogie zur Verwendung des *subjonctif* nach *avant que* (dt. bevor) (Klein-Zirbes 2002, 109–110; Paveau/Rosier 2008, 12). Aber auch ein Ausdruck wie *donne-moi z'en* anstelle von *donne-m'en* (dt. gib mir davon) wird in sprachpuristischen Arbeiten als Vulgarismus charakterisiert und demzufolge zurückgewiesen.

Der Sprachpurismus in Frankreich wird von unterschiedlichen individuellen Akteuren wie anonymen Einzelpersonen, Schriftstellern oder Mitgliedern der *Académie française* getragen. Die französische Sprachakademie nahm und nimmt in einer Vielzahl von sprachlichen Fragen eine durchaus sprachpuristische Haltung ein (cf. Walsh 2013). So ist es das erklärte Ziel seit ihrer Gründung, die Sprache von ihrem Unrat (fr. *ordures*) zu ‚reinigen' (cf.3.1).

Aber auch verschiedene andere Sprachinstitutionen als die Akademie haben eine eindeutig sprachpuristische Ausrichtung, wozu zweifellos der nicht staatliche Verein *Défense de la langue française* (DLF) zählt, welcher 1959 mit dem Ziel der ‚Reinhaltung' der französischen Sprache gegründet wird (Klein-Zirbes 2002, 103; HESO-Band 4: *Sprachinstitutionen und Sprachkritik*).

In laienlinguistischen Äußerungen können sprachpuristische Überlegungen auch unter den Bezeichnungen *Sprachtick* (fr. *tic de langage*)[58] oder auf der lexikalischen Ebene als *Modewort* (fr. *mot/expression à la mode*) auftreten. Im Unterschied zu anderen Bezeichnungen wird *tic de langage* in Frankreich in der Regel nur im nicht-wissenschaftlichen und nicht im institutionell-akademischen Rahmen genutzt (Siouffi/Steuckardt/Wionet 2014, 127).

Wie lassen sich jedoch puristische Diskurse über die französische Sprache erkennen? Sprachpuristische Diskurse weisen in Abgrenzung zu den normativen

---

[58] *Tic de langage* wird Anfang des 19. Jahrhunderts erstmals nachgewiesen und zur Kennzeichnung eines idiolektalen Gebrauchs, der nicht im Sprachgebrauch verankert ist, verwandt (Siouffi/Steuckardt/Wionet 2014, 127). *Mot à la mode* ist demgegenüber seit dem 17. Jahrhundert im Französischen belegt und wird nicht nur von Laienlinguisten, sondern auch von „Spezialisten" („spécialistes") wie Literaten oder Sprachkritikern verwandt und wirkt in dieser Hinsicht eher neutral (Siouffi/Steuckardt/Wionet 2014, 129, 130, 140).

Diskursen[59] zahlreiche ästhetische Bewertungen wie ‚schön' oder ‚hässlich' (fr. *beau/laid*)[60] oder politische Zuschreibungen wie ‚Sprache der Freiheit/der Unabhängigkeit' (fr. *langue de la liberté/de l'indépendance*) auf. Zudem enthalten sie oftmals diffuse sprachideologisch aufgeladene Charakterisierungen wie die des ‚Genies der französischen Sprache' (fr. *génie de la langue française*) oder jene der sprachlichen ‚Klarheit' (fr. *clarté*). Darüber hinaus finden sich in sprachpuristischen Äußerungen nicht selten Metaphorisierungen, die aus dem Bereich der Medizin oder des Militärs entnommen werden, wie die der Vorstellung, dass die Sprache ‚krank' (fr. *malade*) sei oder die Sprache ‚vergewaltigt' würde (Paveau/Rosier 2008, 12, 56–57; Klein-Zirbes 2002, 104; Gadet 1999, 641; Lodge 1997, 13; Neusius 2021, 546–555; Walsh/Humphries 2023, 441). Hinzu kommt aktuell auch der Rückgriff auf Metaphern aus dem Feld des Terrorismus (Lobin 2021, 85–87) (cf. Große 2025). In anderen Fällen werden aus Sicht des Purismus Listen bzw. Aufzählungen von sprachlichen Ausdrücken erarbeitet und veröffentlicht, die es zu vermeiden gilt (cf. Gadet 1999, 638). Besonders verbreitet ist in solchen Listen die präskriptive Formel *Ne dites pas*.

Paveau und Rosier (2008, 55) stellen in ihrer Studie die Arbeit von Pierre Daninos *Le jacassin* (1962) als für einen puristischen Diskurs exemplarisch heraus. So arbeitet Daninos mit zahlreichen regionalen bzw. nationalen kulturellen oder sozialen Stereotypen wie „les Allemands querelleurs" (dt. die streitsüchtigen Deutschen) sowie in Teilen antisemitischen und diffamierenden Äußerungen (Daninos 1962, 14, 59). Vorurteile oder stereotype Vorstellungen dieser Art gegenüber anderen Kulturen sind oft Grundlage in fremdwortpuristischen und diskriminierenden Diskursen, in denen einzelne aus anderen Sprachen entlehnte Strukturen letztlich zurückgewiesen werden (Fremdwortpurismus) (cf. Große 2025).

Zudem wird in sprachpuristischen Diskursen zum Französischen zu unterschiedlichen Zeiten auf die sogenannte *crise du français* verwiesen (cf. Paveau/Rosier 2008, 23; cf. 2.4). Dessì Schmid und Robert (2022, 56) sehen die „Diagnose der Krise" als der ‚Reinigung' vorausgehend an.

Die Mehrzahl der sprachpuristischen Diskussionen im öffentlichen Raum sind sprachideologisch geprägt, besonders deutlich wird dies in den Debatten zum Fremdwortpurismus (cf. Schweickard 2005, 178).

---

59 Paveau und Rosier (2008, 51) weisen mehrfach daraufhin, dass eine allzu schematische Abgrenzung kaum wünschenswert ist und auch die Grenze zwischen den toleranten Linguisten und den intoleranten und repressiven Puristen so nicht haltbar ist.
Zudem verweist Lodge (1997) zu Recht darauf, dass auch andere Bewertungen und nicht allein sprachpuristische und negative Werturteile gegenüber einzelnen Sprachvarianten oder Sprachvarietäten geäußert werden, so wird beispielsweise die französische Umgangssprache (fr. *français familier*) als warmherziger als die gehobene Sprache (fr. *langage soutenu*) angesehen (Lodge 1997, 16).
60 „Die sprachästhetische Position basiert auf der Prämisse, dass das Französische in Klang und Gestalt so überzeugend ausgereift ist, dass der Einfluss anderer Sprachen und insbesondere des Englischen nur von Nachteil sein kann" (Schweickard 2005, 180).

Grundsätzlich können alle sprachsystematischen Bereiche wie die Lexik, Semantik, Syntax etc. von sprachpuristischen Äußerungen betroffen sein und auch auf andere Felder hinausgreifen wie jene der Sprachstilistik, des administrativen Sprachgebrauchs oder auch der Plurizentrik.

Eloy (1993) zeigt auf Grundlage einer Studie anhand von 90 Briefen aus Frankreich, die an den Minister für Frankophonie bzw. den Generalgesandten der französischen Sprache (*Délégué général à la langue française*) 1992 oder 1993 versandt wurden, zum einen die Breite der kritisierten sprachlichen Strukturen, zum anderen aber auch die Schärfe bzw. Gewalt in der Formulierung der sprachpuristischen Kritik. Eine Kritik, die sich in eine monolithische bzw. uniforme Sicht von Sprache und Norm einbettet, die dann die sprachliche Unsicherheit befruchtet (Eloy 1993, 105).

2.5.2 Lexik und Semantik

Sprachpuristische Überlegungen in der Lexik und Semantik sind recht vielfältig und reichen von der Suche und Forderung nach dem ‚richtigen Wort' (fr. *mot juste*) über die Zurückweisung von Entlehnungen, Regionalismen oder auch Vulgarismen bzw. Wörter des Argot bis zum Hinweis auf fehlende semantische Präzision, die sich im Gebrauch von sogenannten *Passe-partout*-Wörter wie *truc*, *chose* (dt. Sache) bzw. *faire* (dt. machen, tun) oder in dem Gebrauch bzw. der Schaffung polysemer lexikalischer Einheiten in den Diskussionen um den *abus de mots* zeige (cf. auch Paveau/Rosier 2008, 216–241).

Mit der sprachpuristischen Kritik an Vulgarismen wie dem Adjektiv *merdeux* (dt. schlecht, unangenehm) oder *pouffiasse* (früher ‚Sexarbeiterin', heute ‚doofe Ziege') geht die Idee einher, dass der gehobene Sprachgebrauch, zumeist als *français soutenu* bezeichnet, sich zu stark nach ‚unten' und an dem dort gebrauchten *français vulgaire* orientiere (cf. Gadet 1999, 641).

In sprachpuristischen Diskussionen in der Lexik bzw. Semantik können auch Debatten um tabuisierte Wörter ausgetragen werden (cf. Große 2025). Zu den in der Gesellschaft lange tabuisierten Wörtern und den dahinter liegenden natürlichen Prozessen gehört auch *menstruer* (dt. menstruieren), welches im Laufe der Zeit mit entsprechenden Ersatzausdrücken belegt wird wie *coquelicots* (eigentlich ‚Mohnblumen'), *avoir ses règles* (dt. seine Regel haben) oder auch *être indisposée* (dt. unpässlich sein).

Ein Teil der in sprachpuristischen Diskursen kritisierten Bedeutungen, Wörter, Redewendungen, darunter auch Dialektalismen bzw. Regionalismen oder Entlehnungen aus anderen Sprachen, wird als Barbarismus (fr. *barbarisme*) charakterisiert, welcher als für die ‚Reinheit' (*puritas*), d.h. die idiomatische Korrektheit der Sprache, bedrohend angesehen wird (Erlebach 1992; cf. Hausman 1981, 112–116; Walter 2001, 55).

2.5.3 Entlehnungen und der Fremdwortpurismus

Eine der wesentlichen Formen des Sprachpurismus ist der Purismus gegenüber Entlehnungen, d.h. die Übernahme und in Teilen Integration von Elementen aus anderen Sprachen und hier vor allem, aber nicht ausschließlich, von fremden Wörtern. Besonders bekannt ist demzufolge der Fremdwortpurismus, in welchem fremdsprachliche Wörter als die ‚Reinheit' der Sprache störend kritisiert werden.

Schweickard (2005, 180) benennt als Gründe für den Purismus gegenüber Strukturen aus fremden Sprachen die ästhetische oder ideologische Motivation. Die ideologische Motivation kann mit der soziokulturellen und -ökonomischen Entwicklung verbunden werden. Für den Purismus gegenüber Entlehnungen, heute vor allem aus der englischen Sprache, finden sich in der sprachpuristischen Argumentation dementsprechend aktuell Bewertungen zu Fragen der ‚Globalisierung', ‚Modernität' und ‚modernen Gesellschaften', gleichzeitig aber auch zur ‚soziokulturellen Dominanz', d.h. die ‚soziale Indexikalität' (Pfalzgraf 2019; Spitzmüller 2020, 219; Große 2025).

Auch wenn in der medialen Öffentlichkeit Frankreich als ein besonders puristisches Land dargestellt wird (cf. Paveau/Rosier 2008, 37; Walsh 2014), in welchem der Fremdwortpurismus eine außergewöhnliche Relevanz habe, fehlen in weiten Teilen noch heute linguistisch und empirisch fundierte Arbeiten zum Purismus und zur Auswertung sprachpuristischer Diskurse. Eine Ausnahme stellt die Studie von Walsh (2016) zum Einfluss des Englischen auf das Französische dar, welche auf dem Modell von Thomas (1991) basiert, und in der sie feststellt, dass eben jene oben erwähnte pauschale Aussage zum omnipräsenten Sprachpurismus in Frankreich zu relativieren ist.

Fremdwortpurismus kann in unterschiedlichem Maße xenophobe Züge annehmen (Thomas 1991, 80–81), weshalb in einzelnen Arbeiten zwischen ‚milden' oder auch ‚starken' Formen des Fremdwortpurismus differenziert wird (Walsh 2016, 15–16).

Über die Entwicklung des Französischen hinweg kommt es zu Verschiebungen der Entlehnersprachen, die kritisiert werden. So sind es im 16. Jahrhundert und auch im 17. Jahrhundert noch die Italianismen oder auch die Gascognismen, welche im Fokus sprachpuristischer Äußerungen stehen. Seit dem 20. Jahrhundert sind es mit Vorliebe die englische Sprache und Entlehnungen aus dem Englischen, die in den sprachpuristischen Diskursen als bedrohend wahrgenommen werden.

2.5.4 Anglizismen: Entlehnungen aus der englischen Sprache

Die Bezeichnung *Anglizismus* (fr. *anglicisme*) kann unterschiedlich konzeptualisiert und auch sprachideologisch verwandt werden. *Anglicisme* ist im Französischen seit dem 17. Jahrhundert belegt. Zunächst für einen spezifischen Sprachgebrauch des Englischen genutzt, verbreitet sich der Begriff ab der zweiten Hälfte des

18. Jahrhunderts in der einsprachigen Lexikografie, um dort einen Lexikgebrauch anzuzeigen, der unter englischer Beeinflussung steht (Courbon/Paquet-Gauthier 2014, 146).

Während im wissenschaftlich-technischen Diskurs innerhalb der Linguistik heute die Entlehnung aus der englischen Sprache in ihren unterschiedlichen Varietäten im Vordergrund der Definition steht, wird sie demgegenüber in sprachideologischen Debatten, die oft sprachpuristisch sind, nicht selten als eine „Waffe" genutzt, wie dies Courbon und Paquet-Gauthier (2014,143) sehr treffend charakterisieren, um vor einem ‚übermäßigen' Einfluss des Englischen auf die französische Sprache zu warnen.

Der sprachideologische Gebrauch von *Anglizismus* in der alltäglichen Verwendung unter Frankophonen wird von Courbon und Paquet-Gauthier (2014, 150) mit folgenden Metaphorisierungen belegt: 1. Kolonialisierung und Unterjochung (z.B. „invasion", dt. Invasion), 2. Krieg („conflit des langues", dt. Sprachenkonflikt) und 3. Krankheit bzw. Bedrohung (z.B. „cancer", dt. Krebs; „peste" , dt. Pest oder „contamination", dt. Verseuchung).

Als Beispiel für eine institutionalisierte Form eines relativ starken Fremdwortpurismus steht in Frankreich die Arbeit der Gesellschaft *Défense de la langue française*, die heute in ihrem mehr oder weniger gelungenen Webauftritt[61] über die ‚Gefahr' oder ‚Invasion' von Anglizismen für das Französisch und den ‚Kampf' gegen sie berichtet (Walsh 2016, 101, 256; Neusius 2021, 411). Anglizismen, die beispielsweise in der Presse oder im öffentlichen Raum im Bereich von Werbung und Inschriften (fr. *enseignes*) verwandt werden, lässt die Gesellschaft auf ihrer Internetseite in einem *Musée des horreurs* (dt. Museum der Scheußlichkeiten) erfassen und an den ‚Pranger stellen' (cf. Große 2025).[62]

Gemeinhin werden zwei Wellen der lexikalischen Entlehnung aus dem Englischen in das Französische beobachtet.[63] Die erste Welle ist für das 18. Jahrhundert anzusetzen (Gadet 1999, 642). In der Sprachgeschichte des Französischen von Rey, Duval und Siouffi (2007, 928) wird insbesondere den Jahren 1740–1750 ein deutlicher Anstieg von Entlehnungen aus dem Englischen zugeordnet und von einer wahren Anglomanie gesprochen. *Anglomanie* wird als Begriff erstmalig von d'Alembert im 18. Jahrhundert genutzt (Walter 1989a, 183–190). Das erwähnte sprachpuristische ‚Bedrohungsszenario' spielt in dieser Periode kaum eine Rolle. Beispiele aus dieser Zeit sind *sentimental, influencer, libéraliser, liberté, plaid, rosbif* oder auch *budget*, aber auch Teile der Fachsprache des Sports sind aus dem Englischen entlehnt wie

---

[61] http://www.langue-francaise.org/Origine.php (28. Oktober 2023).
[62] http://www.langue-francaise.org/Horreurs/Accueil.html (2. August 2023).
[63] Nicht berücksichtigt werden hier die Entlehnungen aus dem Englischen ins Altfranzösische (fr. *ancien français*) wie beispielsweise *marry, marriage, to profit* oder *closet*, welche sich im 13. und 14. Jahrhundert noch verstärkten (Walter 2001, 114–117).

handicap oder *poney* (Walter 2001, 278; Gadet 1999, 642). Die zweite Welle der Entlehnungen aus dem Englischen setzt im 20. Jahrhundert, spätestens mit Ende des Zweiten Weltkriegs ein (Gadet 1999, 642) und steht ab dieser Zeit auch unter starkem US-amerikanischem Einfluss.

Ein Beispiel, das die Verknüpfung von Sprachpurismus und Kulturkritik gegenüber den USA sowie einen gewissen Kulturpessimismus besonders gut verdeutlicht, ist die Monographie *Parlez-vous franglais* ? (1964) von René Étiemble (1909–2002), welche sich lange großer Beliebtheit erfreute und bis 1991 insgesamt viermal aufgelegt wurde (cf. Bogaards 2008, 107). Étiemble, französischer Komparatist und Professor an der Pariser Universität *Sorbonne*, ist zweifellos einer der prominentesten Kritiker der englischen Sprache in Frankreich, speziell des angloamerikanischen Einflusses auf die französische Sprache und Kultur. Für Étiemble sei das Französische durch die Beeinflussung durch die englische Sprache in den 60er Jahren des 20. Jahrhunderts bereits in die Phase einer Mischsprache, vom ihm als *sabir atlantic* bezeichnet, eingetreten (cf. Beinke 1990, 118; Bogaards 2008, 103). Dies stellt eine Behauptung dar, der aus linguistischer Bewertung widersprochen werden muss. Bei Étiembles Schrift handelt es sich um eine fatale Mischung aus Sprachpurismus mit nationalistischen Tendenzen. Die Abhandlung Étiembles ist in fünf Teile untergliedert und wird von Bogaards (2008) detailliert beschrieben, weshalb wir uns an diesem Punkt nur auf wenige Aspekte beschränken. Étiembles Ausgangspunkt ist der idiolektale Sprachgebrauch eines fiktiven Ehepaars, Jacqueline und Pierre, in dessen Alltagskommunikation relativ ‚wahllos' Entlehnungen aus dem Englischen integriert werden. Im folgenden Beispiel wird die Tätigkeit Jacquelines, sie ist *stewardess* (dt. Flugbegleiterin), in einem Satz vorgestellt und von Étiemble mit acht Anglizismen ‚garniert':

> Avec enthousiasme elle célébra son métier, ce service non-stop qu'on assure maintenant sur des 8 000 km, le rush de la clientèle sur les jetsclippers, les forêts de derricks, les bulldozers, les pipelines, les baby-pipes et les motels qui transformeront bientôt le Sahara (Étiemble 1980, 16).

Étiemble wechselt in seiner Kritik an den Anglizismen von dort zum journalistischen Sprachgebrauch, speziell der Sportberichterstattung, und zum *American way of life*, bevor er im dritten Teil zur Beschreibung einzelner Interferenzen auf der Ebene der Syntax, der Morphologie, der Stilistik und Orthografie übergeht. Seine Erörterungen werden von einzelnen Transformations- oder auch Ausspracheübungen begleitet wie: „*Transcrire en français la devise sabirale suivante* : Liberty, Égality, Fraternity" (Étiemble in Bogaards 2008, 103), die dem Werk eine gewisse Leichtigkeit und Lesbarkeit verleihen. Der vierte Teil ist nicht mehr linguistisch orientiert, sondern kann als Paradebeispiel einer nationalistisch geprägten Kulturkritik gelesen werden. Aus linguistischer Perspektive ist seine Darstellung insgesamt nicht ausreichend wissenschaftlich fundiert, da er beispielsweise als Belege für die Entlehnung auch Eigen-, Produkt- oder Markennamen wie *State Departement*, *kleenex* oder *Kiddicraft* sowie

Lexeme, die keine tatsächlichen Anglizismen darstellen, wie *ballet-dancer* oder *in the world*, in die Argumentation miteinbindet (Beinke 1990, 122; Bogaards 2008, 109).

Der von den Sprachpuristen wie Étiemble vermittelte Eindruck der ‚Invasion' von Anglizismen kann aus Sicht von Gadet (1999, 643) für einzelne inhaltliche Domänen der Entlehnung wie im Bereich beruflicher Aktivitäten, sicher allen voran im ökonomischen Bereich, im Bankwesen, in der Werbung oder der Informatik realistisch sein. Dass der Einfluss des Englischen dort oder auch in der Nähekommunikation unter Jugendlichen möglicherweise relativ hoch sein kann, ist nicht von der Hand zu weisen, sollte allerdings linguistisch fundiert mit empirischen, korpusbasierten Studien und ohne Anleihen an die Metaphern der Sprachpuristen wie *Invasion* oder *Gefahr* beschrieben werden. Unter den Entlehnungen aus dem Englischen nehmen nach Aussage von Gadet (1999, 643) die Nomina besonders breiten Raum ein.

Vicari (2017, 141) bestätigt für den Bereich der französischen Boulevardpresse, dass unter den Entlehnungen die Anglizismen gegenüber Entlehnungen aus anderen Sprachen am weitesten verbreitet sind und führt als Belege u.a. *flashante* oder *classy* an.

Grundsätzlich sollten in den Diskussionen um Entlehnungen aus dem Englischen der Allgemein- und der Fachwortschatz, d.h. die allgemein- und fachsprachliche Kommunikation getrennt analysiert und bewertet werden. Oftmals werden jedoch diese beiden Betrachtungsebenen miteinander verwischt.

Die Auseinandersetzung auf der Ebene der Fachsprache ist mit Überlegungen der Terminologieentwicklung in Frankreich verflochten. Zur Terminologieentwicklung wurden eigens staatliche Kommissionen (*Commissions de terminologie et de néologie*, heute *Commission d'enrichissement de la langue française*) eingerichtet (cf. Beinke 1990, 359–363 für die Entwicklung bis zum Jahr 1984; Neusius 2021, 406). Die Kommissionen sind mittlerweile der Arbeit des französischen Kultusministeriums unterstellt (Neusius 2021, 406). Die von der Kommission erarbeiteten und von der *Académie française* angenommenen Vorschläge werden zunächst im *Journal officiel de la République française* und schließlich in der Datenbank *FranceTerme* veröffentlicht.[64] Die französischen Termini sollen die englischsprachige Terminologie zumindest in der Wirtschaft, der Technik, der Wissenschaft, der Verwaltung und im öffentlichen Dienst ersetzen und haben unterschiedlichen, aber nach derzeitigem Untersuchungsstand zumeist begrenzten Erfolg (Beinke 1990, 236–237; Braselmann 1999, 18, 117–125, 127–129; Schweickard 2005, 178; Große 2025). Die Entwicklung der Ersatzwörter ist, wie Braselmann (1999, 61–65) aufzeigt, bis zu einem gewissen Grad dynamisch und kooperativ (zur Vielfalt der Ersatzwörter cf. Braselmann 1999, 95). Schweickard empfindet die von den Kommissionen erarbeiteten Ersetzungen als in der „Mehrzahl gekünstelt" (2005, 178). Dies mag auf die auch in der Allgemeinsprache genutzten sprachlichen Ersatzformen in gewisser Weise zutreffen, für die

---

64 http://www.culture.fr/franceterme (28. Oktober 2023).

fachsprachliche Terminologie indes nicht in gleichem Maße. Ein oft genanntes Beispiel für Ausdrücke, die sich nicht im allgemeinen Sprachgebrauch durchgesetzt haben, ist *baladeur* als Ersatzform für den Markennamen *walkman*.[65] Darunter fällt sicher auch die 2006 vorgeschlagene fachsprachliche (fr. *langage professionnel*) Ersatzform *grosse machine* für *blockbuster*.[66] Wesentlich produktiver ist indes der Ersatzausdruck *vélo tout-terrain* (VTT) für *montain bike*.[67]

Aus normativer Sicht ist besonders die Frage, nach welchen Prinzipien diese Ersatzformen erarbeitet werden, relevant. Dies beschreibt Candel in ihrer Studie (2017). Die Grundlagen für die Terminologiearbeit werden in den Fragen sichtbar, die als Hinweise für die Arbeit in der Kommission formuliert werden:

> La nécessité : la création d'un nouveau terme est-elle indispensable pour désigner la notion ?
> La transparence : le terme est-il immédiatement associé à la réalité ou à la notion qu'il désigne ?
> La bonne formation : le terme respecte-t-il le système morphologique et syntaxique du français ?
> (Candel 2017, 30)

Neben den Ersatzformen wird in sprachpuristischer Hinsicht auch die Frage der längerfristigen sprachstrukturellen Beeinflussung des Französischen durch das Englische diskutiert, die aus linguistischer Sicht jedoch eher als gering einzuschätzen ist (Schweickard 2005, 182). Morphologisch erfolgt hier zumeist eine Anpassung; bei den Verben z.B. durch die Integration in das Verbalparadigma der Konjugation auf *–er* wie bei *chiller* (dt. chillen, abhängen) und bei den Nomina durch notwendige Genuszuordnung wie im Fall von *blockbuster* (maskulin), *box* (feminin) *dope* (maskulin fachsprachlich ‚Zusatz zur Verbesserung eines Erdölproduktes'; feminin umgangssprachlich für ‚Drogen') oder Zuweisung eines entsprechenden Suffixes wie *–eur* bei *instagrameur* und *–euse* bei *haineuse* (dt. Hasser/Hasserin).[68]

2.5.5 Neologismen

Die Frage, was unter einen *Neologismus* zu fassen ist, gehört zweifellos zu den komplexen und daher auch schwierigen Konzeptualisierungen in der Linguistik. Dennoch spielt das Herausstellen der Neuartigkeit eines sprachlichen Ausdrucks in sprachpuristischen Diskursen eine wesentliche Rolle.

---

[65] Veröffentlicht im *Journal officiel* vom 22. September 2000, https://www.culture.fr/franceterme/terme/CULT13?domaine=0&q=baladeur%20 (28. Oktober 2023).
[66] https://www.culture.fr/franceterme/terme/CULT485 (28. Oktober 2024).
[67] Veröffentlicht im *Journal officiel* vom 22. September 2000, https://www.culture.fr/franceterme/terme/EQUI424?domaine=0&q=v%C3%A9lo (28. Oktober 2023).
[68] https://www.culture.fr/franceterme/terme/CULT758 (28.September 2024).

Neologismus (fr. *néologisme*) wird heute in der Lexikologie zur Anzeige einer neu gebildeten, aber auch neu entlehnten oder neu kreierten lexikalischen Einheit im Französischen verwandt, wenngleich er lange Zeit zur Bezeichnung eines stilistischen Konzeptes im Sinne einer Kritik an einem spezifischen literarischen Sprachgebrauch durch einen Autor genutzt wurde (Sablayrolles 2019, 14). Sobald der Neologismus im Wörterbuch bzw. in den Wörterbüchern erfasst, also lexikalisiert wurde, verliert er sein innovatives Potenzial und wird nicht mehr als solcher bezeichnet (Sablayrolles 2019, 63). Ausnahmen sind sogenannte Neologismenwörterbücher (fr. *dictionnaires de néologisme*), worunter auch Datenbanken wie die bereits erwähnte *FranceTerme* fallen, in denen ausschließlich und explizit Neologismen aufgenommen werden.

Als Beispiel für einen in der Allgemeinsprache nicht-lexikalisierten Neologismus kann *anatopisme* gelten, welcher ohne Kenntnis seiner fachsprachlichen Verwendung in der Psychologie, von einer Werbeagentur für eine Werbeanzeige im Sinne des ‚schönen Gefühls des Nichtmehrverortetsein' von Touristen im Urlaub (fr. *dépaysement*) in Analogie zu *anachronisme* (dt. Anachronismus) gebildet wurde und wegen seiner fachsprachlichen Verwendung verständlicherweise relativ schnell zurückgezogen werden musste, so dass dieser sich in der Sprachgemeinschaft nicht durchsetzen konnte (Sablayrolles 2019, 197–198).

Bei der Identifizierung sowie der sprachpuristisch geprägten Diskussionen von Neologismen stellt die Grundlage bzw. Referenz der Bewertung einen entscheidenden Aspekt dar: für wen? für den idealisierten Sprachbenutzer? und im Verhältnis wozu?, zur Allgemein- oder Fachsprache? ist eine sprachliche Einheit neu (Sablayrolles 2019, 42, 43), ohne dass eine solche Referenz der Neuartigkeit immer eindeutig identifizierbar ist.

Sablayrolles greift in der Argumentation von Normen und der Markierung als Neologismus auf das Verhältnis von Fehler und Innovation zurück:

> La plupart des néologismes étant réguliers, ils ne constituent pas des fautes, linguistiquement parlant (et c'est une erreur que de les étiqueter « barbarismes » comme on le voit parfois faire) même s'ils ne conviennent pas dans le genre de discours où ils apparaissent (Sablayrolles 2019, 48).

Immer wieder diskutiert und sprachpuristisch kritisiert werden die semantischen Neologismen, bei denen einer vorhandenen lexikalischen Einheit eine neue Bedeutung zugeschrieben wird. Aus semantischer Perspektive handelt es sich hier um eine semantische Innovation. Paveau und Rosier (2008, 229, 247) erörtern als Beispiel die Verwendung von *catastrophique*, die im umgangssprachlichen Gebrauch nicht mehr mit den typischen Eigenschaften einer Katastrophe in Einklang zu bringen sei. Aus sprachpuristischer Sicht wird hier der stilistisch-expressive Gebrauch des Adjektivs in Varietäten wie der Umgangssprache zurückgewiesen und normverletzend deklariert.

2.5.6 Die Aussprache und Artikulation

In der Mehrzahl der sprachpuristischen Diskussionen um die normgerechte Aussprache steht die Kritik bzw. Stigmatisierung einer regionalen (z.B. *l'accent du Nord, du Midi*, aber auch *l'accent africain, antillais*), sozialen (z.B. *l'accent populaire*) oder auch ethnisch-kulturellen (z.B. *l'accent beur*) Zuordnung der Aussprache im Vordergrund (Paveau/Rosier 2008, 297). Die Aussprache (fr. *prononciation*) begrenzt sich in dieser Art sprachpuristischer Diskussionen nicht unbedingt auf die Artikulation einzelner Laute und Silben, sondern umfasst zugleich die Intonation, den Stimmumfang oder auch den Einsatz von Gesten (cf. Paveau/Rosier 2008, 294).

Kritisiert werden regionale und soziale Varianten auch in präskriptiv ausgerichteten Handbüchern der standardkonformen Aussprache, indem sie als wesentliche Schwierigkeiten des Erwerbs der Standardaussprache präsentiert werden (cf. Paveau/Rosier 2008, 296). Besonderes Augenmerk erhalten hier auch die verschiedenen Arten der *liaisons* im Französischen, allen voran die sogenannten *liaisons fautives* (fr. fehlerhafte Liaisons) oder solche, die als *dangereuses* (dt. gefährliche) betitelt werden, wie die ausbleibende *liaison* beim Nomen *euros* (Paveau/Rosier 2008, 300). Die Bestimmung des Standards ist und bleibt in diesem Bereich allerdings besonders schwierig (cf. Pustka/Chalier/Jansen 2017).

Die Abgrenzung zwischen normativen Darstellungen der standardgerechten Aussprache und sprachpuristischen Kommentaren verwischt bisweilen; letztere sind vor allem in der lange Zeit durchaus populären aber recht wertekonservativen Ratgeberliteratur, wie den *manuels de savoir-vivre*, anzutreffen (Paveau/Rosier 2008, 321).

In der Aussprache ist seit den 90er Jahren des 20. Jahrhunderts eine gewisse Tendenz zur Lockerung der normativen Restriktion zu erkennen, wodurch es zu einer deutlichen sozio-kulturellen Aufwertung bestimmter Ausdruckweisen im öffentlichen Raum kommt und auch Fernsehmoderatoren mit ‚Akzent', welche ein regionales Standardfranzösisch verwenden, akzeptiert werden (Paveau/Rosier 2008, 298 und cf. *français régionaux* in 1.9.4.3 und zum Sprachgebrauch in den Medien cf. 1.5.2).

2.5.7 Die Orthografie

Die französische Orthografie war stets Anlass zu normativen und sprachpuristischen Diskussionen sowie Reformbestrebungen (cf. 2.4.2 und für die Geschichte der Orthoepie des Französischen auch Pöll 2020).[69]

---

[69] Ein originelles Beispiel für die Orthografiediskussion mit sprachpuristischer Ausrichtung Anfang des 19. Jahrhunderts verkörpert das Lehrbuch von Boinvilliers (1803) *Cacographie ou leçons d'orthographe française et de ponctuation*, in welchem er bewusst orthografisch schlecht redigierte Texte präsentierte (Boinvilliers 1809; Dürrenmatt 2022, 196–197).

Der Hinweis auf die mangelhafte Kenntnis der Orthografie bei einem nicht unerheblichen Teil der französischen Bevölkerung und in den Medien, auch in den neuen Medien, ist Ausgangspunkt zahlreicher sprachpuristischer Kommentare.

Bei den Schreibenden selbst führen die orthografischen Schwierigkeiten und das Wissen um ihre soziale Relevanz teilweise zu Formen der Hyperkorrektur (fr. *hypercorrection*) oder Generalisierungen bzw. Übergeneralisierungen (fr. *généralisations* oder auch *surgénéralisations*) wie in der Verwendung des Plural –*s* bei den eigentlich invarianten Adverbien in Analogie zu den Adjektiven wie in *biens* (Steuckardt/Große 2021, 1101) oder des Zirkumflexes bei einzelnen Formen des *participe passé* beispielweise bei *pû* (*pouvoir*) in Anlehnung an den Gebrauch des Zirkumflexes bei *dû* (*devoir*) oder die Angleichung von *santée* anstelle von *santé* (cf. Sowada 2021, 220, 229).

> Die Schreiber wissen um das feminine Genus der genannten Substantive und wählen daher im Schreiben ein Morphogramm, das ihres Wissens nach dieses Genus abbildet (Sowada 2021, 220).

Neben den Kommentaren und Diskussionen gab und gibt es Vorschläge zur Reformierung bzw. Vereinfachungen der Orthografie (cf. 2.4.2) sowie über die Jahrhunderte hinweg Veränderungen in der Schreibung verschiedener Wörter, darunter auch in den einzelnen Ausgaben des Akademiewörterbuchs (cf. die Übersicht in Chervel 2011, 202). Relevante Diskussionsfelder und Grafien, die modifiziert werden bzw. werden sollen, liegen in der Akzentsetzung, der Differenzierung von Homophonen, z.B. zwischen *du* (*article partitif*) und *dû* (*participe passé* von *devoir*) und auch in der Schreibweise von Entlehnungen (cf. z.B. Paveau/Rosier 2008, 128–135).

Die Beherrschung der französischen Standardorthografie weist wie alle Sprachnormen eine soziale Dimension auf, die auch daran ersichtlich wird, welche gesellschaftlichen Stellwert sie in der öffentlichen Diskussion einnimmt.

> L'orthographe est donc un sujet de société en France, mais aussi un thème pour les jeux d'esprit et de l'humour mondain (Paveau/Rosier 2008, 155).

2.5.8 Die Syntax

Sprachpuristische Diskurse in der Syntax bzw. in der Grammatik (im engeren Sinne) orientieren sich an der Frage der grammatischen Korrektheit und befördern die Idee der syntaktischen Fixiertheit im Vergleich zu anderen sprachlichen Bereichen, die als weniger offensiv fixiert angesehen werden.

Seit der Antike wird die grammatikalisch fehlerhafte und nicht normenkonforme syntagmatische Anordnung von Wörtern als Solözismus (fr. *solécisme*) kritisiert (Reisigl 2007).

Unter den kontinuierlich in sprachpuristischen Diskursen angezeigten französischen Strukturen finden sich der Gebrauch des *subjonctif*, die Anpassung (fr. *accord*) des Perfektpartizips (fr. *participe passé*) oder der Gebrauch einzelner Präpositionen des Französischen wie *sur* in *j'habite sur Paris* anstelle von *j'habite à Paris* (dt. Ich wohne in Paris) oder *chez/à* in *il va au coiffeur* (dt. er geht zum Frisör) (Paveau/Rosier 2008, 172).

Als nichtkonform und damit beispielsweise als Vulgarismus werden aber auch sprachliche Strukturen ausgewiesen, die zwar in der gesprochenen Sprache häufig genutzt, aber für die geschriebene Sprache nicht akzeptiert werden. Blanche-Benveniste (1995) erwähnt in ihrer Studie zu sprachpuristischen Kommentierungen in Sprachchroniken im Zeitraum 1914 bis 1945 so den Gebrauch von *ça*:

> La plupart des chroniqueurs estiment qu'on ne doit pas utiliser « ça » par écrit, sauf si l'on rapporte, sous la forme de discours direct, des propos familiers (Blanche-Benveniste 1995, 132).

Sprachpuristische Erörterungen zur Syntax im journalistischen Sprachgebrauch jener Zeit kritisieren den ausgeprägten Nominalstil (Blanche-Benveniste 1995, 140), d.h. die gehäufte Aneinanderreihung von Nomen bzw. Nominalphrasen innerhalb eines Satzes oder Textes. Es handelt sich um eine sprachliche Eigenschaft, die gemeinhin als Unterscheidungskriterium zwischen der deutschen und französischen Syntax gilt.

Neben den konkret auf einzelne Sprachstrukturen abzielenden sprachpuristischen Kommentaren, ist es auch der Bereich der syntaktischen Struktur von Sätzen bzw. Äußerungen, welcher unter dem Label der ‚Klarheit' (fr. *clarté*) diskutiert und stets von Neuem eingefordert wird. Mitunter werden hier Strukturen wie Dislokationen (fr. *dislocations*) wie *elle est gentille, la professeure* (dt. sie ist nett, die Lehrerin) als der syntaktischen Klarheit nicht angemessen beschrieben (Paveau/Rosier 2008, 177). Die *Académie française* bemängelt die frequente Verwendung von Dislokationen als Sprachtick:

> Même si ce tour, comme on vient de le voir, est correct dans notre langue et si la majesté de son nom peut impressionner, il conviendrait que les hommes politiques, à gauche comme à droite, n'en fassent pas un usage systématique qui le réduirait à un tic de langage... [70]

2.5.9 Puristische Diskurse und der Plurizentrismus in der Frankophonie

Sprachpurismus spielt im späten 19. und im 20. Jahrhundert zugleich eine nicht geringe Rolle in den frankophonen Gebieten außerhalb Frankreichs wie Quebec, Belgien oder der frankophonen Schweiz:

> En Belgique francophone, un discours puriste très influent a ainsi contribué à la promotion du français de référence comme seul étalon de correction et à la stigmatisation de tout écart par

---

[70] https://www.academie-francaise.fr/dislocation-gauche (28. Oktober 2023).

rapport à cette norme, qu'il soit lié à une variation diatopique ou diastratique (Hambye 2008, 39).

So wurden beispielsweise regionaltypische Varianten des Französischen in Belgien angeprangert und als *belgicismes* zurückgewiesen, wodurch sich auch die sprachliche Unsicherheit einzelner Sprechergruppen noch erhöhte (Hambye 2008, 39, 40). Heute sind die regionalsprachliche Variation und die Diversität des Französischen in den verschiedenen Regionen der Frankophonie und so auch in Belgien in deutlich breiterem Maße akzeptiert (cf. Hambye 2008, 41; zur *Plurizentrik* des Französischen cf. Kapitel 4).

2.6 Zusammenfassung

Für die Standardisierung des Französischen ist die Konzeptualisierung des *bon usage* ein Schlüsselmoment, dient er doch in der Folge immer wieder als Referenz in der Beschreibung des französischen Standards. Seine Aushandlung erfolgt vor allem in den *remarques* des 17. Jahrhunderts. Die *remarques* etablieren sich so als sprachnormatives Genre neben den Grammatiken und Wörterbüchern und finden Jahrhunderte später in den Sprachchroniken ihre genrespezifische Fortführung. Sprachchroniken können normativ oder sprachpuristisch ausgerichtet sein und sind nicht mehr auf das anfängliche Format der Zeitungschronik beschränkt.

Die Französische Revolution wird in ihrer Wirkung auf die Sprache und ihre Entwicklung sowie die Kommunikation nicht selten über- oder unterschätzt. An ausgewählten Aspekten wie der Frage der Mehrsprachigkeit, der sprachlichen Variation und semantischen Innovation oder den diskursiven Praktiken, der Idee der *langue nationale* sowie der Entwicklung der institutionellen Vermittlung des Standardfranzösischen von der Revolution bis zum Ende des 19. Jahrhunderts wurde ihre Relevanz in Auszügen diskutiert und illustriert.

Seit Mitte des 19. Jahrhunderts wird in verschiedenen Kontexten von der *crise du français* gesprochen, welche sich unterschiedlich manifestiert. Die Krise wird zugleich sprachpuristisch aufgeladen und so in Sprachchroniken als Verfall der französischen Sprache dokumentiert. In der ersten Hälfte des 20. Jahrhundert wird die Diskussion um die Krise aber auch wissenschaftlich geführt und in Teilen von Vorschlägen zur Veränderung der institutionellen Vermittlung des Französischen begleitet.

Sprachpurismus, der für die französische Sprache sehr ausgeprägt ist, muss von der Normierung und Standardisierung abgegrenzt werden, wenngleich im sprachnormativen Diskurs und den dortigen Argumentationen Rückgriffe auf frequente Muster der sprachpuristischen Argumentation zu finden sind.

Arbeitsaufgaben

1. Argumentieren Sie, warum das 17. Jahrhundert als eine besonders wichtige Periode für die Standardisierung des Französischen aufgefasst wird. Illustrieren Sie Ihre Aussagen mit drei konkreten Beispielen.
2. Sehen Sie sich die Fragen im *questionnaire* der Umfrage von Abbé Grégoire im Einzelnen an und ordnen Sie diese verschiedenen Themenfeldern zu. Welche Einstellung Grégoires zu den in Frankreich gesprochenen *patois* wird in diesen Fragen sichtbar?
3. Überlegen Sie, inwieweit die Französische Revolution auch revolutionär für die französische Sprache war.
4. Am 27. Januar 1880 bringt die Abgeordnete von Saint-Denis, Camille Sée, einen Vorschlag zur gesetzlichen Regelung der Bildung von Mädchen im Sekundarbereich in den Senat ein. Dieser ist Ausgangspunkt für einen Bericht von Paul Broca, der im *Journal officiel* am 19. Juli 1880 veröffentlicht wird. Das Gesetz selbst wird im Dezember 1880 angenommen. Lesen Sie den Auszug aus dem Bericht mit besonderem Augenmerk auf die Begründung des Zugangs von Mädchen bzw. Frauen zur Bildung:

Messieurs, la pensée qui a inspiré le projet de loi soumis aux délibérations du Sénat est de celles qui s'imposent à tous les esprits éclairés dans une nation civilisée. Elle n'est pas politique, elle est sociale dans la plus haute et la plus pure acception du mot, car la société repose sur la famille, et la famille est ce que la fait la femme. Pendant que l'homme lutte et travaille au dehors, la femme élève les enfants. Comme elle a allaité leur corps, elle allaite leur esprit ; elle est leur première et quelques fois leur seule institutrice ; elle cultive leurs facultés, développe leurs sentiments, leurs goûts, leurs idées morales ; elle les prépare à la vie pratique, et la société les reçoit de ses mains tout imprégnés de ses leçons et de ses exemples, dont le souvenir est plus durable que tout autre. [...] On a dit avec raison que si les hommes font les lois, ce sont les femmes qui font les mœurs. Et puisque tous les partis politiques s'accordent dans la même pensée sur l'utilité des bonnes mœurs, ils ne sauraient différer d'avis sur l'utilité de l'instruction des femmes. [...] Beaucoup de jeunes filles seraient capables, sans doute, de suivre jusqu'au bout et avec succès tout le programme des lycées ; mais il ne s'agit pas de leur donner toutes les connaissances qu'elles sont aptes à acquérir ; il faut choisir ce qui peut leur être le plus utile, insister sur ce qui convient le mieux à la nature de leur esprit et à leur future condition de mère de famille, et les dispenser de certaines études pour faire place aux travaux et aux occupations de leur sexe. Les langues mortes sont exclues ; le cours de philosophie est réduit au cours de morale ; et l'enseignement scientifique est rendu plus élémentaire ; on peut ainsi donner de l'extension à l'étude de la langue française, des langues vivantes, de la littérature et de l'histoire, tout en restreignant le nombre des années de la scolarité. [71]

---

[71] https://www.senat.fr/connaitre-le-senat/lhistoire-du-senat/dossiers-dhistoire/les-lois-scolaires-de-jules-ferry/les-lois-scolaires-de-jules-ferry-la-loi-du-21-decembre-1880-sur-lenseignement-secondaire-des-jeunes-filles.html (28. August 2024).

4. Suchen Sie im Internet und den sozialen Medien nach Beispielen um die Tradition der Sprachkommentierung in unterschiedlichen Formen in der heutigen Zeit zu belegen. Orientieren Sie sich zu diesem Zweck an Gilles Siouffis folgender Aussage:

> À ce titre, on pourra considérer la « chronique du langage », la lettre pamphlétaire, le billet, la cacographie (les « ne dites pas..., mais dites... »), le journalisme grammatical en général, comme présentant des liens évidents avec la « remarque » entendue par Vaugelas et ses continuateurs immédiats (Siouffi 2004, 9–10).

5. Sehen Sie sich drei Einträge des Blogs *langue sauce piquante* der *Le Monde* an. Sind die einzelnen Beiträge ihrer Meinung nach eher deskriptiv, präskriptiv oder puristisch ausgerichtet? Begründen Sie Ihre Auswahl (https://www.lemonde.fr/blog/correcteurs/).

3 Sprachnormierung und die *Académie française*: zwischen Symbolik und tatsächlichem Einfluss

Die *Académie française* ist weit über die Grenzen Frankreichs als Sprachakademie und als sprachregulierende Institution bekannt. Ihre tatsächliche Rolle im Normierungsprozess ist jedoch weniger klar. In dieser Hinsicht reichen die Bewertungen von einer eher symbolischen Funktion (cf. u.a. Haugen 1966, 10; Siouffi 2011, 23; Schafroth 2014, 165),[1] über die Benennung einer Schiedsrichterfunktion[2] bis hin zur Feststellung einer prominenten Rolle für die Normierung des Französischen sowie für die Kodifizierung des Standards (Mattheier 2000, 1105). Eine sehr deutliche Einschätzung zur symbolischen Funktion der *Académie française* durch den bekannten französischen Strukturalisten André Martinet (1908–1999), welcher noch heute in weiten Teilen zugestimmt werden könnte, finden wir bei Frey:

> Vous êtes certainement mieux renseignée que moi sur le rôle qu'a joué l'Académie française au XVIIème siècle. J'aime à croire qu'elle a alors exercé une influence réelle, sinon en matière de langue, tout au moins sur le plan littéraire.
> Aujourd'hui, je suis enclin à croire que ce rôle est nul. La grammaire produite sous son égide a fait scandale. Le dictionnaire qu'elle révise à longueur de siècle ne fait qu'entériner les usages de ses membres ou, plus exactement, ce qu'ils croient être leur propre usage (Martinet in Frey 2000, 71).

Baum (1989) hingegen, der sich auf die französische Schriftsprache bezieht, kommt zu einer konträren Einschätzung und schreibt der französischen Sprachakademie eine effektive Funktion in der Normierung des Französischen zu:

> Die französische Schriftsprache ist das Ergebnis bewußter Entwicklung, einer Entwicklung, die auf der Grundlage der *Schrift* erfolgte. Im Verlaufe dieser Entwicklung, im Verlaufe der Ausbildung des Französischen zur Kultursprache, die mit dem Aufkommen des Buchdrucks zugleich einen qualitativen Umschwung erfährt, spielt seit dem 17. Jahrhundert die *Académie française* eine beherrschende Rolle, zunächst – im 17. Jahrhundert – als Instanz sprachlicher Normalisierung und Normierung, sodann – seit dem 18. Jahrhundert – als Institution der Sprachpflege und der Sprachkultur.

---

[1] „The first and most famous scion of the Accademia was the *Académie française*, cannily established by Cardinal Richelieu, in 1635 as part of his policy of political centralization. The statutes declared its function to be 'to labour with all the care and diligence possible to give exact rules to our language and to render it capable of treating the arts and sciences.' It was thus entrusted with both the normalization and the elaboration of French, although its actual effect was probably more symbolic than operational" (Haugen 1966, 10).

[2] Trudeau bezeichnete die *Académie française* als „*arbitre des cas de conscience linguistiques de la bonne société*" (dt. Schiedsrichter der Fälle des Sprachbewusstseins der guten Gesellschaft) (Trudeau 1992, 166).

https://doi.org/10.1515/9783110595178-003

> Der Académie verdankt das Französische seine Gestalt; ohne ihre Praxis der bewußten Sprachgestaltung hätte es nicht die Ausprägung erhalten, die es besitzt, ohne ihr bewußtes Wirken im Dienste der Sprachkultur nicht die Gestalt bewahrt, die es erhielt (Baum 1989, ix).

Grundsätzlich gilt es, zwischen der Eigendarstellung der französischen Akademie und ihrer Akademiemitglieder selbst, den sogenannten *immortels*, und der Bewertung ihrer normierenden Kraft in variierenden Zusammenhängen wie in der Lexikografie oder Grammatikografie sowie zwischen der Bewertung in der Öffentlichkeit oder in der Linguistik zu unterscheiden.

Ausgehend von der historischen Festschreibung der Aufgaben in den Gründungsstatuten bzw. -regularien der *Académie française* wird nachfolgend ihre normative Autorität sowohl in den von ihr herausgegebenen Wörterbüchern und Grammatiken als auch in der in den zurückliegenden Jahrzehnten medial und global veränderten sprachlichen Umgebung hinterfragt.

3.1 Gründung und Aufgaben der *Académie française*

Die königliche *Académie française* wird auf Bestreben von Kardinal Richelieu im Jahr 1635 aus dem sich ca. 1625 herausgebildeten literarischen Zirkel um Valentin Conrart (1603–1675) gegründet (Trudeau 1992, 158).[3] Mit der Gründung werden zunächst 24, später 40 Mitglieder der *Académie française* benannt (Catach 1998, 85).

Der Grundstein der öffentlich wahrgenommenen normativen Autorität der französischen Sprachakademie und der expliziten Ausweisung ihrer vermeintlichen oder realen außergewöhnlichen Rolle in dem lang andauernden Normierungsprozess wird in den *Statuten und Regelungen der Gründung* gelegt, welche in den Akademiesitzungen vom 5. und 22. Februar 1635 vorgestellt werden (Baum 1989, 14) (Artikel 24 der *Statuts et règlements*).

> 24. La principale fonction de l'Académie sera de travailler avec tout le soin et toute la diligence possible à donner des règles certaines à notre langue et à la rendre pure, éloquente et capable de traiter les arts et les sciences.[4]

---

[3] Die Gründungsdaten schwanken, da bereits im Jahr 1634 und damit vor der mit einer Urkunde von König Louis XIII beeideten Gründung der Akademie im Januar 1635 einzelne Sitzungen stattfanden. Unter den Teilnehmern der damaligen Treffen befanden sich beispielsweise der Rechtsanwalt Nicolas Faret (1596?–1646) und der Literat Jean Chapelain (1595–1674) (Catach 1998, 69).
Auch zur Anzahl der anfänglichen Akademiemitglieder gibt es variierende Angaben, so führt Caput (1986, 33) aus, dass es von Beginn an bereits 40 Akademiemitglieder waren.
[4] http://www.academie-francaise.fr/sites/academie-francaise.fr/files/statuts_af_0.pdf (1. November 2023). Alle nachfolgenden Zitate aus den Statuten der Akademie in diesem Kapitel wurden gleichfalls dort entnommen.

Damit unterscheidet sich die Akademie von den Anfangsbestrebungen des literarischen Zirkels um Conrart, welcher seine Aufgaben nicht unbedingt in der Festschreibung sprachlicher Regeln (fr. *à donner des règles à notre langue*), sondern in der Kritik und stilistischen Bewertung literarischer Werke sah (Trudeau 1992, 160).[5] Auch diese Aufgabe ist anfangs noch in den Statuten der neu gegründeten Akademie verankert, obgleich in eingeschränktem Maße, da vorwiegend jene literarischen Werke kommentiert werden sollten, die von den Akademiemitgliedern stammen:

> 45. L'Académie ne jugera que des ouvrages de ceux dont elle est composée ; et si elle se trouve obligée par quelque considération d'en examiner d'autres, elle donnera seulement ses avis, sans en faire aucune censure et sans en donner aussi d'approbation.

Grundlage der normativen Bewertung durch die Akademie und zugleich Basis für ihre Formulierung von Sprachregeln ist der Sprachgebrauch der besten Literaten:

> 25. Les meilleurs auteurs de la langue françoise seront distribués aux Académiciens pour observer tant les dictions que les phrases qui peuvent servir de règles générales et en faire rapport à la Compagnie qui jugera de leur travail et s'en servira aux occasions.

Die Akademiemitglieder selbst sind gemäß den Statuten an die von ihnen formulierten Sprachregeln auch in der Orthografie gebunden (Artikel 43 und 44)[6].

Die neu gegründete Sprachakademie soll insgesamt dazu beitragen, die Sprache zu verschönern und zu erhöhen (fr. *embellir et augmenter*) und sie nach Auffassung des Akademiemitgliedes und königlichen Beraters Nicolas Faret zugleich von allem Unrat zu säubern: „nettoyer la langue des ordures qu'elles avoit contractée, ou dans la bouche du peuple, ou dans la foule du palais" (Pellisson-Fontanier 1729, 20).[7] Die Suche nach einem reinen Französisch (fr. *pure*) verband sich nicht unbedingt mit dem literarischen Französisch allein:

> La pureté du français n'est pas un idéal passé, à rechercher chez les auteurs, mais la réalité vivante, actuelle, masquée par les variations particulières des groupes composant le tissu social (Trudeau 1992, 162).

---

5 Es sind die zu Beginn des 17. Jahrhunderts in Italien bereits bestehenden Institutionen bzw. Akademien, die den Boden für eine ähnliche Gründung in Frankreich bereitet haben. Dazu zählt beispielsweise die *Accademia della Crusca*, gegründet 1583 in Florenz, die älteste Sprachgesellschaft, deren Name sich explizit auf ihre Aufgabe bezieht, in der Sprache die Kleie (it. *crusca*) vom Mehl – das Schlechte vom Guten – zu trennen, wobei die Autoren des *Trecento* (Dante Alighieri 1265–1321, Francesco Petrarca 1304–1374, Giovanni Boccaccio 1313–1375) als Modell dienten.
6 http://www.academie-francaise.fr/sites/academie-francaise.fr/files/statuts_af_0.pdf (1. November 2023).
7 Die Passage wird üblicherweise Faret zugeschrieben, allerdings nur indirekt zitiert durch einen Protokollauszug der dritten Sitzung der Akademie vom 22. März 1634 (Baum 1989, 3). Zu Faret cf. auch Siouffi (2025, 98).

Die Akademie erhält in der Mitte des 17. Jahrhunderts ein Monopol – wie es Trudeau (1992, 64) formuliert –, um in Sprachenfragen zu urteilen, an die nachfolgend alle Sprachregister einschließlich des sogenannten ‚gehobenen Sprachgebrauchs' gebunden sind.

In der Gründungszeit der *Académie française* tragen der königliche Hof und auch die Salons die zweifelhaften Sprachenfragen in der Akademie vor. Die Akademiemitglieder indes, die keinesfalls vornehmlich Literaten oder Grammatiker, sondern Mathematiker, Mediziner etc. waren, äußern sich teilweise auch in von ihnen veröffentlichten *Remarques* oder *Observations* (Trudeau 1992, 165, 166; cf. 2.2).

Zu den von der *Académie française* in den Statuten selbst auferlegten Aufgaben gehören auch greifbarere Ziele wie die immer wieder zitierte Redaktion eines Wörterbuchs, einer Poetik, einer Rhetorik sowie einer Grammatik, also von Werken, welche in der Folge normierend auf das Französische wirken sollten:

> 26. Il sera composé un Dictionnaire, une Grammaire, une Rhétorique et une poétique sur les observations de l'Académie.

Die Regelungen und Statuten der Akademie werden im Laufe der Zeit in verschiedenen Punkten modifiziert. Wenngleich davon zunächst vor allem Fragen der internen Struktur und Organisation der Akademie betroffen sind, präzisieren die *Statuts de l'Académie française* vom 21. Juni 1816 ihre Ziele, indem sie auf die Klärung sprachlicher Schwierigkeiten explizit verweisen und die Redaktion des Wörterbuchs in den Vordergrund stellen:

> L'institution de l'Académie française ayant pour objet de travailler à épurer et à fixer la langue, à en éclaircir les difficultés et à en maintenir le caractère et les principes, elle s'occupera dans ses séances particulières de tout ce qui peut concourir à ce but ; des discussions sur tout ce qui tient à la grammaire, à la rhétorique, à la poétique, des observations critiques sur les beautés et les défauts de nos écrivains, à l'effet de préparer des éditions de nos auteurs classiques, et particulièrement la composition d'un nouveau dictionnaire de la langue, seront l'objet de ses travaux habituels.[8]

Aus Sicht der *Académie française* liegen die zentralen Aufgabenfelder heute, d.h. fast vier Jahrhunderte nach ihrer Gründung, im Bereich der Lexikografie und in einer präskriptiv ausgerichteten Sprachberatung. So führt die Sprachakademie auf ihrer derzeitigen Webseite in der Rubrik *Aufgaben* bzw. *Missionen* (fr. *missions*) als oberstes und allumspannendes Ziel die Verteidigung der französischen Sprache an (fr. *défense de la langue française*)[9] und greift damit eine Metaphorik auf, die im sprachpuristischen Diskurs sehr verbreitet ist (cf. 2.5). Diese Ausrichtung wird in der Erklärung der

---

8 http://www.academie-francaise.fr/sites/academie-francaise.fr/files/statuts_af_0.pdf (1. November 2023).
9 http://www.academie-francaise.fr/linstitution/les-missions (1. November 2023).

Académie française zu Fragen der Sprachkultur vom 30. April 1981 in besonderem Maße deutlich:

> L'Académie en effet s'inquiète, depuis plusieurs années déjà, de la détérioration continue de la langue parlée et écrite, de même que de l'affaiblissement de la situation du français dans le monde.
> Gardienne du bon usage, L'Académie déplore l'abaissement général des études de français, à tous les degrés de l'enseignement, [...] (*Déclaration* in Baum 1989, 163).

Die *Académie française* erhält durch ihren im Jahr 2019 neu konzipierten Internetauftritt sowie den kostenfreien Onlinezugriff auf die neunte, seit November 2024 abgeschlossene Ausgabe des Akademiewörterbuchs[10] zweifellos größere Sichtbarkeit (cf. 5.2.2 und 5.2.3).

3.2 Die normative Kraft der Akademiewörterbücher

Schon 1637, kurz nach Gründung der französischen Sprachakademie, werden auf der Grundlage des Entwurfs des *académcien* Jean Chapelain (1595–1674) die Akademiemitglieder Claude Favre de Vaugelas und Nicolas Faret mit den Arbeiten am ersten Akademiewörterbuch beauftragt, dem *Dictionnaire de l'Académie française* – DAF. Die von Chapelain vorgeschlagene mühsame Arbeitsweise führt neben anderen strukturellen Schwierigkeiten allen voran zu einer deutlichen Verzögerung an den Arbeiten zum Wörterbuch:[11]

> Or le Dessein du Dictionnaire deuant preceder tous les autres comme celuy qui leur doit seruir de base, on prendra de tous nos Ecrivains, qui ont de la reputation, et qui ne viuent plus, les liures qui seront jugés par la Compagnie les plus purs et les plus eloquens; lesquels on distribuera aux Academiciens, afin qu'ils les lisent attentiuement, et que sur des feuilles différentes ils entirent en ordre d'Alfabet toutes les dictions et toutes les frases qu'ils y reconnoistront naturelles Francoises, / auec les marques du Volume et de la page d'où ils les auront tirées. A chaque sceance on rapportera ces feuilles extraittes à l'Assemblée, et on les examinera à la pluralité des voix, approuuant ou condannant après vne meure deliberation, ce qui aura esté trouué digne d'approbation, ou de censure, et l'on tiendra seulement registre des choses qui auront passé pour bonnes (Pellsson in Baum 1989, 22).

Auch Vaugelas selbst wird für seine Auswahl und schleppende Bearbeitung einzelner Lemmata bis zu seinem Tode im Vorwort der ersten Ausgabe des Wörterbuchs kritisiert:

---

10 https://www.dictionnaire-academie.fr/ (30. November 2024).
11 Bis zum Jahr 1656, d.h. sechs Jahre nach Vaugelas' Tod, war die Arbeit am Wörterbuch bis zum Buchstaben „J" fortgeschritten (Baum 1989, 30). Für die wechselvolle Geschichte der Entstehung der ersten Auflage des Akademiewörterbuchs cf. Catach (1998).

> M. de Vaugelas qui s'estoit chargé d'y donner la première forme y travaille veritablement, & en fit les deux premieres Lettres ; Mais son travail n'estant point dans la méthode qu'on a suivie depuis ; il fallut recommencer aprés sa mort ce qu'il avoit fait pour conserver l'uniformité du plan que L'Académie avoit arresté (DAF 1694, préface).

Das erste Akademiewörterbuch erscheint schließlich fast mehr als sechzig Jahre nach der Gründung der Akademie im Jahre 1694, nachdem 1680 bereits das äußerst gut dokumentierte und umfassende *Dictionnaire françois*[12] von Pierre Richelet (1626–1698) und 1690 Antoine Furetières (1619–1688) eher enzyklopädisches[13] *Dictionnaire universel* veröffentlicht wurden. Obgleich bereits Richelets Wörterbuch in Teilen als normativ einzustufen ist,[14] wird erst das Akademiewörterbuch zu einem Prototyp restriktiver und in dieser Hinsicht normativer Wörterbücher (Quemada 1998, 63; Pruvost 2006, 37–38; Schafroth 2014, 125–126; 5.3).[15] Es ist daher verständlich zu hinterfragen, auf welchen Prinzipien die Restriktion und Normativität der mittlerweile neun existierenden Ausgaben des Akademiewörterbuchs basieren und welche Rolle die Orientierung des *usage* bzw. *bon usage* in dieser Ausrichtung und bei der Selektion der Einträge spielt.

Die Vorwörter (*préfaces*) der einzelnen neun Ausgaben des Wörterbuchs (^{2}1718, ^{3}1740, ^{4}1762, ^{5}1798, ^{6}1835, ^{7}1878, ^{8}1932–1935, ^{9}1986/92–2024) geben darüber in großen Teilen Auskunft und erörtern einzelne Aspekte seiner makro- und mikrostrukturellen Ausrichtung wie z.B. Anordnung der Lemmata, Definitionen, Gebrauch von diasystematischen Markierungen, Einsatz von Sprachbeispielen bzw. Zitaten.[16]

Schon aus dem Vorwort der ersten Ausgabe, in welchem Archaismen sowie die Aufnahme des Fachwortschatzes[17] in das Akademiewörterbuch zurückgewiesen werden, lässt sich diese Orientierung des Wörterbuchs gut erschließen:

> C'est dans cet estat où la Langue Françoise se trouve aujourd'huy qu'a esté composé ce Dictionnaire; & pour la representer dans ce mesme estat, l'Académie a jugé qu'elle ne devoit pas y mettre les vieux mots qui sont entierement hors d'usage, ni les termes des Arts & des Sciences qui

---

[12] „La langue enregistrée par Richelet est beaucoup plus étendue que celle présentée dans l'Académie" (Quemada 1998, 58).
[13] So die Einschätzung von Pruvost (2006, 37). Zur Differenzierung in deskriptive, normative und präskriptive Wörterbücher cf. auch Pruvost (2006, 130–132), Ripfel (1989, 198–203), Melchior (2020, 442) sowie den Abschnitt 5.2.1.
[14] Pruvost (2006, 36) sieht Richelets Werk vor allem als wegweisendes deskriptives Wörterbuch.
[15] Der präskriptiven Ausrichtung zum Trotz wird das Akademiewörterbuch zugleich auch als deskriptiv angesehen: „Depuis sa première édition en 1694, le *Dictionnaire de l'académie* a, par exemple, vocation descriptive de l'usage courant, et prescriptive dans les conseils donnés" (Pruvost 2006, 132).
[16] Für die Termini *Mikro-* bzw. *Makrostruktur* in der Lexikografie siehe Hausmann (1977, 3–8) oder Schafroth (2014, 25–27).
[17] Allerdings beauftragte die *Académie française* 1690 Thomas Corneille mit der Redaktion eines spezifisch fachsprachlichen Wörterbuchs, des *Dictionnaire des Arts et des Sciences*, welches 1694 in zwei Bänden erschien (cf. Mayer 2013, 60–61).

> entrent rarement dans le Discours ; Elle s'est retranchée à la Langue commune, telle qu'elle est dans le commerce ordinaire des honnestes gens, & telle que les Orateurs & les Poëtes l'employent ; Ce qui comprend tout ce qui peut servir à la Noblesse & à l'Elegance du discours (DAF 1694, préface).

In der zweiten Ausgabe wird die äußerst zurückhaltende Aufnahme des Fachvokabulars in das Akademiewörterbuch erneut bekräftigt:

> Pour ce qui est des termes d'Art, l'Académie a cru ne devoir admettre dans son Dictionnaire que ceux qui sont extremement connus & d'un grand usage, à moins qu'ils ne soient amenez par le mesme mot de la langue, qui a dans la langue une signification differente ; par exemple, à la suite du mot *travail*, qui signifie *labeur, peine*, &c. on trouve *travail*, qui signifie, une machine qui sert aux Maréchaux pour contenir les chevaux difficiles à ferrer (DAF 1718, préface).

Der Hinweis auf die *langue commune* (dt. Gemeinsprache) als Referenz erfolgt in den Vorwörtern stets von Neuem; im Vorwort zur vierten Ausgabe des Akademiewörterbuchs (1762) wird diese jedoch auf bestimmte Register bzw. diaphasische Varietäten eingegrenzt:

> A l'égard des expressions de la Langue commune qui paroissent affectées à un certain genre de style, ou a eu soin de dire auquel elles sont propres ; si c'est au style poëtique, au style soutenu, au style familier, &c. (DAF 1762, préface).

Mit dieser Auflage von 1762 zeichnet sich eine, wenn auch relativ geringe Öffnung gegenüber dem Fachwortschatz ab, indem „les termes élémentaires des sciences, des arts, & même ceux des métiers" (dt. die grundlegenden Begriffe der Wissenschaften, der Künste und der Gewerbe) (DAF 1762, préface) zugelassen werden. Die Zurückhaltung gegenüber den Fachsprachen bleibt einzelnen Neuerungen des Wörterbuchs zum Trotz dennoch bis ins 20. Jahrhundert erhalten.[18]

Eine Öffnung erfolgt in der fünften Ausgabe (1798), genauer im dortigen *Supplément*, gegenüber den durch die Französische Revolution soziopolitisch bedingten Veränderungen des Vokabulars (cf. auch 2.3): „Il étoit indispensable d'ajouter à ce Dictionnaire les mots que la Révolution et la République ont ajoutés à la Langue" (DAF 1798, préface; cf. 2.3.2). Zur Illustration sei hier die Definition von *aristocrate* in der fünften Ausgabe und im *Supplément* angeführt, welches 418 Einträge bzw. Ergänzungen enthält (Fitzsimmons 2017, 100) (cf. 2.3.2):

> Partisan de l'Aristocratie. Il est tantôt adjectif, Cet homme est fort Aristocrate ; tantôt substantif, C'est un Aristocrate.
> Supplément contenant les mots nouveaux en usage depuis la Révolution
> ✽**ARISTOCRATE.**

---

18 Rettig (1979, 89) bestätigt diese Art der Selektion auch für die vor allem in den Definitionen deutlich veränderte Ausgabe des Akademiewörterbuchs von 1835.

s. m. Nom donné depuis la Révolution Françoise aux partisans de l'ancien régime (DAF 1798, Supplément).

Die *Académie française* wird wie nahezu alle gelehrten Gesellschaften zu Zeiten der Französischen Revolution zwischenzeitlich aufgelöst (8. August 1793), umgewandelt (22. August 1795) und mehr als zwei Jahrzehnte später wieder eingeführt (21. März 1816) (cf. Baum 1989, 84).[19]

Auf seine umfassende normative Autorität als solches im Unterschied zu anderen Wörterbüchern, die insbesondere in der zweiten Hälfte des 19. Jahrhunderts veröffentlicht werden,[20] wird im Vorwort zur siebten Ausgabe 1877 verwiesen, in welchem die Autoren den offiziellen Charakter ihres Wörterbuchs und somit seine Autorität herausstellen: „le dictionnaire de l'Académie a toujours eu, néanmoins, et aura toujours une sorte de caractère officiel" (DAF 1877, préface).

In dieser siebten Auflage des DAF wird erneut auf den *bon usage* referiert, der Grundlage der Entscheidung für die Aufnahme oder Zurückweisung einzelner Wörter in das Akademiewörterbuch bleibt:

> En réalité, le bon usage est l'usage véritable puisque le mauvais n'est que la corruption de celui qui est bon. C'est donc au bon usage que s'arrête l'Académie, soit qu'elle l'observe et le saisisse dans les conversations et dans le commerce ordinaire de la vie, soit qu'elle le constate et le prenne dans les livres : familier, populaire même, dans le premier cas ; propre à tous les genres de style, depuis le plus élevé jusqu'au plus simple, dans le second (DAF 1877, préface).

Wichtig ist dabei herauszustellen, dass die in das Wörterbuch integrierten Lexeme der Gemeinsprache sich nicht auf einzelne Sprechende bzw. Schreibende beschränken, sondern diese von allen verwandt würden:[21]

> L'Académie ne recueille et n'enregistre que les mots de la langue ordinaire et commune, de celle que tout le monde, ou presque tout le monde, entend, parle, écrit (DAF 1877, préface).

Ohne expliziten Verweis zum *bon usage* referiert das Akademiewörterbuch in seiner achten Ausgabe von 1932–1935 mit der Nennung der „personnes instruites et des

---

[19] Die Geschichte der *Académie française* und ihres Wörterbuchs zu Zeiten der Revolution wird von Fitzsimmons (2017) nachgezeichnet.
[20] Dazu gehören das enzyklopädische Wörterbuch *Grand Dictionnaire Universel du XIXe siècle* (1866) von Pierre Larousse (Quemada 1990, 875; Pruvost 2002a, 55; Gouvert/Heidemeier 2015, 559) und das *Grand Dictionnaire Universel du XIXe siècle* (1863–1873) von Émile Littré, welches versucht in seinen lexikalischen und enzyklopädischen Informationen vollständig zu sein (Pruvost 2002b, 39) und bis zur ersten Hälfte des 20. Jahrhunderts als Referenzwörterbuch betrachtet wird (Lebsanft 2002, 66) (cf. 5.3.2.
[21] Catach (1998, 79) verteidigt insbesondere die erste Auflage des Wörterbuchs und stellt heraus, dass sich das Akademiewörterbuch mit seiner Auswahl tatsächlich allen Klassen und Schichten der Gesellschaft geöffnet hätte.

écrivains qui ont souci d'écrire purement le français" (dt. gebildete Sprecher und die Schriftsteller, die die Sorge haben, das Französisch rein zu schreiben) (DAF 1932–1935, préface) indirekt auf ihn.

Die neunte Edition des Wörterbuchs, welche signifikant umfangreicher und damit in gewissem Maße auch weniger restriktiv als die achte Auflage ist,[22] hat ihre normative und klar präskriptive Sicht keinesfalls aufgegeben und begründet diese mit der weiterhin gültigen und ausschließlichen Orientierung am *bon usage*.

> Le Dictionnaire de l'Académie est celui de l'usage, simplement et suprêmement, le dictionnaire du bon usage, qui par là sert, ou devrait servir, de référence à tous les autres. Telle est l'ambition, mesurée mais persévérante, qui guide les académiciens français (Druon 1992, I).

Hélène Carrère d'Encausse, langjährige Akademiesekretärin, vermeidet allerdings in ihrer Erklärung zum Onlinezugriff auf die neunte Ausgabe des Wörterbuchs den Gebrauch des Ausdrucks *bon usage* und referiert allein auf den *usage* als normleitendes Element.[23] Rézeau (1998, 254) führt darüber hinaus an, dass im Vorwort der neuen Ausgabe auch von einem *usage parlé* (dt. Sprachgebrauch des Gesprochenen) gesprochen wird, dessen Existenz man von Seiten der Akademie zugleich missbillige.

Die Akademie selbst scheint mit dem Verweis auf den guten Sprachgebrauch als normative Instanz in den Hintergrund zu treten, obgleich sie in ihren im Wörterbuch integrierten *remarques* weiterhin eindeutig präskriptiv agiert (Funk 2017, 219–220).[24]

Grundsätzlich sind es die in den einzelnen Wörterbucheinträgen enthaltenen *remarques*, die bei der Präskription in der neunten Ausgabe eine besondere Rolle spielen (Pruvost 2006, 38; Funk 2017, 62).

> La présence de remarques normatives, déconseillant l'emploi de certains termes, notamment les anglicismes, ou signalant des constructions fautives, constitue une nouveauté de cette neuvième édition et souligne cette attention sans cesse renouvelée portée au bon usage de notre langue. Ces remarques visent bien entendu moins à proscrire et condamner qu'à montrer et expliquer le bon usage (DAF 1992–2024, préface).

---

[22] Schafroth (2014, 166) spricht von 10.000 neuen Lemmata in der neunten Auflage, Hélène Carrère d'Encausse im Februar 2019 von 25.000 neuen Wörtern, https://www.dictionnaire-academie.fr/editorial.html (1. November 2023). Insgesamt beinhaltet die abgeschlossene neunte Auflage nunmehr 53.000 Wörter, darunter 21.000 Wörter, die neu aufgenommen wurden (https://www.academie-francaise.fr/sites/academie-francaise.fr/files/dossier_de_presse_9e.pdf [28. Dezember 2024]).

[23] https://www.dictionnaire-academie.fr/editorial.html (1. November 2023).
Die Mehrdeutigkeit und Ambivalenz von *usage* für die neunte Auflage zeichnet Morvan (2019) aus diskursanalytischer Sicht nach.

[24] „Es ist also, so lässt uns diese Aussage von Druon vordergründig glauben, nicht die Akademie, die als normative Instanz allein über den guten oder auch schlechten Sprachgebrauch befindet, sondern der Sprachgebrauch selbst und das Urteil der ‚gens les plus éclairés'" (Funk 2017, 219).

In der digitalen neunten Edition werden die *remarques normatives* auch mit der online abrufbaren Rubrik *Dire, ne pas dire* der *Académie française* inhaltlich verknüpft, wodurch die Sichtbarkeit beider Bereiche sicherlich erhöht wird. Diese Verknüpfung soll mit dem folgenden Beispiel *la carte étudiante* (dt. Studentenkarte), eine in der Form von der Akademie zurückgewiesene Form, verdeutlicht werden. Dazu wird zunächst der Auszug aus der 9. Ausgabe des DAF zu *étudiant* abgebildet und im Anschluss der normative Eintrag zu *la carte étudiante* aufgegriffen;[25] ein Ausdruck, der durch *la carte d'étudiants*, d.h. mit einer Nominalphrase, ersetzt werden solle, da diese Konstruktion „en harmonie avec la syntaxe française" (dt. in Harmonie mit der französischen Syntax) stehen würde.

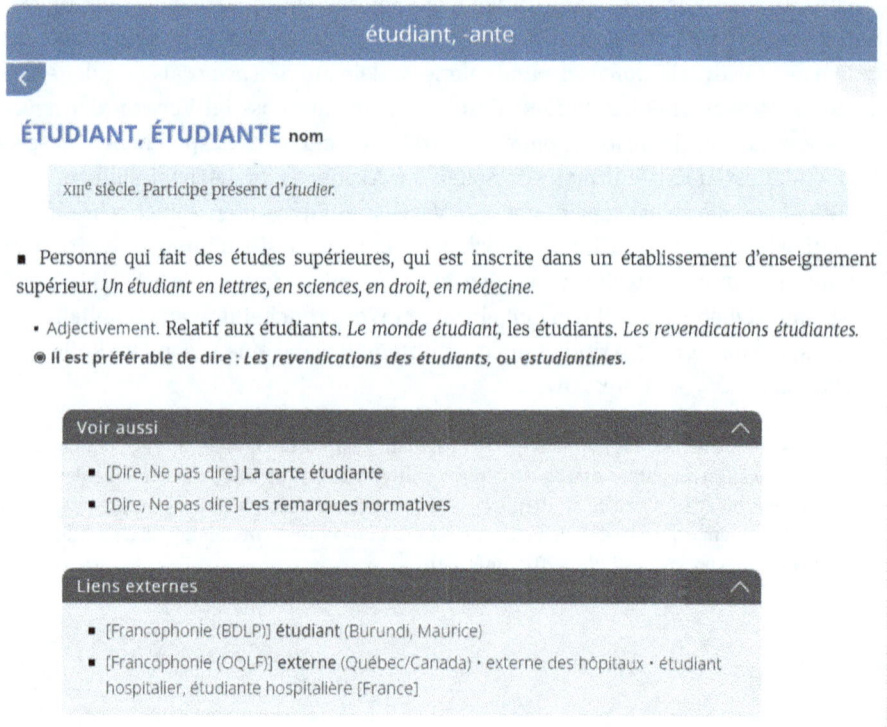

Abb. 3: Wörterbucheintrag *étudiant* in der 9. Ausgabe des DAF

---

25 https://www.dictionnaire-academie.fr/article/A9E3015 (1. November 2023).

> Dire, Ne pas dire
>
>
>
> *Dire, Ne pas dire* • Extensions de sens abusives
> (7/11/2019)
>
> ## La carte étudiante
>
> Le français doit une grande partie de son vocabulaire et une part non négligeable de sa grammaire au latin. Mais il diffère de ce dernier en ce qu'il est une langue analytique, usant volontiers de prépositions et non une langue synthétique, comme le sont les langues à flexion, latin ou allemand par exemple. On se gardera en conséquence, pour rester fidèle au génie de notre langue, de remplacer ces tours prépositionnels par des adjectifs ou des participes présents. Rappelons ainsi que le nom *étudiant* désigne une personne qui fait des études supérieures et que, employé adjectivement, ce mot signifie « relatif aux étudiants, qui concerne les étudiants », comme dans « le monde étudiant ». On évitera d'étendre trop largement le sens de cet adjectif et on ne dira donc pas *une carte étudiante*, mais bien *une carte d'étudiant*, forme plus en harmonie avec la syntaxe française et consacrée par des décennies d'usage.
>
> ▪ Voir dans le dictionnaire : *Étudiant*

Abb. 4: DAF 9. Auflage – Verknüpfter Eintrag zur Rubrik *dire/ne pas dire* : *La carte étudiante*

Es ist kein Widerspruch, dass die *Académie française* entgegen ihrer grundsätzlichen präskriptiven Orientierung in die neunte Auflage zahlreiche Wörter und Wendungen des *langage populaire* aufnimmt (Rézeau 1998, 260–261).

Die kontinuierlich restriktive Haltung des Akademiewörterbuchs gegenüber Fremdwörtern bzw. lexikalischen Entlehnungen bekräftigt Maurice Druon (1998, 460), ehemaliger Sekretär der *Académie française*, mit Blick auf die Erarbeitung der neunten Edition, allerdings betreffe diese Form der Zurückhaltung seiner Meinung nach nur diejenigen Wörter, die sich syntaktisch nicht in das Französische einbinden ließen:

> Un mot n'a jamais modifié le génie d'une langue. Ce sont les expressions qui ne peuvent s'accorder à sa syntaxe qui la polluent. Alors, les *best-off* et le *prime-time*, nous n'en voulons pas, parce que ce n'est pas du bon anglais, et que ces termes ne sont pas insérables dans une bonne construction française (Druon 1998, 460).

Eine Studie von Jacquet-Pfau (2011) belegt indes, dass in die bis 2011 erschienenen Bände der neunten Edition nicht wenige Entlehnungen und zudem aus sehr unterschiedlichen Sprachen Eingang in das Akademiewörterbuch finden, die mit entsprechenden normativen Hinweisen zur Aussprache und Orthografie verbunden werden (Jacquet-Pfau 2011, 316–319, 321).

Mit dem 2019 neu konzipierten Onlineauftritt des Akademiewörterbuchs, der zugleich den Zugriff auf alle Ausgaben des Wörterbuchs ermöglicht, möchte sich das

Akademiewörterbuch stärker als zuvor als Referenzwörterbuch für die Frankophonie präsentieren:

> Enrichi de fonctionnalités innovantes, telles que l'accès direct à de nombreuses ressources linguistiques internes et externes, consultable sur tous les supports numériques, le *Dictionnaire de l'Académie française* est appelé à devenir une nouvelle référence en matière de dictionnaires dans l'espace numérique francophone.[26]

Die Öffnung des Wörterbuchs hin zur Frankophonie wurde bereits im *Avertissement* (1992) zur neunten Ausgabe angezeigt und kann als Neuorientierung oder nach Pruvost als neue Etappe des Akademiewörterbuchs charakterisiert werden (Pruvost 2005, 105–106), allerdings wird diese allgemeine Orientierung bisher nicht durch konkrete quantitative Angaben zur Übernahme von Lexemen aus anderen frankophonen Gebieten belegt (Funk 2017, 145).[27] Mit dem erneuerten Zugriff der neunten Ausgabe des Akademiewörterbuchs wird zugleich eine Verlinkung zur *Base de données lexicographiques panfrancophone* eingeführt, beispielsweise beim Eintrag zu *mademoiselle*, in dem explizit auf einen spezifischen Gebrauch von *mademoiselle* auf den frankophonen Antillen verwiesen wird.[28]

Für Fragen der orthografischen Normierung ist das Wörterbuch der *Académie française* in den ersten beiden Jahrhunderten zweifellos normprägend, indem es eine etymologisierende Rechtschreibung präferiert und in den Ausgaben von 1740 und 1762 Veränderungen durchsetzt, die die Basis der modernen Orthografie des Französischen bilden (Biedermann-Pasques 1998, 111–112; Lebsanft 2002, 67):

> D'Olivet situe l'orthographe retenue dans le Dictionnaire de l'Académie de 1740 et 1762 dans le courant d'orthographe modernisée, caractérisé par une sorte de juste milieu entre l'orthographe ancienne et l'orthographe phonétique, avec une double exigence, apparemment contradictoire : une certaine simplification du rapport phonogrammique par la suppression de lettres muettes afin de faciliter les fonctions d'écriture et de lecture (fonctions d'encodage et de décodage) et parallèlement le maintien de lettres étymologiques en particulier pour la fonction de distinction homonymique, aspect idéovisuel, qui facilite le processus de reconnaissance de la parole et de la lecture (Biedermann-Pasques 1998, 121–122).

---

[26] Aus der Pressemitteilung der Sprachakademie vom 7. Februar 2019, https://www.dictionnaire-academie.fr/lancement (1. November 2023).

[27] Funk (2017, 145–148) zeigt in seiner Analyse die Schwierigkeit der quantitativen Erfassung von sprachlichen Einheiten französischer Varietäten außerhalb Frankreichs in der neunten Ausgabe des Akademiewörterbuchs auf.

[28] http://www.bdlp.org/ (1. November 2023). Zusätzlich zu dieser Verlinkung wurden auch Verweise auf die staatliche Neologismendatenbank *FranceTerme* eingeführt (http://www.culture.fr/franceterme) (1. November 2023), womit auch der Zugriff auf das Fachvokabular erweitert wird.

In aktuellen bzw. aktuelleren Diskussionen zur Orthografiereform nahm die *Académie française* zwischenzeitlich eine progressive Rolle der Befürwortung einer *nouvelle orthographe* ein, ohne dass sie selbst jedoch die vorgeschlagenen Neuerungen in der neunten Auflage ihres eigenen Wörterbuchs umsetzt (Lebsanft 2002, 68, 69).

Auch im Bereich der Orthoepie, d.h. der Anzeige und Vermittlung der korrekten, im Sinne einer normkonformen, Aussprache, geben die einzelnen Ausgaben in unterschiedlichem Maße Auskunft. So verweist das Akademiewörterbuch beispielsweise auf die spezifische Aussprache von Graphemen, welche durch die etymologisierende Schreibweise wieder eingeführt wurden, wie dies bei *baptême* (Taufe) der Fall ist: „(le P ne se prononce pas.)" (DAF 1740, 1762, 1992–2024). In der neunten Ausgabe sind auch Hinweise zur Aussprache von Entlehnungen zu finden, z.B. „FOOTBALL (se prononce fout'bol)" (DAF 1992–2024)[29] oder „PINYIN (les deux n se font entendre)" (DAF 1992–2024).[30]

Die normative Ausrichtung der verschiedenen Ausgaben des französischen Akademiewörterbuchs soll an dieser Stelle zusammengefasst werden, nicht ohne noch einmal zu unterstreichen, dass es, wie aufgezeigt, im Laufe der zurückliegenden mehr als drei Jahrhunderte in der Ausrichtung des Wörterbuchs Verschiebungen gab und sich insbesondere die im November 2024 abgeschlossene neunte Ausgabe gegenüber dem Fachwortschatz, den Entlehnungen und auch bestimmten diatopischen, diaphasischen und auch diastratischen Varianten deutlich offener zeigt als die Ausgaben zuvor (cf. auch Lebsanft 2002, 69):

– weitgehender Ausschluss von Lexemen wie Archaismen, Neologismen, die als Fachwortschatz deklariert werden, oder auch von Tabuwörtern[31] (Quemada 1967, 206–209)
– restriktive Aufnahme von Entlehnungen, die nicht bereits Bestandteil des allgemeinen Sprachgebrauchs sind (Schafroth 2014, 166, 167)
– Behauptung einer generellen Orientierung am *bon usage* sowie an der Gemeinsprache (*langue commune*) und damit Eingrenzung des Sprachgebrauchs auf einzelne Varietäten (z.B. *le français des honnêtes gens*), zugleich auch Zurückweisung von diatopischen, diastratischen und diaphasischen Varietäten wie dem *français populaire* (cf. auch Lebsanft 2002, 65).

---

29 https://www.dictionnaire-academie.fr/article/A9F1218 (1. November 2023).
30 https://www.dictionnaire-academie.fr/article/A9P2478 (1. August 2024).
31 „Quant aux termes d'emportement ou qui blessent la Pudeur, on ne les a point admis dans le Dictionnaire, parce que les honestes gens évitent de les employer dans leurs discours" (DAF 1694, préface).

3.3 Grammatische Normierung durch die *Académie française*: die Akademiegrammatik

Die *Académie française* äußert sich im Verlaufe ihrer Geschichte zu grammatischen normativen Fragen in unterschiedlicher Form, dabei sollte die Abfassung einer Grammatik allerdings, wie in den Statuten geplant, eine besondere Rolle spielen. Die Veröffentlichung einer offiziellen Akademiegrammatik, *Grammaire de l'Académie française* (GAF), erfolgt jedoch erst 1932 und somit fast drei Jahrhunderte später als erhofft und hatte zudem nur mäßigen Erfolg (Baum 1986, 33).

In den dazwischenliegenden, fast dreihundert Jahren greifen die *Académie française* oder auch einzelne ihrer Mitglieder in anderer Form in den Prozess grammatischer Normierung ein. Besonders erfolgreich waren im 17. Jahrhundert die grammatischen Kommentierungen in Form sogenannter *remarques* (cf. 2.2). Im Vorwort der Akademiegrammatik von 1932 werden die von Vaugelas veröffentlichten *Remarques sur la langue françoise* (1647) (cf. 2.2) aus diesem Grund als „Grammatikersatz" ausgewiesen:

> Celle-ci [la compagnie = l'Académie – S.G.] ne se borna pas à en agréer l'hommage : elle adopta les *Remarques* de Vaugelas, et persuadée que ces *Remarques* étaient la meilleure des grammaires, elle en procura de nouvelles éditions, après les avoir révisées et complétées d'observations de Patru et de Thomas Corneille (GAF 1932, VII).

Vaugelas' *Remarques* wurden nach ihrer Veröffentlichung auch von anderen Akademiemitgliedern aufgegriffen und kommentiert, so durch das Akademiemitglied Paul Tallemant (1698) und durch Thomas Corneille mit seinen *Observations de l'Académie françoise sur les Remarques de Vaugelas* (1704) (Ayres-Bennet 2015, 175; Ayres-Bennett/Seijido 2011, 254). Tallemant ist in seinen knappen Erörterungen besonders normativ (cf. Ayres-Bennett/Seijido 2011, 97). Als normative Autoritäten, auf die er in den Entscheidungen zurückgreift, wirken bei ihm zum einen Vaugelas und zum anderen die Akademie selbst. In den umfangreichen *Observations de l'Académie* von Thomas Corneille wird in insgesamt 1535 Fällen auf Vaugelas referiert, um dessen Regeln, Bewertungen und Beobachtungen zu bestätigen, zu relativieren oder auch gänzlich zurückzuweisen.

Wenngleich es sich um keine offizielle Grammatik der Akademie handelt, veröffentlicht Francois-Séraphin Regnier-Desmarais (1632–1713) als Akademiesekretär kurze Zeit nach den Überarbeitungen der *remarques* von Vaugelas durch Thomas Corneille, im Jahr 1706, einen äußerst umfangreichen und instruktiven *Traité de la grammaire françoise*. Obwohl im weiteren Verlauf des 18. und 19. Jahrhundert zahlreiche, auch normativ geprägte Grammatiken veröffentlicht werden, wurde keine dieser im Auftrag der *Académie française* verfasst oder als solche von ihr anerkannt.

Mit dem letzten Satz aus dem Vorwort der 1932 schließlich veröffentlichten Akademiegrammatik wird deutlich, dass die Akademie allein sich selbst im Recht sieht, eine Grammatik zu veröffentlichen, die die Sprache, so wie sie gebraucht wird, erhalten (fr. *conserver* und *maintenir*) (GAF 1932, X) und in dieser Hinsicht auch normativ wirken soll.

Die inhaltliche Ausrichtung der Akademiegrammatik von 1932 wird in ihrer Einführung klar angezeigt: beobachten, kritisieren und Regeln formulieren. Ihr Orientierungspunkt bleibt der *bon usage*, gleichwohl in aktualisierter Form als „bon usage actuel" (GAF 1932, 1–2). Mit Blick auf ihren generellen Aufbau (Makrostruktur) lässt sich anhand der Kapitelstruktur eine eher traditionelle und morphologisch dominierte Ausrichtung erkennen: *Les Sons et les Signes, Formation des mots, La Proposition, Le nom, L'Article, Le Pronom, L'Adjectif, Le Verbe, Les Mots invariables, La Phrase* (GAF 1932), in der auch die Verbalmorphologie breiten Raum einnimmt, dargestellt durch Tabellen zur *conjugaison* (GAF 1932, 101–166).

Dagegen erstaunt aus heutiger Perspektive die Knappheit, mit der zahlreiche andere Aspekte in der Grammatik abgehandelt werden. Darunter fällt auch die Orthografie, die mit etwas mehr als einer Seite nur sehr begrenzt abgebildet wird und somit lediglich einige wenige Einzelaspekte wie die Frage der Schreibweise bzw. Akzeptanz der Doppelkonsonanten thematisieren kann (GAF 1932, 8–9).

Die Darstellung der Akademiegrammatik ist auf der metasprachlichen Ebene eher beschreibend, die Formulierung von Regeln wird vermieden, z.B. „Les noms propres ne sont pas, ordinairement, précédés de l'article" (GAF 1932, 39). Nur in Ausnahmefällen greift die Akademiegrammatik auf die Anzeige eines ‚Fehlers' zurück, wie dies beim Gebrauch der Negation der Fall sei:

> *Ne pas ... que*, fréquemment employé pour dire le contraire de *ne... que*, est une locution vicieuse ; et, par exemple, *il n'y a pas que vous* ne signifie nullement, comme on le croit, le contraire de *il n'y a que vous*. Il est aisé de voir, en effet, que la particule négative ne se trouve qu'une fois dans cette phrase, où elle devrait être répétée si l'on remplace *seulement* par *ne... que*. Elle ne peut être ni sous-entendue ni suppléée par *pas* ou *point*. On aperçoit mieux encore la faute si l'on compare *il n'y a pas que vous*, qui est incorrect, à cette phrase qui exprime la même chose correctement : *Vous ne prétendez pas qu'il n'y ait que vous* (GAF 1932, 197–198).

An einzelnen Stellen wird in der Akademiegrammatik explizit auf die Akzeptanz einzelner Formen durch den Sprachgebrauch (fr. *usage*) verwiesen, beispielsweise bei den femininen Berufsbezeichnungen *avocate* (dt. Anwältin) und *doctoresse* (dt. Doktorin) (GAF 1932, 19), bei der Invariabilität des Perfektpartizips der Verben *se rire* (dt. lachen) oder *se plaire* (dt. sich gefallen) („Ils se sont ri de votre chagrin." – dt. Sie haben über Ihren/euren Kummer gelacht) (GAF 1992, 183) oder bei der Zurückweisung des *passé simple* in der gesprochenen Sprache, nicht ohne dessen Gebrauchsrückgang indes umgehend zu bedauern (GAF 1932, 170). Selbst der *bon usage* wird aufgerufen, so beispielsweise als die Gebrauchsdifferenzierung der Präpositionen *dans* (dt. in) und *sur* (dt. auf) abgehandelt wird (GAF 1932, 203).

Die Charakterisierung sprachlicher Strukturen ist in einzelnen Punkten ungenau bzw. inkorrekt, beispielsweise die Zuschreibung der nahen Vergangenheit (fr. *époque récente*) für das *passé composé* (GAF 1932, 170). Auch die Einbeziehung einer stärkeren linguistischen Theoretisierung ist in der Akademiegrammatik kaum erkennbar. Die aus linguistischer Perspektive insgesamt unzureichende Ausführung der Akademiegrammatik veranlasst Ferdinand Brunot (1932) noch im selben Jahr zu einer äußerst kritischen Lektüre und umfassenden Kommentierung, weshalb diese Grammatik spätestens von diesem Zeitpunkt an in wissenschaftlichen Kreisen als unhaltbar eingestuft und in der Folge insgesamt kaum beachtet wird.[32] So bewertet Brunot einen Teil der in der GAF aufgestellten Regeln als zu absolut bzw. falsch, mahnt die ungenügende theoretische Präzision in der Darstellung (beispielsweise beim Gebrauch von „en général" [dt. im Allgemeinen] oder „sens général" [dt. allgemeine Bedeutung] 1932, 40, 42; „toujours les sous-entendus" [dt. immer das Mitgemeinte] Brunot 1932, 62) sowie falsche Beispiele an und verweist schließlich an einzelnen Punkten auf andere, gelungenere grammatische Darstellungen, z.B. auf die *Nouvelle Grammaire Française* von Noël und Chapsal (1823) (Brunot 1932, 42).

In seiner Schlussfolgerung fordert Brunot die Akademie auf, stärker mit den Linguisten (hier fr. *théoriciens de la grammaire*) zusammenzuarbeiten (Brunot 1932, 124). Es handelt sich um eine Forderung, welcher im Unterschied zur italienischen (*Accademia della Crusca*) oder zur spanischen Sprachakademie (*Real Academia de la lengua española*) von der *Académie française* bis heute in viel geringerem Maße entsprochen wird.

Zwei Jahre nach der Erstveröffentlichung der Akademiegrammatik erscheint 1934 eine Neuausgabe, welche die Kritik von Brunot aufzunehmen und zu entkräften versucht, allerdings erneut ohne Erfolg (Baum 1986, 33).

Bis heute gibt es keine weiteren sichtbaren Bestrebungen der französischen Akademie, die Redaktion einer neuen Grammatik – wie dies beispielsweise von Seiten der spanischen Sprachakademien überaus erfolgreich entwickelt wurde – in Angriff zu nehmen.

3.4 Normierungsaspekte der *Communiqués de mises en garde* der *Académie française*

Drei Jahrzehnte nach der Veröffentlichung der offiziellen Akademiegrammatik nahm die *Académie française* zu Einzelfragen der Sprachnormierung, auch grammatischen, durch ihre [*Communiqués de*] *mises en garde* Stellung. Sie wurden seit dem 5. November 1964 von der Akademie in loser Reihenfolge herausgegeben, seit 1985 auch gedruckt veröffentlicht (cf. auch Baum 1989, 165; Caput 1986, 90) und schließlich 1994

---

32 Ob Brunots Kritik an der Akademiegrammatik ausschließlich objektiv ist, hinterfragt Baum (1986), welcher der Akademiegrammatik einen entsprechenden Erfolg bei dem ihr ursprünglich angedachten Zielpublikum bescheinigt (Baum 1986, 41), was sich anhand der im Jahr 1932 unmittelbar verkauften 100.000 Exemplare auch belegen lässt (Caput 1986, 81).

komplett eingestellt (Frey 2000, 60). Diese für normative Texte ungewöhnliche Bezeichnung der Bulletins als *Communiqués de mises en garde*, welche nach Auffassung von Berrendonner (1982, 35) nur den präskriptiven Charakter der Festlegungen maskiert, sollte demzufolge nicht missverstanden werden. Die Akademie wertet, wie Langenbacher-Liebgott (1980) herausarbeitet, einzelne Sprachstrukturen beispielsweise Entlehnungen aus dem britischen oder US-amerikanischen Englisch ab (wie *doping* oder *indoor*), kritisiert Bedeutungserweiterungen deutlich und weist in dieser Form der normativen Abhandlung auch grammatische Strukturen des Gegenwartsfranzösischen als *fautes de grammaire* (dt. Grammatikfehler) zurück (Langenbacher-Liebgott 1980, 79, 81, 82, 87, 89). Zu den von der *Académie française* als *fautes de grammaire* gerügten Sprachstrukturen gehören beispielsweise die falsche Genuszuweisung bei *une espèce de* und nicht *un espèce de* (dt. eine Art von) (*Communiqués* vom 8. November 1965) oder *se rappeler de qch.* (dt. sich erinnern an), eine Struktur, die inkorrekt sei und standardkonform durch *se rappeler qch.* ersetzt werden sollte (*Communiqués* vom 5. November 1964) (Langenbacher-Liebgott 1980, 86, 87).

Wie sehr sich die *Académie française* in sprachlichen und auch in spezifisch grammatischen Fragen nach der Einstellung der *Communiqués de mises en garde* einer sprachpuristischen Ideologie (cf. 2.5) verpflichtet sah, kann man dem bereits erwähnten *Discours sur l'état de la langue* (dt. Rede zum Zustand der Sprache) entnehmen, eine Art der öffentlichen mündlichen Darstellung, die von Maurice Druon bis 1999 allein fünfzehn Mal gewählt wird, um sich zu Einstellungen der Akademie in einzelnen Sprachenfragen zu äußern.[33]

3.5 Die *Académie française* als Normierungsinstanz im Onlineauftritt

Seit der Einrichtung des Webauftritts der französischen Akademie am 3. Dezember 1998 erhöht sich ihre öffentliche Wahrnehmung in Fragen sprachlicher und auch grammatischer Normierung durch eine weitere Form der Intervention der Normierung in Form einer *Sprachberatung*.[34]

Im Hinblick auf diese Onlinesprachberatung geht die Akademie einen ähnlichen Weg, wie die *Accademia della Crusca* in Italien, auch wenn die *Académie française* in Frankreich sich inhaltlich kaum an neue Spracherfordernisse anpasst (Radtke/Große/Felder 2019, 48).

Auf ihrer aktuellen Homepage äußert sich die *Académie française* in insgesamt drei Rubriken beratend und somit aus linguistischer Perspektive sprachnormativ

---

33 http://www.academie-francaise.fr/discours-sur-letat-de-la-langue-seance-publique-annuelle-3 (1. August 2024).
34 http://www.academie-francaise.fr/linstitution-lhistoire/les-grandes-dates (1. August 2024).

bzw. sprachkritisch: 1. *Questions de langue* (Sprachenfragen), 2. *Terminologie* (Terminologie) und 3. *Dire, ne pas dire* (Sagen, nicht sagen). Die Funktion der letztgenannten Rubrik wird klar herausgestellt; die Akademie gibt ihre Meinung zu ‚Fehlern' oder sprachlichen ‚Lächerlichkeiten' kund:

> L'attention accordée aux niveaux de langue (familier, populaire, vulgaire, trivial, argotique) ressortit à cette même perspective didactique qui a également présidé à l'élaboration d'une nouvelle rubrique sur le site de l'Académie française, intitulée « Dire, Ne pas dire », où les Académiciens donnent chaque mois leur sentiment sur les fautes, les ridicules et les tics de langage les plus fréquemment observés dans le français contemporain.[35]

Für die Beantwortung der derzeit einsehbaren 91 Fragen zur Sprache, *Questions de langue*, zeichnet der *Service du Dictionnaire de l'Académie française*[36] verantwortlich. Der Umfang und die Detailfreude der Beantwortung hängen vom jeweiligen Themenfeld ab, wobei beispielsweise die Frage der Anglizismen oder auch Großschreibung (*majuscules*) besonders umfassend abgehandelt werden. Typische Themenbereiche sind Fragen der Orthografie (fr. *rectifications de l'orthographe*), der Artikulation oder Prosodie (z.B. *liaisons*), des *accord* in seiner Vielfalt (z.B. der *accord* des Verbs bei *on*, *nous*, *vous* oder beim *participe passé*) oder auch lexikalische bzw. semantische Innovationen (z.B. *courriel* oder *mail* für dt. E-Mail) sowie vereinzelt morphosyntaktische Fragen (z.B. *inversion du sujet*: *puis-je*, *temps surcomposés*, Modusgebrauch, d.h. *indicatif* oder *subjonctif*, im Relativsatz). Zur Illustration sei hier ein Beispiel aus dem Bereich der Anglizismen angeführt:

> *Courriel / Mél.* **(sommaire)**
> D'origine québécoise, *courriel*, qui s'est répandu dans l'usage comme équivalent de l'anglais *e-mail*, désigne le message électronique et peut être, par extension, employé au sens de messagerie électronique : *envoyer un courriel* ; *confirmer sa venue par téléphone ou par courriel*.
> Ce terme a été approuvé par l'Académie française en juin 2003. Toutefois les termes *message électronique* d'un côté et *messagerie électronique* de l'autre, peuvent être employés comme synonymes de *courriel*.
> En revanche, on ne peut substituer *mél.* à *courriel* puisque *mél.* n'est pas un mot plein, mais l'abréviation de *messagerie électronique*. Il doit s'utiliser uniquement devant une adresse électronique, de même qu'on utilise *tél.* uniquement devant un numéro de téléphone. *Mél. : untel@voila.fr*.[37]

Die normative Positionierung der *Académie française* in ihren Antworten schwankt zwischen eher deskriptiv („On dit peut-être plus couramment *à Carrefour, à Auchan* que *chez Carrefour, chez Auchan*" – dt. Man sagt vielleicht häufiger zu *Carrefour*, zu

---

[35] http://www.academie-francaise.fr/le-dictionnaire/la-9e-edition (1. November 2023).
[36] Zur Arbeitsweise des *Service du Dictionnaire de l'Académie française* cf. Funk (2017, 197–205).
[37] http://www.academie-francaise.fr/questions-de-langue#26_strong-em-courriel-ml-em-strong (1. November 2023).

Auchan als bei *Carrefour*, bei *Auchan*), empfehlend („L'Académie française recommande…" – dt. Die französische Akademie empfiehlt…) und klar präskriptiv im Sinne der Zurückweisung einzelner, in unterschiedlichen Varietäten, Textsorten bzw. Kommunikationssituationen (in der Nähesprache, im journalistischen Sprachgebrauch, etc.) durchaus gehäuft gebrauchten Strukturen (z.B. „L'Académie n'admet [et ne privilégie] la variante mil de mille, dans les dates, que lorsque le numéral au singulier est suivi d'un ou plusieurs autres nombres" – dt. Die Akademie akzeptiert nicht [und bevorzugt nicht] die Variante *mil de mille* in der Datumsangabe, wenn das Numeral im Singular von einer und mehreren weiteren Zahlen ergänzt wird). Nachfolgend findet sich ein Beispiel eines Gesamteintrags einer von der *Académie française* eindeutig zurückgewiesenen Struktur, der Präpositionalphrase *sur* + Ortsangabe:

> *Sur Paris ?* (sommaire)
> Après s'être répandu dans la langue populaire ou familière, l'usage de la préposition « sur » où l'on attendrait la préposition « à » est aujourd'hui fréquente dans les médias (*travailler sur Paris*). Si, avec un verbe de mouvement, cette construction peut éventuellement se justifier par sa connotation dynamique (ainsi *déménager sur Toulouse, sur Brest*, qui rappelle *marcher sur Rome*), elle ne peut en revanche être acceptée avec un verbe qui n'a pas cette connotation (*j'habite à Paris* et non *j'habite sur Paris*).
> Voici d'ailleurs ce qu'écrivait en 2002 M. Maurice Druon, Secrétaire perpétuel honoraire de l'Académie française :
> "Je vais descendre sur Marseille." Vous trouvez-vous donc en hélicoptère ? "C'est pour travailler sur la région Provence-Côte d'Azur." A-t-elle besoin d'être modifiée, redessinée ? Sans doute, puisqu'on envisage de "créer un nouveau canton sur la troisième circonscription du Var." Mais par quel procédé ? Peut-on élever un canton ou le poser ? Cette pauvre préposition *sur* est harassée. On la met à toutes les sauces. Elle nous vient après plusieurs avatars du latin *super, supra*. On l'a chargée au fil du temps de bien des sens, propres ou figurés, matériels ou abstraits. Mais pourquoi lui impose-t-on, de surcroît, d'exprimer des indications qui ne comportent nulle notion de position, de supériorité ou de domination ? Il y a là un abus qui devient un tic. Soyons sur nos gardes pour n'y pas céder.[38]

Normative Autorität wird in der Beantwortung der einzelnen Fragen den Akademiemitgliedern, -kommissionen oder -publikationen (wie im oben zitierten Beispiel dem ehemaligen Akademiesekretär Maurice Druon oder der *Commission du dictionnaire de l'Académie française*), den Literaten (z.B. Victor Hugo, Maurice Genevoix, Georges Duhamel), einigen wenigen Linguisten bzw. Linguistinnen (z.B. Henriette Walter), der Grammatik *Bon usage* von Grevisse sowie in Einzelfällen dem unspezifizierten Sprachgebrauch, *usage*, zugewiesen. Dies bedeutet nicht, dass die Akademie der Entwicklung des wie auch immer gearteten *usage*, welchen sie beobachtet, sogleich folgen möchte, wie dies an dem noch immer von der Akademie empfohlenen

---

[38] http://www.academie-francaise.fr/questions-de-langue#85_strong-em-sur-paris-em-strong (1. August 2024).

Gebrauch von *magistère* für den universitären Masterabschluss anstelle des international gebräuchlichen *master* exemplifiziert werden kann.[39]

Die seit 2011 existierende dritte der genannten Sprachrubriken der *Académie française Dire, ne pas dire* ist offenbar so erfolgreich, dass die Akademie einzelne ihrer Erörterungen in mittlerweile sechs Printausgaben herausgibt (*Académie française* 2014, 2015, 2016, 2017, 2019a, 2023).

Im Onlineauftritt der Akademie werden unter dieser normativen Formel *Dire, ne pas dire* sechs Unterrubriken vereint: *emplois fautifs, extensions de sens abusives, néologismes & anglicismes, bonheurs & surprises* sowie der relativ wenig genutzte Blog (*bloc notes*) der Akademiemitglieder selbst und der interaktive Bereich *courrier des internautes*. Der normative Diskurs ist in allen genannten Kategorien, außer dem Blog und dem *courrier*-Bereich, präskriptiv ausgerichtet. Nicht wenige Fragestellungen werden in die Kategorie der *emplois fautifs* (dt. fehlerhafte Verwendungen) eingeordnet, die derzeit etwas mehr als 512 Einträge beinhaltet (Stand Juli 2024). Auch dies soll an einem Beispiel eines Eintrags verdeutlicht werden:

> Interrogative directe sans inversion : Vous allez où ?
> Le 5 mars 2020 – Emplois fautifs
> En français, l'interrogation directe se caractérise par une inversion de la place du sujet et du verbe par rapport à celle qu'ils occupent à la forme affirmative : *Il dort* devient *dort-il ?* ; *tu joues* devient *joues-tu ?* ; *nous arrivons demain* devient *quand arrivons-nous ?* ; *vous allez au travail* devient *où allez-vous ?* La langue orale, plus relâchée, oublie parfois cette inversion et c'est aussi ce que fait la langue écrite quand elle cherche à imiter ou à reproduire le langage parlé. Il n'en reste pas moins qu'il est de meilleure langue de la respecter.

On dit	On ne dit pas
À qui pensez-vous ?	*Vous pensez à qui ?*
Viendrez-vous demain ?	*Vous viendrez demain ?*[40]

Neben zahlreichen lexikalisch-semantischen Hinweisen und einzelnen Abhandlungen zur Aussprache werden auch grammatische Fragen aufgegriffen. Die Syntax bildet nach der Lexik die zweithäufigste behandelte Gruppe, in der beispielsweise die Negation im Französischen und der Ausfall von *ne* ausführlich diskutiert wird (cf. Morawetz 2020). Den Auftakt bildete bei Einführung der Rubrik am 6. Oktober 2011 nicht überraschend die ausdrückliche Zurückweisung des *subjonctif* nach *après que* (dt. nachdem) und damit eine stets von Neuem diskutierte Frage, die durch die

---

39 http://www.academie-francaise.fr/questions-de-langue#52_strong-em-master-magistre-em-strong (1. August 2024).
40 https://www.academie-francaise.fr/interrogative-directe-sans-inversion-vous-allez-ou (1. November 2023).

Analogiebestrebungen zum *subjontif* bei *avant que* (dt. bevor) im Sprachgebrauch erklärt werden kann. Es handelt sich um eine sprachliche Entwicklung, der die Akademie bis jetzt nicht folgen möchte:

> À la différence de *avant que,* qui implique une notion d'éventualité, *après que,* marquant que l'on considère le fait comme accompli, introduit une subordonnée dont le verbe doit être mis à l'indicatif. *Je rentrerai après que la nuit sera tombée. Il est parti après que nous l'avons tous salué.* Le passé antérieur employé dans des phrases comme *Après que le bateau fut sorti du port, la tempête s'éleva* ou *On l'applaudit après qu'il eut parlé* ne doit pas être confondu avec le plus-que-parfait du subjonctif (http://www.academie-francaise.fr/apres-que).

Die *Académie française* gibt sich so als Hüterin des *bon usage.* In verschiedenen Einträgen der *emplois fautifs,* aber auch bei den *extensions de sens abusives* (dt. missbräuchliche Bedeutungserweiterung) wird die Verbindlichkeit der Aussage durch die dichotomisch ritualisierte Formel: *on dit/écrit, on ne dit/écrit pas*[41] und eine tabellarische Gegenüberstellung des „korrekten" und „nicht korrekten" Sprachgebrauchs gestützt und damit für die Nutzer als sprachliche Handlungsanweisung formuliert wie im Beispiels des Gebrauchs von *car, pour* etc.:[42]

---

41 Die Zurückweisung durch die dichotomische Formel *dire/ne pas dire* verfügt über eine lange Tradition und ist gleichfalls in andern Sprach- bzw. Kulturräumen nachweisbar (cf. Lebsanft 1997, 212, 213; Große 2017, 47).
42 http://www.academie-francaise.fr/car-pour-par-et-avec-prononces-careu-poureu-pareu-et-avecqueu (1. November 2023).

Car, pour, par et avec prononcés careu, poureu, pareu et avecqueu

Le 7 mai 2020 — Emplois fautifs

L'élision d'un *e* dit « muet » est la marque d'une langue familière ou populaire ; on la trouve par exemple quand le groupe *je te* devient *j'te* (prononcé *ch'te*). Mais on trouve aussi l'erreur inverse, qui consiste à ajouter des *e* quand il ne devrait pas y en avoir, particulièrement en fin de mot, ce qui fait que les prépositions *car, pour, par* et *avec* en viennent à être prononcées *careu, poureu, pareu* et *avecqueu*. Bien souvent ces *eu* superfétatoires sont employés par le locuteur pour se donner du temps quand il cherche ses mots ou à mettre de l'ordre dans ses idées. Il n'en reste pas moins qu'ils doivent être, autant que faire se peut, proscrits de la langue courante.

On dit	On ne dit pas
Il n'est pas venu car il pleuvait	Il n'est pas venu careu il pleuvait
Elle est venue avec sa sœur	Elle est venue avecqueu sa sœur

Abb. 5: Beispiel für die *emplois fautifs* : *car, pour, par* et *avec*

Grundsätzlich greift die Akademie auch aktuelle Entwicklungen auf, wie im Frühjahr 2020 die Frage der Genuszuweisung in der Bezeichnung für die Viruserkrankung *Covid 19*, wobei sie hier unter Rückgriff auf die dahinterstehende Krankheit den Gebrauch des femininen Genus eindeutig empfiehlt.[43]

Im interaktiven Bereich der Beantwortung von Nutzeranfragen (fr. *courrier des internautes*) aus sehr unterschiedlichen Sprachbereichen nimmt die Akademie am ehesten eine sprachberatende Funktion ein und erörtert nicht selten Aspekte der Etymologie und des Sprachwandels (cf. Große 2025). Im folgenden Beispiel nimmt die Akademie die Frage des Nutzers Jean-Luc C. aus Biarritz zum Verhältnis von Graphie und Phonie auf:[44]

---

[43] http://www.academie-francaise.fr/le-covid-19-ou-la-covid-19- 7. Mai 2020 (1. November 2023).
[44] https://www.academie-francaise.fr/jean-luc-c-biarritz (22. Juli 2025).

Jean-Luc C. (Biarritz)

Le 3 juin 2021   Courrier des internautes

On m'a toujours appris que, en français, quand un *e* est suivi de deux consonnes, il n'était pas nécessaire de le pourvoir d'un accent pour qu'il soit prononcé *è*, comme dans *belle, perte, merci, perdu*, etc. Mais alors, pourquoi y a-t-il un accent sur le premier *e* de *siècle* ?

Jean-Luc C. (Biarritz)

L'Académie répond :

Monsieur,

Pour que les deux consonnes modifient la prononciation du *e* qu'elles suivent, il faut qu'elles appartiennent à deux syllabes différentes. C'est ce que nous avons, par exemple, dans les mots que vous proposez, tel *merci* : la première consonne, *r*, appartient à la même syllabe que le *e*, tandis que la deuxième, *c*, appartient à la syllabe suivante. Or, quand cette première consonne est une occlusive (*b, c, d, g, p* ou *t*) ou une fricative (*f* ou *v*), et la seconde, une liquide (*r* ou *l*), le groupe de deux consonnes appartient à la syllabe qui suit le *e* et ne peut donc pas en modifier la prononciation. C'est pourquoi on écrit, avec un accent grave, *zèbre, exècre, cèdre, pègre, lèpre, mètre, chèvre, hièble, siècle, règle, trèfle*, etc.

Ce phénomène se retrouve en métrique ancienne. En effet, en poésie grecque et latine, la longueur d'une voyelle est déterminée par sa nature ou sa position : une voyelle brève est allongée quand elle est suivie de deux consonnes, mais cette voyelle n'est considérée comme longue que si les deux consonnes qui la suivent appartiennent à la syllabe suivante. Ainsi dans le latin *celebratio*, le deuxième *e* reste bref puisque les deux consonnes qui le suivent appartiennent à une autre syllabe. Les Anciens appelaient ce phénomène la *correptio attica*.

Abb. 6 : *Courrier des internautes* – La prononciation de *e* + deux consonnes

Das Wörterbuchportal der Akademie, das alle Auflagen des Akademiewörterbuchs umfasst, wurde durch die Arbeit des *atilf* der *Université de Lorraine* in Nancy unterstützt[45] und eignet sich in besonderer Weise für Suchanfragen, die die Entwicklung der Lexik, Semantik und Orthografie nachzeichnen.

3.6 Der Zwiespalt zwischen normativem Wirken und symbolischer Funktion: die aktuellen Entwicklungen

Der *Académie française* kann und sollte man ihre symbolische Funktion nicht abstreiten, auf die auch Amit (2016, 237, 245) im Sinne ihrer einigenden Funktion für die

---

[45] https://www.tract-linguistes.org/neuvieme-edition-du-dictionnaire-de-lacademie-francaise/ (6. Januar 2025).

frankophonen Eliten auch außerhalb Frankreichs verweist (Amit 2016, 237). Eine solch einigende Funktion ist aus normativer Sicht allerdings kritisch zu hinterfragen, wenn diese mit einer monozentrischen und nicht plurizentrischen Perspektive verbunden wird (cf. Kapitel 4). Je stärker die Entwicklung weiterer Standards neben dem hexagonalen Französisch, im Sinne eines Pariser Französisch, vorangeschritten ist bzw. voranschreitet, umso klarer müsste sich die *Académie française* in ihrem Bemühen für eine weitere Öffnung und die Akzeptanz weiterer normativer Zentren in der Frankophonie, wie dies beispielsweise im hispanophonen Raum und in den Akademien der spanischen Sprache der Fall ist, in ihren eigenen Veröffentlichungen positionieren:

> Yet, in an era of globalization, the language policy of the *Académie* faces rivalry, such as that between pluricentricity and monocentricity or between linguistic diversity and linguistic uniformity (Amit 2016, 245).

Die Haltung der *Académie française* gegenüber dem sich herausgebildeten Standard des *québécois*, der sich möglicherweise zunehmend auch als frankokanadischer Standard etabliert, ist bisher kaum zu fassen. Zudem haben sich in verschiedenen frankophonen Regionen relevante Sprachinstitutionen, wie der *Office québécois de la langue française* entwickelt, die neben sprachberatenden Aktivitäten vor allem standardfördernd wirken.

Grundsätzlich sollte der Einfluss der Akademie in ein direktes und indirektes Wirken untergliedert werden. Direkt wirkt sie durch die Entwicklung ihres Wörterbuchs, bei den Entscheidungen der Terminologiekommissionen (cf. Funk 2019), bei der Vergabe zahlreicher an die Akademie gebundener Preise oder auch in der Sprachberatung auf ihrem eigenen Webauftritt. Indirekt wird sie beispielsweise als Mitglied der staatlichen und dem Kulturministerium unterstellten *Délégation générale à la langue française et aux langues de France* (DGLFLG) tätig,[46] allerdings wird sie dort nicht von den Akademiemitgliedern, sondern von den Mitarbeitenden des *Service du Dictionnaire* der *Académie française* vertreten.[47] Von ihren Standardisierungsaufgaben, die in ihren Gründungsstatuten festgeschrieben sind, wurde die *Académie française* bereits mit der Gründung des *Conseil International de la Langue Française* (CILF) im Jahre 1967 in gewissem Rahmen entbunden (Baum 1983, 390).

Der französische Staat hatte in den 1960er Jahren auf die proklamierte *Crise du français* (cf. 2.4) reagiert und unter anderem das *Haut Comité pour la défense et l'expansion de la langue française* (1966), die Vorgängerorganisation der DGLFLF, geschaffen. Wie auch die Gründung zahlreicher weiterer privater und staatlicher

---

46 https://www.culture.gouv.fr/Nous-connaitre/Organisation-du-ministere/La-delegation-generale-a-la-langue-francaise-et-aux-langues-de-France (1. August 2024).
47 https://www.radiofrance.fr/franceculture/l-academie-francaise-est-elle-encore-utile-7236258 (1. August 2024).

Sprachpflegeorganisationen zeigt diese Reaktion nicht zuletzt die mangelnde Bereitschaft und „Unfähigkeit" der *Académie française*, die ‚Krise' selbständig zu bewältigen (Funk 2019, 139–140).

Dennoch wirkt die Akademie heute durch ihre mediatische Sichtbarkeit indirekt auf Normfragen und Normierungsprozesse ein. So ist die *Académie française* in verschiedenen *social media* inoffiziell vertreten (*Twitter, X, facebook*)[48] und sorgt in Fragen der inklusiven Schreibweise (*Déclaration de l'Académie française sur l'écriture dite „inclusive"* vom 26. Oktober 2017 bzw. *Lettre ouverte sur l'écriture inclusive* vom 7. Mai 2021),[49] der Feminisierung der Berufsbezeichnungen (*La féminisation des noms de métiers et de fonctions* vom 1. März 2019) (*Académie française* 2019b) oder zum Einfluss des Englischen auf den institutionellen Sprachgebrauch (*Rapport de la commission d'étude sur la communication institutionnelle en langue française* vom 3. Februar 2022) (*Académie française* 2022) mit ihren Statements und Entscheidungen immer wieder für mediale Aufmerksamkeit und öffentliches Erstaunen.

3.7 Zusammenfassung

Die *Académie française* wirkt ihrer heutigen gestiegenen medialen Präsenz und Akzeptanz zum Trotz nur in Teilen normativ. Während über die Jahrhunderte ihr Akademiewörterbuch, obgleich äußerst langsam erarbeitet und zunächst besonders restriktiv ausgerichtet, als normatives Wörterbuch in Erscheinung trat, nahm die Akademie diese Aufgabe im Bereich der grammatischen Normierung nur sehr eingeschränkt wahr.

Allerdings versucht die *Académie française* durch öffentliche Erklärungen in Sprachenfragen, durch einen auf die Sprachberatung ausgerichteten eigenen Onlineauftritt und durch einen neu und ambitioniert gestalteten Webzugriff zur neunten Auflage ihres Wörterbuchs ihren im 20. Jahrhundert geschwundenen, auch symbolischen, Einfluss in Normierungs- und Standardisierungsfragen (cf. Eckkrammer/Lescure 2015, 150) gegenüber anderen Sprachinstitutionen wieder auszubauen.

---

[48] Bei dem früheren *Twitter*-Account und dem *facebook*-Auftritt der *Académie française* handelt es sich um keine offiziellen Seiten der Akademie, https://www.facebook.com/academiefrancaise-pagenonofficielle, https://twitter.com/academie_fr (1. November 2023).
[49] https://www.academie-francaise.fr/actualites/declaration-de-lacademie-francaise-sur-lecriture-dite-inclusive (1. August 2024) sowie https://www.academie-francaise.fr/actualites/lettre-ouverte-sur-lecriture-inclusive (1. November 2024).

Arbeitsaufgaben

1. Erörtern Sie, ob und inwiefern die soziohistorischen Umbrüche im *Dictionnaire de l'Académie française* sichtbar werden.
2. Argumentieren Sie, ob die *Académie française* den in ihren Gründungsstatuten festgeschriebenen Standardisierungsaufgaben im Bereich der Grammatik nachgekommen ist.
3. Schlagen Sie im aktuellen Webauftritt des Akademiewörterbuchs ein Wort in den verschiedenen dort zugänglichen Auflagen des Wörterbuchs nach und vollziehen Sie mögliche Änderungen, beispielsweise in der Definition des Wortes nach. Lassen Sie sich dabei von den Einträgen zu *démocratie*, *mademoiselle* oder *aimer* zur weiteren Suche inspirieren.
4. Wählen Sie drei Beispiele aus den *Questions de langue* der *Académie française* aus (http://www.academie-francaise.fr/questions-de-langue) und erfassen Sie die Antworten unter dem Blickwinkel der Normativität bzw. Präskriptivität.

4 Sprachnormierung und die Plurizentrik des Französischen

4.1 Französisch zwischen Mono- und Plurizentrik

4.1.1 Mythos der sprachlichen Einheit

Den zahlreichen wissenschaftlichen Arbeiten zur Sprachvariation in der Frankophonie zum Trotz hielt sich über lange Zeit allgemein die Vorstellung von der sprachlichen Homogenität des Französischen und von einem einzigen legitimierten Standard für die gesamte Frankophonie, welcher zumeist mit dem Französischen in Frankreich identifiziert wurde (cf. Pöll 2005, 15, 30; Drescher/Neumann-Holzschuh 2010, 10–11; Kircher 2012, 345; Jablonka 2017, 470; Reutner 2017, 56). Die so dominierende Vorstellung von einer gemeinsamen und allgemeingültigen Standardnorm in Gestalt eines mit großem Prestige ausgestatteten und kodifizierten *français de France* oder *français hexagonal* (dt. hexagonales Französisch) ging mit dem Gefühl einer sprachlichen Verunsicherung (fr. *insécurité linguistique/langagière*)[1] zahlreicher Sprecherinnen und Sprecher in der Frankophonie wie beispielsweise in Quebec, in Afrika oder in Belgien einher, deren Sprachgebrauch von diesem Standard abweicht (cf. Manessy 1992, 71; Reinke 2004, 6, 11; Klinkenberg 2007; Pöll 2011b, 77; Ledegen 2013; Reinke/Ostiguy 2016, 91; Francard 2017, 200; Pöll 2017a,15; Remysen/Rheault 2024, 426). Symptomatischer Ausdruck der Vorstellung sprachlicher Homogenität sind nicht selten sprachpuristische und sprachkritische Diskurse, in denen der hexagonale Standard überhöht und andere, extra-hexagonale bzw. nicht-hexagonale Sprachvarietäten (fr. *variétés non-hexagonales*) abgewertet wurden (cf. Klinkenberg 2007; Reutner 2017, 52).

In der institutionellen Vermittlung des Französischen haben sich die Vorstellung eines einheitlichen Standards, der in der gesamten Frankophonie gesprochen wird, und die Idee der Bevorzugung des hexagonalen Französisch lange gehalten (cf. Moreau/Dupal 1999, 5; Francard 2017, 200; Mercier/Remysen/Cajalot-Lagannière 2017, 303). Diese Aussage trifft in gleichem Maße auf die Vermittlung des Französischen als *français langue étrangère* (FLE) zu.

---

[1] „Le mot [insécurité linguistique – S.G.] désigne un concept sociolinguistique qui peut se définir comme le produit psychologique et social d'une distorsion entre la représentation que le locuteur se fait de la norme linguistique et celle qu'il a de ses propres productions" (Klinkenberg 2007, 4).

4.1.2 Sprachbezeichnungen

Die Sprachbezeichnungen (*Glossonyme* oder *Glottonyme*), die für die vom Standard einer Sprache abweichenden Varietäten sowie für Kontakt- oder auch Lernervarietäten gewählt werden, können in sprachnormativen und sprachpuristischen Diskursen, wenn es darum geht die ‚sprachnormative Einheit des Französischen' zu betonen, durchaus abwertend sein. Es finden sich in diesem Kontext daher Bezeichnungen wie *langue déficiente* (dt. minderwertige Sprache), *langue malade* (dt. kranke Sprache), *français approximatif* (dt. approximatives Französisch), *petit français* (dt. kleines bzw. geringes Französisch) (Reinke 2004, 8; Pöll 2011a, 159; 2017a, 124).

Andere Bezeichnungen demgegenüber sind hingegen weniger eindeutig und im jeweiligen Kontext unterschiedlich, d.h. positiv oder negativ, interpretierbar. Dies trifft auch auf die häufigen Glottonyme, die bereits in der Bezeichnung selbst als hybride Formen die Vorstellung einer gewissen ‚Sprachmischung' anzeigen, wie *francolof* (Französisch + Wolof in der Republik Senegal) oder *camfranglais* (oder auch *francanglais*) (Französisch und Englisch in der Republik Kamerun) zu (Drescher 2017, 522; Pöll 2017a, 125). Im Sinne einer linguistischen Klassifizierung handelt es sich bei diesen Kontaktvarietäten nicht um tatsächliche *Mischsprachen* wie dem *Michif*, welches an der Grenze zwischen Kanada und den USA gesprochen wird; sie werden aber als solche im nicht-wissenschaftlichen und teilweise auch im wissenschaftlichen Diskurs gedeutet.

Die wertenden Zuschreibungen für derartige Sprachbezeichnungen können sich im Verlauf ändern: So wurde *joual* (der Bezeichnung liegt die Aussprache von fr. *cheval* zugrunde) zunächst pejorativ für das *français québécois populaire* von Montréal gebraucht.[2] Durch die Stilisierung und Verwendung typischer Varianten des *joual* in der Belletristik bzw. im Theater wie in Werken des kanadischen Autors Michel Tremblay gewann diese Varietät an Prestige und an medialer Aufmerksamkeit, wodurch die Sprachbezeichnung ihre anfängliche stigmatisierende Wirkung in Teilen verlor (Reinke 2004, 9; Pöll 2005, 167; Bigot 2008, 755; Kicher 2012, 347; Pöll 2017a, 83).

Vorhandene Sprachbezeichnungen können darüber hinaus zugleich auf wechselnde Referenten verweisen. So kann die Bezeichnung *chiac* zum einen dazu genutzt werden, um das akadische Französisch in Kanada allgemein zu charakterisieren, zum anderen aber auch für ein von zahlreichen Anglizismen gekennzeichnetes Französisch dieser Region stehen (Boudreau/Gauvin 2017, 325–327):

---

2 https://usito.usherbrooke.ca/articles/th%C3%A9matiques/laur_1 (20. Dezember 2024).

> Nommer une langue ou une variété de langue n'est donc pas un processus anodin. La nomination crée des frontières entre les langues et ses variétés, frontières qui ne sont pas étanches mais qui laisse supposer qu'elles le sont (Boudreau/Gauvin 2017, 325).

Welchen sprachideologischen Stellenwert diese Form der Diskussion von Sprachbezeichnungen annehmen kann, zeigt nicht zuletzt die wissenschaftliche Diskussion innerhalb der Frankophonie um die Bezeichnungen *français en Afrique* und *français d'Afrique*, mit denen entweder die Einheit oder die Singularität regional spezifischer Varietäten erfasst werden (Boutin/Gadet, 2012; Zang Zang 2018).[3]

4.1.3 Das Französische als plurizentrische Sprache: Allgemeines

Das Französische wird – wie bereits betont – nicht nur in Frankreich gesprochen, sondern verfügt als historische Einzelsprache über regionale Varietäten, die über Ländergrenzen hinweg in unterschiedlichen Regionen auf fünf Kontinenten verwandt werden, dort eigene Varietätenspektren, Normen sowie Standards ausbilden und so nach und nach modellbildend wirken.

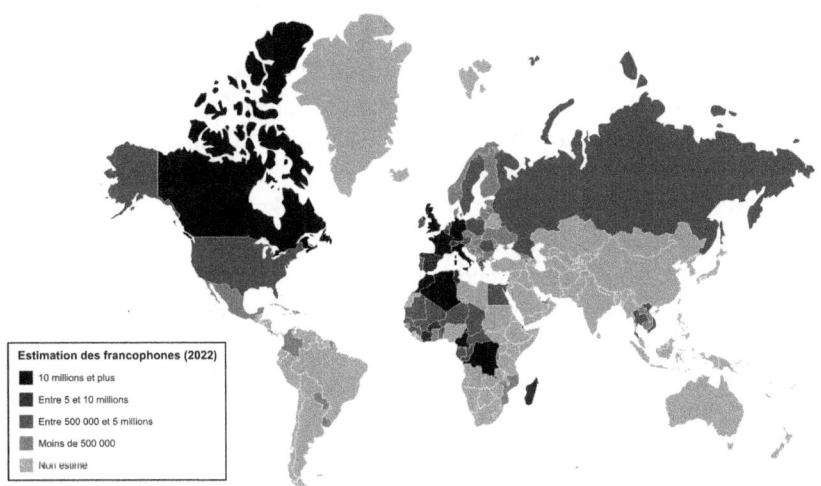

Abb. 7: Schätzung der Zahl der Frankophonen weltweit von 2022, https://observatoire.francophonie.org/qui-parle-francais-dans-le-monde/ (28. Dezember 2024).

---

[3] Zur Lektüre der sprachideologischen Aspekte in der Bildung und im Gebrauch von Sprachbezeichnungen sowie der künstlerischen und medialen Inszenierung von *Ethnolekten* sei der Aufsatz von Androutsopolous (2007) empfohlen.

In einem solchen Kontext der regionalen Verbreitung von Sprachen wird üblicherweise zwischen *monozentrischen* und *plurizentrischen Sprachen* (fr. *langues monocentriques/pluricentriques*) unterschieden. Das Französische wird neben Sprachen wie dem Englischen, Spanischen oder Arabischen zumeist allgemein oder mit Einschränkungen als eine *plurizentrische Sprache* eingestuft (Clyne 1992a; Lüdi 1992; Muhr 2003; Pöll 2005). Mit einer derartigen Charakterisierung sind allerdings verschiedene Diskussionsfelder verbunden, die im Folgenden knapp umrissen werden. So können die Standards plurizentrischer Sprachen nicht ohne Weiteres an das Konzept von ‚Nation' bzw. an ein konkretes staatliches Gebilde zurückgebunden werden, wie das in der wissenschaftlichen Diskussion um *plurizentrische Sprachen* und der Idee der Existenz sogenannter ‚nationaler Varietäten' häufig der Fall ist (cf. z.B. Muhr 2003).[4] *Plurizentrische Sprachen* umfassen nicht selten Räume bzw. Areale, die durchaus in ihrer (räumlichen) Eingrenzung diffuser als staatliche Zuordnungen sind, wodurch ihre linguistische Erfassung und strukturelle Beschreibung erschwert wird. Dies kann in Teilen der Frankophonie im subsaharischen Afrika, u.a. zwischen Togo und Benin, beobachtet werden, wo sich das in beiden Staaten gesprochene Französisch sprachlich-strukturell nicht klar voneinander abgrenzen lässt.

Zudem tritt die plurizentrische Variation des Französischen in der schriftlichen und in Teilen auch mündlichen Distanzkommunikation, d.h. in der eher formellen Kommunikation, oftmals weniger sichtbar zu Tage, während sie in der mündlichen Nähekommunikation, eher informellen Kommunikation, stärker ausgeprägt zu sein scheint (cf. Pöll 2017a, 15). So sprechen Reinke und Ostiguy (2016, 35) beispielsweise von einer großen Nähe der Standards (im Sinne eines schriftlichen Standards) des Französischen in Frankreich und jenem in Quebec. Da bei der Standardisierung in besonderem Maße auf die schriftliche Distanzkommunikation referiert wurde und wird, stellte sich lange die Frage, wie ein solcher Standard wie jener des *français québécois* in der Plurizentrik beschrieben werden kann, der sich wie im Beispiel des *français québécois* zwar areal zunächst gut in der Region Quebec verorten lässt, darüber hinaus jedoch in seinen anderen Varietätendimensionen wie den diastratischen oder diaphasischen Varietäten nicht einfach zu fassen ist (cf. Reinke/Ostiguy 2016, 28; Eggert 2017, 60–61).

Außerdem kommt in der Diskussion um die Plurizentrik eine ideologische Perspektive zum Tragen, in welcher die Fragen der Sprache und der Standards mit der Identitätskonstruktion in einzelnen Ländern oder Regionen verknüpft werden (cf. die Diskussion in Zang Zang 2018). Dementsprechend wird die Zugehörigkeit zu einem

---

4 Die Rückbindung an ‚Nation' bzw. ‚Staat' ist für Muhr ein konstitutives Element in der Definition von *plurizentrischen Sprachen*: „Plurizentrische Sprachen sind ein spezieller Typ von Sprachen, der gewissermaßen eine Zwischenstufe zwischen einer ‚Sprache' und einem ‚Dialekt' darstellt. Das Hauptmerkmal dieser Sprachen ist es, dass sie in zwei oder mehreren Staaten vorkommen, dort den Status einer offiziellen Verwaltungs- oder Staatssprache haben und dadurch eine gewisse sprachliche und kommunikative Selbständigkeit entwickeln" (Muhr 2003, 191).

Land bzw. zu einer Region mit der Zugehörigkeit zu einer Sprachgemeinschaft gleichgesetzt.

Mit der Verwendung der Metapher des *Zentrums* in der Charakterisierung plurizentrischer Sprachen geht darüber hinaus die Idee eines ‚Gegenpols' einher, einer *Peripherie*, welche in der wissenschaftlichen Diskussion um die Plurizentrik in Teilen aufgegriffen wurde. In der konzeptuellen Diskussion zur sprachlichen Plurizentrik findet sich daher in der Bezeichnung der *variétés périphériques* (dt. periphere Varietäten) die Vorstellung einer solchen Peripherie wieder (cf. Pöll 2011a; Reinke/Ostiguy 2016, 127). Mit der Verwendung von *peripher* wurden indes gewisse Vorbehalte gegenüber dem Sprachkonzept der ‚Plurizentrik' geschürt, da die Vorstellung von Peripherie aus der Erfahrung kolonialer Abhängigkeiten als negativ bzw. hegemonial interpretiert wurde (cf. Zang Zang 2018, 12–13).

Für das Französische ist die theoretische und praktische Diskussion um die *Plurizentrik* oft an die Frage angelehnt, wie aus sprachlicher Sicht *Frankophonie* (fr. *francophonie* oder spezifischer *francophonie linguistique*) definiert wird (cf. Lüdi 1992, Reutner 2015). Swiggers führte bereits 1993 eine gut einsetzbare Definition von *Frankophonie* ein:

> Mais pour cela [une approche différentielle – note S. G.] il faudra que la francophonie reconnaisse son statut : celle d'une macrocommunauté linguistique à *plusieurs* diasystèmes fonctionnels et à diverses normes endogènes. L'anglophonie a reconnu depuis longtemps sa propre pluralité ; il n'y a pas de bonne raison pour que la francophonie essaie de refouler la sienne (Swiggers 1993, 26).

Diese Definition mit der Referenz auf eine übergreifende Sprachgemeinschaft (fr. *macrocommunauté linguistique*) kann für den konzeptuellen Zugriff auf die *Plurizentrik* des Französischen genutzt werden. Der Begriff *Frankophonie* wird darüber hinaus in anderen Zusammenhängen verwandt, die von Pöll (2017a, 7–10) zusammengefasst werden.

In den sprachnormativen Schriften des Französischen wie beispielsweise den Grammatiken war und ist eine plurizentrische Konzeption insgesamt oftmals weniger präsent, aber auch hier zeigen sich Veränderungen (cf. auch Clyne 1992a, 2 sowie 5.1).

4.2 Plurizentrik: ein konzeptueller Zugriff

4.2.1 Das Konzept der ‚plurizentrischen Sprachen' in historischer Perspektive

Das Konzept hat in seiner Anwendung auf die verschiedenen Sprachen in den zurückliegenden Jahrzehnten eine deutliche Entwicklung erfahren (cf. Pöll 2005, 9–10). Heinz Kloss (1978), der die Konzeptualisierung mit seiner Arbeit vielleicht nicht initiierte, aber wesentlich vorantrieb, analysierte zunächst die Entwicklung und Ausbreitung der deutschen Sprache über einzelne Staaten bzw. Nationen hinaus. Er verband die Existenz mehrerer nationaler Standards des Deutschen mit der Idee der *Plurizentrik*. Wesentlich war für ihn, dass jene Sprachvarietäten „ihre Entstehung in der Regel dem Vorhandensein von einem oder mehreren kulturellen ‚Zentren' verdanken, die einander kulturell und oft auch politisch selbstständig gegenüberstehen" (Kloss 1978, 66). Auch wenn mit dem Begriff der *Plurizentrik* anfänglich nur die Existenz von zwei normativen Zentren einer Sprache intendiert war und allein *polyzentrisch* auf mehr als zwei Zentren hinweisen sollte (Kloss 1978, 66), setzte sich – wie auch Sinner (2014, 103) unterstreicht – in der Mehrzahl der linguistischen Studien schließlich *plurizentrisch* als Begriff durch.

Clyne (1992a), australischer Germanist, der die Arbeiten von Kloss rezipierte, stellte die vereinende, aber zugleich auch abgrenzende Funktion der *Plurizentrik* heraus:

> Pluricentric languages are both unifiers and dividers of peoples. They unify people through the use of the language and separate them through the development of national norms and indices and linguistic variables with which the speakers identify (Clyne 1992a, 1).

In den Definitionen und Abgrenzungen einzelner *plurizentrischer Sprachen* werden als Kriterien ihre regionale Ausbreitung und normbildende Wirkung sowie ihr spezifischer Status erwähnt, dies allerdings nicht in allen Arbeiten in vergleichbarer Form. Die Frage ist demzufolge, wodurch eine regionale Varietät bzw. ein regionaler Standard in den einzelnen Auffassungen zu einem sprachnormativen Zentrum innerhalb plurizentrischer Sprachen wird.

Die Existenz eines Zentrums wird bei Muhr (2003) an den offiziellen Status der Sprache in einem Staat und an die Existenz weiterer Merkmale, z. B. demographischer Natur wie jenes einer hohen Sprecherzahl, gekoppelt und damit in gewisser Hinsicht ‚objektiviert'. Der offizielle Charakter gibt der Sprache nach Muhr (2003; 2015) eine Repräsentativfunktion. Dies bedeutet zugleich, dass wir bei *plurizentrischen Sprachen* wie dem Französischen mit seiner weiten Ausbreitung in Europa, Nordamerika und in Nord- sowie Westafrika von zahlreichen Zentren mit ihren spezifischen Standards ausgehen müssten, die sich auf sprachlich-typologischer Ebene nicht immer gut voneinander abgrenzen ließen und oftmals nur eingeschränkt korpuslinguistisch erfasst, beschrieben sowie kodifiziert sind.[5]

Muhr unterteilt in seiner Konzeption zudem Haupt- und Nebenvarietäten inner- und außerhalb Europas und benennt „sprachliche Zentren mit eigener Kodifizierungspraxis" (2003, 10–11). Als solche Zentren ordnet er für das Französische Belgien, Frankreich und Kanada ein. Die Akzeptanz für eine Differenzierung in Haupt- und Nebenvarietäten ist durchaus kontrovers, da in ihr erneut die Vorstellung der

---

5 Lüdi (1992, 171) spricht von „international standardization of French", was aus unserer Sicht ein problematisches Konzept darstellt, da unklar bleibt, was unter internationaler Standardisierung bzw. Normierung exakt zu fassen ist.

Dominanz einzelner Varietäten gegenüber anderen mitschwingt, weshalb sie in diesem Arbeitsbuch nicht valorisiert wird.

Nach Pöll (2005, 18) hat die Vorstellung der *Plurizentrik* einen doppelten epistemologischen Status, da sie sowohl auf der theoretischen Beschreibungsebene als auch in der sprachpolitischen Praxis (fr. *aménagement linguistique*) anzusiedeln ist. Gerade die zweite Ebene, die Sprachpolitik, ist für die Frankophonie beispielsweise im *Manuel des francophonies* (2017) gut erfasst.

Auf der theoretischen bzw. sprachbeschreibenden Ebene werden den jeweiligen Standards einer plurizentrischen Sprache singuläre phonetische, lexikalische, morphologische, syntaktische oder auch diskurspragmatische Merkmale zugeschrieben oder diese zur Abgrenzung hinzugezogen, d.h. die Merkmale können, wie Pöll (2005, 26) unterstreicht, positiv oder negativ definiert werden. Zu solchen Merkmalen würden beispielsweise in der Lexik das in der frankophonen Schweiz (fr. *Suisse romande*) gebräuchliche *école enfantine* (,école maternelle' – dt. Grundschule) oder die im *français québécois* verwandten *tuque* (,bonnet tricoté' – dt. Strickmütze) oder *dîner* (,repas du midi' – dt. Mittagessen) zählen (Reinke/Ostiguy 2016, 29, 36; Pöll 2017a, 3).

Die jeweilige Gebrauchsfrequenz der sprachlich-strukturellen Merkmale, die in einzelnen Darstellungen der Charakterisierung dienen, – welche von Pöll (2017a, 40) als *frequenzielle Regionalismen*, von Reutner (2017, 36–37) als *diatopisme de fréquence* und von Reinke und Ostiguy spezifisch für Quebec als *québécismes de fréquence* (2016, 40) bezeichnet werden – spielt eine besondere Rolle. Es ist demzufolge möglich, dass sich die einzelnen Standards plurizentrischer Sprachen in erster Linie in der Frequenz einzelner sprachlicher, wie lexikalischer, morphosyntaktischer etc., Varianten unterscheiden und nicht vordergründig in den Varianten selbst. Ein sprachlicher Ausdruck würde in diesem Sinne zwar in den unterschiedlichen Varietäten plurizentrischer Sprachen verwandt, aber vor allem in einer Varietät eine deutlich höhere Frequenz als in anderen aufweisen, wodurch sich die verschiedenen Varietäten einer plurizentrischen Sprache differenzieren und voneinander abgrenzen lassen.

Bei der Vorstellung der Existenz verschiedener Standards innerhalb der *Plurizentrik* wird man erneut mit der Schwierigkeit konfrontiert, eine linguistische, sprachtypologische Sichtweise von einzelnen sprachspezifischen Merkmalen mit einer soziolinguistischen Perspektive zu verbinden, in welcher der Status eines solchen Standards für seine Sprachgemeinschaft und für deren Identität als Gemeinschaft in den Vordergrund gestellt wird. Diese Ambivalenz in der Beschreibung der Standards *plurizentrischer Sprachen* lässt sich allerdings nur bedingt auflösen, weshalb zur Entscheidung über die Charakterisierung als Standard innerhalb plurizentrischer Sprachen in der Gesamtheit auch weiterhin keine einheitlichen Kriterien herangezogen bzw. die Kriterien unterschiedlich gewichtet werden.

In seiner Darstellung von 2015 präferiert Muhr ein Modell von *Plurizentrik*, in welchem die funktionale Dominanz der jeweiligen Sprachen herausgestellt wird und an Beispielen der Verbreitung der Sprache in den elektronischen Medien und in der sprachpflegerischen Arbeit von Sprachakademien bzw. Sprachgesellschaften illustriert wird.

Die im Arbeitsbuch vertretene Vorstellung von *Plurizentrik* stellt nicht unbedingt eine einzelstaatliche bzw. nationale Zuordnung von normativen Zentren wie z.B. dem senegalesischen Französisch oder dem Französischen in Togo oder auch in Algerien in den Vordergrund. Eine solche Zuordnung hat dennoch in der sprachpolitischen Ausrichtung von Einzelstaaten durchaus ihre Berechtigung, indem beispielsweise ein in einem Land gesprochener Standard als offizieller Standard ausgewiesen bzw. als offizielle Sprache wie im Senegal oder in Rwanda bezeichnet, genutzt und seine Verwendung staatlich systematisch gefördert wird. Allerdings zeigen die jüngsten politischen Entwicklungen, dass der Status des Französischen als offizieller Sprache in den frankophonen Ländern nicht stabil, sondern weiterhin hoch dynamisch ist. Mali hat so in seiner neuen Verfassung von 2023 den Status des Französischen als offizieller Sprache aufgegeben. Das Französische in Mali ist dafür im Artikel 31 als sogenannte *langue de travail* (dt. Arbeitssprache) eingestuft worden.[6]

4.2.2 Die Debatte um *Normative Zentren*

Der für die Idee der *Plurizentrik* zentrale Begriff des *normativen Zentrums* wird von Pöll wie folgt definiert:

> Un centre normatif peut se concevoir comme un groupe de locuteurs ayant en commun certaines variables socio-culturelles, puis dans un premier pas d'expansion leur région, celle-ci coïncidant dans la pratique très souvent avec un état indépendant (cf. Ammon 1997b). Ce n'est pourtant pas une condition indispensable ; de nombreux centres correspondent à des entités politiques qui ne bénéficient pas d'indépendance ou de souveraineté. Ce qui les rapproche de nations ou d'états indépendants, c'est la volonté des habitants de former un ensemble [...] (Pöll 2005, 19).

Wenn die ursprüngliche Kopplung des Standards und eines Zentrums an ein staatliches Gebilde wie eine Nation oder ein Staat im Arbeitsbuch nicht mehr priorisiert wird, kommt der Identifizierung einer gemeinsamen sozio-geografisch, sozio-kulturell bzw. sozio-politisch definierten Gemeinschaft größeres Gewicht zu (cf. auch Pöll 2005, 20).

Entgegen der lange Zeit vorherrschenden asymmetrischen Vorstellung in der Plurizentrik (cf. Clyne 1992b, 455) und der damit verbundenen Idee der Dominanz einzelner Standards gegenüber anderen, was auch mit der bereits erwähnten Einteilung in Haupt- und Nebenvarietäten bzw. in zentrale und periphere Varietäten

---

[6] Im *Journal officiel* der Republik Mali vom 22. Juli 2023 ist Französisch im Artikel 31 des Dekrets zur Verfassung als *langue de travail* ausgewiesen, https://sgg-mali.ml/JO/2023/mali-jo-2023-13-sp-2.pdf (3. Januar 2025).

einhergeht (cf. Pöll 2005, 20; Muhr 2015, 13; Reinke/Ostiguy 2016, 127), sollten die verschiedenen regionalen Standards des Französischen innerhalb einer modernen Plurizentrikkonzeption auf der synchronen sprachlich-strukturellen Beschreibungsebene grundsätzlich als gleichberechtigt angesehen werden. Somit kommt dem Standard des hexagonalen bzw. Pariser Französisch außerhalb des Rahmens seiner länger zurückreichenden Entwicklungsgeschichte kein unmittelbarer Sonderstatus und theoretisch kein automatisch höheres Prestige zu.[7] Eine solche Einschätzung kann in Konflikt oder im Widerspruch zur Wahrnehmung durch die Sprecherinnen und Sprecher inner- und auch außerhalb der betroffenen Sprachgemeinschaft stehen, die in bestimmten Konstellationen beispielsweise weiterhin von einer solchen prominenten Stellung des hexagonalen Standards ausgehen.[8] In anderen Situationen kann dies auch zu sprachpuristischen Diskursen führen, in welchen einzelne Standards in ihrem Status allgemein überhöht und andere systematisch abgewertet werden, wie es beispielsweise bei der Herausstellung des hexagonalen Standards gegenüber dem Standard des *français québécois* der Fall ist (cf. Walsh 2021). In anderen Kontexten wieder, sobald einzelne Varietäten eine gewisse Autonomie gegenüber dem hexagonalen Standard signalisieren, wird in den sprachpuristischen Diskursen sogleich die Metaphorik der *Krise* heraufbeschworen, wie dies Drescher (2017, 520) für das *français camerounisé* beschreibt. Der sprachpuristische Diskurs begleitet die Diskussion der sprachlichen Variation und Plurizentrik innerhalb der Frankophonie weiter. Selbst aktuell können abwertende Äußerungen z.B. in den Kommentaren sozialer Netzwerke und Plattformen (*X*, *TikTok*) gefunden werden. So beispielsweise in den Kommentaren zu einem 2024 geposteten Video aus den 1970er Jahren des kanadischen Sängers und heutigen TV-Moderators Joël Legendre, die das Stereotyp der *langue inférieure* (dt. unterlegene Sprache), in diesem Fall für das in Quebec gesprochene Französisch gegenüber dem Französischen in Frankreich, bedienen und diesen Standard lächerlich machen, wie in der überregionalen frankokanadischen Tageszeitung *Le Devoir* am 12. April 2024 berichtet wird.[9]

Pöll (2005, 34) sieht eine symmetrische gleichberechtigte Stellung der einzelnen regionalen bzw. nationalen Standards jedoch als utopisch an. Solange die Plurizentrikkonzeption sich auf die Existenz einzelner nationaler Varietäten fokussierte, stimmen wir seiner Einschätzung zu. Wenn sich die Vorstellung des normativen Zentrums innerhalb der Plurizentrikauffassung nicht mehr primär an eine politische Struktur im Sinne von Staaten oder Nationen anlehnt, müssen andere Kriterien in den

---

[7] Die Idee der asymmetrischen Relevanz der einzelnen Varietät wird durch den Begriff der ‚Muttervarietät' sicherlich verstärkt (Muhr 2015, 13).
[8] Für das Französische in Quebec zeichnen Reinke und Ostiguy (2016, Kapitel 4) die in verschiedenen Studien erhobenen Einstellungen der Sprechenden in dieser Region nach.
[9] https://www.ledevoir.com/societe/810754/societe-francais-quebecois-pas-pire-autre? (7. Oktober 2024).

Vordergrund gerückt werden. Dazu gehören die jeweilige Ausstrahlung oder wachsende Akzeptanz als normatives bzw. normbildendes Zentrum.

Die Frage der *Plurizentrik* in der Romanistik wurde keinesfalls ausschließlich für das Französische aufgeworfen, sondern vor allem für das Spanische und in den letzten Jahren auch verstärkt für das Portugiesische diskutiert (cf. Baxter 1992; Thompson 1992; Bierbach 2000; Pöll 2012; Greußlich/Lebsanft 2019; Machungo 2024).

Die Idee normativer Zentren für die französische Sprache wird nachfolgend (cf. 4.3) nicht wie üblich am hexagonalen Französisch erörtert, welches in der Diskussion um die Plurizentrik immer wieder mit seiner kolonialen Geschichte in Verbindung gebracht wird, sondern ausschnittartig mit Entwicklungen aus anderen Regionen der Frankophonie illustriert.

4.2.3 Wachsendes Verständnis für die Plurizentrik des Französischen

Gegen Ende der zweiten Hälfte des 20. Jahrhunderts wächst das wissenschaftliche Verständnis für die Plurizentrik der französischen Sprache und für die Existenz normbildender Zentren außerhalb Frankreichs (cf. für das *français québécois* Reinke/Ostiguy 2016, 106; Walsh 2021, 877).

Dies findet so auch Widerhall in der Kodifizierung und vor allem in der Redaktion von Wörterbüchern wie dem *Dictionnaire du français vivant* von Davau, Cohen und Lallemand (1972), dem *Dictionnaire universel francophone* von Lucot (1997), dem *Dictionnaire des régionalismes de France* von Rézeau (2001) oder dem *Multidictionnaire de la langue française* von Marie-Eve de Villers (Pöll 2005, 30; Schafroth 2014, 190–192; Reutner 2015, 190; Villers 2018, Wolf 2020, 473–474). Im letztgenannten Wörterbuch werden jedoch allein die *québécismes* durchgängig als besondere Formen ausgewiesen und andere lexikalische Regularitäten aus der Frankophonie dennoch — anders als man es vermuten könnte und auch die Bezeichnung des Wörterbuchs in gewisser Weise intendiert – nur eingeschränkt berücksichtigt. Diese Fokussierung auf die *québécismes* lässt sich aus der Historie des Wörterbuchs erklären, welches in seinen ersten Auflagen zunächst nur die Besonderheiten des *québécois* erfassen wollte (Côté/Remysen 2017, 34). Zur Illustration eines *québécisme* soll das Beispiel des Nomen *bébelle* dienen (dt. Spielzeug, Kleinigkeit), welches im oben erwähnten *Multidictionnaire* mit folgendem Kommentar versehen wird: „Ce nom de registre familier demeure usuel au Québec et dans la francophonie canadienne, mais il n'appartient plus à l'usage des autres locuteurs du français" (Villers 2018, 207).

Ein Perspektivenwechsel in der lexikografischen Arbeit zum Französischen kann auch in anderer Form beobachtet werden, wenn für die diasystematischen Gebrauchsmarkierungen (cf. Schafroth 2014, 102–105), die in den Erklärungen von Wörterbüchern so frequent sind, nicht mehr das hexagonale Französisch als grundlegender Bewertungsmaßstab von sprachlichen Varianten genutzt wird, sondern der Gebrauch im hexagonalen Französisch in den Wörterbüchern als abweichender

Gebrauch mit *francismes* (dt. Französismen) markiert wird. Ein Beispiel dafür ist das *Dictionnaire québécois d'aujourd'hui* von Jean-Claude Boulanger (1992) (cf. Reinke/Ostiguy 2016, 123–124). Außerdem unterstreicht Schafroth (2014, 194), dass die Gebrauchsmarkierungen zunehmend ihren stigmatisierenden Charakter verlören, indem im normativen Diskurs abwertende Markierungen wie *expression mauvaise* oder *incorrecte* (dt. schlechter oder unkorrekter Ausdruck) vermieden werden.

4.3 Plurizentrik und Sprachnormierung außerhalb Frankreichs: ausgewählte Beispiele

Auch die Frage der Plurizentrik der Normen wird immer wieder mit der Differenzierung zwischen dem mündlichen und schriftlichen Sprachgebrauch sowie zwischen der Nähe- und Distanzkommunikation verknüpft. Während für die mündliche Nähekommunikation die Annahme regionaler Normen in Belgien, im französischsprachigen Kanada oder auch für die Antillen als weitgehend akzeptiert gilt (cf. z.B. Pustka 2007, 261), ist die Antwort für einen distanzsprachlichen Standard in den verschiedenen frankophonen Regionen, der sich von der Standardvarietät Frankreichs, dem sogenannten Pariser bzw. hexagonalen Französisch oder auch *français hexagonal* bzw. *français de France* absetzt, deutlich differenzierter. Die Frage kann zudem aus unterschiedlichen Perspektiven beantwortet werden. Geht es um sprachstrukturelle Nähe oder Distanz der Varietäten zueinander im Sinne der Sprachtypologie, wird die Bewertung anders ausfallen als die Zuordnung einer besonderen identitären Funktion innerhalb einer Gesellschaft zu einzelnen regionalen Varietäten bzw. Standards wie dem *français québécois* (cf. Reinke/Ostiguy 2016, 123; Eggert 2017, 77).

4.3.1 Französisch in Kanada

Spätestens seit den 1970er Jahren ist die Entwicklung eines eigenen Standards für das in Quebec gesprochene Französisch, dem *français québécois standard*, zu beobachten, der vom dortigen Französischlehrerverband (*Association québécoise des professeurs du français*) eingefordert und dessen Beschreibung von der Linguistik gefördert bzw. wissenschaftlich begleitet wurde (Reinke 2004, 9–10; Pöll 2005, 169–207; Mercier/Remysen/Cajolet-Laganière 2017, 296–297; Pöll 2017a, 84):

> Le français standard d'ici est la variété de français socialement valorisée que la majorité des Québécois francophones tendent à utiliser dans les situations de communication formelle (*Association québécoise des professeurs du français* 1977, 11).

Die Diskussion darüber, wie dieser Standard genau aussieht, ist in den zurückliegenden Jahren bzw. Jahrzehnten weit vorangeschritten, aber nicht abgeschlossen (cf. Bigot/Papen 2013/2014, 116). Variationslinguistische und korpuslinguistische Studien sind in der Regel Grundlage der wissenschaftlichen Erfassung eines solchen Standards. In Reinke und Ostiguy (2016, 29–43), Mercier, Remysen und Cajolet-Laganière (2017, 290–295) sowie Pöll (2017a, 95–96) sind Beschreibungen der sprachlichen Charakteristika dieses Standards zusammengetragen. Dabei sind nicht alle der dort genannten sprachlichen Besonderheiten (fr. *particularités*) schon in gleichem Maße kodifiziert.[10] Reinke und Ostiguy (2016, 113) erwähnen in diesem Zusammenhang das Beispiel der typischen Affrizierung der Verschlusslaute /t/ und /d/ vor [i], [y], [j] und [ɥ], die im Standard des *français québécois* verbreitet sind, aber über die Verwendung hinaus nicht expliziert werden und demzufolge noch nicht kodifiziert wurden. Bigot und Papen (2013/2014, 119) nutzen zur Illustration für eine derartige Aussprache das Beispiel *tu dis* (dt. du sagst) [tˢydᶻi]. Grundsätzlich gibt es jedoch in Bezug auf die Existenz einer eigenen standardsprachlichen Aussprache in Quebec wie es Pooley formuliert einen „consensus parmi les linguistes concernant son existence et les traits de la prononciation qui la distinguent de norme française" (2012, 119).

Am weitesten vorangeschritten ist die systematische Erfassung des Standards des *français québécois* auf der Ebene der Lexik, wo das seit 2011 online verfügbare und von der kanadischen *Université de Sherbrooke* gehostete und wissenschaftlich erarbeitete Wörterbuch *USITO*[11] diese Lücke füllt (cf. Schafroth 2014, 197–203; Reinke/Ostiguy 2016, 124; Walsh 2021, 870). In den einzelnen der in diesem Wörterbuch vorhandenen Rubriken kommt die Idee des normativen Wörterbuchs und der Standardisierung sowie der Beschreibung des Standards besonders deutlich zum Tragen (cf. 5.3.3). Zur Illustration sollen hier die Rubriken *Emplois critiqués* sowie *Emplois officialisés au Québec* (dt. kritisierte Sprachverwendungen und in Quebec offiziell empfohlene Sprachverwendungen) genannt und mit dem Beispiel von *webmestre* (dt. Webmaster) belegt werden.[12] Es handelt sich um ein Lexem, welches durch den *Office québécois de la langue française* (OQLF)[13] als standardkonform eingestuft (cf. Reinke/Ostiguy 2016, 128–129) und daher in der zuletzt genannten Rubrik des Wörterbuchs aufgenommen wurde:

---

10 Für die Problematisierung des Konzeptes der ‚sprachlichen Besonderheit' cf. Reutner (2017).
11 https://usito.usherbrooke.ca/ (7. Oktober 2024).
12 https://usito.usherbrooke.ca/index/emplois_critiqués und https://usito.usherbrooke.ca/index/emplois_officialisés/au_Québec#a (7. Oktober 2024).
13 Zum sprachpolitischen Status des *Office québécois de la langue française* cf. Mercier/Remysen/Cajolet-Laganière (2017, 298–300).

Contacter le webmestre.
Ressources pour webmestres.
[REM.] L'emploi de *webmestre* a été officialisé par l'OQLF.

ÉTYMOLOGIE

1996 (*in* Libération); adaptation de l'anglais *webmaster* « maître du Web »; sur le modèle de *bourgmestre*.

ORTHOGRAPHE

	NOM ÉPICÈNE	
	singulier	pluriel
webmestre	webmestre	webmestres

Abb. 8: Beispiel aus *USITO* in der Rubrik *Emplois officialisés au Québec*.

Reinke und Ostiguy (2016, 125–126) unterstreichen, dass die Kennzeichnung von Sprachstrukturen als standardsprachlich im Sinne einer präskriptiven Norm des *français québécois* wie beispielsweise im Fall von *soutien-gorge* anstelle von *brassière* (dt. BH/Büstenhalter) und die Übernahme sowie Verbreitung dieser sprachlichen Ausdrücke innerhalb einer Sprachgemeinschaft einen kontinuierlichen Prozess mit unterschiedlichen Etappen darstellen. Dieser Prozess ist in Quebec seit 1969 durch den *Office* offiziell etabliert und ist demzufolge sprachpolitisch klar verankert (Reutner 2015, 189; Mercier/Remysen/Cajolet-Laganière 2017).

Für das Französische in Kanada gilt es in der Normendiskussion darüber hinaus zwischen der Frage einer genuin frankokanadischen Standardnorm und dem Standard des *français québécois* zu unterscheiden, da das Französische auch außerhalb Quebecs gesprochen wird, so beispielsweise in der zweisprachigen Provinz Ontario, in Manitoba oder in der *Acadie* (*Nouvelle-Écosse, Nouveau-Brunswick, Île-du-Prince Édouard*). Szlezák (2017, 88, 89–92) hält es für das „langfristige Überleben der kanadischen Frankophonie unabdingbar" eine eigene Standardnorm des Französischen in Kanada zu entwickeln. Dabei steht die Frage im Raum, ob ausschließlich das auch in den frankokanadischen Medien sehr präsente *français québécois* als Standardnorm unterstützt werden sollte oder gegebenenfalls weitere Standardnormen – so ein *français acadien*, das einen eigenen Standard entwickelt hat (Boudreau/Gauvin 2017, 329) – für die Festschreibung einer frankokanadischen Standardnorm in bestimmter Form berücksichtigt werden sollten.

Aktuelle Studien legen nahe, dass sich diese Frage immer deutlicher zugunsten des Standards des *français québécois* entscheidet, da auch in anderen französischsprachigen Regionen Kanadas wie in Manitoba oder der *Acadie* dieser Standard in der distanzsprachlichen Kommunikation mittlerweile vermehrt genutzt wird (cf. Pöll 2017a, 101).

4.3.2 Ein Beispiel für das frankophone Europa

Schauen wir als Beispiel für das frankophone Europa (Belgien, Frankreich, Luxemburg, Schweiz) nach Belgien. Für das belgische Französisch bleibt die Rückbindung an die Standardnorm des Französischen in Frankreich als Referenz im Unterschied zur Situation in Quebec im sprachnormativen Diskurs ausgeprägter, wenngleich auch hier in den zurückliegenden Jahrzehnten Veränderungen zu beobachten sind (Moreau/Dupal 1999, 5; Hambye 2008, 45; Hambye/Francard 2008; Pooley 2012, 121; Patzelt 2015, 210–211; Francard 2017, 199).

Unter den Partikularismen des belgischen Französisch (fr. *belgicismes*, dt. Belgizismen)[14] werden verschiedene, in erster Linie lexikalische Varianten durchaus breit und in „allen Lebensbereichen" (Pöll 2017a, 60) genutzt. Besonders die von den gebildeten Sprechenden gebrauchten Belgizismen verfügen über ein hohes Ansehen und werden als ‚korrekt' angesehen (Moreau/Dupal 1999, 8; Kramer/Willems 2015, 459; Pöll 2017a, 64).

Die Valorisierung von spezifischen sprachlichen Eigenheiten des regionalen Französischen hat auch in Belgien in den zurückliegenden Jahren zugenommen und damit sowohl die „sprachlichen Minderwertigkeitskomplexe" (Pöll 2017a, 63) als auch die Rückbindung an das Französische Frankreichs als normativem Zentrum abgeschwächt:

> En d'autres termes, le français pratiqué en Belgique se voit reconnu par un nombre croissant de ses locuteurs comme une variété distincte du français de France, y compris dans les normes qui la régissent (Francard 2017, 198).

Eine Beschreibung sprachlicher Besonderheiten des Französischen in Belgien findet sich bei Francard (2017) und für die Lexik noch einmal explizit im *Dictionnaire des belgicismes* (Francard et al. 2015). Charakteristika dieses speziellen Belgizismen-Wörterbuchs sind zum einen die Angaben zur Vitalität der jeweiligen *belgicismes*, zum anderen der Vergleich zum *français de référence* und der Verbreitung der Lexeme in Belgien sowie anderen frankophonen Regionen, wie im folgenden Eintrag ersichtlich:

> MÉCONDUIRE [mekõdwir] (se~) v. pron.
> *Avoir une conduite répréhensible. Se méconduire avec des femmes. À force de se méconduire en dehors des terrains de football, ce joueur a fini par perdre son aura auprès des supporters. Les soldats qui se sont méconduits lors des manœuvres de printemps seront sévèrement sanctionnés.*
> Voir **méconduite**.
> ▸ Vitalité moyenne et décroissante en Wallonie et à Bruxelles. – Également attesté au Congo-Kinshasa, au Rwanda et au Burundi.

---

14 Für die Schwierigkeiten der Definition von Belgizismus cf. Schafroth (2014, 192–193).

▸ Équivalent en fr. de référence : *mal se conduire*, répandu en Belgique francophone. – *Se méconduire* est aujourd'hui régional ou vieilli en France (Francard et al. 2015, 237).

Trotz der regionalen sprachlichen Unterschiede, die auch innerhalb des frankophonen Belgiens zwischen der Wallonie und der Region Brüssel existieren, teilt die frankophone Bevölkerung – wie es Francard (2017, 192) ausdrückt – vor allem in der Lexik eine gemeinsame Varietät des Französischen in Belgien.

Für das Französische in Belgien zeigt sich wie auch schon für das Französische in Frankreich eine Verschiebung im Varietätenspektrum, von der Diatopik zur Diastratik, indem nicht mehr das in einer bestimmten Region bzw. das in einem bestimmten Raum gesprochene Französisch, z.B. das in *Bruxelles* gesprochene Französische, sondern das von den gebildeten Sprecherinnen und Sprechern genutzte Französisch das Prestige erhält (Moreau/Brichard 1999, 29–30, 35; Pöll 2017a, 64).

Wie in Belgien eigenständige und von Frankreich unabhängige sprachnormative Entscheidungen getroffen werden, illustrieren der Umgang mit der Orthografiereform von 1990, die eigenständige Terminologieentwicklung in Belgien sowie die Feminisierung von Berufsbezeichnungen im belgischen Französisch bzw. insgesamt die Empfehlungen zu Fragen der *langage inclusif* (dt. inklusive Sprache) sehr gut (Pooley 2012, 121; Patzelt 2015, 210; Reutner 2015, 188 und 6.2.2.2.3).

4.3.3 Frankophone Regionen in Afrika

Die Situation des Französischen in den verschiedenen frankophonen Regionen Afrikas, die durch ausgeprägte Mehrsprachigkeit und Sprachkontakt gekennzeichnet wird, ist mit Blick auf die Normenentwicklung und die Ausprägung regionaler Standards, die die Funktion normativer Zentren einnehmen könnten, von hoher Komplexität und Dynamik. Diese kann im Arbeitsbuch nur an einigen wenigen Aspekten veranschaulicht werden kann. Unter die Komplexität fällt auch die Schematisierung der Diversität durch die Wahl spezifischer Sprachbezeichnungen.

Pöll (2005, 139, 141; 2017a 113) weist in diesem Zusammenhang darauf hin, dass die Homogenisierung bzw. Generalisierung des auf dem afrikanischen Kontinent gesprochenen Französisch als ‚Französisch aus Afrika' die Vielfalt der dort verwandten Französischvarietäten nicht abbildet. In dieser Region haben die Sprecherinnen und Sprecher das Französische in der Mehrzahl nicht als Erstsprache, sondern erwerben es als mögliche Zweit- oder Drittsprache; die zahlreichen Erstsprachen weisen in der tagtäglichen sprachlichen Interaktion anhaltend hohe funktionale Relevanz auf (cf. Diao-Klaeger 2015; Reutner 2015, 183–184). Dem Gebrauch des Französischen kommt jedoch in einem Teil der Länder die Funktion der interethnischen sprachlichen Verständigung zu (Pöll 2005, 143). Zu diesen Ländern gehören u.a. Côte d'Ivoire oder die Demokratische Republik Kongo (fr. *République Démocratique du Congo*) (Diao-Klager 2015, 518).

Mit Blick auf die regionale Ausbreitung und die von Französischsprechenden gebrauchte Erstsprache wird gewöhnlich zwischen den Französischvarietäten im subsaharischen Raum (fr. *Afrique subsaharienne*) (18 Staaten) und dem Maghreb (fr. *Grand Maghreb*) (3 Staaten) unterschieden, wobei in letzteren Französisch Verkehrssprache ist und nicht selten als Fremdsprache erworben wird (cf. Drescher/Neumann-Holzschuh 2010, 15; Pöll 2017a).

In den subsaharischen Ländern, in denen das Französisch einen hohen Stellenwert als interethnisches Kommunikationsmittel gewonnen hat und auch im Alltag eingesetzt wird, kam bzw. kommt es zur Herausbildung neuer Varietäten des Französischen, die von den verschiedenen, dort gesprochenen autochthonen Sprachen wie dem Wolof, dem Dioula, dem Ewe oder dem Bambara unterschiedlich stark beeinflusst sind und wissenschaftlich vor allem unter dem Begriff der *endogenen Normen* gefasst werden (cf. Drescher/Neumann-Holzschuh 2010, 15; Reutner 2015, 191 und 1.4.4).

Reutner (2015, 191) spricht beispielsweise für das Französische von Côte d'Ivoire von einem *français local ivoirien*, welches wir als regionalen Standard des Französischen in Afrika einordnen würden, und weiteren Varietäten des Französischen wie dem *français populaire ivoirien* und dem *nouchi*, einem früheren Argot bzw. einer Kontaktvarietät, welche nunmehr unter der Jugend sehr populär ist (cf. auch Boukari 2017, 495). Ähnliche Differenzierungen der Varietäten des Französischen dieser Region, wenngleich mit abweichenden Bezeichnungen, finden sich auch bei Boukari (2017). Inwieweit diese Varietäten von einem eigenen, neuen überregionalen bzw. supraregionalen Standard des Französischen überdacht werden, steht als Diskussion im Raum. Damit eng verbunden ist die Frage der Akzeptanz eines derartigen Standards für die formelle, distanzsprachliche Kommunikation.

Die sich herausgebildeten regionalen Standards in verschiedenen frankophonen Regionen des subsaharischen Afrikas nehmen trotz ihrer zunehmenden Akzeptanz in den jeweiligen Sprachgemeinschaften nicht oder noch nicht die Funktion eines oder auch mehrerer regionaler sprachnormativer Zentren ein. Dazu ist ihre Kodifizierung oftmals nicht weit genug vorangeschritten. Außerdem unterliegen sie innerhalb einer übergreifenden Sprachgemeinschaft, im Sinne von Swiggers, verschiedenen Konvergenzprozessen des Französischen (Boutin/Gadet 2012, 23).[15] So ist es nicht erstaunlich, dass im 2024 erschienenen *Manual of Romance Languages in Africa* die sprachtheoretische Diskussion um die *Plurizentrik* des Französischen in Afrika in den Hintergrund tritt.

Der Großteil der vorhandenen Beschreibungen von Besonderheiten des Französischen in verschiedenen frankophonen Varietäten in Afrika konzentriert sich auf die Herausstellung lexikalischer, phonetischer oder auch morphosyntaktischer

---

[15] Als Beispiel für die datenbasierte empirische Analyse derartiger Konvergenzprozesse cf. Diwersy (2012).

Varianten, die innerhalb des Varietätenspektrums nicht immer dieselbe Zuordnung aufweisen müssen, d.h. es können eher populäre oder eher in formelleren Kommunikationssituationen gebrauchte Sprachstrukturen darunter sein (cf. Zang Zang 1998). Die Pragmatik spielt in derartigen Darstellungen und Studien zumeist eine untergeordnete Rolle, wenngleich auch hier in den zurückliegenden Jahren in den Darstellungen eine Veränderung zu beobachten ist (Diao-Klaeger 2015, 512; Drescher 2017, 527–528).

Die methodische Beschreibung dieser frankophonen Varietäten mit ihren verschiedenen sprachlichen Varianten ist durchaus eine Herausforderung, da diese nicht ohne Weiteres deutlich als diskrete Einheiten voneinander abgegrenzt werden können (cf. Hambye/Francard 2008, 45), sondern sich in einem Kontinuum befinden. Die Vor- bzw. Einstellungen der Sprechenden zu ihren frankophonen Varietäten und den gesprochenen Varianten werden in den Untersuchungen und Darstellungen hinzugezogen. Boukari (2017) berücksichtigt beispielsweise für seine Beschreibung des Französischen in der Côte d'Ivoire als Kriterium der Aufnahme in seine Darstellung alle diejenigen typischen Varianten, die von der dortigen einheimischen Bevölkerung mehrheitlich als nicht stigmatisierend empfunden werden.[16] Auf der Ebene der Morphosyntax erwähnt er so den periphrastischen Gebrauch von *faut* + Infinitiv zum Ausdruck des Imperativs wie in *faut venir* (dt. komm) oder wählt beispielsweise aus den zahlreichen Entlehnungen in der Lexik, die im Französischen von Côte d'Ivoire vorhanden sind, das Lexem *bagnon* für ‚schöner Mann' aus, welches aus der autochthonen Sprache Bété entlehnt wurde (Boukari 2017, 498, 499).

Jablonka (2017, 468–469) beschreibt für das Französische im Maghreb, konkret in Marokko, welches kontaktsprachlich vom Arabischen und dem Berberischen (fr. *berbère* oder *amazighe*) beeinflusst ist, dass für die sich in Marokko herausgebildete endogene Norm im Unterschied zu anderen frankophonen Regionen in Afrika kaum Kodifizierung zu erkennen sei und somit dem hexagonalen Französisch als exogenem Standard weiterhin das Prestige zukomme. Damit wird sichtbar, dass auch wenn die Sprecherinnen und Sprecher des Französischen in Marokko sich ihrer sprachlichen Besonderheiten in den von ihnen gebrauchten Varietäten des Französischen bewusst sind (cf. für die verschiedenen Varietäten des Französischen in Marokko Benzakour 2008), die kaum vorhandene Kodifizierung allerdings dazu führt, dass an der lange etablierten Prestigezuordnung für den sprachlichen Standard aus Frankreich (noch) festgehalten wird. Eine solche Prestigezuordnung steht im Konflikt zu den Legitimierungs- und Akzeptanzbestrebungen der sprachlichen Variation und der Spezifik des Französischen in Marokko – wie übrigens auch in anderen Regionen –, welche sich beispielsweise auch in der Literatur zeigt (cf. Gleßgen 2000; Benzakour 2008).

---

16 Dies kennzeichnet im gleichen Maße die Darstellung der sprachlichen Besonderheiten der verschiedenen frankophonen Regionen im *Manuel des francophonies* (2017), die als neutral eingestuft werden (Reutner 2017, 3).

4.4 Zusammenfassung

Französisch kann als plurizentrische Sprache eingestuft werden. Die Sonderstellung des hexagonalen Französisch als einem normativen Zentrum, welchem im Diskurs und in der Wahrnehmung ein besonders hohes Prestige eingeräumt wird, ist in der Frankophonie rückläufig. Die Veränderungen werden beispielsweise in der Stärkung des *français québécois* durch seine Beschreibung als Standard und in der Bewertung des belgischen Französisch sichtbar.

Die Entwicklung von spezifischen Französischvarietäten in Afrika ist im Vergleich zu den verschiedenen regionalen Varietäten des Französisch in Europa oder auch in Quebec eine rezente Entwicklung mit hoher Dynamik aufgrund der Vielzahl an Sprachen, mit denen das Französische in Kontakt steht. Außerdem wird das Französische dort oft nicht als Erstsprache, sondern als Zweit- oder Drittsprache erworben. Die Anzahl der Französischsprechenden wird in dieser Region demografischen Prognosen entsprechend deutlich ansteigen, so dass der Entwicklung spezifischer regionaler Standards und ihrem Potenzial als normativen Zentrum bzw. Zentren weitere Beachtung eingeräumt werden muss.

Arbeitsaufgaben

1. *Plurizentrische Sprachen* können unterschiedlich definiert werden. Tragen Sie zusammen, welche Kriterien zur Charakterisierung plurizentrischer Sprachen herangezogen werden und ordnen Sie die Kriterien verschiedenen Gruppen wie *sprachlich-strukturell*, *sprachpolitisch* etc. zu.
2. Welche Bezeichnungen für einzelnen Varietäten in der gesamten Frankophonie sind Ihnen geläufig? Überlegen Sie, ob es sich bei diesen um abwertende, prestigereiche oder neutrale Sprachbezeichnungen handelt. Berücksichtigen Sie in Ihren Überlegungen, in welchen Diskursen die jeweiligen Sprachbezeichnungen verwandt werden.
3. Rufen Sie die Seite des Wörterbuchs *USITO* aus Quebec auf und sehen Sie sich verschiedene Beispiele aus der Rubrik der *emplois officialisés* an. Welchen Wert spielt der Rückgriff auf den Sprachgebrauch in Frankreich in den Erörterungen dieser Beispiele?
4. Gehen Sie auf die Internetpräsenz der *Base de données lexicographiques panfrancophone* und suchen Sie dort nach den Bedeutungen von *déjeuner* in den unterschiedlichen Regionen der Frankophonie. Inwiefern grenzen sich diese Bedeutungen ab und welche gemeinsamen Bedeutungsmerkmale haben diese?

5 Normative Grammatiken und normative Wörterbücher

5.1 Einführung

Grammatiken und Wörterbücher werden in besonderem Maße mit sprachlichen Normen in Verbindung gebracht und als wesentliche Produkte der Standardisierung angesehen. Ziel normativer Grammatiken und Wörterbücher war und ist es üblicherweise, einzelne sprachliche Varianten bzw. Sprachstrukturen gegenüber anderen herauszustellen und somit einen sprachlichen Standard zu definieren sowie detaillierter zu beschreiben und die Sprachvariation in der Verwendung einzuschränken. Eine solch normative Zielsetzung verdeutlichen die Autoren von Wörterbüchern und Grammatiken in ihren Beschreibungen oftmals an konkreten sprachlichen Beispielen:

> *Exemples, norme*, on saisit intuitivement que les deux termes sont en rapport : Grammaires et dictionnaires ont pour but de fixer une norme pour une société donnée avec des objectifs déterminés ; et elles marquent cette ambition par des exemples (Chevalier 2007, 151).

Die verschiedenen normativen Grammatiken und Wörterbücher gehen hierbei in unterschiedlichem Maße präskriptiv vor (cf. 1.3.1). Es ist demzufolge ein Unterschied, ob in einer normativen Grammatik bzw. in einem normativen Wörterbuch allein auf die Variation im Sprachgebrauch hingewiesen wird und Varianten aus verschiedenen Varietäten wie der Standardvarietät oder möglicherweise auch aus dem *français familier* (dt. Umgangssprache) benannt werden (cf. Wolf 1983, 124) oder ob einzelne dieser sprachlichen Varianten aus Nicht-Standardvarietäten als nicht korrekt oder als nicht angemessen zurückgewiesen werden. Rein präskriptive Grammatiken und Wörterbücher gibt es heute wesentlich seltener als in früheren Jahrhunderten. Nach Auroux (1994, 295) wird in den Grammatiken selbst erst seit dem 18. Jahrhundert über die Abgrenzung zwischen *Vorschreiben* (Präskription) und *Beschreiben* (Deskription) reflektiert.

Neben den eigentlichen Grammatiken und Wörterbüchern gibt es auch sogenannte Schwierigkeitswörterbücher (fr. *dictionnaires de difficultés*), die zwischen den Grammatiken und Wörterbüchern als den beiden traditionellen Formen der normativen Beschreibung stehen, da sie oftmals sowohl lexikalische als auch grammatische Strukturen aufnehmen. Die Vorstellung der *Schwierigkeit* ist eng an die Wahrnehmung der Sprachbenutzenden über einen gewissen Abstand zwischen dem eigenen sprachlichen Ausdruck und der prestigereichen Standardnorm geknüpft (cf. Wolf 2020, 468). Nicht selten sind die Erörterungen zu sprachlichen *Schwierigkeiten* – wie in vielen Wörterbüchern üblich – alphabetisch angeordnet. Schwierigkeitswörterbücher des Französischen sind vorwiegend präskriptiv ausgerichtet (cf. beispielsweise Borrot/Didier 1970; Ambrogi 2005), aber auch hier gibt es deutlich deskriptive

Editionen wie von Péchoin und Dauphin (2004) oder von Colin (2014). Genuine Schwierigkeitswörterbücher entstehen für das Französische primär ab dem 19. Jahrhundert (Lorenzetti 2020, 373; für einen Überblick über die Entwicklung der Schwierigkeitswörterbücher des Französischen cf. Wolf 2020).[1]

Die hohe Zahl an sehr unterschiedlichen Grammatiken und Wörterbüchern zum Französischen erschwert eine allgemeine Übersicht in kürzerem Umfang. Für einen ersten Überblick zur Typologie, zur Struktur und auch zur Beschreibung der Wörterbücher des Französischen seien das Arbeitsbuch von Schafroth (2014) oder die Darstellung von Pruvost (2021; 2006) und für die Typologie sowie Historie französischer Grammatiken und zahlreiche bibliografische Hinweise die Aufsätze von Swiggers (1990; 2015) empfohlen.

5.2 Normative Grammatiken des Französischen

5.2.1 Definition von ‚Normativen Grammatiken' und ihre Funktion

Eine explizite Definition von *normativer Grammatik* findet sich unter anderem in Henri Freis funktional orientierter *Grammaire des fautes*:

> Cette conception du correct est la conception normative : est correct ce qui correspond à la norme établie par la collectivité ; la grammaire qui constate et codifie les règles du commun usage, est dite grammaire normative (sans que d'ailleurs ce terme suppose qu'elle soit impérative, comme si elle cherchait nécessairement et toujours à exercer une pression en vue de leur observance) (Frei 1971/1929, 18).

Mit dieser Definition richtet Frei sein Augenmerk auf die Funktion normativer Grammatiken, den Standard abzubilden, und nicht auf den Aspekt der Vorschrift, welcher nicht selten mit der normativen Grammatik allgemein assoziiert wird.

Aufgrund der Vielfalt der vorhandenen normativen Grammatiken soll – wie schon in Große (2020) – *normative Grammatik* in diesem Arbeitsbuch nicht generell definiert, sondern nachfolgend einzelne typische Charakteristika normativer Grammatiken knapp umrissen werden.[2]

Die in normativen Grammatiken präsentierten Sprachnormen sind das Resultat von Entscheidungs- bzw. Selektionsprozessen sowie Generalisierungen des sprachlichen Gebrauchs, seiner Entwicklung sowie seines Wandels (Aléong 1983; Perrenoud 1988; Gloy 1998, 396; Schmitt 2001, 435–436, 442; 1.1 und *grammatisation* in 5.2.2).

---

[1] Melchior (2020, 442) differenziert in Fehler- und Schwierigkeitswörterbücher, wobei in Erstem die Fehler gelistet und korrigiert werden, während in Zweitem zumeist mehrere Varianten genannt werden und eine der Varianten als beste Form angezeigt wird.

[2] Für die Ausführungen zu normativen Grammatiken des Französischen werden an verschiedenen Punkten inhaltliche Anleihen an der Darstellung bei Große (2020) genommen.

In normativen Grammatiken werden grundsätzlich Sprachnormen der Standardvarietät versprachlicht. Man orientiert sich dazu größtenteils am medial geschriebenen und konzeptuell distanzsprachlichen Sprachgebrauch (cf. Gloy 2004, 394). Nicht immer allerdings wird in den normativen Grammatiken, z.B. in ihren Vorwörtern oder einführenden Kapiteln, explizit herausgestellt, ob allein die Standardvarietät oder welche anderen sprachlichen Varietäten gegebenenfalls Grundlage der normativen Erfassung sind und inwiefern die jeweiligen Grammatiken korpusbasiert erarbeitet werden (cf. 1.3, 1.4.1 und 1.4.2). Normative Grammatiken müssen nicht nur den standardsprachlichen Gebrauch einschließen, sondern können deutlich stärker die Variationsmöglichkeit in der Kommunikation und der sprachlichen Interaktion thematisieren und so auch andere als standardsprachliche Varianten in ihre Darstellung miteinbeziehen.

Normative Grammatiken können einen stark präskriptiven Charakter aufweisen, indem sie explizite Regeln für den standardsprachlichen Gebrauch formulieren und somit die Standardvarietät als verbindlich festschreiben (cf. Ayres-Bennett/Seijido 2011, 77). Die Erläuterungen können in normativen Grammatiken aber auch weniger nachdrücklich als Empfehlungen für den Sprachgebrauch formuliert werden (cf. 1.5.1). Normative Grammatiken sind dementsprechend nicht auf die Formulierung eines verbindlichen Standards in Form von Regeln mit einer breiten Geltung zu reduzieren, sondern können durchaus einen eher beschreibenden Charakter aufweisen (cf. Schmitt 2001, 435). Die deskriptive Ausrichtung normativer Grammatiken ist für die aktuellen Grammatiken des Französischen besonders charakteristisch.

In modernen normativen Grammatiken werden inhaltlich nicht selten sowohl sprachliche Normen – im Sinne von innersprachlichen wie z.B. der *subjonctif* als ein Modus des Französischen – als auch sprachlich-kommunikative Normen abgebildet (cf. 1.2), die die Leserschaft über die sprachlich korrekte oder kommunikativ angemessene Sprachverwendung (funktionelle oder pragmatische Orientierung der Grammatikabhandlung) in Kenntnis setzen wie im Falle des korrekten Modusgebrauch des *indicatifs* oder *subonjontifs* zum Ausdruck eines Wunsches oder zur Formulierung einer Aufforderung im Französischen (cf. 1.3.1).

In Auroux' Vorstellung beinhaltet eine Grammatik allgemein die folgenden konstitutiven Elemente:

> Une grammaire contient (au moins) : a) une catégorisation des unités ; b) des exemples ; c) des règles, plus ou moins explicites, pour construire des énoncés (les exemples, choisis, peuvent en tenir lieu (1992, 29).

Die Beschreibung sprachlicher Normen fußt in den Grammatiken demzufolge auf der Erfassung von Einheiten bzw. Syntagmen unterschiedlicher Komplexität. Dies können beispielsweise grammatische oder teilweise lexikalische Morpheme als kleinste bedeutungstragende Einheiten der Sprache wie das französische grammatische Morphem *–ais* sein, mit welchem in der französischen Konjugation die 1. oder 2. Person

Singular aktiv des *imparfait* (z.B. *je/tu parlais*) gebildet wird. Darüber hinaus werden in den Grammatiken die morphologischen und syntaktischen Abhängigkeiten sowie die Kombinationsmöglichkeiten derartiger sprachlicher Einheiten (Morpheme und Lexeme) zu komplexeren Einheiten wie Phrasen bzw. Gruppen (*Nominalphrasen* wie fr. *l'ami*, *Verbalphrasen* wie fr. *aurions travaillé* bzw. in anderer Terminologie *Nominalgruppen*, *Verbalgruppen*, etc.) oder Sätzen (*einfache* oder *komplexe Sätze*) und in Ausschnitten auch Texten erfasst (cf. Soutet 2001, 903).

Die Erörterungen zur Morphologie und Syntax nehmen in den Grammatiken üblicherweise breiten Raum ein. Normative Grammatiken können jedoch auch phonologische sowie orthographische Betrachtungen miteinschließen. So können in normativen Grammatiken des Französischen beispielsweise das französische Phoneminventar (Vokale und Konsonanten), die *liaison* oder typische Intonationsmuster des Französischen ebenso erfasst werden wie Fragen der grafischen Akzentsetzung (fr. *accent grave*, *accent aigu* etc.).

Die großen inhaltlichen Bereiche der Morphologie und Syntax sind zumeist an der Struktur der Wortarten (fr. *classes de mots*, *parties du discours*) ausgerichtet und über die Entwicklung der Grammatiken des Französischen über einen langen Zeitraum relativ stabil (cf. Auroux 1992, 30).

Des Weiteren können sich normative Grammatiken durch eine fundierte theoretische oder auch didaktische Reflexion auszeichnen sowie gegebenenfalls den kommunikativen Aspekt stärker fokussieren.

In Grammatiken in einem weiten Verständnis, von Riegel, Pellat und Rioul (2021, 24–25) auch als *globale Grammatiken* (fr. *grammaires globales*) bezeichnet, spielen semantische Überlegungen und pragmatische Aspekte sowie ihre Wechselbeziehungen mit der Morphologie und Syntax bei der Beschreibung gleichfalls eine bedeutsame Rolle.

In der Art der Beschreibung normativer Grammatiken ist die Verwendung einer entsprechenden grammatischen Terminologie relevant. Die Mehrheit der modernen wissenschaftlichen oder didaktisch orientierten Grammatiken wie die linguistisch fundierten Grammatiken *Grammaire méthodique du français* oder die erst 2021 erschienene *Grande Grammaire du français* greifen dazu auf die 1998 vom französischen Bildungsministerium vorgeschlagene und 2020 erweiterte *Terminologie grammaticale* zurück (Riegel/Pellat/Rioul 2021, XXXII; Abeillé/Godard 2021, *Guide du lecteur*).

In den zurückliegenden Jahren ist ein verstärktes Forschungsinteresse an der Messbarkeit des ‚Erfolgs' von Grammatiken in der Formulierung von Regeln und präskriptiven Normen sowie der gegenseitigen Beeinflussung von Präskription und Sprachverwendung zu verzeichnen (cf. Ayres-Bennet 2014; Brumme 1999 für die Gebrauchs- und Schulgrammatiken des Französischen im 19. Jahrhundert; Fezer 2024 für das Französische im 17. Jahrhundert; für das Englische Anderwald 2014). Die Frage, die bei diesen Forschungsarbeiten im Raum steht, ist die folgende: Beeinflussen normative Grammatiken bzw. normative Abhandlungen die Entwicklungen des

Sprachgebrauchs und korrigieren sie diesen? Die Antworten darauf sind deutlich vielschichtiger bzw. weniger eindeutig als in manchen Fällen erwartet (z.B. Brumme 1999, 140–141).

5.2.2 *Grammatisation* und grammatisches normatives Wissen

Das grammatische normative Wissen ist grundsätzlich Teil des meta- bzw. epilinguistischen Wissens der Sprechenden (cf. Große 2009, 2017; Seiler 2012; 1.5.1). Es wird innerhalb einer Gemeinschaft im sozialen Austausch erfasst, vom Sprecher durch Beobachtung oder im expliziten Lern- und Lehrprozess von Bewertungen erworben sowie in der sprachlichen Interaktion angewandt (cf. Schöni 1988, 24; Rey-Debove 2003, 3; Gadet 2007, 90).

Der Aneignungs- bzw. Reflexionsprozess grammatischen normativen Wissens wird durch normative Grammatiken befördert, indem sie eine Vielzahl der für den Sprachgebrauch relevanten Regeln als Handlungsmuster (cf. Koch 1988, 338; 1.3.1) explizieren. Diese Form der Explizierung und detaillierten Beschreibung des grammatischen Aufbaus von Sprachen einschließlich der Regeln muss erkenntnistheoretisch als eine intellektuelle Herausforderung betrachtet werden. Der Prozess, der dahintersteht, wird im Französischen seit den Forschungen von Auroux als *grammatisation* bezeichnet:

> Par grammatisation, on doit entendre le processus qui conduit à *décrire* et à *outiller* une langue à base de deux technologies, qui sont encore aujourd'hui les piliers de notre savoir métalinguistique : la grammaire et le dictionnaire (Auroux 1992, 28).

Branca-Rosoff (2007a, 28) spricht von Jahrhunderten der *grammatisation* in Frankreich, in denen die Standardvarietät kodifiziert und als allgemeinverbindlich präsentiert wurde und zugleich die sprachliche Vermittlung des Französischen in den Grundschulen des 19. und 20. Jahrhunderts bestimmte:

> Le besoin d'unification linguistique s'accompagne de l'évidence que seule convient la variété normée par des siècles de grammatisation. Bien parler et être un Français nouent alors des rapports étroits et les écoliers sont invités à s'approprier la langue nationale, langue de culture et de raison, située au-dessus de leurs parlers divers (variétés populaires et langue ou dialectes locaux) (Branca-Rosoff 2007a, 28).

5.2.3 Normative Grammatiken des Französischen in historischer Perspektive: ein Überblick ab dem 17. Jahrhundert

In der Geschichte der normativen Grammatiken gibt es verschiedene Schlüsselmomente, von denen wir nur einige herausgreifen. Zu den Schlüsselaspekten gehören im 17. Jahrhundert zunächst die zunehmende Relevanz grammatischer Erörterung bzw. grammatischer Abhandlungen innerhalb des Standardisierungsprozesses des Französischen, die sich auf der Ebene der Redaktion von tatsächlichen Grammatiken (nicht der *remarques*, cf. 2.2) wie jenen von Chiflet (1668)[3] sowie Irson (1662) zeigt, die sich um die Formulierung von grundlegenden Prinzipien und grammatischen Regeln für das Französische bemühen (Lodge 2011, 77; Swiggers 2015, 531). Ebenso lässt sich für das 17. Jahrhundert ein relativ hohes Interesse an der Redaktion kontrastiver Grammatiken, z.B. französisch-deutsch, französisch-englisch oder französisch-niederländisch, belegen (Swiggers 2015, 533–534). In diesen Bestand gliedern sich auch die kontrastiven Grammatiken von Claude Mauger wie die *Nouvelle double grammaire francoise-angloise et angloise-francoise* (1703) ein, in welcher der praktische und zugleich präskriptive Aspekt deutlich ausgeprägt ist (cf. Lodge 1997, 243). Die Frage der unmittelbaren praktischen Anwendung grammatischen Wissens in der Sprachlehre wird in der Entwicklung der normativen Grammatiken im 18. sowie 19. Jahrhundert insgesamt vorherrschender. Zahlreiche normative Grammatiken werden so zu explizit pädagogisch-praktischen Grammatiken, z.B. Restaut (1730), Lhomond (1780) oder auch Noël und Chapsal (1856a und 1856b). Die gedruckte Grammatik dient in diesem Sinne dem schriftsprachlichen Erwerb der Erstsprache Französisch und ist Basis für den fremdsprachlichen Erwerb, zumeist des Lateinischen (Piron 2008; Ludwig/Schwarze 2012, 124). Damit entfernt sie sich von generellen Grammatiken und begrenzt sich zumeist auf die Erörterung wesentlicher sprachlicher Strukturen und Regeln. In ihrer Ausrichtung bleibt die normative Grammatik strukturell an der lateinischen Grammatik orientiert (Swiggers 2015, 534).

In der traditionellen Grammatik des Französischen von Restaut (1730) beispielsweise sind die Didaktisierung der Sprachbeschreibung sowie die pädagogische Instruktion eindeutig erkennbar. Unter Rückgriff auf eine dialogische Struktur von Frage und Antwort bildet Restaut für den Schriftspracherwerb aus seiner Sicht fundamentale sprachliche „Prinzipien" ab und stellt grammatische Regeln auf, die er an zahlreichen Beispielen illustriert und mit vielfältigen Abbildungen visualisiert. Bei Lhomond (1780) wird die didaktische Orientierung in der klaren Struktur von der Beschreibung von Regeln und ihren Ausnahmen sowie in der Einführung von Übersichtsdarstellungen und in dem Gebrauch einer äußerst einfachen Metasprache (*il y a ...*, *on distingue*, dt. es gibt..., man unterscheidet) sichtbar. Seine Grammatik *Élémens de la grammaire françoise* (Lhomond 1780) ist der Tradition zufolge auf die Grundlagen reduziert und entspricht nicht der Konzeption einer vollständigen Grammatik für fortgeschrittene Lernende.

---

[3] Die Nähe zwischen den Grammatiken und den zeitgleich verfassten *remarques* ist sichtbar und wird bei Chiflet besonders deutlich (Ayres-Bennett 1987, 204; Paveau/Rosier 2008, 34–35; Swiggers 2015, 532).

Im 18. Jahrhundert wird auch der systematische Verweis auf *Fehler* zunehmend in die Grammatiken integriert und damit die Idee *sprachlicher Korrektheit* (fr. *correctivité du langage*) propagiert (cf. Lodge 1997, 243), die im 19. Jahrhundert – wie Saint-Gérand (1999, 418) unterstreicht – das grundlegende Ziel der Sprach- sowie Grammatikvermittlung in der Schule und der Verbreitung der französischen Sprache ist.

Im 19. Jahrhundert ist die Zahl der herausgegebenen Grammatiken des Französischen mit mehr als 2.000 bei Chervel (1982, V) erwähnten Titeln sehr hoch (cf. Balibar 1985, 275). Diese erstaunliche Anzahl ist besonders den zahlreichen praktischen Grammatiken bzw. Schulgrammatiken geschuldet, die keine generellen Grammatiken mehr darstellen und deren Funktionalität Chervel wie folgt zusammenfasst:

> Leur tâche consiste, dans cette période de scolarisation et d'alphabétisation de la France profonde, à découvrir les solutions théoriques et pratiques pour enseigner les principaux accords du français (Chervel 1982, IX).

Auch wenn diese Schulgrammatiken inhaltlich restriktiv sind und sie nach Swiggers (2015, 539) zumeist eine recht geringe Qualität aufweisen sowie kaum theoretisch sind, reihen sie sich dennoch in das Feld der normativen Grammatiken ein. Die im 19. Jahrhundert veröffentlichten Grammatiken sind unterschiedlich populär; einzelne von ihnen werden über Jahrzehnte immer wieder aufgelegt.

Zu den populären Grammatiken aus dieser Zeit gehört auch die grundlegende *Grammaire des grammaires* von 1811 von Girault-Duvivier. Sie war gleichfalls für den Gebrauch in Schulen und damit als praktische Grammatik konzipiert (Levitt 1968, 22), ist aber in ihrem Umfang von fast 1300 Seiten (Girault-Duvivier 1814) kaum mit den früheren praktischen Grammatiken von Restaut (1730 – 321 Seiten) Lhomond (1780 – 89 Seiten) vergleichbar. Girault-Duviviers Grammatik prägt die praktische Grammatikschreibung des 19. Jahrhunderts und legt in ihren verschiedenen Ausgaben Zeugnis der zunehmenden morphologischen Normierung und Regelbildung. Zur Illustration bzw. Diskussion des Gebrauchs und der Entwicklung sowie als Normierungsautorität greift Girault-Duvivier auf die bekannten Autoren wie Pascal, Corneille, Voltaire, Rousseau, etc. zurück, wovon allein die mehr als 3500 Beispielzitate in der Grammatik zeugen (Girault-Duvivier 1859, XII; Levitt 1968, 270). Entgegen seiner eigenen Darstellung bezieht er in vielen Aspekten eine klar präskriptive Position und markiert einzelne Strukturen als „erreur" (dt. Fehler) (z.B. Girault-Duvivier 1814, 257) bzw. nutzt normativ verbindliche Formulierungen „pour écrire purement" (dt. um rein zu schreiben) (Girault-Duvivier 1814, 337).

Nicht minder verbreitet als die Grammatiken von Lhomond und Girault-Duvivier (Levitt 1968, 22) ist im 19. Jh. zweifellos die von Noël und Chapsal 1823 veröffentlichte *Nouvelle Grammaire Française*. In der Grammatik von Noël und Chapsal ist der Ansatz einer praktischen Übungsgrammatik nochmals verstärkt. Ihre spezifisch praktische bzw. teilweise didaktische Anlage ist auf der Mikroebene durch eine sehr einfache

Metasprache für die Beschreibung der Regeln, Begründungen von Ausnahmen und *remarques* und auf der Makroebene in der klaren Unterscheidung von zwei Bänden der Grammatik nachvollziehbar, wobei der zweite, syntaktische Teil als Anwendungsteil von Modellsätzen mit grammatischen Erörterungen angelegt ist. Für die zahlreichen, wenig erfahrenen Lehrenden hat diese Ausrichtung wie Siouffi unterstreicht einen großen Vorteil:

> Parue dans sa première édition en 1823, la *Nouvelle grammaire française, rédigée sur un plan méthodique*, conçue par Noël et Chapsal à l'usage des enseignants, accompagnera une bonne partie du siècle. C'est que la nouvelle génération d'enseignants inexpérimentés attend qu'on lui dise ce qu'elle doit enseigner. La maîtrise de l'orthographe, notamment, devint l'objet de toutes les attentions (2025, 175).

In der Auswahl der Beispielsätze bleiben beide Autoren der grammatischen Tradition treu, indem sie sich an den *bons auteurs* (dt. guten Autoren) ausrichten (Noël/Chapsal 1845, viij). Der dominierende Übungscharakter der praktischen Grammatiken im 19. Jahrhundert ist in der Schulgrammatik für den Grundschulbereich *La première année de grammaire* von Larive und Fleury (1871)[4] besonders gut sichtbar. Die Grammatik von Larive und Fleury lehnt sich an jene von Lhomond an (Larive/Fleury 1971, 2) und wird von Balibar (1985, 271) als exemplarisch für ihre Zeit eingestuft. Einer kurzen Erläuterung des Gebrauchs folgen bei Larive und Fleury unmittelbar einfache Übungen zur Anwendung. An bestimmten Punkten werden knappe Regeln formuliert, z.B. für die Bildung der Ordinalzahlen im Französischen: „Règle. En général, pour former un adjectif ordinal, on ajoute la terminaison *ième* à l'adjectif cardinal correspondant" (Larive/Fleury 1871, 54), die für die jungen Lernenden verständlich und einprägsam sein sollen. In manchen Fällen werden in ihrer Grammatik auch *remarques* hinzugefügt, in welchen auf Regelabweichungen oder Besonderheiten hingewiesen wird (z.B. Larive/Fleury 1871, 52).

Während die wissenschaftliche Beschäftigung mit den Grammatiken in der zweiten Hälfte des 19. Jh. sich in Frankreich einerseits zunehmend vergleichend bzw. historisch ausrichtet (Chervel 1982, IX; Swiggers 1990, 856; Christmann 1971, 277) und andererseits einzelne der oben genannten Grammatiken wie von Noël und Chapsal immer wieder aufgelegt werden (Bierbach/Pellat 2003, 238; Chevalier 1994, 104–05, 113), wird die Frage der grammatischen Normierung immer stärker von der öffentlichen Diskussion um eine vermeintliche Krise des Französischen und um die Vereinfachung der Regeln für die Orthografie und Syntax begleitet (cf. 2.4.1 und 2.4.2). Die Diskussion gipfelt für die Syntax schließlich in einem staatlichen Erlass: *Arrêté du 26 février 1901 relatif à la simplification de l'enseignement de la syntaxe française.*[5]

---

[4] Bei Larive und Fleury handelt es sich um ein Pseudonym von Auguste Merlette und Hauvion aîné (Chervel 1982, 133).

[5] https://www.legifrance.gouv.fr/jorf/id/JORFTEXT000000427072 (24. März 2025).

Zu wesentlichen Momenten der (normativen) Grammatikschreibung gehören im 20. Jahrhundert und später im 21. Jahrhundert die Veröffentlichung der ersten und einzigen tatsächlichen Grammatik der *Académie française* (cf. 3.3), die Erstveröffentlichung und Weiterentwicklung der Grammatik des *Bon usage* von Maurice Grevisse (cf. 5.2.4.1), die Entwicklung der praktischen *Larousse*-Grammatik (Gaiffe et al. 1936) sowie der Grammatik von Wagner und Pinchon, die Konzeption der *Grammaire méthodique du français* (cf. 5.2.4.2) als umfassender wissenschaftlicher Grammatik des Französischen im ausgehenden 20. Jahrhundert sowie schließlich 2021 die Herausgabe der *Grande grammaire du français* (5.2.4.3).

Das Verlagshaus *Larousse* veröffentlicht 1936 die *Grammaire Larousse du XXe siècle* (Gaiffe et al. 1936), welche 1964 in von Jean-Claude Chevalier wissenschaftlich überarbeiteter Form als *Grammaire Larousse du français contemporain* erscheint. Die Laroussegrammatik von 1936 bemüht sich um eine umfassende Beschreibung der Grammatik des Französischen und entfernt sich damit von typischen schulischen Grammatiken der zweiten Hälfte des 19. Jahrhunderts. Die Anfang der 1960er Jahre neubearbeitete Ausgabe der Laroussegrammatik (Chevalier et al. 1964) hat schließlich einen innovativen Zuschnitt, indem sie als praktische Grammatik mit zeitgenössischer linguistischer Theoriebildung die Aufmerksamkeit nicht auf die Rezeption von Regeln, sondern auf die grammatische Analyse morphosyntaktischer Strukturen lenkt. Grundlegendes Element ihrer grammatischen Beschreibung ist die Bewusstmachung der Variationsmöglichkeiten der Sprechenden. Sie ist insgesamt deskriptiv und berücksichtigt neben dem schriftlichen auch den mündlichen Sprachgebrauch sowie die Umgangssprache (Chevalier et al. 1964, 5; Große 2020, 429).

Die *Grammaire du français classique et moderne* von Wagner und Pinchon (1962; 1974) kann als typisches Beispiel für eine relativ umfangreiche normative Grammatik eingestuft werden, die zugleich vom Strukturalismus geprägt ist (Siouffi/Steuckardt 2007b, XII; Swiggers 2015, 544). Sie ist angereichert mit zahlreichen literarischen Beispielen, *remarques* und Hinweisen auf historische Entwicklungen (zum *ancien français* oder *français classique*). Zudem bemüht sie sich um die Einordnung und Erörterung einzelner Strukturen, die dem Sprachsystem ‚widersprächen', sogenannte „anomalies" wie der Gebrauch von Konstruktionen für *partir pour l'Amérique* (dt. nach Amerika fahren) und das von den Autoren dementsprechend als „vulgaire" eingeordnete **partir en Amérique* (Wagner/Pinchon 1962, 449). Die Einordnung der Negation mit *pas* anstelle von *ne pas* als „langue populaire" belegt ihre grundsätzliche Orientierung am schriftlichen Standard und einer gewissen Abwertung von Strukturen des mündlichen Sprachgebrauchs als volkstümlich (Wagner/Pinchon 1974, 397).

5.2.4 Moderne normative Grammatiken des Französischen

5.2.4.1 Der *Bon usage* von Grevisse

Die umfangreiche Grammatik *Bon usage* des Belgiers Maurice Grevisse erscheint erstmalig 1936 und stellt auch nach der Weiterführung sowie Überarbeitung in den 1980er Jahren durch André Goosse (ab der 12. Ausgabe im Jahr 1986) mit ihrer aktuellsten Ausgabe von 2016 zweifellos eine der Referenzgrammatiken des Französischen und zugleich die typischste normative Grammatik des Französischen dar, welche darüber hinaus wissenschaftlich gut untersucht ist (Lebsanft 2002, 65; Swiggers 2015, 543; Große 2020, 428).

Die in den ersten Ausgaben nicht unbedingt didaktisierte, sehr kleinteilige und in manchen Punkten somit inhaltlich fast unübersichtliche Darstellung von Grevisse in der Mikrostruktur der Grammatik fußt im Allgemeinen neben einer knappen Definition bzw. einführenden Erörterung eines grammatischen Aspektes bzw. einer Regel auf zahlreichen und auch umfänglichen literarischen Beispielen, wobei den von Grevisse zitierten Autoren und nicht den Regeln selbst die normative Autorität zugeschrieben wird (Swiggers 1986, 66; Schöni 1988, 38; Lieber 1990, 24, 25, 50, 109). An dieser Stelle soll illustrierend ein Beispiel für die einführenden Erörterungen aus einer früheren Ausgabe des *Bon usage* (Grevisse 1955) gegeben werden:

> **Superlatif absolu**
> 362. Le **superlatif absolu** exprime la qualité à un très haut degré, mais sans comparaison ni avec l'être ou l'objet dont on parle ni avec un autre être ou un autre objet : *Une montagne* TRES HAUTE, FORT HAUTE.
> On le forme habituellement en plaçant devant l'adjectif un des adverbes *très, fort, bien, tout à fait*, ou un adverbe en *-ment* : *divinement, extrêmement, grandement, infiniment*, etc. : *Une rue* TRES LARGE, FORT LARGE. *Il est* BIEN MALHEUREUX. *Elle est* INFINIMENT AIMABLE (Grevisse 1955, 273).

Hinzu kommen im *Bon usage* zahlreiche und nicht selten sehr detaillierte Kommentierungen (*remarques*), oftmals zur Normdiskussion, welche in den ersten Ausgaben zumeist als *nota bene* betitelt wurden, sowie Hinweise auf grammatische Entwicklungen. Zur Illustration greifen wir als kurzes Beispiel eine *remarque* zum Gebrauch des *article partitif* (dt. Teilungsartikel) in der Ausgabe von 1955 heraus, in welcher für *du bon pain* (dt. gutes Brot) die ‚normalen' Realisierungen beschrieben werden:

> **Remarques.** – I. Dans l'usage ordinaire d'aujourd'hui : a) *de bon pain, de bonne soupe* s'écrivent parfois encore, mais sont inusités dans la langue parlée ; les tours vraiment normaux sont : *du bon pain, de la bonne soupe* : *C'était* DE LA *bonne terre* (H. Bordeaux, *Le Remorqueur*, XIX) (Grevisse 1955, 249).

Die Idee, die üblicherweise mit dem Konzept ‚Regel' verbundene normative Allgemeingültigkeit in der Grammatik des *Bon usage* in den nach der Überarbeitung erschienen Ausgaben (ab 1986) durch Goosse abzuschwächen, d.h. zu relativieren und zu objektivieren (Lieber 1990, 153) und dem Sprachbenutzer eine relative Breite des

Sprachgebrauchs aufzuzeigen, mag die Leserschaft der Grammatik zunächst erstaunt haben (Willems 1986, 59). Der *Bon usage* hat seit dieser Überarbeitung von 1986 insgesamt ein deutlich deskriptives Angesicht, wobei Goosse sich von folgender Prämisse leiten lässt: „apporter des jugments normatifs fondés sur l'observation de l'usage, des usages" (dt. normative Bewertungen liefern, die auf der Beobachtung des Gebrauchs, der Gebräuche fußen) (Grevisse/Goosse 1988, Introduction, VII).

Seit ihrer Erstveröffentlichung im Jahr 1936 bis zur aktuellen Ausgabe von 2016 ist die Grammatik in ihrem Umfang um ca. 1000 Seiten erweitert worden, wenngleich die *remarques* selbst seit der 14. Ausgabe (2007) verkürzt und auch strukturell verändert wurden. So finden sich in den *remarques* nunmehr Hinweise auf einzelne wissenschaftliche Auffassungen zu bestimmten linguistischen Fragestellungen (z.B. zu Lucien Tesnières valenzgrammatischen Überlegungen – Grevisse/Goosse 2008, 981) oder nicht wenige inhaltliche Ergänzungen (z.B. zur Existenz eines *pluripossessifs* bei mehreren Besitzern wie in *notre, votre.* etc. – Grevisse/Goosse 2008, 959). Die Hinweise auf die korrekte Verwendung bestimmter Sprachstrukturen bleiben in den *remarques* jedoch auch nach der Überarbeitung erhalten:

> On pourrait remplacer *soi* dans de telles phrases, selon les cas, par *lui-même, eux-mêmes, elle-même, elles-mêmes*, mais non par *lui, eux, elle(s)* seuls (Grevisse/Goosse 2008, 856).

In der derzeit letzten Ausgabe von 2016 wird die normative Orientierung fortgeführt und in der Einführung der Grammatik des *Bon usage* nochmals bestätigt:

> Un ouvrage comme celui-ci, dans ces intentions normatives, n'a pas la prétention de régenter la langue de la conversation amicale ou de la lettre familière. Les jugements qu'il donne s'appliquent quand ces circonstances demandent que l'on surveille son langage : ils sont donc portés surtout en fonction du registre soutenu (Grevisse/Goosse 2016, 24).

Damit sind die Berücksichtigung des Gebrauchs und der Kommunikationssituation für die normative Einordnung entscheidend, wobei die Darstellung im *Bon usage* auf das *français soutenu* (dt. gehobenes Französisch) sowie die geschriebene Sprache und demzufolge standardsprachlich ausgerichtet ist (Grevisse/Goosse 2016, 13–14, 24).

Wenngleich es sich bei dem *Bon usage* um eine normative Grammatik handelt, dominiert in der Ausgabe von 2016 der Beschreibungs- und keinesfalls der Vorschrifts- bzw. Regelcharakter (cf. für das Verhältnis von normativer und deskriptiver Grammatik Grevisse/Goosse 2016, 13–14). So finden sich in der Präsentation der unterschiedlichen grammatischen Themen bzw. Bereiche, welche morphologisch dominiert sind (cf. Swiggers 1986, 69), zunächst einführende bzw. beschreibende Rubriken wie *définitions et classifications, observations, considérations générales, généralités* (dt. Definitionen und Klassifizierungen, Beobachtungen, allgemeine Betrachtungen, Allgemeines), bevor an verschiedenen Punkten einzelne Darstellungen eindeutig als Regeln formuliert werden. Die explizite Regelformulierung taucht nicht unbedingt überraschend bei verschiedenen Fragen des *accord* (dt. Angleichung/Konkordanz) auf, da diese zu den oft diskutierten Aspekten der Grammatikschreibung bzw. -diskussion des Französischen gehören (z.B. *accord de l'épithète* – Grevisse/Goosse 2016, 459). Spezifische Besonderheiten werden darüber hinaus als *observations particulières* oder auch *cas particuliers* (dt. besondere Beobachtungen bzw. Fälle) herausgehoben (z.B. Grevisse/Goosse 2016, 481).

5.2.4.2 *Grammaire méthodique du français*

Die *Grammaire méthodique du français*, 1994 erstmalig erschienen und 2009 überarbeitet, wird von ihren Autoren selbst zu Recht als grundlegende oder „globale" Grammatik des heutigen Französisch charakterisiert (Pellat/Riegel/Rioul 2021, XXX), welche in eine linguistische Beschreibung eingebettet ist, die sich von verschiedenen linguistischen Ansätzen inspirieren lässt (z.B. generative Grammatik, Valenzgrammatik etc.) (Pellat/Riegel/Rioul 2021, 220, 234; cf. Swiggers 2015, 545).

In Abgrenzung zum *Bon usage* ist in dieser Grammatik die semantische Abhängigkeit bzw. die semantische Fundierung der Syntax klar herausgestellt und es werden zahlreiche semantische und auch pragmatische Beschreibungen in die Grammatik integriert (Große 2020, 430). In der Darstellung zur Frageformulierung (fr. *interrogation*) beispielsweise finden sich daher Erörterungen, die die Pragmatik einschließen:

> **Une valeur de demande ou d'ordre**
> *As-tu une cigarette ? – Avez-vous l'heure ? – T'aurais pas cent balles ?* Ces trois phrases constituent une demande (d'une cigarette, de l'heure, d'argent) clairement reconnue comme telle : une simple réponse affirmative non suivie de l'offre escomptée serait interprétée indirectement comme une fin de non-recevoir ou directement comme une plaisanterie (Pellat/Riegel/Rioul 2021, 682).

Auch die *Grammaire méthodique* arbeitet ähnlich dem *Bon usage* mit *remarques*, jedoch finden sich hier nicht primär normative Kommentierungen, sondern sprachbezogene Beobachtungen sehr unterschiedlicher Art, z.B.:

> **Remarque**.–Dans une phrase interrogative à l'infinitif, le pronom *quoi* peut remplacer *que* : *Quoi faire ? Quoi dire ?* De même, *quoi* postverbal remplace *que* dans l'interrogation familière : *Tu fais quoi ?* (Pellat/Riegel/Rioul 2021, 675).

Die *Grammaire méthodique* präsentiert sich insgesamt als umfassende moderne linguistische Grammatik, die nicht präskriptiv und in keinem Fall puristisch ist (cf. Wilmet 2000, 900; Große 2020, 430). Sie diskutiert einführend die Norm- und Standardproblematik und ordnet den *Standard* als eine Varietät neben anderen Varietäten ein (Pellat/Riegel/Rioul 2021, XXXI, 19–20). Es werden in ihr jedoch nur in Einzelfällen grammatische Besonderheiten anderer, nicht-standardsprachlicher Varietäten wie dem *français familier* oder dem *français parlé populaire* expliziert (Pellat/Riegel/Rioul

2021, 810). Als eher deskriptiv und nicht präskriptiv ausgerichtete Grammatik sieht sie sich hingegen nicht in der Pflicht, einen bestimmten Gebrauch anderer Varietäten als der Standardvarietät zurückzuweisen wie dies in präskriptiv-normativen Grammatiken der Fall ist (Pellat/Riegel/Rioul 2021, 26). Sie berücksichtigt neben dem geschriebenen Französisch in Ausschnitten auch das gesprochene Französisch. Die konzeptuelle Differenzierung in *gesprochen* bzw. *geschrieben* wird dazu in der Grammatik explizit erörtert (Pellat/Riegel/Rioul 2021, 51–71). Zudem machen die Verfasser auf die Einseitigkeit der üblichen Standardbeschreibungen des Französischen aufmerksam, die sich stets auf die geschriebene Sprache beschränken und die Kennzeichen der gesprochenen Sprache oft fälschlicherweise mit Varietäten wie dem *français familier* gleichsetzen (cf. 1.8):

> L'expression de *français parlé* est ambigüe : elle désigne objectivement le français utilisé quand on parle (message sonore) ; mais elle est connotée négativement et en vient, comme synonyme de *populaire* ou de *familier* ; à désigner un français relâché, dégradé, en un mot dévalorisé par la norme. Cette attitude normative brouille la description de la langue, en la fondant sur l'opposition d'un français parlé « fautif » et d'un français écrit « correct », tous deux étant rapportés à la norme écrite. Ce faisant, on risque de restreindre le parlé au familier (ou au populaire), alors que la diversité des registres de langue se rencontre aussi bien à l'oral qu'à l'écrit, même si la censure normative est plus contraignante à l'écrit, imposant à ce dernier un modèle plus recherché (Pellat/Riegel/Rioul 2021, 55–56).

Für die Berücksichtigung des gesprochenen Französisch in der *Grammaire méthodique* soll gleichfalls ein Beispiel zur Illustration herangezogen werden, in diesem Fall aus dem Bereich der Links- bzw. Rechtsversetzung (fr. *dislocation à gauche/à droite*) in den *énoncés exclamatifs* (dt. Ausrufen):

> **Emphase par dislocation** (6.1) :
> *Il m'acclamera donc, ce grand Paris farouche !* (E. Rostand) – *Il chante, assis au bord du ciel splendide, Orphée !* (P. Valéry) – *La grammaire, je ne m'en lasse jamais !*
> Ces structures emphatiques, fréquemment employées à l'oral, s'accordent bien avec l'expressivité des énoncés exclamatifs (Pellat/Riegel/Rioul 2021, 690).

Diese Form der Versetzung wird dementsprechend als im mündlichen Sprachgebrauch frequent beschrieben, eine weitere Eingrenzung der Verwendung auf bestimmte Varietäten erfolgt nicht.[6]

Die Verfasser selbst würden ihre Grammatik wahrscheinlich nicht als eine normative Grammatik einordnen (cf. Pellat/Riegel/Rioul 2021, 26), da sie eher präskriptive Grammatiken als normativ ansehen. Dennoch beschreibt die *Grammaire méthodique* den Standard des Französischen und wirkt in dieser Form normvermittelnd.

---

[6] Gerade die Versetzungen bzw. Dislokationen würden sich eignen, um den Stellenwert der Berücksichtigung mündlicher Strukturen in der grammatischen Beschreibung über die Jahrhunderte wissenschaftlich genauer zu erfassen. Bis jetzt steht eine solche Studie noch aus.

Diese scheinbare Ambivalenz in der Ausrichtung und der jeweiligen Erläuterung in der Grammatik, die als deskriptiv ausgerichtete Grammatik dennoch Empfehlungen zum standardsprachlichen Gebrauch enthält bzw. einzelne Strukturen ‚einschränkt', soll zum besseren Verständnis an einigen wenigen Beispielen illustriert werden.

Im Abschnitt zur Phonetik und Orthografie treffen die Autoren Aussagen zur Worttrennung und listen verschiedene Aspekte auf, in denen eine Worttrennung vermieden sollte beispielsweise nach einem einzelnen Vokal am Wortanfang wie *a-pai-ser oder zwischen zwei Vokalen wie in *ou-ate (Pellat/Riegel/Rioul 2021, 165). Sie erwähnen demzufolge Möglichkeiten der Worttrennung, die, da sie nicht dem Standard angehören, nicht benutzt werden sollten.

In der Beschreibung der Relativpronomina (fr. *pronoms relatifs*) führen die Autoren an, dass der temporale Gebrauch von *où* in Konkurrenz zur Form *que* steht, welcher als „plus soutenu" (dt. gehobener) eingestuft wird, und geben als Beleg „le jour que nous nous sommes rencontrés" (dt. der Tag, an dem wir uns trafen) an (Pellat/Riegel/Rioul 2021, 386). Beide Formen, *que* und *où*, entsprechen folglich dem Standard, unterscheiden sich jedoch in der Zuweisung von *soutenu* (dt. gehoben) bzw. *plus soutenu* (dt. gehobener).

In den *remarques* der *Grammaire méthodique* werden in den Ausführungen zur Verbalmorphologie auch die sogenannten *formes surcomposées* und vor allem das *passé surcomposé* betrachtet, das wie im Falle des von uns konstruierten Beispiels *il a eu tricoté* (dt. er hat gestrickt gehabt) zwei Auxiliarverben beinhaltet und in präskriptiven Grammatiken des Französischen und auch von der *Académie française* grundsätzlich als nicht korrekt zurückgewiesen wird (cf. 3.5). Diese *surcomposé*-Formen werden von der *Grammaire méthodique* als im Sprachgebrauch verbreitet und vor allem im Süden Frankreichs genutzt charakterisiert. Da die *formes surcomposées* jedoch nach Auffassung der Autoren der *Grammaire méthodique* nicht immer von allen Standardsprechern erkannt werden, schließen sie die *surcomposés* in ihren nachfolgenden Konjugationstabellen aus (Pellat/Riegel/Rioul 2021, 451).

Auch werden in der *Grammaire méthodique* wie z.B. im *Bon usage* einerseits generelle Regeln (fr. *règle générale*) definiert und anderseits Spezialfälle (fr. *cas particuliers*) beschrieben. Es erstaunt nicht, dass dies u.a. beim *accord verbal* der Fall ist, welcher sich im Französischen durch zahlreiche spezifische Regelungen auszeichnet, die in den Grammatiken über die Jahrhunderte erfasst wurden und Gegenstand staatlicher grammatischer Toleranzentscheidungen waren (fr. *tolérances grammaticales*, bsw. vom 28. Dezember 1976) (Pellat/Riegel/Rioul 2021, 497–501):

> En règle générale, le verbe qui a plusieurs sujets coordonnés ou juxtaposées se met au pluriel, que ces sujets soient tous au singulier ou qu'ils soient au pluriel (Pellat/Riegel/Rioul 2021, 500).

Auch in dieser Form der Regelbildung orientiert sich die *Grammaire méthodique* an der standardsprachlichen Verwendung.

Wenn wir die vorhandenen modernen französischen Grammatiken als ein Kontinuum normativer Grammatiken mit zwei Polen, präskriptiv und deskriptiv, ansehen, ordnet sich die *Grammaire méthodique* zweifellos in den Bereich der deskriptiv orientierten normativen Grammatiken ein. Im Fokus steht die standardsprachliche Beschreibung des Französischen im Schriftlichen, die punktuell um Aussagen zum Gebrauch in anderen Varietäten bzw. zum mündlichen Sprachgebrauch erweitert wird.

5.2.4.3 *Grande Grammaire du français*

Die Redaktion der *Grande Grammaire du français* wurde seit 2004 als wissenschaftliches und universitäres Gemeinschaftspublikationsprojekt von 59 Linguistinnen und Linguisten unter der Leitung von Anne Abeillé und Danièle Godard geplant und ist schließlich 2021 in zwei gedruckten Bänden und zugleich in digitaler Form (mit zahlreichen Audiobeispielen) erschienen. Das Ziel des Projektes war es, eine umfassende, wissenschaftlich orientierte und korpusgestützte Beschreibung der Grammatik des aktuellen geschriebenen und in Auszügen auch gesprochenen Französisch zu verfassen (Abeillé/Godard 2012). Mit der *Grande Grammaire* steht nunmehr zweifellos eine grundlegende und mit 2.628 Seiten sehr umfangreiche Grammatik des Französischen zur Verfügung, in der allerdings nicht unbedingt alle der ursprünglichen Überlegungen umgesetzt werden konnten (cf. zur Konzeption der *Grande Grammaire* Abeillé/Godard 2012; Coltier/Masseron 2022):

> [Les linguistes] cherchent à expliciter les règles présentes dans l'esprit des locuteurs de manière plus ou moins consciente et qui leur permettent de s'exprimer et de se comprendre. En ce sens, l'objectif est de dévoiler le système grammatical intériorisé par chacun d'entre nous.

Die *Grande Grammaire* ist nicht präskriptiv, sondern klar deskriptiv orientiert. Sie bemüht sich um eine Darstellung, die über den Standard des Französischen hinausgeht. In der Grammatik wird der Begriff *standard* mit *norme* gleichgesetzt und *Norm* als „usage privilégié par certains groupes sociaux (académie, école, édition)" definiert (Abeillé/Godard 2021, *glossaire*). Vieles, was diesem Gebrauch nicht entspricht, wird als nicht-standardsprachlich (fr. *non standard*) eingeordnet. Die Verneinung mit *ne personne* wie in *Je n'ai vu personne* (dt. Ich habe niemanden gesehen) und die Possessivmarkierung mit der Präposition *de* wie in *le chien de Paul* (dt. Pauls Hund bzw. der Hund von Paul) werden nachvollziehbar als standardsprachlich charakterisiert, demgegenüber *le chien à Paul* (dt. dem Paul sein Hund) als nicht-standardsprachlich und *j'ai vu personne* als informell ausgewiesen sind. In welchem genauen Verhältnis *non standard* und zum Beispiel *informel* stehen, bleibt in der *Grande Grammaire* offen (Abeillé/Godard 2021, *glossaire*). Die Vielfalt der nicht-standardsprachlichen Ausdrücke wird infolgedessen auf der sprachtheoretischen Ebene nicht weiter ausgeführt, sondern in den Bereich der spezifischen *annotation* (dt. hier Markierung) der in der *Grande Grammaire* generell sehr zahlreichen Beispiele delegiert. Als Parameter der Markierung sind in dieser Grammatik die folgenden Einordnungen vorhanden:

acceptable, inacceptable, douteux, inapproprié, variable, non-standard, acceptable régionalement (dt. akzeptabel, inakzeptabel, zweifelhaft, unangemessen, variabel, nicht-standardsprachlich, regional akzeptabel) (Abeillé/Godard 2021, 2.2.2). Es gibt keine genauen Charakterisierungen der einzelnen Zuordnungen, was zugegebenermaßen in ihrer Abgrenzung untereinander durchaus eine Herausforderung darstellen würde. In der Präsentation der Markierungsparameter am Anfang der *Grande Grammaire* werden allein ihre grafischen Umsetzungen in der Grammatik selbst sowie einzelne Beispiele aufgelistet. *Inakzeptabel* könnte, wenn man die Interpretation der Beispiele als Grundlage nimmt, als *nicht-idiomatisch* verstanden werden wie im Beispiel **Je ferai le leur lire* (dt. *Ich lasse es sie lesen) (Abeillé/Godard 2021, 2.2.2), d.h. als Strukturen, die nicht im System des Französischen angelegt sind. Eine solche Form der Markierung ist grundsätzlich sehr zu begrüßen; in der tatsächlichen Umsetzung ist sie jedoch etwas problembehafteter und in manchen Fällen sogar widersprüchlich. Die Markierungen sind außerdem nicht unmittelbar Ergebnis umfassender korpuslinguistischer Studien, sondern unterliegen zumeist dem wissenschaftlichen Werturteil der einzelnen, wechselnden Autorinnen und Autoren in den Grammatikkapiteln, womit eine variierende Interpretation von einzelnen Markierungen wie *non standard* nicht ausgeschlossen ist.

In den Erläuterungen der Grammatik wird an insgesamt 136 Punkten im Text explizit auf den *standard* (87 Belege) oder den *non standard* (49 Belege) verwiesen. Als wesentlichstes Kennzeichen des nicht-standardsprachlichen Gebrauchs ist in der Einführung der *Grande Grammaire* die Stigmatisierung entsprechender Strukturen benannt (Abeillé/Godard 2021, 2.2.2).

Auch hier greifen wir ein Beispiel zur Illustration der Einordnung als *non standard* heraus, im konkreten Fall zur nicht-standardsprachlichen Verbangleichung (fr. *accord*) in Spaltsätzen:

> L'accord du verbe subordonné dans la construction clivée
> Le verbe *être* est toujours à la 3ᵉ personne, mais le verbe subordonné s'accorde en personne avec le foyer *après* qui **87a** et **87b**, sauf usage non-standard **87c** :
> **87 a** C'est [moi] qui viendrai.
>   **b** C'est [vous] qui viendriez.
>   **c** ! C'est [moi] qui y est ! (Abeillé/Godard 2021, 2.3.1).

Die Darstellung um die Verbangleichung in Spaltsätzen ist aufschlussreich, da die Diskussion eine Frage des *accord* aufnimmt, die wir in Grammatiken und Sprachchroniken seit dem 19. und 20. Jahrhundert wie bei Wey (1845) mit einer gewissen Kontinuität in der grammatischen Abhandlung vorfinden. Wey (1845) wies die nachfolgende Verwendung eindeutig zurück: „*c'est moi qui est*" (I, 244–245; II 112).

Eine nicht-standardsprachliche Verwendung wird in der *Grande Grammaire* auch für einzelnen Verwendungen des *conditionnel* (dt. Konditional) angezeigt. Im folgenden Auszug ist es allerdings in erster Linie die Argumentation, die unsere Aufmerksamkeit auf sich zieht. In diesem Auszug aus der *Grande Grammaire* wird der nicht-standardsprachliche Gebrauch als kindlicher, populärer oder regionaler Sprachgebrauch identifiziert, der darüber hinaus in der Schule eine Entwertung erfährt:

> L'usage du conditionnel dans la subordonnée en si est considérée en Europe comme relevant d'un usage fautif ou non **standard** (enfantin, populaire, régional), et il est fortement combattu par l'école (Abeillé/Godard 2021, 2.5.1).

An anderen Punkten wird der nicht-standardsprachliche Gebrauch auch in der Grafie vermerkt wie der grafischen Umsetzung des ausgesprochenen Konsonanten innerhalb der *liaison*:

> Certaines écritures ludiques ou non standard imitent l'oral et notent la consonne de liaison **12**. Du point du vue phonologique, la consonne /z/ appartient à *gentils* et non à *oiseaux* en **12a**, à *ils* et non à *ont* en **12b**.
> **12 a** [...] *les avions qui la survolent aujourd'hui nuiraient aux gentils zoiseaux* [...]. (Le Canard enchaîné, 18 oct. 2017)
> **12 b** [Titre d'un épisode] *Ils z'ont de la bouteille* ! (France 3 Bretagne « Littoral », avril 2017) (Abeillé/Godard 2021, 3.2.1).

Die allgemeine Relevanz von Beispielen für die grammatische Beschreibung wurde bereits unterstrichen (5.1). Die *Grande Grammaire* darf mit 30.000 Beispielen, die sie in ihre Darstellung integriert, als außergewöhnlich beschrieben werden. Die Mehrzahl der Beispiele stellt authentische Beispiele aus den Bereichen Literatur und Journalismus dar, aber auch medial sowie konzeptuell mündliche sowie informelle Beispiele werden berücksichtigt. Die authentischen Beispiele werden zudem durch selbst konstruierte Beispiele ergänzt (Abeillé/Godard 2021, 2.2.1). Die Grammatik orientiert sich demzufolge deutlich stärker an der Diversität des Sprachgebrauchs (Abeillé/Godard 2021, *Introduction*/XXIV) als andere Grammatiken des Französischen und ist in diesem Sinne innovativ.

Die Makrostruktur der Grammatik zeigt eine traditionelle Orientierung, die an der Beschreibung einzelner grammatischer Einheiten bzw. Wortarten und auf den Satz (fr. *phrase*) ausgerichtet ist (cf. Piron 2022). Eine Besonderheit in der Mikrostruktur der *Grande Grammaire* liegt in der Frageformulierung, mit der nicht wenige Kapitel ihre Darlegungen beginnen, darunter *Qu'est ce qu'une phrase ? Comment choisir l'auxiliaire du temps ? Qu'est-ce que la détermination et la quantification ?* (dt. Was ist ein Satz? Welches temporale Auxiliar ist zu wählen? Was versteht man unter Determinierung und Quantifizierung?)(Abeillé/Godard 2021, 1.1, 2.1, V.1). Außerdem erfolgt eine grobe Unterscheidung der Erörterungen innerhalb der zwanzig Einzelkapitel der Grammatik in einen *texte principal* und *paragraphes en retrait*, womit sich die Autoren zunächst an ein allgemeines Publikum wenden und im Anschluss vertiefende Aussagen für ein grammatisch bzw. linguistisch interessiertes Publikum definieren (Abeillé/Godard 2021, *guide du lecteur*). In der digitalen Ausgabe wird das Navigieren zwischen den verschiedenen Abschnitten durch zahlreiche Links bzw. Verweise erleichtert.

Auf der Ebene des *discours normatif* (cf. 1.5.1) ist in der *Grande grammaire* eine gewisse Heterogenität und in einzelnen Punkten eine durchaus traditionelle Sicht zu verzeichnen. So wird *Norm* (im Sinne von Standardnorm) in gewisser Weise personifiziert als „la norme condamne" (dt. die Norm verdammt, sechs Belege), womit ein Vokabular genutzt wird, was eher in sprachpuristischen Diskursen präsent ist. In anderen Situationen bleiben die Autoren der einzelnen Kapitel der Grammatik in der Bewertung durchaus vage, so in der Verwendung der Struktur „du moins pour certains locuteurs" (dt. zumindest für gewisse Sprecher) (insgesamt 46 Belege im Bereich *texte* der *Grande grammaire*).

Viel weniger traditionell wirkt die Grammatik jedoch in thematischen Bereichen, die zusätzlich zu den üblichen Aspekten aufgenommen wurden, so verweist sie z.B. in einzelnen Momenten auf Elemente der *écriture inclusive* (Piron 2022) und ist allgemein bestrebt, sich der regionalen Variation sowie der Frankophonie stärker zu öffnen als dies beispielsweise in anderen modernen Grammatiken der Fall ist. In der *Grande grammaire* werden somit regionale Verwendungen beschrieben und einzelne Beispiele mit einer Markierung *régional* versehen, darunter Belege aus Quebec, aber auch der Normandie, Belgien, der Schweiz, dem Jura oder der Stadt Paris (Abeillé/Godard 2021, 1.2.3, 2.1.2, 2.4.1, 3.5.1. 8.1.2). Aus der Sicht der Plurizentrik und der Frankophonie erhält der Gebrauch in Quebec in der Grammatik besondere Aufmerksamkeit. So wird beispielsweise die für das in Quebec gesprochene Französisch nicht untypische Fragekonstruktion mit *-tu*? wie in *A vient-tu*? in die Darstellung integriert (Abeillé/Godard 2021, 4.8.2). Allerdings macht Piron (2022) auf terminologische und strukturelle Abweichungen von in Quebec gebräuchlichen Verwendungen in der *Grande grammaire* aufmerksam, die aus ihrer Sicht die Rezeption dieser Grammatik außerhalb Frankreichs beeinträchtigen könnten.

An dieser Stelle sollen die Betrachtungen zur *Grande grammaire* nochmals zusammengefasst werden:
– Die *Grande grammaire* ist in ihren Ausführungen nicht nur auf den Standard bezogen, sondern gibt gleichfalls Einblicke in nicht-standardsprachliche Bereiche.
– Der *non standard* bleibt dabei in der Konzeption allerdings recht vage.
– Ihr *discours normatif* schreibt sich an einzelnen Punkten in eine Tradition ein, die in gewisser Hinsicht von einer Überhöhung des Standards ausgeht.
– Als gelungen sind die Bemühungen, den äußerst zahlreichen Beispielen der Grammatik unterschiedliche Formen der Akzeptabilität zu zuordnen, zu bewerten, wenngleich man darüber nachdenken könnte, *acceptabilité* (dt. Akzeptabilität) eher als *situativ-adäquat* und *situativ nicht angemessen* zu fassen.

5.3 Normative Wörterbücher des Französischen

5.3.1 Definition von ‚Normativen Wörterbüchern'

Schafroth definiert *normative Wörterbücher* in seinem Arbeitsbuch als Wörterbücher, die „in unmittelbarer oder mittelbarer Weise Einfluss nehmen auf die Inventarisierung und dadurch Verbreitung [...] der präskriptiven Norm einer Sprache" (2014, 123). Mit der Idee der „Inventarisierung" und „Verbreitung" der Standardnorm in normativen Wörterbüchern führt Schafroth zwei Aspekte zusammen, die, wie Ripfel (1989) anmerkt, in der Definition *normativer Wörterbücher* nicht immer verbunden werden. Nach Ripfel (1989, 189, 198) ist die Zuschreibung der Normativität eines Wörterbuchs üblicherweise an die Verbreitung bzw. Regulierung und nicht allein an die Abbildung der Standardnorm als solche gekoppelt. In ähnlicher Weise äußern sich auch Gouvert und Heidemeier (2015, 568): „Le dictionnaire normatif prescrit un certain usage du signe lexical". Hinter solchen Definitionen steht nicht zuletzt die aus der Beschreibung der normativen Grammatiken und aus der theoretischen Normendiskussion (cf. Kapitel 1) bekannte Unterteilung in *deskriptiv* und *präskriptiv*. Diese Differenzierung gehört zu den üblichen binären Wörterbücherklassifizierungen in *deskriptive* und *präskriptive Wörterbücher*, so auch bei Pruvost (2021), welcher die Funktionen beider Wörterbuchtypen erörtert. Er nutzt zur Beschreibung der Funktion des Lexikografen in der Erstellung der verschiedenen Wörterbücher die Metaphern des Buchhalters (fr. *greffier*) und des Schiedsrichters (fr. *arbitre*):

> On peut en effet avoir pour objectif de décrire la langue et son lexique en essayant d'être le moins engagé possible, en souhaitant faire du dictionnaire une sorte de miroir récapitulatif et neutre des usages écrits et oraux des mots. On peut aussi, à l'inverse, considérer que le lexicographe a pour mission de veiller au bon emploi, de guider les usagers en les conseillant, si besoin est, du côté d'un usage présenté comme la norme à respecter.
> D'un côté, le lexicographe se fait le greffier des usages bons ou mauvais, en essayant de ne pas porter de jugements, et on a affaire à un dictionnaire descriptif. De l'autre, il prend le rôle d'arbitre des usages, éventuellement même de censeur, se considérant comme un gardien légitime et éclairé de la langue, et on dispose alors d'un ouvrage normatif, prescriptif (Pruvost 2021, 150).

Die jeweilige Ausrichtung des Wörterbuchs kann von den Nutzern durch die Lektüre des Vorwortes erfasst werden; in anderen Situationen ist sie jedoch erst durch eine genaue Lektüre bzw. Analyse einzelner *Wörterbucheinträge* (fr. *article*) mit ihren jeweiligen *Lemmata* (Stichworte) möglich (Pruvost 2021, 150). Auf die gewählte normative Praxis wird in modernen Wörterbüchern nach Baggioni (1994b, 280) allerdings nur selten explizit verwiesen. Für aktuelle Wörterbücher des Französischen trifft diese Aussage nicht immer zu (cf. z.B. Vorwort in Villers 2018, cf. 5.3.3.1).

Der jeweilige normative Diskurs mit seinen Kommentierungen gibt gleichfalls Auskunft über die Ausrichtung des Wörterbuchs. Normative Kommentierungen können wie in Grammatiken oder auch anderen normativen Genres (z.B. Briefstellern) mit hoher Verbindlichkeit (fr. *à éviter, formes fautives*; dt. zu vermeiden, fehlerhafte Formen etc.) oder eher als Empfehlungen formuliert werden (cf.1.5.1; Melchior 2024, 245).

Bei normativen Wörterbüchern, bei denen die Idee der Vorschrift und Präskription nicht explizit, z.B. im Vorwort oder in den im Wörterbuchartikel integrierten Kommentaren, formuliert und programmatisch angezeigt wird (Schafroth 2014, 125), sprechen Ripfel (1989, 198) und später gleichfalls Schafroth (2014, 128) von „verdeckt normativen Wörterbüchern". Eine solche, nicht explizit angezeigte normative Strategie kann durch eine restriktive Selektion der Lemmata für die Wörterbucherstellung erfolgen, welche beispielsweise umgangssprachliche oder auch vulgäre Lexik, aber auch einen regional spezifischen Gebrauch wie z.B. das Französische in Afrika systematisch ausklammert (cf. Melchior 2020, 446).

Mit *deskriptiv* kann bei der Charakterisierung von Wörterbüchern auch auf die Auswertung von repräsentativen Korpora zur Erstellung der Wörterbücher referiert werden (cf. Ripfel 1989, 200–201; Schafroth 2014, 130).

Es ist wichtig herauszustellen, dass die normative Perspektive nicht nur bei der Anlage und Ausarbeitung des Wörterbuchs als solches eine maßgebliche Rolle spielen kann, sondern mit den Erwartungen der Nutzer interagiert, welche an das jeweilige von ihnen konsultierte Wörterbuch unterschiedliche Ansprüche stellen. So können sich die Nutzer entweder über den lexikalischen Bestand einer Sprache oder einer bzw. verschiedener Varietäten unterrichten lassen oder aber das Wörterbuch konsultieren, um sich über die Standardnorm zu informieren und sich so selbst in ihrem Sprachgebrauch in gewisser Weise normativ abzusichern (cf. Pruvost 2021, 151; Melchior 2024, 248).

Eine Abgrenzung zwischen den beiden Wörterbuchtypen, *deskriptiv* und *präskriptiv*, ist bei einzelnen Wörterbüchern nicht immer klar gegeben, weshalb wir auch hier – ähnlich den Grammatiken – von einem Kontinuum normativer Wörterbücher ausgehen, in welchen nicht selten Mischformen auftreten (cf. Pruvost 2021, 152; Melchior 2020, 441). Solche Formen wären Wörterbücher, die bei Schafroth (2014, 129) als „deskriptive Werke mit normativen Elementen" wie die französischen Definitionswörterbücher *Le Petit Robert*, *Le Grand Robert* oder der *Trésor de la langue française* (TLF) charakterisiert werden (cf. Melchior 2020, 445).

Normative Wörterbücher spielen im Standardisierungsprozess einer Sprache grundsätzlich und so auch für das Französische eine wesentliche Rolle, da sie die Standardnorm etablieren helfen (Ripfel 1989, 205, cf. *Kodifizierung* 1.9.2).

Auf die vielfältigen Klassifizierungen der Wörterbücher sowie ihre Struktur wie ihre Einteilung in Makro- und Makrostruktur wird nachfolgend nicht detailliert eingegangen. Hier verweisen wir für einen ersten Zugriff auf die Arbeiten von Pruvost (2021), Schafroth (2014) oder auf die Überblicke von Quemada (1990) sowie Gouvert und Heidemeier (2015).

Wörterbücher werden nicht unbedingt allein von linguistisch geschulten Lexikografen erstellt, sondern durchaus auch von ‚Hobbylexikografen' (um den Begriff der

Laien zu vermeiden, cf. Melchior 2024, 233). Ihre Normauffassung ist oftmals sehr präskriptiv, weshalb sie nicht selten zahlreiche Lexeme bzw. Strukturen als falsch oder fehlerhaft zurückweisen, obgleich sie nicht fehlerhaft sind, sondern nur nicht der Standardnorm entsprechen und daher nicht in jeder Kommunikationssituation angemessen sind. Jenen Lexikografen fehlt demzufolge oft die nötige wissenschaftliche Distanz in der Beschreibung und/oder Bewertung der jeweiligen lexikalischen Einheiten (Melchior 2024, 236, 240).

5.3.2 Normative Wörterbücher in der historischen Perspektive: ein Überblick ab dem 17. Jahrhundert

Die normative Entwicklung der Wörterbücher des Französischen wird Anfang des 17. Jahrhunderts durch Malherbes sprachnormative und -puristische Doktrin vorbereitet, durch welche zahlreiche Lexeme für die Festlegung des schriftlichen Standards wie Archaismen, Entlehnungen, Neologismen, Provinzialismen sowie fachsprachliche Lexeme zurückgewiesen werden (cf. 2.1.1). Malherbes Sicht prägt mit der Vorstellung einer für jedes Wort exakten Bedeutung die Entwicklung der einsprachigen Lexikografie (Pruvost 2006, 28).

Wesentliche Kennzeichen der Wörterbuchentwicklung sind im 17. Jahrhundert die einzelsprachliche Ausrichtung sowie die jahrzehntelange Arbeit an der Erstellung des Akademiewörterbuchs, welche die wichtigste sprachnormative Tätigkeit der 1634/35 gegründeten *Académie française* bis in die heutige Zeit darstellt (cf. 3.1). Parallel zum Akademiewörterbuch entstehen die einsprachigen Wörterbücher des Französischen von Pierre Richelet (1680) und Antoine Furetière (1690) (cf. 3.2). Diese sich im 17. Jahrhundert entwickelnden einsprachigen Definitionswörterbücher offenbaren bis ins 21. Jahrhundert insgesamt eine erstaunliche strukturelle Kontinuität (Pruvost 2021, 39). Furetière wird, mit seiner deutlich geringer ausgeprägten präskriptiven Perspektive als das Akademiewörterbuch (Lodge 1997, 238; Schafroth 2014, 124), Vorbild für die sich entwickelnden enzyklopädischen Wörterbücher in Frankreich und in anderen Regionen. Richelet setzt bei der normativen Ausrichtung seines Wörterbuchs mit zahlreichen Zitaten auf die normative Autorität wichtiger französischer Autoren (cf. Pruvost 2021, 39, 55).

Von der Öffnung und Erneuerung der Lexikografie in der Aufklärung im 18. Jahrhundert, welche nicht zuletzt in der Redaktion der *Encyclopédie ou Dictionnaire raisonné des sciences, des arts et des métiers* (Diderot/D'Alembert 1751–1765) sichtbar wird, profitieren die normativen Wörterbücher nur in eingeschränktem Maße. Davon ausgenommen sind das *Dictionnaire de Trévoux* (1704) und das *Dictionaire* [sic] *critique de la langue française* von Jean-François Féraud (1787), welches mit seinen mehr als 14.000 Einträgen und 50.000 behandelten Wörtern im Umfang insgesamt, aber gleichfalls in der Vielzahl der sprachlichen und metasprachlichen Informationen in den Einträgen seinesgleichen sucht (Melchior 2020, 442; Pruvost 2021, 59, 65). Aus sprachnormativer Hinsicht sind Férauds Einschätzungen zum *mauvais usage* besonders aufschlussreich (Caron 1994, XV). Die beim *atilf* (*Analyse et traitement informatique de la langue française*) an der *Université de Lorraine* in Nancy gehostete digitale Version des Wörterbuchs erlaubt durch verschiedene Suchmöglichkeiten heute einen einfachen Zugriff auf Strukturen, die von Féraud im Wörterbucheintrag als *mauvais* (dt. schlecht) markiert wurden:

> **ACCOMMODÉ, ÉE**, adj. [*Akomodé, ée*, 4ᵉ é fer. long. au fém.] Ajusté, propre, en ordre. *Rich. Port.* L'*Acad.* ne le met point en ce sens.
> * ACCOMMODÉ, Riche, à son aise. *Trev: Rich. Port.* – *La Touche* dit que cet adjectif se dit quelquefois pour *riche*, mais seulement dans le style familier. Il ajoute qu'on dit par oposition, c'est un homme *incommode*, mais qu'alors il faut ajouter, *dans ses affaires*. – L'*Acad.* met celui-ci; mais elle ne met pas *acomodé* tout seul pour *à son aise*: elle ne parle que d'homme *mal accomodé*, ou *peu accommodé des* biens de la fortune. – * Il en est qui, au lieu d'*acommodé*, disent *commode*, qui est encore plus mauvais, il est *commode*, il est à son aise. C'est un gasconisme, un provençalisme.⁷

Féraud bezieht sich in seinen normativen Kommentierungen zunächst explizit auf die Ausführungen in anderen Wörterbüchern wie jenen von Richelet oder auch der Akademie sowie sprachlichen Abhandlungen wie den *remarques* (darunter auch jenen von Vaugelas oder Bouhours, cf. 2.2) und bewertet die ausgewählten Strukturen abschließend selbst. Kritisiert werden von ihm ein nicht angemessener Gebrauch einzelner Lexeme in bestimmten situativen Kontexten bzw. Stilen, aber auch semantische Ungenauigkeiten oder bestimmte Schreibweisen, für die er nicht selten neue Grafien vorschlägt und somit innovativ ist (Caron 1994, XIII–XIV). Mit Férauds *Dictionaire* von 1787 steht für das 18. Jahrhundert ein normatives Wörterbuch zur Verfügung, welches durch die Kommentierung zahlreicher Beispiele und Quellen der sprachlichen Beschreibung in besonderer Weise Auskunft über präskriptive und in Teilen sprachpuristische Tendenzen gibt.

Die Idee den gesamten Wortschatz in seiner Breite zu erfassen und in diesem Sinne die Lexikografie zu demokratisieren prägt allen voran das nachfolgende 19. Jahrhundert, womit die präskriptive Strategie in der Auswahl der Lexeme, die als Lemmata Eingang in die Erörterung finden, zurückgedrängt wird und das Augenmerk auf universellen Wörterbüchern (fr. *dictionnaires universaux*) liegt. Nichtsdestotrotz werden in jener Zeit neben dem Akademiewörterbuch auch weitere explizit normative Wörterbücher wie das *Nouveau Dictionnaire de la langue française* von Jean-Charles Laveaux (1820) redigiert (cf. Pruvost 2021, 69). In seiner inhaltlichen Ausrichtung steht dieses Wörterbuch den Schwierigkeitswörterbüchern nahe, was nicht erstaunen mag, da Laveaux selbst 1818 ein Schwierigkeitswörterbuch des Französischen veröffentlichte (Laveaux 1847).

---

7 Eintrag aus Féraud (1787), digitale Edition von Philippe Caron und Louise Dagenais (https://feraud.atilf.fr/menu.php) (15. Mai 2025).

Im 19. Jahrhundert entwickelt sich der Bereich der pädagogisch-normativen Wörterbücher besonders stark. Die Wörterbücher entspringen anders als das *Dictionnaire de l'Académie française* nicht staatlicher Initiative, sondern sind an die finanzielle Unterstützung der heute großen Verlagshäuser wie Hachette oder Larousse geknüpft (cf. Quemada 1990, 876). Es entstehen in dieser Zeit umfassende universelle Wörterbücher, allen voran das *Dictionnaire de la langue française* von Émile Littré (1863–1873) oder das *Grand Dictionnaire Universel du XIXe siècle* von Larousse (Larousse 1866–1890).

Ziel der Lexikografen wie Pierre Larousse (1817–1875) ist es zudem, dem durch die verschiedenen Schulreformen wachsenden Teil der alphabetisierten Bevölkerung (cf. 2.3.3) in möglichst kondensierter Form ein generelles Wörterbuch des Französischen wie der *Petit Littré* oder das *Nouveau dictionnaire de la langue française* zur Verfügung zu stellen (Pruvost 2006, 78; Melchior 2020, 443). In diese Richtung zielt gleichfalls der 1905 (zumeist als Ausgabe von 1906 angegeben) erschienene einbändige *Petit Larousse illustré*, der über Jahrzehnte jährlich aktualisiert wurde und in zahlreichen französischen Haushalten der damaligen Zeit vorhanden gewesen war. Er wies somit eine besonders hohe Verbreitung auf und kann als wichtiger Teil des lexikografischen Erbes angesehen werden (Bohot et al. 2018; Bohbot/Steuckardt 2022, 61; Steuckardt 2022, 240–241; zur Relevanz cf. Cormier/Francœur 2005). Heute sind die verschiedenen Ausgaben des *Petit Larousse illustré* von 1906 bis 1948 in der digitalen Edition des Projektes *Nénufar*[8] mit verschiedenen Suchanfragen auf besonders einfache Weise konsultierbar und in dieser Form auch auf ihre normativen Markierungen (fr. *marquages normatifs* oder *dianormatifs*) hin analysierbar (cf. Bohbot/Steuckardt 2022; für die Systematik der diasystematischen Markierungen cf. Glatigny 1998; Schöntag 1998).

Diese einbändigen, universellen Wörterbücher sind zugleich für das 20. Jahrhundert charakteristisch, allerdings werden sie fortan in der konzeptuellen Entwicklung immer stärker wissenschaftlich begleitet (cf. Pruvost 2021, 83).

In der zweiten Hälfte des 20. Jahrhunderts erscheint schließlich der einbändige *Le Petit Robert* (1967), welcher sich zu einem der wichtigsten Wörterbücher des Französischen entwickelt.

Die modereren Wörterbücher des Französischen wie der *Le Petit Robert*, *Le Grand Robert* oder auch der *Le Grand Larousse* oder *Le Petit Larousse* vermitteln heute ein weniger präskriptives Bild als das *Dictionnaire de l'Académie française* (cf. Wolf 1983, 131; Melchior 2020). Detaillierte und vergleichende Studien zur normativen Orientierung fehlen zum Französischen jedoch bzw. stellen seltene Ausnahmen dar (cf. z. B. Funk 2017).

Die normative Perspektive moderner Wörterbücher des Französischen wird nachfolgend an verschiedenen Beispielen erörtert.

---

8 https://nenufar.huma-num.fr/presentation/ (8. Mai 2025).

5.3.3 Moderne normative Wörterbücher des Französischen

5.3.3.1 Gedruckte Wörterbücher

Villers (2018, *préface*) beschreibt das von ihr herausgegebene Wörterbuch *Multidictionnaire de la langue française* als ein „dictionnaire pragmatique". Wesentliches Kennzeichen einer solchen Zuordnung als pragmatisches Wörterbuch sind nach Villers' Auffassung die Kommunikationssituation der Sprechenden und der Umstand, dass diesen möglicherweise in der Kommunikation sprachliche Zweifel aufkommen, welche sie mit Hilfe des Wörterbuchs zu lösen suchen. Ob sich dies in der alltäglichen Praxis wirklich so vollzieht, sei hier dahingestellt. Das *Multidictionnaire* wird nach Côté und Remysen (2017, 33–34) in Quebec als Referenzwörterbuch des Französischen von der Bevölkerung angenommen, auch wenn es nur eingeschränkt den Sprachgebrauch in Quebec abbildet.

Das *Multidictionnaire* ist eine Mischform von einem Definitionswörterbuch mit punktuellen Anleihen eines Schwierigkeitswörterbuchs, da auch grammatische Darstellungen wie beispielsweise zum *accord du verbe* oder zum *genre* vorhanden sind (Villers 2018, 24–27, 841–842).

Die gewählte normative Ausrichtung des Wörterbuchs zeigt sich im Vorwort:

> La position normative du Multidictionnaire est nuancée. L'ouvrage décrit le français standard, tel qu'il est explicité par les grammaires et les grands dictionnaires, noyau dur de la langue française commune à tous les francophones, qui permet l'intercommunication entre l'ensemble des usagers de la langue française, par-delà les particularismes de chaque pays ou de chaque région. Il situe par rapport à cette norme commune les variantes sociales, notamment celles qui correspondent à des circonstances particulières de communication. Il signale les usages propres au Québec et précise leur statut par rapport à la norme du français au Québec, selon qu'ils sont admis comme standards, qu'ils appartiennent à des registres de langue ou qu'ils sont discutables, voire à éviter en communication soignée, le plus souvent parce que ce sont des anglicismes ou des formes fautives, parfois simplement vieillies, perpétuées dans la tradition orales (Villers 2018, XII).

Die Auswahl der Einträge und ihre Beschreibung richten sich am *bon usage québécois* (dt. guter Sprachgebrauch von Quebec) aus. Erfasst werden darüber hinaus inkorrekte Formen aus dem „registre courant de communication écrite ou dans un registre familier" (Villers 2018, XIII) und ihre „korrekten" Entsprechungen.

Das Wörterbuch ist korpusgestützt erarbeitet und vereint in der Ausgabe von 2018 1.000 neue Einträge und 1.500 erweiterte Einträge im Vergleich zu früheren Ausgaben (Villers 2018, XIII).

Die Wörterbuchartikel beinhalten bei Villers (2018) Definitionen, angereichert durch literarische und journalistische Beispiele sowie in Teilen Hinweise zur Aussprache, Grammatik, Syntax, Semantik, Orthografie und Typografie.

Aus normativ-präskriptiver Sicht besonders aufschlussreich sind die am Ende einzelner Wörterbuchartikel bzw. Übersichten aufgelisteten Gegenüberstellungen von *formes fautives* (dt. fehlerhafte Formen) und ihren jeweils korrigierten Formen.

Unter *formes fautives* fallen primär Anglizismen, aber auch *calques* (dt. Lehnübersetzungen) und sogenannte *impropriétés* (dt. unangemessene Formen) (Villers 2018, XV). Es folgt eine Auswahl von *formes fautives* zur Illustration:

> *affiler un crayon. Impropriété pour *tailler un crayon* (Villers 2018, 57)
> *en tout et partout. Impropriété pour *en tout et pour tout* (Villers 2018, 1291)
> *aligner avec. Calque de « to align with » pour *aligner une chose sur une autre* (Villers 2018, 75).
> *tapis mur à mur. Calque de « wall-to-wall carpet » pour moquette (Villers 2018, 1703).

Die Anglizismen werden als Wörterbucheinträge gleich am Anfang mit dem Asterisk * markiert und so als inkorrekt ausgewiesen:

> *Racket
> Anglicisme pour *vol, escroquerie* (Villers 2018, 1471)

Die speziell für die Emailkommunikation (cf. Tabelle *courriel* Villers 2018, 448) genutzten Anglizismen werden gleichfalls als falsch zurückgewiesen:

> *attachement. Anglicisme pour *fichier joint, pièce jointe*.
> *e-mail. Anglicisme pour *courriel, courrier électronique*.
> *fichier attaché. Anglicisme pour *fichier joint, pièce jointe*.
> *mail. Anglicisme pour *courriel, courrier électronique*.
> *sujet. Anglicisme pour *objet* (Villers 2018, 448).

Das *Multidictionnaire* wird von Schafroth (2014,128) als verdeckt normativ eingeordnet. Diese Zuordnung teilen wir nicht in allen Aspekten, da die präskriptive Sicht an verschiedenen Punkten durchaus deutlich wird.

5.3.3.2 Einsprachige Wörterbücher in hybrider Publikationsform und digitale Wörterbücher des Französischen und ihre normative Ausrichtung

5.3.3.2.1 *Le Petit* und *Le Grand Robert*

Der *Le Petit Robert* gehört zu den einsprachigen Wörterbüchern des Französischen, von denen weiterhin eine aktualisierte gedruckte Ausgabe erscheint und zugleich ein kostenfreier, und damit eingeschränkter ‚digitaler Zugriff *Dico en ligne Le Robert*[9] möglich ist sowie ein kostenpflichtiges digitales Abonnement existiert, weshalb er als hybride Publikation verstanden werden sollte.

Die derzeit aktuellste gedruckte Ausgabe des *Le Petit Robert* ist von 2025 (Le Petit Robert 2025). Eine Aktualisierung seines Vorwortes ist seit 2017 nicht mehr vorgenommen worden, so dass nur die Vorwortversion von 2017 zur Analyse eines möglichen expliziten normativen Anspruchs herangezogen werden kann. Die Existenz eines einzelnen *bon usage* sowie die Abgrenzung eines *bon* und *mauvais usage* durch die

---

9 https://dictionnaire.lerobert.com/ (24. April 2025).

Sprecher werden im Vorwort zurückgewiesen und stattdessen auf die Vielfalt im Sprachgebrauch abgehoben:

> Le « bon usage » convenait peut-être à l'Ancien Régime, mais demande sérieuse révision, et ce sont plusieurs usages, plus ou moins licites et que personne ne peut juger « bons » ou « mauvais », qui forment la réalité d'une langue (Le Petit Robert 2025, XXII).

Der gedruckte und digitale *Le Petit Robert* werden in den jeweils aktuellen Ausgaben um zahlreiche Neologismen ergänzt, die durch die Beobachtung des Sprachgebrauchs erschlossen werden. Eingang in die 2025 publizierte gedruckte Ausgabe des *Le Petit Robert* fanden so *tiktokeur/tiktokeuse* (dt. Tiktoker/Tiktokerin), *climaticide* (dt. Klimatod) oder auch *prompt* (dt. Prompt), welche in allen Fällen kurz definiert werden. Auf normative Kommentierungen der Neologismen im Sinne von *remarques normatives* wird jedoch in der Mikrostruktur verzichtet (Le Petit Robert 2025, 451, 2043, 2556). *Remarques* (dt. Kommentierungen), abgekürzt durch *REM.*, sind im *Le Petit Robert* dennoch vorhanden, allerdings erfüllen sie keine explizit präskriptiv-normative, sondern in verschiedenen Fällen eine sprachkritische Funktion. Wie im Fall des Eintrags von *aborigène*, der mit dem Hinweis versehen ist, dass diese Bezeichnung insbesondere für die *Aborigines* in Australien verwandt wird (Le Petit Robert 2025, 7). Explizit ausgewiesen werden in zahlreichen Fällen zudem die von staatlichen Kommissionen in Frankreich oder auch Quebec erarbeiteten bzw. empfohlenen Formen, welche mit *recommendation officielle* (*Recomm. offic.* – dt. offizielle Empfehlung) im Wörterbuch markiert werden, darunter fallen beispielsweise die empfohlenen Formen *spectacle solo* für *stand-up* oder *bloc-notes électronique* für *notebook* (Le Petit Robert 2025, 1706, 2429) (cf. für die staatlichen Kommissionen der Terminologieentwicklung 2.5.1 und 2.5.4).

Der *Le Petit Robert* übernimmt im Bereich der Aussprache und Grafie eine eindeutige Kodifizierungsfunktion, da er die Standardaussprache in der allgemeingültigen internationalen Lautumschrift (IPA) und die Orthografie der einzelnen Lexeme verzeichnet und damit den Nutzenden in beiden Feldern eine standardsprachliche Orientierung gibt.

Der *Le Grand Robert* ist, wie auch der *Le Petit Robert*, seit 2008 als kostenpflichtiges digitales Angebot nutzbar, mit zahlreichen Suchanfragemöglichkeiten (fr. *recherche simple* und *recherche avancée*) auch im gesamten Text (fr. *texte intégral*) ausgestattet und wird online, wie die gedruckte Ausgabe, in gewissen Abständen aktualisiert.

Mit dem kostenpflichtigen digitalen Angebot der beiden Wörterbücher lassen sich auch diasystematische Markierungen (fr. *marques d'usage*), die möglicherweise normativ sind, und normative Kommentierungen systematischer abfragen als dies in der gedruckten Fassung des *Le Petit Robert* oder *Le Grand Robert* der Fall ist. Unter den im *Le Grand Robert* verwandten diasystematischen Markierungen finden sich auch solche mit präskriptiver Orientierung wie *incorrect, fautif, condamner par la norme/par les puristes* (dt. nicht korrekt, falsch, von der Norm/von den Puristen verurteilt), wenngleich diese im *Le Grand Robert* und im *Le Petit Robert* insgesamt mittlerweile sehr selten sind:

pop. (et incorrect). *Pourquoi que...*, sans inversion. *Pourquoi qu'il est parti ? Pourquoi que t'es (tu n'es) pas venu ?*[10]

Einige der normativen Markierungen zeigen nichtsdestotrotz eine relative Häufigkeit: In aktuell 72 Belegen findet sich der Hinweis auf einen *emploi critiqué* (dt. kritisierter Gebrauch), eine Nominalphrase, die durchaus als präskriptive Formel eingestuft werden kann. Sie ist gleichfalls im digitalen *Le Petit Robert* mit 64 Markierungen belegbar (darunter in einigen wenigen Fällen in der Variante *anglicisme critiqué*, dt. kritisierter Anglizismus) und in leicht abgewandelter Form in anderen Wörterbüchern zu finden (cf. *USITO* in 5.3.3.2.3). Auch die Markierung *abusif* (dt. missbräuchlich) ist mit 116 Belegen in der digitalen Ausgabe des *Le Grand Robert* vertreten (cf. auch Schafroth 2014, 129; Melchior 2020, 445).[11]

Beide Markierungen, *emploi critiqué* und *abusif*, sind im *Le Grand Robert* oder *Le Petit Robert* in einzelnen Fällen jedoch in ihrem Gebrauch auf bestimmte Sprachbereiche wie z.B. das kanadische Französisch oder den Fachwortschatz eingegrenzt und gelten somit nicht als generelle normative Orientierung. In der Kennzeichnung als missbräuchlichen Sprachgebrauch (fr. *abusif*) lassen sich gleichfalls Hinweise auf einen diskriminierenden Sprachgebrauch finden, welcher folglich vermieden werden sollte: „*Un, une Arabe, les Arabes : peuple sémitique, originaire d'Arabie* ; (abusif) *populations islamisées, notamment du Maghreb*". Diese Kommentierung stufen wir als sprachkritische Markierungen ein (cf. für das Konzept der ‚Sprachkritik' Kapitel 6).

Bei der Aufnahme von Neologismen, insbesondere Anglizismen, werden zudem wie in der gedruckten Fassung des *Le Petit Robert* die Empfehlungen der staatlichen Kommissionen, auch außerhalb Frankreichs, vermerkt (*recomm. offic.* – 342 Belege im *Le Petit Robert* und 453 im *Le Grand Robert*), womit die dort in der Regel kommentierten Anglizismen auch hier nicht präskriptiv zurückgewiesen werden, sondern lediglich um die offiziell empfohlene Form ergänzt werden wie im Fall des Eintrags von *notebook*: „*La recommandation officielle pour remplacer l'anglicsme est bloc note électronique*" oder *apprentissage machine* für *machine learning*, *livre numérique* für *e-book* oder *surréservation* für den falschen Anglizismus *surbooking*.[12]

Unter den Kommentierungen, die mit REM. (fr. *remarques*) in den digitalen Ausgaben des *Robert* gekennzeichnet werden (453 Belege im *Le Petit Robert* und 405 im *Le Grand Robert*), finden sich nur sehr vereinzelt vordergründig normativ-

---

10 https://grandrobert-lerobert-com.ubproxy.ub.uni-heidelberg.de/robert.asp (9. Mai 2025).
11 Bohbot und Steuckardt (2022) zeichnen die Entwicklung der normativen Markierung *abusif* bzw. *abusivement* in französischen Wörterbüchern und vor allem im *Petit Larousse illustré* nach.
12 https://petitrobert12.lerobertcom/robert.asp (9. Mai 2025).

präskriptive Informationen, sondern stattdessen, wie in der gedruckten Ausgabe des *Le Petit Robert*, eine relative breite Palette von Hinweisen aller Art, darunter erneut sprachkritische Kommentierungen (z.B. zum abwertenden Gebrauch von *pédé* [dt. Homosexueller]),[13] spezifische Hinweise zur Etymologie sowie zur Schreibweise wie auch Anmerkungen zum Gebrauch in einzelnen Varietäten, beispielsweise im Eintrag zu *église* (dt. Kirche):

> REM. Dans le lang. cour., on dit *temple* pour le culte protestant.

oder zum spezifischen Genus des Lexems *bretzel* im Elsass:

> REM. En Alsace, le mot est, comme en allemand, souvent féminin.

Auch Beobachtungen zum aktuellen Sprachgebrauch werden wie im Falle des Eintrags von *que* kommentiert, welches nach einzelnen Verben wie *s'attendre* oder *s'informer* durch *à ce que* oder *de ce que* erweitert wird. Auch nicht-sprachbezogene Hinweise werden mit REM. ausgewiesen, so beispielsweise kulinarischer Art wie bei *carbonara*:

> REM. Dans certains pays, la sauce carbonara est additionné de crème fraiche et des lardons grillés remplacent la pancetta.

Präskriptiv ist indes die Kommentierung zum Nomen *fois* (dt. Mal) oder zu *insulter* (dt. beschimpfen), wenngleich derartige Kommentierungen generell selten sind:

> REM. *Bien des fois, de nombreuses fois* (REM. On ne dit pas *beaucoup de fois*).
> REM. La tournure *insulter de* (et n.) est incorrecte grammaticalement.[14]

Die spezifische Funktion der *REM.* in den verschiedenen aktuellen Ausgaben des *Robert* darf nicht als vordergründig präskriptiv verstanden werden und unterscheidet sich somit von der Mehrzahl normativer Kommentierungen, die in anderen Wörterbüchern wie dem Wörterbuch der *Académie française* vorhanden sind.

5.3.3.2.2 *Dictionnaire de l'Académie française*

Die neunte Ausgabe des *Dictionnaire de l'Académie française* (DAF) liegt seit dem 14. November 2024, als dem französischen Staatspräsidenten die abgeschlossene Auflage feierlich übergeben wurde, sowohl gedruckt nunmehr komplett mit 4 Bänden (DAF 1992–2024) als auch digital vor. Den normativen Anspruch des

---

[13] https://grandrobert.lerobert.com/robert.asp (9. Mai 2025). Diese Angabe gilt auch für die nachfolgenden Beispiele.
[14] https://petitrobert12.lerobertcom/robert.asp (9. Mai 2025); https://grandrobert.lerobert.com/robert.asp (9. Mai 2025).

Akademiewörterbuchs auch in seiner neusten Ausgabe haben wir im Kapitel zur französischen Sprachakademie bereits diskutiert (cf. 3.2).

Die Arbeit an der neunten Auflage zog sich ab 1986 schließlich über 30 Jahre hin, weshalb kritische Stimmen unter den Linguistinnen und Linguisten nach nunmehrigem Abschluss des Wörterbuchs von einem bereits überholten bzw. obsoleten Wörterbuch sprechen, das sich nicht als modernes Gebrauchswörterbuch des Französische eignet (z.B. Gasquet-Cyrus 2024). Als Beispiel für eine derartige Kritik wird fr. *mail* angeführt, das in der Bedeutung von E-Mail nur indirekt aufgenommen ist, indem im Eintrag *mail* der digitalen Ausgabe des Wörterbuchs auf die Rubrik *Dire, ne pas dire* des Webauftrittes der *Académie française* verwiesen wird, in welcher diese Bedeutung eine Rolle spielt.[15]

Das DAF wird als nicht modern, sondern eher als konservativ bewertet, dessen normative Selektionskriterien nur eingeschränkt offengelegt werden und damit nicht transparent sind (z.B. Gasquet-Cyrus 2024). Die Gruppe *Les Linguistes atterrées* (dt. *die bestürzten Linguisten* in Anlehnung an die weltweit agierende Bewegung der *Les Économistes Atterrés*, engl. *The Appalled Economists*, cf. Les Linguistes atterrées 2023; Große 2023) macht aus Anlass der Fertigstellung der neunten Auflage des Akademiewörterbuchs aus ihrer kritischen Sicht auf das Wörterbuch und die Sprachakademie keinen Hehl und sieht die Arbeit an dem Wörterbuch sowohl wirtschaftlich als auch linguistisch als nicht mehr sinnvoll an.[16] Sie kritisieren die keineswegs zeitgemäße Erarbeitung des Wörterbuchs, seine in Teilen diskriminierenden Definitionen und seine grammatischen Informationen, die nicht der in den Schulen gelehrten Terminologie entsprechen.

Die *Académie française* selbst sieht sich in ihrer lexikografischen Arbeit in der Pflicht, auf sprachliche Zweifel zu reagieren und einen möglicherweise fehlerhaften Gebrauch zu korrigieren:

> Si le Dictionnaire sait se montrer attentif aux transformations à l'œuvre dans notre société, il entend rester fidèle à sa mission qui consiste, depuis les origines, à **mettre en lumière les doutes ou les hésitations qui parcourent notre langue** : ainsi, il guide l'usage quand il est hésitant, le fixe quand il est flottant, voire le redresse quand il est fautif (Fettmarkierungen im Original).[17]

Der normative Anspruch wird insofern auch im Wörterbuch beibehalten und durchzieht die gesamte sprachliche Arbeit der Akademie.

---

15 https://www.dictionnaire-academie.fr/article/A9M0210 (3. Juni 2025).
16 https://www.tract-linguistes.org/neuvieme-edition-du-dictionnaire-de-lacademie-francaise/ (3. Juni 2025).
17 https://www.academie-francaise.fr/sites/academie-francaise.fr/files/dossier_de_presse_9e.pdf (3. Juni 2025).

Als eine der zentralen Innovationen des Wörterbuchs in dieser Auflage weist die Akademie selbst in ihrem Pressedossier nach Abschluss ihrer Arbeit neben der Aufnahme von Neologismen die Feminisierung von Berufsbezeichnungen und Titeln aus,[18] was bemerkenswert ist, weil sie diesen selbst sehr lange sehr zurückhaltend bzw. ablehnend gegenüberstand (cf. 6.2.2.2.1).

Die neunte gedruckte Auflage des Wörterbuchs in vier Bänden und die digitale Ausgabe im Portal stimmen nicht vollständig überein. So wurden in der digitalen Ausgabe einzelne Einträge komplett ergänzt wie *addiction* (dt. Drogenabhängigkeit) und andere erweitert bzw. korrigiert wie bei *mariage* (dt. Heirat), wo in der digitalen Ausgabe die folgende rechtliche Information zur Heirat ergänzt wurde: „En France, le mariage civil entre deux personnes du même sexe est autorisé depuis 2013".[19]

Unter den normalen *Remarques*, nicht den *Remarques normatives*, die in der digitalen Wörterbuchausgabe mit den gleich betitelten Rubriken der Webseite der *Académie française* verknüpft sind, finden sich noch immer normative Hinweise, wie im Falle von *panel*, bei dem angemerkt wird: „Ne doit être employé qu'en parlant de sondages d'opinion" (DAF 1992–2024, 245).[20]

5.3.3.2.3 *USITO*

Die normative Konzeption wird, wie bereits erwähnt (cf. 4.3.1), im Fall des digitalen Wörterbuchs *USITO* für das Französische allen voran in Quebec klar sichtbar (Schafroth 2014, 198; Melchior 2020 451). Besonders aussagekräftig sind dafür die dort enthaltenen Rubriken *emplois critiqués, anglicismes critiqués* und *emplois parfois critiqués* (dt. kritisierte Sprachverwendungen, kritisierte Anglizismen und manchmal kritisierte Sprachverwendungen).[21] Die Abgrenzungen zwischen den beiden ersten Rubriken und der letzten liegt offenbar allein in der Frequenz der von den Autoren des Wörterbuchs vorgefundenen Kritiken.

Die Rubrik der *emplois critiqués* ist mit 1.436 Einträgen sehr umfassend, enthält nicht nur lexikalische Einträge und bemüht sich in den Erörterungen zu spezifizieren, welches der Ansatzpunkt für die zumeist normative Kritik darstellt, z.B. ein nicht standardsprachlicher Gebrauch (fr. *non standard*) wie im Fall von *activiste* für *militant* (dt. Anhänger oder Aktivist), *alcootest* für *éthylomètre* (dt. Alkoholtester), *espadrille* für *chaussure de sport* (dt. Sportschuh) oder *pratiquement* für *à peu près, presque, pour ainsi dire, quasiment* (dt. fast). Die Mehrheit der kritisierten sprachlichen Einheiten (lexikalisch oder grammatisch) kommt aus Quebec, aber auch Angaben zu anderen frankophonen Regionen sind enthalten.

---

18 https://www.academie-francaise.fr/sites/academie-francaise.fr/files/dossier_de_presse_9e.pdf (3. Juni 2025).
19 https://www.dictionnaire-academie.fr/article/A9M1104 (3. Juni 2025).
20 https://www.dictionnaire-academie.fr/article/A9P0296 (3. Juni 2015).
21 https://usito.usherbrooke.ca/index/emplois_parfois_critiqués#a (9. Mai 2025).

5.4 Zusammenfassung

Das Französische verfügt aktuell über verschiedene umfassende Grammatiken, die in unterschiedlicher Form normativ sind. Die neueste Ausgabe des *Bon usage* (2016) von Grevisse und Goose ist weit weniger präskriptiv als ihre anfänglichen Ausgaben und präsentiert sich heute als Grammatik, die den schriftlichen Standard überwiegend deskriptiv erfasst. Eine explizite Regeldarstellung und präskriptive Formulierungen treten dabei in den Hintergrund. Die *Grammaire méthodique*, die sich in der Beschreibung gleichfalls am geschriebenen Standard orientiert, ist deskriptiv ausgerichtet und überzeugt durch eine wissenschaftlich fundierte Darstellung. Die von einem Kollektiv von Linguistinnen und Linguisten erstellte *Grande Grammaire du français* geht über die wissenschaftliche Erörterung standardsprachlicher Strukturen hinaus und nimmt auch nicht-standardsprachliche Strukturen auf und erläutert diese an zahlreichen Korpusbeispielen. Durch den Hinweis auf den in verschiedenen Situationen jeweils angemessenen Sprachgebrauch löst sie sich in ihrer Abhandlung von der bis dahin omnipräsenten Fokussierung auf den geschriebenen/schriftlichen Standard.

Mit Ausnahme des *Dictionnaire de l'Académie française* sind die großen und bekannten aktuellen einsprachigen Wörterbücher des Französischen nicht mehr explizit normative, sondern deskriptive Wörterbücher mit normativen Anleihen. Sie tragen dennoch zur Kodifizierung und Verbreitung der Standardnorm des Französischen bei, vor allem des Französischen in Frankreich, aber nicht ausschließlich, und sind wesentlicher Bestandteil der Standardisierung. Sie sind darüber hinaus Instrumente der Verbreitung sprachkritischer Kommentierungen und in vielen Aspekten eines nicht-diskriminierenden Sprachgebrauchs.

Arbeitsaufgaben

1. Lesen Sie im Handbuch (engl. *manual*) von Lebsanft und Tacke (2020) zur Standardisierung in den romanischen Sprachen nach, wie normative Grammatiken dort allgemein beschrieben werden.
2. Um die variierende Ausrichtung und Arbeitsweise der *Grammaire méthodique* und der *Grande grammaire* an Beispielen erfassen zu können, sollten Sie sich in beiden Grammatiken zum einen die Beschreibung der Spalt- bzw. Cleftsätze (fr. auch *mise en relief*), zum anderen die Verneinung mit *ne* ansehen.
3. Schlagen Sie in einer aktuellen Ausgabe der Grammatik des *Bon usage*, der *Grande grammaire* und im Portal der *Académie française* (Rubrik *Dire, ne pas dire*) den Gebrauch des *indicatifs* oder *subjonctifs* nach der Konjunktion *après que* nach.
4. Suchen Sie im Vorwort eines aktuellen gedruckten einsprachigen Definitionswörterbuchs des Französischen wie dem *Robert* oder *Larousse* nach Hinweisen zur normativen Ausrichtung des Wörterbuchs. Überlegen Sie, inwiefern das

gewählte Wörterbuch die Standardnorm abbildet und welche anderen Varietäten gegebenenfalls berücksichtigt werden. Machen Sie sich im Wörterbuch zudem mit der Vielfalt der diasystematischen Markierungen vertraut, deren Abkürzungen Sie zumeist am Anfang des Wörterbuchs aufgelistet finden.

5. Sehen Sie sich die Mikrostruktur der Einträge von *bosser, démocratie, écologique, féminisation, harissa* und *week-end* in der neunten, digitalen Ausgabe des *Dictionnaire de l'Académie française* an. Ordnen Sie die dort vorhandenen Informationen den Bereichen der Deskription und Präskription zu. Nutzen Sie dabei auch die Informationen der beiden Rubriken *voir aussi* und *liens externes*.

6 Sprachkritik und Sprachnormierung

6.1 Sprachnormen mit Blick auf Sprachkultur, Sprachpflege und Sprachkritik

Der Sprachgebrauch war und ist nicht selten Gegenstand einer subjektiven Bewertung und Kritik (cf. Kilian/Niehr/Schiewe 2010, 1, 12). Diese kritische Sicht auf Sprache, d.h. *Sprachkritik*, kann aus unterschiedlichen Blickwinkeln und nach wechselnden Kriterien erfolgen (Gauger 1995, 31, 40–54), so zum Beispiel aus linguistischer Sicht, aber auch aus philosophischer, moralisch-ethischer oder ideologischer Perspektive.[1]

Die Erforschung von Sprachnormen, die die Entwicklung von Diskursen bzw. Metasprachdiskursen mitberücksichtigt und die Rolle der Kommunizierenden herausstellt, greift in unterschiedlichen Momenten auch Fragen der *Sprachkritik* auf (cf. Gloy 2004, 394; für *Metasprachdiskurse* Neusius 2021 und 1.5). Im Fokus stehen in solchen sprachkritischen Diskursen nicht mehr primär die Beschreibung sprachlicher oder kommunikativer Aspekte allein, sondern ihre Bewertung bzw. ihre Einordnung. So wird im Fall von nicht linguistisch fundierter Sprachkritik beispielsweise sprachlicher ‚Verfall' attestiert, wenn einzelne Personen oder auch Gruppen von Schreibenden Schwierigkeiten zeigen, den orthografischen Standard des Französischen zu befolgen, d.h. orthografisch fehlerfrei zu schreiben. Darüber hinaus wird in aktuellen sprachkritischen Diskussionen der Gebrauch der Sprache in den sozialen Medien nicht selten als Auslöser für eine Verkürzung bzw. Vereinfachung der Sprache angesehen (cf. Felder et al. 2017; Véron/Candea 2021, 56–66). Dieser Form subjektiver Einschätzungen zu Sprache und ihrer Verwendung steht am anderen Ende des Kontinuums eine *linguistisch fundierte Sprachkritik* gegenüber (cf. 6.2.1), die nicht auf polemische bzw. subjektive Art, sondern auf wissenschaftlicher Grundlage argumentiert und die entsprechenden Sprachstrukturen oder kommunikativen Strategien sachlich einordnet.

Sprachkritik (wörtlich fr. *critique de langue/linguistique*, ein Ausdruck, der im Französischen jedoch kaum gebräuchlich ist) als Konzept selbst ist in Frankreich und im frankophonen Raum unbekannt, wenngleich sie dort in vielfältiger Form betrieben wird. Sprachkritische Überlegungen oder Bewertungen werden daher in anderen Bereichen wie der *Sprachreflexion*, der *Sprachkultur*,[2] der *Sprachpflege*[3] oder auch der *Sprachpolitik* erfasst. Zwischen diesen einzelnen Bereichen kommt es zu zahlreichen Überschneidungen und Wechselwirkungen; ihre Abgrenzung ist somit keineswegs

---
1 Das Kapitel hat inhaltliche Übereinstimmungen mit dem Aufsatz von Große (2025).
2 Für die Definition von *Sprachkultur* cf. Lebsanft (1997, 1) oder Albrecht (2020).
3 Das Konzept und die Diskurse der *Sprachpflege* in Frankreich und Deutschland diskutiert Neusius (2021); frühere Arbeiten zur *Sprachpflege* für das Französische cf. Schmitt (1998a und b).

trivial (cf. Schimmel-Fijalkowytsch 2018, 46). Im Französischen wird heute im wissenschaftlichen Diskurs einerseits zumeist auf den Begriff *aménagement linguistique* (dt. wörtlich: sprachliche Anpassung bzw. Modernisierung) zurückgegriffen, der nicht nur sprachpolitische, sondern auch sprachpflegerische Entwicklungen und in Einzelfragen gleichfalls sprachkritische Debatten aufnimmt (cf. Eckkrammer/Lescure 2015). Wenn allerdings der Diskurs über Sprache als solcher in den Vordergrund gerückt wird, können sprachkritische Dimensionen andererseits mit *discours épilinguistique* erfasst werden (cf. 1.5). Einer der inhaltlichen Aspekte, in denen diese Bereiche in der Diskussion aufeinandertreffen, ist der Erhalt „der idealen Gestalt der Standardsprache" (Schweickard 2005, 177). Für die Bewahrung der Standardvarietät im Sinne einer präskriptiven Norm setzen sich in den öffentlichen sprachkritischen Debatten unterschiedliche Akteure (fr. *agents*) ein. Dazu gehören Einzelakteure oder kleinere Gruppen bzw. Sprachgesellschaften wie die *Avenir de la langue française*,[4] aber auch nationale Akteure wie staatliche Sprachinstitutionen, darunter in Frankreich die staatliche geförderte *Académie Française* oder in Quebec der *Office québécois de la langue française* und schließlich supranationale Akteure wie internationale Sprachorganisationen. Diese vielfältigen Akteure schlagen in ihren sprachkritischen Äußerungen unterschiedliche *Maßnahmen* (fr. *propositions*) zur sprachlichen Veränderung vor, die nicht unmittelbar bzw. nicht immer auf eine breite soziale Akzeptanz stoßen müssen und so zu weiteren Diskussionen führen können. Das jeweils avisierte Publikum für sprachkritische Kommentierung spielt daher gleichfalls eine nicht zu unterschätzende Rolle. Verdeutlichen lassen sich derartige Diskussionen in Frankreich beispielsweise an der Akzeptanz der von den staatlichen Kommissionen vorgeschlagenen ‚Ersatzwörter' bzw. Termini für zumeist englische Ausdrücke (cf. 2.5.1 und 2.5.4) oder an den öffentlichen, aber auch wissenschaftlichen Debatten um einen politisch korrekten oder um einen für Gleichbehandlung sensiblen, d.h. nicht-diskriminierenden Sprachgebrauch (cf. Tacke 2020, 198–199; 6.2.2.2).

Zwischen *Sprachnormierung* und *Sprachkritik* besteht grundsätzlich eine enge Verbindung, welche in erster Linie durch die Sprachentwicklung und Sprachvariation sowie die Vorstellung der Existenz verschiedener Varietäten innerhalb einer Sprache, die miteinander in Beziehung gesetzt und so bewertet werden, befördert wird. In diesem Zusammenhang wurde in der Germanistik in den 1970er Jahren von Peter von Polenz der Terminus der *Sprachnormenkritik* eingeführt und von Felder, Schwinn und Jacob aufgegriffen:

> Es geht in diesem Konzept nicht nur um das Problem von Sprachnormen oder Fragen der Standardisierung im Allgemeinen, sondern es geht um spezifische Fragen kommunikationssoziologischer oder sprachsoziologischer Provenienz, wie nämlich bestimmte Sprachnormen und die Betonung ihrer Gültigkeit sich auf das soziale und kommunikative Miteinander einer Sprachgemeinschaft (sozio-linguistischer Blick) oder Gesellschaft (sozio-politischer Blick) auswirken

---

4 https://avenir-langue-francaise.org/avenir-de-la-langue-francaise/ (28. Juni 2025).

können. Die zentrale Grundfrage der Sprachnormenkritik könnte man wie folgt formulieren: Welche spezifischen Sprachnormen werden von Protagonisten eingefordert oder zurückgewiesen, welche erkenntnistheoretischen, sprachstrukturellen und außersprachlichen Argumentationen werden dabei ins Feld geführt und welche sozialen, politischen, ökonomischen Auswirkungen sind zu berücksichtigen? Kurz gesagt geht es um die sozio-politischen Konsequenzen von Sprachnormen und ihre sozialen Funktionen (Felder/Schwinn/Jacob 2017, 32).

Ein einprägsames Beispiel für die sprachnormenkritische Bewertung im Französischen ist die Diskussion um die Existenz und Akzeptanz des *français québécois* als ein Standard des Französischen, die von Eggert (2017) in seiner historischen Entwicklung erfasst wurde (cf. 4.3.1).

Sprachnormenkritische Diskussionen können in verschiedenen Momenten in *sprachpuristische* Debatten und mit teilweise xenophoben Zügen abgleiten (cf. ‚Sprachpurismus' in 2.5). Ein aktuelles Beispiel dafür ist die Aussage des Schriftstellers und Literaturkritikers Alain Borer, der 2021 folgende ‚alarmistische' Einschätzung zum Einfluss des Englischen auf das Französische äußerte: „Le français est en passe de devenir un patois local et incompréhensible du maitre anglo-américain qu'il s'efforce d'imiter" (dt. Das Französische ist im Begriff, ein lokaler und nicht verständlicher Dialekt des anglo-amerikanischen Meisters zu werden, den er zu imitieren versucht).[5]

Außerdem lässt sich beobachten, dass sprachnormenkritische Diskurse in bestimmten Situationen diskriminierende Züge annehmen, welche mit Blanchet (2016) im Französischen unter *glottophobie* (dt. Glottophobie) gefasst werden. In diesem Sinne werden einzelne Sprecherinnen und Sprecher bzw. ganze Gruppen aufgrund ihres Sprachgebrauchs gesellschaftlich diskriminiert. Sprachliche Grundlage sind dafür nicht selten die ‚Akzente' in der Aussprache, d.h. bestimmte Varianten in der Artikulation oder Prosodie der Sprechenden wie beispielsweise die Zuordnung eines sogenannten *accent de banlieue* (dt. Vorortakzent) oder der *français régionaux* (dt. regionale Standards des Französischen) wie der *accent du Midi* bzw. *accent mériodinal* (cf. Boyer 2016; Véron/Candea 2021, 72–84).

6.2 Sprachkritik als Konzept und ihre Anwendung

Sprachkritik als diskursive Praxis wird von Schwinn (1997, 1) mit einer Minimaldefinition versehen: „*Sprachkritik* [kursiv im Original] ist Kritik mit Sprache an Sprache". Sprachbewertung und normative Kommentierungen stellen durchaus übliche soziale Praktiken dar.

---

5 https://www.lenouveleconomiste.fr/entretien-avec-alain-borer-a-propos-de-la-langue-francaise-87284/ (7. Juli 2025).

Sprachkritische Diskurse über einzelne sprachliche Strukturen bzw. kommunikative Strategien können den Sprachgebrauch über einen kurzen, aber auch längeren Zeitraum begleiten und in begrenztem Maße beeinflussen. Dies zeigt sich in Debatten zum Gebrauch von Anglizismen im Französischen in Frankreich, aber auch in Quebec bzw. der *Acadie* in Kanada oder zur Feminisierung der Berufsbezeichnungen etc. in Frankreich und anderen frankophonen Regionen. In den letzten Jahren entwickeln sich *sprachkritische Diskussionen* in der Öffentlichkeit besonders virulent in Fragen zum gendersensiblen Sprachgebrauch bzw. zur *langage inclusif/écriture inclusive* (dt. inklusive Sprache/inklusives Schreiben).

Ein Teil der *sprachkritischen Diskussionen* nimmt explizit das Verhältnis von *Sprache* und *Denken* auf und hat dementsprechend eine kognitive bzw. psycholinguistische Dimension. So wird zum Beispiel im Umfeld des gendersensiblen Sprachgebrauchs die Frage formuliert, ob bzw. inwiefern das grammatische Genus einen Einfluss auf unsere Wahrnehmung von Geschlechtern bzw. Identitäten und die Entwicklung von geschlechterbezogener Voreingenommenheit (*biais*) hat (cf. Zapf 2023, 129; Saussure 2024).

Sprachkritik kann Sprachstrukturen unterschiedlicher Komplexität und aus unterschiedlichen Bereichen fokussieren. Besondere Aufmerksamkeit erhält zumeist die Wortebene, so dass morphologische, lexikalische und semantische Aspekte diskutiert und bewertet werden (cf. Eggert 2024, 148). Illustrieren lässt sich dies für die Morphologie an der Frage, welches Geschlecht ein Nomen im Französischen hat, wie im Falle von *le* oder *la Covid* (cf. 3.5). Semantische Aspekte finden sich in der Sprachkritik nicht selten in den Auseinandersetzungen, in denen die Frage der Äquivalenz von synonymen sprachlichen Ausdrücken angesprochen wird. So diskutiert die *Académie française* in einer der sprachberatenden Rubriken ihres Internetauftrittes mit der Überschrift *Extensions de sens abusives* (dt. missbräuchliche Bedeutungserweiterung) sprachkritisch den Gebrauch von Lexemen, bei denen ihrer Auffassung nach die Verwendung nicht dem Standard entspricht, wie dies im folgenden Beispiel mit *comestible* bzw. *mangeable* (dt. essbar) und *potable* bzw. *buvable* (dt. trinkbar) der Fall ist und welche demzufolge inhaltlich nicht äquivalent sind:

> Pour qualifier ce que l'on peut manger, nous disposons des adjectifs *comestible* et *mangeable* ; pour qualifier ce que l'on peut boire, des adjectifs *potable* et *buvable*. Mais ces mots ne sont pas interchangeables. *Comestible* et *potable* qualifient ce qui peut être absorbé sans danger, un aliment qui n'est pas avarié pour le premier, une eau qui n'est pas souillée pour le second, tandis que *mangeable* et *buvable* renvoient plutôt à la saveur de la nourriture ou de la boisson, à leur goût.[6]

Aber auch orthografische, syntaktische und phonetische bzw. phonologische Aspekte werden in sprachnormenkritischen Diskussionen betrachtet, beispielsweise in

---

6 https://www.academie-francaise.fr/comestible-ou-mangeable-potable-ou-buvable (4. Juli 2025).

der Bewertung einer spezifischen Art der Artikulation, die möglicherweise als zu umgangssprachlich eingestuft und daher zurückgewiesen wird.[7]

Häufig findet Sprachkritik jedoch auch oberhalb der Wort- und Satzebene, d.h. auf der textuellen oder diskursiven Ebene statt, wodurch die Bewertungskriterien diffuser werden und Aspekte wie *Verständlichkeit*, *Relevanz* oder auch *Wirksamkeit* reflektiert werden (Heringer/Wimmer 2015, 42). Es sind dann nicht mehr die sprachsystematischen bzw. innersprachlichen Gesichtspunkte, welche im Fokus *sprachkritischer* Bewertung stehen, sondern ihre kommunikative Einordnung bzw. ihre pragmatische Funktion. So kann der Gebrauch von *tu* und *vous* in der Anrede, das sogenannte Duzen (fr. *tutoiement*) oder Siezen (fr. *vouvoiement*), in einem ersten Zugriff zunächst mit *vous* als höfliche, distanzierte Form der Anrede, und *tu* als familiäre, nähesprachliche Form eingeordnet werden. Welchen konkreten variierenden Wert das Duzen oder Siezen allerdings in unterschiedlichen kommunikativen Kontexten annehmen kann, unterstreicht die französische Linguistin Laélia Véron in ihrer sprachkritischen Podcastfolge „*Vous, ta gueule*": *le tutoiement et le vouvoiement.*[8]

6.2.1 Sprachkritik in der Vielfalt: von linguistisch fundierter Sprachkritik bis hin zur Sprachkritik von linguistischen Laien

Sprachkritik kann allgemein auf wissenschaftlicher und nicht-wissenschaftlicher Ebene betrieben werden. Entscheidend für die Abgrenzung ist auf der methodologischen Ebene die wissenschaftliche Fundierung der sprachkritischen Diskussion und nicht, wie im Fall von nicht-wissenschaftlicher Sprachkritik, die oftmals intuitive, subjektive und nicht sachliche Bewertung. *Sprachkritik* in der Linguistik bzw. *linguistisch fundierte Sprachkritik* zeigt eine wissensbasierte Form der Argumentation (Wimmer 1982; Heringer/Wimmer 2015, 83, 84). In der Abgrenzung zwischen nicht linguistisch und linguistisch fundierter Sprachkritik spielt darüber hinaus die Differenzierung der jeweiligen Akteure eine Rolle, d.h. wird sie von Linguistinnen und Linguisten oder von sogenannten ‚linguistischen Laien' betrieben. Wird Sprachkritik auf einer nicht-wissenschaftlichen Ebene geäußert, bezeichnet man sie in der germanistischen Tradition als *populäre* oder *laienlinguistische Sprachkritik* (Kilian/Niehr/Schiewe 2010, 56). Auch hier gibt es in der französischen Terminologie keine unmittelbare Entsprechung, genutzt wird beispielsweise *linguistique populaire*, ein Terminus, der nach dem englischen *folk linguistics* gebildet wurde und nicht allein

---

[7] Die Aspekte der sozialen Wahrnehmung und Akzeptanz unterschiedlicher Artikulationen wird von Laélia Véron in einer ihrer Podcastfolgen auf *FranceInter* sprachkritisch erörtert: *La chronique langue de Laélia Véron : podcast et émission en replay* | France Inter (10. Juli 2025).
[8] https://www.radiofrance.fr/franceinter/podcasts/la-chronique-linguiste-de-laelia-veron/la-chronique-linguiste-de-laelia-veron-du-mercredi-29-septembre-2021-3736211 (1. Juli 2025).

sprachkritische Einschätzungen transportiert, sondern deutlich umfassender ist (cf. Paveau 2007; Osthus 2015; Becker 2024, 1).

Es ist keinesfalls ausgeschlossen, dass auch Linguistinnen und Linguisten in bestimmten öffentlichen Diskussionen und Debatten eine persönliche Meinung vertreten, welche nicht immer ausschließlich wissenschaftlich fundiert, sondern subjektiv, polemisch oder intuitiv gefärbt sein kann (cf. Vicari 2016a, 20). Darüber hinaus können heute auch Nicht-Linguisten durch den vereinfachten Zugriff auf eine Vielzahl linguistischer Veröffentlichungen im *WorldWideWeb* über ein hohes linguistisches bzw. sprachtheoretisches Wissen verfügen (cf. Paveau 2018, 107–108). Aus diesem Grund sollte die Fokussierung auf die Akteure nicht in den Vordergrund gerückt und als alleiniges Kriterium der Abgrenzung die Unterscheidung zwischen den Experten (fr. *experts de la langue* bzw. *linguistes*) und den sogenannten ‚Laien' (fr. *profanes* oder auch *non savants* bzw. *non linguistes*) in den sprachkritischen Debatten nicht überhöht (cf. die ablehnende Haltung von Paveau 2018 zur Unterteilung der Akteure in Linguisten und Nicht-Linguisten,[9] sondern vielmehr der Ausgangspunkt und die Art und Weise ihrer Argumentationen eingehender analysiert werden. Hierbei sind der Rückgriff auf sprachnormative Autoritäten wie Sprachakademien, Sprachvereine oder Modellsprecher in den sprachkritischen Kommentierungen sowie ihre sprachliche Ausgestaltung (z.B. Metaphorisierungen, Ästhetisierungen, Überhöhungen, Herabwürdigungen) und die Weitergabe von Stereotypen für die wissenschaftliche Einordnung sprachkritischer Diskussionen aufschlussreich (cf. 1.5.2).

In einzelnen Epochen werden unterschiedliche Formen und Medien der Verbreitung für sprachkritische Inhalte favorisiert. Ende des 19. Jahrhunderts und im Verlauf des 20. Jahrhunderts wurden sprachkritische Inhalte in Frankreich, Belgien oder auch in Quebec besonders häufig in Sprachchroniken von großen Tageszeitungen öffentlich diskutiert (cf. 2.2.4). Mit der Jahrtausendwende werden die Formen sprachkritischer Kommentierung vielfältiger. So wird *Sprachkritik* nunmehr in Internetforen, Blogeinträgen, Podcasts oder *YouTube*- bzw. *TikTok*-Videos ausgespielt. Sprachkritische Äußerungen finden sich zudem auch in vielzähligen Kommentaren zu derartigen Beiträgen.

Ein prominentes Beispiel von linguistisch fundierter Sprachkritik verkörpern die bereits erwähnten Podcasts von Laélia Véron sowie die frühere Podcastreihe von Maria Candea und Laélia Véron von 2019 bis 2021, auf *Binge Audio*, welche 2021 in etwas abgewandelter Form als Buch publiziert wurde (Véron/Candea 2021).[10] Hier greifen beide auch Fragen zu Normen, Sprachkontakt und aktuellen Debatten auf, die nach

---

9 „Je dirais aujourd'hui que les non-linguistes n'existent pas, puisque la linguistique se pratique de manière plurielle, à partir de positions variées et changeantes ; les non-linguistes n'existent pas, puisqu'ils/elles sont partout et être linguiste constitue une position, et une construction discursive" (Paveau 2018, 106).
10 https://www.radiofrance.fr/franceinter/podcasts/la-chronique-linguiste-de-laelia-veron (1. Juli 2025).

Veröffentlichung ihrer Podcasts in den sozialen Medien (damals *Twitter*) an beide gestellt wurden, und agieren somit partizipativ.

6.2.2 Sprachkritik in den aktuellen Diskussionen

6.2.2.1 Sprachkritische Diskussionen im Umfeld der Anglizismen

Ein besonders Feld sprachkritischer Diskussionen in Frankreich stellen Neologismen und Fremdwörter bzw. Entlehnungen dar. In diesem Bereich wird auch die Verflechtung von *Sprachkritik* mit *Sprachpurismus* bzw. sprachpuristischer Bewertung greifbar (cf. 2.5.1). Nach Schwinn (1997, 19) stellt Sprachpurismus die „beständigste" Form der *Sprachkritik* dar. Sprachpurismus folgt der Idee, dass die Sprache im Verlauf ihrer Entwicklung den Idealzustand einer ‚perfekten' oder ‚reinen Sprache' erreicht, den es zu bewahren gilt und bei dem Entlehnungen demzufolge vermieden werden sollten. In der Mehrheit der Auseinandersetzungen handelt es sich jedoch nicht um eine linguistisch fundierte Form der *Sprachkritik*.

Die argumentative Vielfalt sprachkritischer Diskussionen für das Französische lässt sich sehr gut am Beispiel der Anglizismen aufzeigen (cf. 2.5.4 für die *sprachpuristische* Diskussion zu Anglizismen). Als Beispiel für nicht-wissenschaftlich fundierte Sprachkritik bietet sich das Wörterbuch *Évitez le franglais, parlez français!* von Yves Laroche-Claire (2004) an, welches mit einem Vorwort des bekannten französischen Literaturkritikers Bernard Pivot versehen ist. Pivot weist Anglizismen in seiner Argumentation nicht generell zurück, unterstreicht jedoch, wann Anglizismen im Französischen in seinem Verständnis nicht tolerierbar seien:

> Ce qui est intolérable, ce sont ces mots anglo-américains, comme *booster, hit-parade, dispatching, serial killer, non-stop, best-of, se crasher, coach*, etc., qui ont leurs équivalents en français, reconnus et employés depuis longtemps, mais délaissés par snobisme – mot anglais établi en France depuis le XIXe siècle, que « maniérisme » et « affectation » ne remplacent pas tout à fait (Pivot in Laroche-Claire 2004, 7).

Die Idee der ‚Nicht-Notwendigkeit' der Anglizismen, sobald ein französisches Äquivalent vorhanden ist, erweist sich zugleich als das wesentliche Argument von Laroche-Claire in seiner eigenen Einführung in das *Franglais*-Wörterbuch (2004, 9–10, 14). Damit wird der Prozess der Entlehnung selbst in der Argumentation außen vorgelassen und allein das Produkt dieses Prozesses schematisch unter dem Blickwinkel der Differenzierung in sogenannte *Luxus*- und *Bedürfnislehnwörter* betrachtet und aus sprachpuristischer Perspektive bewertet. Die Argumentation erweist sich als einseitig und die wissenschaftliche Aussagekraft ist eingeschränkt.

Im Wörterbuch werden als Phänomene des *franglais* auch Bedeutungsverschiebungen wie bei *sophistiqué* (dt. nicht mehr nur negativ konnotiert im Sinne von *gekünstelt* oder *affektiert*, sondern nunmehr auch dt. *hoch entwickelt* bzw. *komplex*) notiert und von Laroche-Claire darüber hinaus eigene Ersatzwörter vorgeschlagen wie *anticartel* für *antitrust* (dt. Kartellbekämpfung), *défausseur* für *débugeur* (dt. Fehlersuchprogramm bzw. Debugger), *courrier télématique* für *e-mail* (dt. E-Mail), *haché (américain)* bzw. *double-haché* für *hamburger* (dt. Hamburger) oder *pain ou baguette garnis, pain serré, pain à étages, pain fourré* für *sandwich* (dt. Sandwich, belegtes Brot), welche als Vorschläge kaum wissenschaftlichen Wert besitzen und eher ironisch verstanden werden sollten (2004, 24, 93, 108–109, 135; 226–227, 244).

Ähnlich wie bei Étiemble (1964) (cf. 2.5.4) differenziert auch Laroche-Claire nicht in bereits etablierte Entlehnungen aus dem Englischen wie *badminton, bar, club* oder *gentleman*, die somit Teil des Wortschatzes des Französischen und umfassend lexikalisiert sind, und solchen, die erst kürzlich in das Französische Frankreichs übernommen wurden (2004, 32, 34, 77, 129). Ebenso unklar wie bei Étiemble bleibt, wie weit einzelne der im *franglais*-Wörterbuch angeführten, nicht-fachsprachlichen Anglizismen darunter *blackbouler, bow-window, buger, midship* (dt. durchfallen lassen, Erkerfenster, verseuchen/mit Viren infizieren, Mittelschiff) im alltäglichen Sprachgebrauch tatsächlich verbreitet sind (Laroche-Claire 2004, 41, 48, 56, 178). Einzelne der aufgelisteten Anglizismen wie *aérobic* (dt. Gymnastik nach Musik) oder *cybercafé* (dt. Café mit Computern mit Internetanschluss) (Laroche-Claire 2004, 20, 88) sind aus heutiger Sicht zudem kaum mehr gebräuchlich, was jedoch eine subjektive Einschätzung darstellt, die korpuslinguistisch selbstverständlich verifiziert werden müsste.

Die *Académie française* nimmt an der sprachkritischen Diskussion zu den Anglizismen und zum Einfluss des Englischen auf das Französische zu unterschiedlichen Anlässen und in variierender Form teil. Am 3. Februar 2022 veröffentlicht sie den Bericht einer von ihr 2020 eingesetzten Kommission zur Bewertung des Einflusses des Englischen auf den institutionellen Sprachgebrauch in Frankreich (*Rapport de la commission d'étude sur la communication institutionnelle en langue française*) (*Académie française* 2022; cf. 3.6). Dazu untersuchte die Kommission den Sprachgebrauch in Ministerien, Universitäten, Schulen, Forschungs- und Kultureinrichtungen etc. Die ersten zwei Drittel des Berichtes beinhalten ausschließlich Beispiele von Webseiten der genannten Institutionen, die recht wahllos zusammengestellt wirken und als „anomalies" (dt. Anomalien) charakterisiert werden (*Académie française* 2022, 20). Im zweiten Teil des Berichts, den *Beobachtungen* (fr. *observations*), werden ausgewählte Beispiele einzelnen formalen und inhaltlichen Gruppen zugeordnet. Dazu gehören u.a. die Kennzeichnung von Ausdrücken wie „Only Lyon" (dt. nur Lyon) als „purs slogans" (dt. reine Werbesprüche) oder die Einordnung in bestimmte Frequenzgruppen (generalisierte, häufige oder erst kürzlich übernommene, aber dennoch bereits frequente Anglizismen) (*Académie française* 2022, 20, 22). Auf welcher Grundlage derartige Frequenzzuordnungen erfolgen, bleibt im Bericht jedoch opak. An verschiedenen Punkten werden zudem Bewertungen eingeflochten, wie im Falle der Beispiele für *mots-valises* (dt. Kofferwörter), z.B. *hackaton* (*hack+marathon*), deren Verständlichkeit von der Kommission angezweifelt wird (*Académie française* 2022, 23). Dies stellt eine pauschalisierende Einschätzung dar, die den sprachlich-kommunikativen Kontext ihres Gebrauchs nicht berücksichtigt, der zum Verstehen in der Regel nicht unwesentlich beiträgt. Zu den Beobachtungen gehören weiterhin die Auflistung von Beispielen guter Praxis im Umgang mit Anglizismen (wie Übersetzungen, zweisprachige Seiten etc.) sowie Erörterungen der Veränderungen im geschriebenen Französisch (fr. *modifications sur le français écrit*), worunter im Wesentlichen Varianten in der Graphie und Morphologie gefasst werden, beispielsweise: *chat/tchat*, *le/la data* oder die Kompositabildung ohne Präposition wie in *une application mobile* (Académie française 2022, 24–25). Der dritte Teil des Berichts, die *Réflexions* (dt. Überlegungen), trägt den Untertitel „Une évolution préoccupante" (dt. eine besorgniserregende Entwicklung), womit bereits die Ausrichtung der nachfolgenden Überlegungen im Bericht angedeutet ist. Die Akademie sieht sich in Sorge um die sprachliche Klarheit und den Zugang zur sprachlichen Verständlichkeit, die sie durch zahlreiche Sprachspiele, eine werbeorientierte Sprache und Anglizismen eingeschränkt sehe und weite Teile der Bevölkerung ausgrenze (Académie française 2022, 26–28). Ihre Schlussfolgerung liegt letztlich in der Furcht vor Verlusten der sprachlichen Grundlagen bzw. Orientierungen:

> Ainsi, en raison des flottements constatés à tous les niveaux du discours, **le risque semble avéré, non seulement d'une moindre compréhension** des messages de la communication institutionnelle par le public auquel ils sont destinés, **mais bien d'une perte de repères linguistiques**. Danger qu'on ne saurait minimiser et qu'on ne pourra éviter si une plus grande attention n'est pas portée à la qualité du français parlé, écrit et diffusé par ces prescripteurs que sont les institutions (Académie française 2022, 28 ; Hervorhebungen im Original).

Damit nimmt sie aus ihrer Sicht die Rolle der ‚Hüterin bzw. Wächterin' der französischen Sprache wahr und verfestigt nach unserer Einschätzung hingegen die bereits bekannten ‚Krisendiskurse' (cf. 2.4). Auch der erneute Hinweis in der Argumentation auf die *clarté* und *précision* der französischen Sprache und ihre Normiertheit („une langue très normée") (Académie française 2022, 29) können nicht als Beispiel für eine moderne und linguistisch fundierte Sprachkritik verstanden werden. Als ein solches Beispiel lässt sich hingegen das dritte Kapitel des Manifestes der *linguistes atterrées* (cf. 5.3.3.2.2) mit dem Titel *Le français n'est pas « envahi » par l'anglais* (dt. Das Französische ist nicht vom Englischen „überrannt") (Les linguistes atterrées 2023, 16–22) lesen, in welchem die Relevanz des Englischen für das Französische unter Rückgriff auf verschiedene linguistische Studien erörtert wird. Aufgegriffen wird in dieser sprachkritischen Diskussion die Vorstellung vermeintlicher Sprachmischung im Sinne eines *franglais*, aber auch die Verwendung des Englischen im öffentlichen Raum oder die Bedeutung von Anglizismen neben den von den staatlichen Kommissionen erarbeiteten Ersatzwörtern, welche wie im Falle von *abonné* und *follower* (dt. Follower) im Sprachgebrauch des Französischen durchaus koexistieren können (Les linguistes atterrées 2023, 20). Der wachsende Einfluss des Englischen für das Französische bzw. für die öffentliche Kommunikation in Frankreich wird demzufolge nicht negiert, sondern sachlich eingeordnet und diffuse Bedrohungsszenarien für das Französische durch die englische Sprache werden zurückgewiesen.

6.2.2.2 Sprachkritische Diskussionen im Umfeld von *Gender*

Sprachkritische Diskussionen entfalten sich im Umfeld von *Gender* über die Zeit unter verschiedenen inhaltlichen Perspektiven wie Diskriminierung, Sichtbarkeit, sprachlich-politischer Korrektheit und Sensibilisierung für sprachliche Gleichbehandlung, die miteinander verbunden sind. Die Diskussionen werden öffentlich, aber zugleich in verschiedenen Gruppen geführt und können linguistisch fundiert oder eher polemisch bzw. ideologisch sein (cf. Osthus 2024). In der Diskussion werden sprachliche Aspekte mit anderen, beispielsweise soziologischen Informationen (cf. Elmiger 2022a, 75), juristischen Grundlagen oder bildungspolitischen Entscheidungen verknüpft. Ausgangspunkt der *sprachkritischen Diskussionen* im Umfeld von *Gender* ist oftmals ein bestimmter Sprachgebrauch wie im Fall des ‚generischen Maskulinums' oder spezifische sprachliche Normen, deren sozio-kulturelle, sozio-politische oder auch sozio-ökonomische Auswirkungen bewertet und in vielen Fällen durch bestimmte Vorschläge zur Veränderung des Sprachgebrauchs ergänzt werden. Der durch die unterschiedlichen Akteure (Individuen, Gruppen oder Institutionen etc.) geforderte bewusste Eingriff in den Sprachgebrauch und in die sprachliche Entwicklung führt zu Kontroversen und wird in einzelnen Diskussionen teilweise harsch zurückgewiesen, welche die bereits vorhandenen gesellschaftlichen Polarisierungen in Frankreich noch zu verstärken scheinen (cf. Visser 2022, 336; Dasinieres 2024). Die öffentliche sprachkritische Debatte in diesem Feld, die in Frankreich im Unterschied zu den USA und Nordamerika allgemein etwas später begann, scheint metaphorisch gesprochen demzufolge ‚überhitzt' und zugleich von nicht geringer Präsenz. Diese Präsenz findet ihren Ausdruck beispielsweise in weltweit ansteigenden Suchanfragen bei *Google*, die für Frankreich separat betrachtet in Teilen die Höhepunkte der öffentlichen Debatte um die *écriture inclusive* abbilden (Birr/Haddad 2022, 5, 6, 22, 24, 26).

Die Vielfalt und Komplexität der inhaltlichen Debatten im Umfeld von Gender, die vom ‚generischen Maskulinum' über Feminisierung von Berufsbezeichnungen bis hin zur Entwicklung neuer, genusneutraler morphologischer oder lexikalischer Formen reicht, spiegeln sich zugleich in einer gewissen begrifflichen Vielfalt wieder, von denen wir einige auf Französisch wiedergeben: *masculin générique, féminisation des noms de métier, langage inclusif, langage paritaire, langage non sexiste, écriture inclusive, langage épicène*. Die nicht immer klare terminologische Abgrenzung in den sprachkritischen Debatten liegt u.a. auch darin begründet, dass z.B. der Begriff *langage inclusif* später als *féminisation des noms de métier* geprägt wurde. Die Feminisierung der Berufsbezeichnungen etc. ist so als Umsetzung einer *langage inclusif* auf morphologisch-lexikalischer Ebene lesbar.

Besonders deutlich wird die (mediale) Aufmerksamkeit für diese Form der Sprachkritik in Frankreich an der Diskussion um die Existenz und die Verwendung des ‚generischen Maskulinums', d.h. des Gebrauchs der maskulinen Form als geschlechtsübergreifende Form für Männer und Frauen gleichermaßen und teilweise als generische Markierung für jegliche Personen (cf. Houdebine-Gravaud 2002, 15;

Schafroth 2003, 101; Elmiger 2008, 39, 111; Endemann 2022). Im Mittelpunkt dieser Diskussion steht die Frage, inwiefern die morphologische Markierung (inklusive Nullmarkierung) des grammatischen Geschlechts als Maskulinum auf das biologische Geschlecht in der Sprachverwendung übertragen wird und dort zur gleichberechtigten Markierung des männlichen und weiblichen Geschlechts sowie darüber hinaus zur generischen Markierung allgemein genutzt werden kann.[11] Verschiedene psycholinguistische Studien kommen zu dem Schluss, dass durch einen solchen Gebrauch die ‚Unsichtbarkeit' von Frauen impliziert wird (Simon/Vanhal 2002, 87; Dasinieres 2024).

Ebensolche Aufmerksamkeit erreicht in den sprachkritischen Diskussionen die Feminisierung von Berufs-, Funktions- und Amtsbezeichnungen sowie Titeln. In den zurückliegenden Jahren und aktuell werden einzelne Fragen aus diesen beiden Bereichen auch unter dem Label des inklusiven Sprach- bzw. Schriftgebrauchs thematisiert, womit die Polysemie des Begriffes weiter erhöht wird. Elmiger (2021, 120) stellt die Mehrdeutigkeit von *inklusiv* klar heraus:

> [...] d'une part, il peut se rapporter à la prise en considération de formes féminines (ou formellement indifférenciées) dans des contextes où les formes masculines à valeur générique prévalaient par le passé. [...] D'autre part, l'« inclusion » demandée concerne des personnes dont l'identité de genre dépasse une vision binaire femmes/hommes, qu'il s'agisse de personnes qui ont identité trans* (l'astérisque symbolisant l'hétérogénéité et la diversité des identités) ou ne voulant/pouvant pas se situer dans le cadre d'un système binaire de genres.

6.2.2.2.1 Feministische Sprachkritik und die Feminisierung von Berufs-, Funktions- und Amtsbezeichnungen sowie Titeln

Die mediale Öffentlichkeit in Frankreich zeigte ein großes Interesse an der Diskussion um die *Feminisierung*[12] *der Sprache* sowie einer *feministischen Sprachkritik* (cf. Braselmann 1999, 48–51; Elmiger 2008, 14). Diese Form der Sprachkritik, welche die Sichtbarkeit der Frauen in der Sprache in das Zentrum stellt (cf. Manesse 2019), manifestiert sich unterschiedlich. In der feministischen Sprachkritik werden demzufolge in sehr variierendem Maße der Sprachgebrauch und die Sprachnormen, aber auch (sprach)politische Forderungen oder sprachpolitische Umsetzungen (Sprachempfehlungen, -erlasse oder -gesetze) erfasst und bewertet. Ihr bekanntestes Diskussionsfeld war über Jahrzehnte die Feminisierung von Berufs-, Funktions- und Amtsbezeichnungen sowie Titeln. Sie ist zum einen als bewusster und sprachpolitisch forcierter Ausbau der morphologischen Markierungen wie die Bildung von Formen wie *chercheure* oder *chercheuse* (dt. Wissenschaftlerin) oder *auteure* oder *autrice* (dt. Autorin)

---

11 Simon und Van Raemdonck (2024b) setzen sich dafür ein, den Terminus ‚generisches Maskulinum' grundsätzlich zu vermeiden und stattdessen von einem *genre non-marqué* (dt. nicht markiertes Genus) zu sprechen.
12 Für die Problematik des Begriffes *Feminisierung* cf. Fagard/Le Tallec (2021).

und somit die Schaffung neuer Bezeichnungen der von Frauen ausgeübten Berufe, Ämter und Funktionen zu verstehen (cf. Braselmann 1999, 26; Haddad 2023, 104), zum anderen kann hierunter aber auch die Umsetzung sprachpolitischer Vorgaben in der öffentlichen Kommunikation subsumiert werden.

Für die Feminisierung von Berufsbezeichnungen etc. gibt es im Französischen anfänglich folgende sprachliche Umsetzungen, die vom *Office de la langue française* 1979 empfohlen wurden (Cerquiglini 2018, 18):

– durch im Sprachgebrauch bereits genutzte feminine Bildungen: *couturière* (dt. Schneiderin), *infirmière* (dt. Gesundheits- und Krankenpflegerin), *avocate* (dt. Anwältin),
– durch den Gebrauch einer epizänen Form, die mit einer entsprechenden Determinante genutzt wird: *une architecte* (dt. eine Architektin), *la ministre* (dt. die Ministerin),
– durch die Bildung einer neuen femininen Form entsprechend den morphologischen Prinzipien des Französischen: *députée* (dt. Abgeordnete), *chirurgienne* (dt. Chirurgin) und
– durch Kompositumbildung mit *femme*: *femme-ingénieur* (dt. Ingenieurin).

Coutier (2002, 77) verweist auf die Vielfalt in der Feminisierung der Berufsbezeichnungen etc., die nach Aussagen von Elmiger (2008, 9) die Herausbildung eines „bon usage de la féminisation" (dt. guter Gebrauch der Feminisierung) erschwert.

Feminisierung wird allerdings nicht nur auf morphologischer, sondern ebenso auf textueller bzw. diskursiver Ebene debattiert (fr. *féminisation des textes/du discours*) (Elmiger 2008, 24–26; Ossenkop 2020, 40; Endemann 2022, 233). Unter diese Diskussion fällt die Verwendung bestimmter Anredeformen von *Mademoiselle* (dt. Fräulein), der Gebrauch sprachlicher Muster bzw. Stereotypen und die Einbettung der Diskussion um sprachlich-kommunikative Gleichbehandlung in den gesellschaftlichen Kontext (cf. Endemann 2022, 233).

Mit der Feminisierung wird allerdings in bestimmten Fällen im politischen, journalistischen und auch sprachkritischen Diskurs eine negative Konnotation bzw. eine Form der Karikatur, Distanzierung und Pejorisierung hervorgerufen (cf. Mathieu 2002; Veldre-Gerner 2022; Visser 2022).

Die sprachkritischen Debatten um die Feminisierung von Berufsbezeichnungen etc. beginnen nicht selten mit der Frage, ob die maskulinen Formen, da sie generisch seien, nicht ausreichen würden. Die Befürworter und Gegner einer solchen Konzeptualisierung finden sich in der Wissenschaft und in der Öffentlichkeit, wobei die Linguistinnen und Linguisten, welche den Gebrauch der unmarkierten maskulinen Form als geschlechtsübergreifende Form für Frauen und Männer befürworten, die Feminisierung von Berufsbezeichnungen etc. nicht grundsätzlich in Frage stellen. In die sprachkritische Diskussion um das ‚generische Maskulinum' und die Frage der Notwendigkeit der Entwicklung femininer Bezeichnungen bringen sich demzufolge unterschiedliche Akteure ein. Eine besondere Wahrnehmung erhält hier in der französischen Öffentlichkeit zweifellos die *Académie française*. Viennot (2015) arbeitet deren Haltung zur sprachlichen Feminisierung heraus, indem sie die veröffentlichten Dekrete, Verlautbarungen und Pressestimmen von und zur Akademie analysiert.[13] Simon und Van Raemdonck (2024b) zeichnen in ihrem Beitrag zur Situation in Belgien nach, vor welchen Fragen und Herausforderungen die feministische Sprachkritik, die Linguistik und die Gesellschaft in dieser Diskussion und Entscheidung stehen.

Im politisch bzw. staatlich beförderten Ausbau femininer Berufsbezeichnungen etc. kommt Quebec in der Frankophonie eine Vorreiterrolle zu, wo 1979 auf Initiative des *Office de la langue française au Québec* die erste offizielle Empfehlung zur Feminisierung des *français québécois* vorgestellt wurde (Biron 1991; Schafroth 2010,113; Viennot 2015, 42; Burkhardt 2022, 260).[14]

In Frankreich ist es die Ministerin für Frauenrechte, Yvette Roudy, die für sich selbst die gendersensible Anrede „Madame la ministre" (dt. Frau Ministerin) reklamiert und die am 29. Februar 1984 eine staatliche Kommission, *Commission de terminologie relative au vocabulaire concernant les activités des femmes*, zusammenstellt, welcher verschiedene französische Linguistinnen und Linguisten angehören (Anne-Marie Houdebine, Edwige Khaznadar und André Martinet), und diese mit der Entwicklung von Empfehlungen beauftragt (Burr 2003, 121; Schafroth 2010, 113).[15] Die Arbeit der Kommission mündet in einem Rundschreiben *Circulaire du 11 mars 1986 relative a la féminisation des noms de métier, fonction, grade ou titre*,[16] dessen Vorschläge fortan in der Regierungsarbeit berücksichtigt werden sollten. Die Vorschläge scheinen der breiteren Öffentlichkeit und bei den Medien als „Multiplikatoren des Sprachgebrauchs" kaum bekannt gewesen zu sein (Schafroth 1993, 66). In der *Académie française* führen sie indes zu rüder Kritik und Zurückweisung durch einzelne Akademiemitglieder, darunter Georges Dumézil, die in dieser misogynen Form bzw. Härte aus heutiger Sicht öffentlich kaum mehr vorstellbar sind. Dumézil akzeptiert nur wenige der von der Kommission vorgeschlagenen femininen Bildungen, darunter *conne* (dt. Dumme), wie er selbstgefällig konstatiert haben soll (Cerquiglini 2018, 42).

Die Umsetzung der Vorschläge erfolgt insgesamt nur mäßig, weshalb mehr als ein Jahrzehnt später vom damaligen Premierminister Frankreichs, Lionel Jospin, im *Circulaire du 6 mars 1998 relative à la féminisation des noms de métier, fonction, grade ou titre* nunmehr die rasche Verwirklichung der Empfehlungen zur Feminisierung explizit eingefordert wird. Zudem soll die Terminologiearbeit auf ihre Wirksamkeit im

---

13 Cerquiglini (2018, 109–134) zeichnet in seiner wissenschaftlich fundierten Abhandlung auch die Historie der Existenz und Entwicklung femininer Berufsbezeichnungen im Französischen nach.
14 Eine Bilanz zur Feminisierung in Quebec ziehen Nayves/Arbour (2021).
15 https://www.legifrance.gouv.fr/jorf/id/JORFTEXT000000677343/ (3. Juli 2025).
16 https://www.legifrance.gouv.fr/jorf/id/JORFTEXT000000866501 (3. Juli 2025).

Sprachgebrauch überprüft werden, die *Académie française* in die Entscheidungen öffentlichkeitswirksam miteinbezogen und ein eigenes umfassendes Handbuch zur Feminisierung entwickelt werden (Burr 2003; Schafroth 2010, 114; Viennot 2015, 44–45) (cf. 6.2.2.2.2).

Die sprachkritischen Diskussionen zur Feminisierung der Berufsbezeichnungen etc. bleiben über die folgenden Jahrzehnte erhalten; gleichzeitig weitet sich die Feminisierung im Sprachgebrauch aus und führt so zu weiteren Anfragen und Stellungnahmen der *Académie française*. Die Akademie verhält sich aus ihrer Sicht nicht grundlegend ablehnend zur Feminisierung von Berufsbezeichnungen etc., gleichzeitig weist sie aber morphologische Entwicklungen wie Derivationen mit –*eure* in der Erklärung vom 10. Oktober 2014 noch als Barbarismen zugunsten eines 'generischen Maskulinums' zurück:

> Mais, conformément à sa mission, défendant l'esprit de la langue et les règles qui président à l'enrichissement du vocabulaire, elle [l'Académie française – S.G.] rejette un esprit de système qui tend à imposer, parfois contre le vœu des intéressées, des formes telles que *professeure, recteure, sapeuse-pompière, auteure, ingénieure, procureure*, etc., pour ne rien dire de *chercheure*, qui sont contraires aux règles ordinaires de dérivation et constituent de véritables barbarismes. Le français ne dispose pas d'un suffixe unique permettant de féminiser automatiquement les substantifs. S'agissant des métiers, très peu de noms s'avèrent en réalité, du point de vue morphologique, rebelles à la féminisation quand elle paraît utile. Comme bien d'autres langues, le français peut par ailleurs, quand le sexe de la personne n'est pas plus à prendre en considération que ses autres particularités individuelles, faire appel au masculin à valeur générique, ou « non marquée ».[17]

Das Hauptargument gegen den Gebrauch einzelner femininer bzw. gendersensibler Formen in der Erklärung ist die Idee, dass die Akademie in ihrem Verständnis weiterhin als *gardienne* (dt. Wächterin) des Sprachgebrauchs fungieren müsse.

Die sprachkritischen Diskussionen werden auch in den folgenden Jahren fortgeführt und nehmen insbesondere von Oktober 2017 bis März 2018 in Frankreich im öffentlichen Raum bzw. in den sozialen Medien nach der Veröffentlichung eines Lehrbuchtextes mit inklusiver Schreibweise ein bisher unbekanntes Ausmaß an (Manesse/Siouffi 2019b, 5). Als Beispiel für die Diskussion soll hier nur stellvertretend der Beitrag im *Le Figaro* vom 6. Oktober 2017 mit dem Titel *Féminisme : les délires de l'écriture inclusive* erwähnt werden.[18] Am 26. Oktober 2017 veröffentlicht die Akademie eine erneute Erklärung *Déclaration de l'Académie française sur l'écriture dite „inclusive"* und äußert sich darin gegenüber der sprachlichen Gleichbehandlung von Frauen und Männern auf textueller Ebene durch eine *écriture inclusive* abwertend.

---

[17] https://www.academie-francaise.fr/actualites/la-feminisation-des-noms-de-metiers-fonctions-grades-ou-titres-mise-au-point-de-lacademie (28. Juni 2025).
[18] https://www.lefigaro.fr/actualite-france/2017/10/05/01016-20171005ARTFIG00337-feminisme-les-delires-de-l-ecriture-inclusive.php (1. Juli 2025).

Hauptargumente der Erklärung der Akademie sind die mangelnde Lesbarkeit und Einigkeit in der sprachlichen Verwendung: „La multiplication des marques orthographiques et syntaxiques qu'elle induit aboutit à une langue désunie, disparate dans son expression, créant une confusion qui confine à l'illisibilité".[19] Mit dieser Erklärung verschiebt sich der Schwerpunkt der sprachnormenkritischen Diskussion der Akademie von der Feminisierung der Berufsbezeichnungen etc. hin zur inklusiven Schreibweise. Sichtbar wird diese Verschiebung auch im kurz darauf ergehenden Erlass des französischen Ministerpräsidenten, Eduard Philippe, *Circulaire du 21 novembre 2017 relative aux règles de féminisation et de rédaction des textes*,[20] mit welchem der Gebrauch femininer Berufs- und Funktionsbezeichnungen etc. in der französischen Administration wie z.B. in Stellenausschreibungen festgelegt und zugleich im Gegenzug aufgefordert wird, die Feminisierung und auch Genusneutralisierung auf textueller Ebene, d.h. die inklusive Schreibweise, zu unterbinden:

> En revanche, je vous invite, en particulier pour les textes destinés à être publiés au *Journal officiel de la République française*, à ne pas faire usage de l'écriture dite inclusive, qui désigne les pratiques rédactionnelles et typographiques visant à substituer à l'emploi du masculin, lorsqu'il est utilisé dans un sens générique, une graphie faisant ressortir l'existence d'une forme féminine. Outre le respect du formalisme propre aux actes de nature juridique, les administrations relevant de l'Etat doivent se conformer aux règles grammaticales et syntaxiques, notamment pour des raisons d'intelligibilité et de clarté de la norme (Circulaire 21/11/2017).

Für Überraschung sorgt in der öffentlichen Diskussion um die Feminisierung der Berufsbezeichnungen etc. schließlich die Annahme des Berichts (fr. *rapport*) der Kommission der *Académie française* vom 28. Februar 2019, in welchem sie zunächst fehlende Korpora und Untersuchungen kritisiert, weshalb der tatsächliche Sprachgebrauch schwer einschätzbar sei, und anschließend erklärt, dass alle Möglichkeiten zur Feminisierung von Berufsbezeichnungen etc., die die französische Sprache aufweise, nunmehr genutzt werden könnten (*Académie française* 2019b, 2, 6). Mit diesem Bericht, an dessen Erarbeitung auch die Linguisten Robert Martin und Olivier Soutet mitwirkten (*Académie française* 2019b, 3), öffnet sich die *Académie française* einer linguistisch fundierten Bewertung, die den sich entwickelnden Sprachgebrauch für ihre Entscheidungen deutlich stärker berücksichtigt als zuvor.

Als einfachste, auch minimalste, Form der Feminisierung von Berufsbezeichnungen etc. wird von der Akademie nunmehr die maskuline Form auf *–eur* eingestuft, welche Feminisierungen mit den Affixen *–euse/–eure* oder *–esse/–eresse* ermöglicht (*Académie française* 2019b, 8) und die von der Akademie wenige Jahre zuvor noch zurückgewiesen wurde. Dister und Moreau (2021, 46) stellen in ihrer Studie die

---

[19] https://www.academie-francaise.fr/actualites/declaration-de-lacademie-francaise-sur-lecriture-dite-inclusive (1. Juli 2025).
[20] https://www.legifrance.gouv.fr/jorf/id/JORFTEXT000036068906 (1. Juli 2025).

feminisierten Formen auf -*eure* als im Sprachgebrauch besonders erfolgreich heraus. Grundsätzlich lässt sich damit – sicher auch bedingt durch den wachsenden gesellschaftlichen und politischen Druck in dieser Frage in Frankreich – eine relative Zustimmung zur Feminisierung von Berufsbezeichnungen etc. erkennen, ohne dass von ihr ein bestimmter Gebrauch vorgeschrieben wird.

6.2.2.2.2 Normierung und Handlungsempfehlungen zur Feminisierung in Form von Handbüchern und ihre Umsetzung

Eine Definition für diese Form von normativen Leitfäden bzw. Handbüchern, die in der Frankophonie seit Ende der 1980er und Anfang der 1990er Jahre das erste Mal veröffentlicht werden, findet sich bei Elmiger (2021, 122). In seiner Definition werden die konkreten Handlungsempfehlungen für den Sprachgebrauch als ein konstitutives Merkmal der Handbücher erfasst, wobei er grundsätzlich zwischen konstitutiven und zusätzlichen Kriterien, z.B. den rechtlichen Informationen, unterscheidet.

Elmiger (2008, 169) erwähnt einen 1988 in Quebec veröffentlichten Leitfaden *Pour un genre à part entière*, der sich offensichtlich für die Feminisierung und einen nicht-sexistischen Sprachgebrauch auf textueller Ebene einsetzt. 1991 erscheint in Quebec die erste komplette Handreichung (fr. *guide*) zur Feminisierung im Französischen (Biron 1991), in welchem die Regeln zur Feminisierung einzelner Berufsbezeichnungen und die Hinweise zur Feminisierung der Texte, die im Wesentlichen auf den kombinierten Gebrauch männlicher und weiblicher Formen (Doppelformen oder Dubletten) oder die Verwendung generischer bzw. geschlechtsübergreifender Formen ausgerichtet sind (Biron 1991), präsentiert werden. Eine Vorreiterfunktion in der Erstellung von Leitfäden übernimmt Quebec auch für die wissenschaftliche Kommunikation, indem vom Nationalen Wissenschaftsministerium (*Institut national de la recherche scientifique*) schließlich ein moderner *Guide de rédaction inclusive* (dt. Leitfaden zum inklusiven Schreiben) (2020) publiziert wird, der im universitären Austausch seine Anwendung finden soll.

Im wallonischen Teil Belgiens wird 1994 ein erster Leitfaden *Mettre au féminin* (Elmiger 2008, 174) und 2019 schließlich ein wissenschaftlich fundierter *guide* von Dister und Moreau (2019; 2020) veröffentlicht, der sich von eher ideologisch geprägten Darstellungen abhebt und damit als ein Beispiel für gelungene linguistisch fundierte Sprachnormenkritik und wissenschaftliche Sprachberatung im Französischen gelten darf (Große 2025). Ergänzt wird dieser Leitfaden durch einen weiteren für den institutionellen Sprachgebrauch, mit dessen Ausarbeitung gleichfalls Linguistinnen und Linguisten beauftragt wurden (Simon/van Raemdonck 2024a): *Quand dire, c'est inclure*. Er bemüht sich um die Umsetzung eines vom 14. Oktober 2021 in Belgien beschlossenen Dekretes (*Décret relatif au renforcement de la féminisation des noms de métier, fonction, grade ou titre et aux bonnes pratiques non discriminatoires quant au genre dans le cadre des communications officielles ou formelles*) und benennt konkret Schwierigkeiten in seiner Umsetzung, worunter beispielsweise der Gebrauch des *point median* bei Adjektiven, Partizipien etc. fällt (Simon/van Raemdonck 2024a, 17; cf. 6.2.2.2.3)

In Frankreich erscheint 1999 der erste Leitfaden mit dem Titel *Femme, j'écris ton nom ... Guide d'aide à la féminisation des noms de métiers, titres, grades et fonctions* (Becquer et al. 1999), der den Anspruch hat, die Feminisierung von Berufsbezeichnungen etc. durch Auflistung von Beispielen und entsprechenden Muster bzw. morphologischen Regeln zu fördern (cf. Große 2025).[21]

Ein in Frankreich lebhaft diskutiertes Handbuch zur sprachlichen Feminisierung und zum inklusiven Schreiben insgesamt stellt das 2016 von der Kommunikationsagentur *Mots-Clés* veröffentlichte *Manuel d'écriture inclusive* (Haddad 2016; 2019) dar, welches mehrfach aktualisiert wurde. Dieser Leitfaden bündelt vielfältige sprachliche Informationen zur Umsetzung der inklusiven Schreibweise und wird so von Gegnern der *écriture inclusive* in sprachkritischen Debatten angegriffen.

Eine sehr frühe empirische Studie zur Kenntnis und Verwendung femininer Berufsbezeichnungen im frankophonen Raum (Belgien, Frankreich, Schweiz), die auf einer Befragung basiert, stellt die Arbeit von Stehli (1949) dar. Im Ergebnis der Studie wird deutlich, dass zwischen den von Frauen ausgeübten Berufen und Tätigkeiten und der Kenntnis einer weiblichen Bezeichnung bei den Befragten kaum ein Zusammenhang etabliert werden kann und die Befragten bei Unsicherheit oder Unkenntnis weiblicher Bezeichnungen auf Paraphrasierungen ausweichen (Stehli 1949, 140).

Wie weit die Feminisierung der Berufsbezeichnungen etc. in Frankreich im öffentlichen Sprachgebrauch bis heute vorangeschritten ist, ist bisher nur in Teilen korpuslinguistisch bzw. empirisch analysiert worden. Nicht selten wird dazu als Korpus die Presse herangezogen, welcher in der Diskussion und zugleich Verbreitung der neuen Bezeichnungen eine besondere Rolle zuzuschreiben ist (cf. Endemann 2022, 235). Fujimura kann in der französischen Presse im Untersuchungszeitraum von 1988 bis 2001 grundsätzlich eine Zunahme femininer Berufsbezeichnungen feststellen, wenngleich einzelne vorhandene maskuline Formen wie *professeur* oder *écrivain* die „Feminisierung der Berufsbezeichnungen zu bremsen" scheinen (Fujimura 2005, 47). Schafroth (2010, 115) konstatiert, dass die Feminisierung in der Tagespresse weiter zugenommen hat. Viennot (2015, 61–62) stellt die Durchsetzung der femininen Formen *chancelière* (dt. Kanzlerin) oder *première ministre* (dt. Premierministerin) im Zusammenhang mit den Veränderungen der politischen Realität in Führungspositionen fest. Eine weitere Zunahme – wenn auch mit bestimmten Vorbehalten – können auch Dister und Moreau (2021) mit ihrer Analyse zur Feminisierung in der Sprache der Politik in Belgien und Frankreich, konkret im Wahlkampf im Zeitraum von 1989 bis 2019, belegen (Dister/Moreau 2021, 38).

---

[21] Interessant ist, dass die Handreichung formal in den normativ-grammatischen Diskurs mit Regeln und *remarques* (Kommentierungen) passt.

Zehender (2021) weist in ihrer Untersuchung nach, dass die sprachliche Feminisierung in den überregionalen Tageszeitungen *Le Monde* und *Le Figaro* von 2006 zu 2021 zunahm und die als *nom épicène* (dt. epizänes Nomen) eingestuften Bezeichnungen wie *chef* (dt. Chef bzw. Chefin) nunmehr durch feminisierte Formen wie *cheffe* (dt. Chefin) ergänzt werden (Zehender 2021, 40).

Simon und Vanhal (2022, 82) haben für ihre Studie ebenso ein Korpus aus französischsprachigen, online zugänglichen Pressetexten, ergänzt durch Texte politischer Parteien aus Belgien aus dem Jahr 2021, gewählt und dabei auf eine entsprechende Breite des politischen Spektrums geachtet. Als Ergebnis ihrer Studie können sie festhalten, dass die Feminisierung und die inklusive Schreibweise in erstaunlicher Vielfalt im Korpus vorhanden sind und dass beispielsweise der Gebrauch der gekürzten Dubletten oder auch des *point médian* (cf. 6.2.2.2.3) in der Verwendung vom ‚Militantismus' der einzelnen Zeitungen oder Parteien beeinflusst wird (Simon/Vanhal 2022, 99–100).

In anderen Untersuchungen werden nur einzelne Berufs- bzw. Funktionsbezeichnungen herausgegriffen und in unterschiedlich großen Korpora quantitativ und/oder qualitativ analysiert sowie mit Parametern wie der politischen Ausrichtung der jeweiligen Zeitungen bei Pressekorpora, juristischen Empfehlungen oder der Berücksichtigung allgemeiner oder spezifischer zeitungsinterner Empfehlungen zur Feminisierung bzw. zur inklusiven Schreibweise in Beziehung gesetzt (z.B. Le Tallec Lloret/Crouzet-Daurat 2018; Endemann 2022).

6.2.2.2.3 *Écriture inclusive* und *langage inclusif*

In Frankreich wird der geschlechtergerechte Sprachgebrauch seit den 1990er Jahren als *écriture inclusive* debattiert und in den sprachkritischen Diskussionen vor allem mit spezifischen Realisierungen auf graphischer Ebene verbunden (cf. Ossenkop 2020, 41; Fagard/Le Tallec 2021, 10). In diesem Zusammenhang spricht man von *doublets abrégés* (dt. abgekürzte Dubletten bzw. Doppelformen), welche die Erwähnung der weiblichen und männlichen Form als komplette Dubletten (fr. *doublets complets*), z.B. *éducatrice* et *éducateur* (dt. Erzieherin und Erzieher), vermeiden sollten, die unterschiedlich umgesetzt werden können:[22]

– mit einem *point médian* (dt. Mittelpunkt): *conseiller·ère*,
– mit ‚traditionellen' Punkten: *l'étudiant.e, agriculteur.rice.s*,
– mit einer Majuskel bzw. mit Majuskeln innerhalb des Wortes: *directeurTRICE*,
– mit runden oder eckigen Klammern (fr. *parenthèses, crochets*): *un(e) employé(e), un[e] capitaine*.

---

[22] Der Genderstern (fr. *astérisque*), welcher in der sprachkritischen Diskussion zum Deutschen eine wichtige Rolle spielt, ist in den frankophonen Regionen kaum diskutiert bzw. gebraucht.

Simon und Van Raemdonck (2024a, 3) heben zwei zentrale Elemente der *langage inclusif* hervor, welche in den sprachkritischen Diskussionen nicht immer zusammengedacht werden: der nicht-diskriminierende Sprachgebrauch und zugleich die Lesbarkeit (fr. *lisibilité*) der sprachlichen Ausdrücke zur Umsetzung eines solchen, nicht-diskriminierenden Sprachgebrauchs im Mündlichen bzw. in der Kommunikation allgemein. Auf der begrifflichen Ebene könnte dies eigentlich mit einer differenzierteren Verwendung von *langage inclusif* oder *communication inclusive* anstelle von *écriture inclusive* (Simon/van Raemdonck 2024b) angezeigt werden. Waren die sprachlich-inklusiven Verwendungsvorschläge zunächst auf den schriftlichen Sprachgebrauch, das Schreiben (fr. *écriture*), ausgerichtet, ist die Diskussion insgesamt nunmehr auch auf den mündlichen Sprachgebrauch ausgeweitet, womit die Frage in den Diskussionen im Raum steht, ob bzw. wie derartige Formen gesprochen werden sollten. Insbesondere die Lesbarkeit der Formen und ihre spezifische Ästhetik im Mündlichen und Schriftlichen, aber auch Überlegungen zur Übersetzbarkeit werden in allgemeinen und auch wissenschaftlichen sprachkritischen Diskussionen zur inklusiven Schreibweise erörtert (cf. Haddad 2023). Die Diskussion um die Lesbarkeit hat gleichfalls eine politische Dimension, die in der Vorlage und Diskussion im französischen Senat eines Gesetzesentwurfs zum Verbot der inklusiven Schreibweise mündet (Dasinieres 2024).[23] Girard et al. (2022) analysieren die kognitiven Effekte eines inklusiven Schreibens mit *doublets abrégés* auf den Prozess des Lesens und somit die Frage der Lesbarkeit empirisch mit der Methode des *eye-trackings* (fr. *oculométrie*). In ihrer Studie können sie keine signifikanten Unterschiede im Leseverhalten der Probanden bei maskulinen Formen und *doublets abrégés* feststellen (Girard et al. 2022, 13), allerdings schränken sie dieses Untersuchungsergebnis mit Blick auf die Anzahl und Auswahl der Probanden in seiner Allgemeingültigkeit deutlich ein.

Im Fokus der zahlreichen sprachkritischen Diskussionen steht allen voran der *point médian* (cf. Simon/van Raemdonck 2024a und b). Die Linguistin Manesse (2019, 45–46) schätzt in ihrer sprachkritischen Auseinandersetzung die durch die *écriture inclusive* zusätzlich eingeführten Zeichen (z.B. *formateurs/-trices*; *enseignant.e.s*) als die Orthografie störend und das laute Lesen verkomplizierend ein: „rend plus difficile encore l'opération si fréquente de lecture à haute voix".

Inklusive Schreibweisen sind aber keinesfalls auf die grafische Ebene zu begrenzen, sondern reichen mit ihren Vorschlägen und Entwicklungen gleichermaßen in die Morphologie und auch Syntax hinein. Da im Französischen nicht nur Nomen, sondern auch die Determinanten, Adjektive und teilweise Partizipien im Genus (und im Numerus) unterschieden werden und von den Nomina bzw. Pronomina syntaktisch abhängig sind, muss auch dies in der Anwendung des *accord* (dt. Kongruenz) berücksichtigt werden. Das unterscheidet die französische u.a. von der deutschen Sprache. Als Grundlage des *accord* im Plural ist im Rahmen grammatischer Normierung die

---

[23] https://www.senat.fr/leg/ppl23-068.html (13. Juli 2025).

morphosyntaktische Regel formuliert worden, dass sich der *accord* im Französischen nach dem maskulinen Nomen ausrichtet. Balnat (2020) illustriert seine Aussagen zur inklusiven Schreibweise im Französischen und zu den ‚Schwierigkeiten' des *accord* in diesem Feld mit einem Beispiel: *Les correspondant.e.s allemand.e.s sont arrivé.e.s fatigué.e.s mais ils/elles étaient tou.te.s content.e.s de leur voyage* (dt. Die deutschen AustauschschülerInnen kamen müde an, aber sie waren alle mit ihrer Reise zufrieden) (Balnat 2020, 85). An diesem Beispiel wird sichtbar, dass während im Deutschen die inklusive Schreibweise allein das Nomen *AustauschschülerInnen* verändert, im Französischen auch die Adjektive (*allemand, fatigué, content*), das Partizip (*arrivé*) sowie die Pronomina (*ils, elles, tous, toutes*) inklusiv markiert werden. Dies führt auch aus Sicht von Simon und Van Raemdonck (2024b, 10) zu einer gewissen „lourdeur de texte ou une difficulté de lecture" (dt. Textschwere oder Leseschwierigkeit). Eine solche Form der Mehrfachmarkierungen befördert die Akzeptanz für inklusive Schreibweisen in der öffentlichen sprachkritischen Diskussion nicht unbedingt. In diesem Sinne argumentiert auch die *Cité internationale de la langue française* in ihrer Darstellung zur inklusiven Schreibweise, indem sie das Argument des Prinzips des geringsten Aufwandes (fr. *principe du moindre effort*) zitiert: „Sur la base de ce principe, une complexification de la langue pourrait contraster avec l'usage commun, qui tend plutôt à la simplification".[24] Sie argumentiert demzufolge mit einem Prinzip, welches für zahlreiche Sprachwandelprozesse valide ist, andere Prinzipien des sprachlichen Wandels jedoch keinesfalls ausschließt.

In dem von Simon und Van Raemdonck (2024a) vorgestellten Leitfaden zur inklusiven Kommunikation, *Quand dire, c'est inclure*, führen die Diskussionen und Überlegungen schließlich zu konkreten Empfehlungen, die diese Art der Mehrfachmarkierungen reduzieren und somit die Akzeptanz für inklusive Schreibweisen in der Breite der Gesellschaft möglicherweise erhöhen können (Simon/Van Raemdonck 2024a, 25; Simon/Van Raemdonck 2024b, 11). Voraussetzung dafür ist, dass die öffentlichen Diskussionen nicht ideologisch, sondern sachlich geführt werden.

Mit der Forderung der *écriture inclusive* und eines nicht diskriminierenden Sprachgebrauchs geht die Diskussion in den zurückliegenden Jahren in Frankreich, aber auch in Belgien sowie anderen frankophonen Ländern von der Feminisierung mit typografischen Realisierungen weg und hin zur Neutralisierung des Genus sowie zur Forderung des morphologischen bzw. grammatischen Ausbaus nicht-binärer, inkludierender bzw. genusneutraler Formen (fr. *genre neutre*) (cf. Manesse/Siouffi 2019b, 8; Ossenkop 2020, 43, 47; Simon/Vanhal 2022, 81). Zu den üblichen genusneutralisierenden Strategien gehört im Französischen die Verwendung von Formen wie *la personne* oder *une victime* (dt. die Person, das Opfer), welche im Genus auch nicht durch Determinanten verändert werden können und demzufolge genusneutral

---

24 https://www.cite-langue-francaise.fr/decouvrir/l-aventure-du-francais/qu-est-ce-que-l-ecriture-inclusive (1. August 2025).

wirken. Zusätzlich zu solchen genusneutralen Formen werden, befördert durch eine sogenannte ‚queere Wende' (Stegu 2022, 53), neue Formen entwickelt und entsprechend sprachnormenkritisch diskutiert.

6.2.2.2.4 *Genre neutre*

Eine Diskussion zur Schaffung genusneutraler Formen und ihren Herausforderungen in der französischen Morphologie findet sich bei Alpheratz (2018; 2021; 2025). Alpheratz macht deutlich, welche unterschiedlichen Abstufungen mit dem *genre neutre* verbunden sind, indem fünf Lesarten für *genre neutre* benannt werden: *impersonnel, agenre, commun, inconnu, non binaire* (dt. unpersönlich, nicht genrespezifisch, gewöhnlich, unbekannt und nicht binär) (Alpheratz 2018, 53–57). Alpheratz kann zweifellos als Vorreiter (fr. *militant*) für die Entwicklung und den Gebrauch genusneutraler Formen des Französischen innerhalb einer *langage inclusif* gelten, deren Durchsetzung auf drei Stufen konzeptualisiert wird. Auf der ersten Ebene stehen aus Sicht von Alpheratz genderneutrale, aber noch binäre Formen, deren Markierung typografisch innerhalb des Wortes erfolgt: z.B. *tou(te)s, lecteur.rice.s, chacun.e, il.elle, nombreux_ses* (Alpheratz 2021, 228–229). Auf der zweiten Ebene werden grammatische Morpheme mit vorhandenen grammatischen oder lexikalischen Morphemen verschmolzen: *iel* (il+elle), *toustes* (tous+toutes), *lecteurice* (lecteur+lectrice), *heureuxe* (heureux+heureuse). Die dritte Ebene weist das höchste sprachliche Innovationspotenzial und damit zugleich das größte sprachnormenkritische Potenzial auf, indem von Alpheratz neue Morpheme zur Kennzeichnung eines *genre neutre* gebildet werden: *al* bzw. *ol* und *ul* als genusneutrale Formen neben *il* und *elle*, *touz* als neutrales Genus neben *tous* und *toutes* sowie *handicapæ* neben *handicapé* und *handicapée* (Alpheratz 2021, 240–242). Die Mehrheit dieser Neologismen wird in den öffentlichen sprachkritischen Diskussionen bisher nur verhalten berücksichtigt, eine Ausnahme stellt hier die Form *iel* dar, die besondere mediale Aufmerksamkeit erhielt. Die Pronominalform *iel* taucht 2020 erstmals auf und wird 2021 relativ rasch in das französische Allgemeinwörterbuch *Dico en ligne Le Robert* aufgenommen und somit lexikalisiert. *Iel* wurde durch Amalgamierung der französischen Subjektpronomina der 3. Person *il* (dt. er) und *elle* (dt. sie) gebildet. Die lexikografische Übernahme war Anlass für eine öffentliche sprachnormenkritische Debatte (cf. Carrier/Chicoine 2022; Gasquet-Cyrus/Rey 2024, 76–80; Osthus 2024, 188–189),[25] die in der Bitte von François Jolivet nach einer Autoritätsentscheidung bei der französischen Akademie im November 2021 gipfelt.[26] Mit diesem Ruf nach Autorität wird ein Muster sichtbar,

---

25 Ein Beispiel der medialen sprachkritischen Debatte um die Form *iel* stellt der am 15. November 2021 im französischen Nachrichtenmagazin *Le Point* erschiene Beitrag *La culture woke et le pronom personnel « iel » intègrent le dictionnaire* dar, https://www.lepoint.fr/societe/la-culture-woke-et-le-pronom-personnel-iel-integrent-le-dictionnaire-15-11-2021-2452134_23.php#11 (1. August 2025).
26 https://twitter.com/fjolivet36/status/1460629818446422016 (24. Juli 2025).

welches zahlreiche sprachnormenkritische Debatten in Frankreich noch immer prägt (cf. Siouffi 2019, 21; Große 2025).

Carrier und Chicoine (2022) zeichnen in linguistisch fundierter Weise die sprachkritische Debatte und Argumentation um die Aufnahme von *iel* in das Wörterbuch nach, an der sich sehr unterschiedliche Akteure (Journalisten, Linguisten, Sprachchronisten, Lehrer, Politiker, Philosophen und Vertreter/Anhänger der LGTBQ+ Bewegung) mit variierenden Perspektiven beteiligten.

Die Form *iel* wird mittlerweile auch im Plural *iels* verwandt und dort zur Markierung von „un groupe mixte, un groupe de personnes non-binaires ou fluides, ou dont on ne connait pas le genre" (dt. eine gemischte Gruppe, eine Gruppe nicht-binärer oder fluider Personen, oder von denen man das Geschlecht nicht kennt) eingesetzt (Simon/Van Raemdonck 2024b, 12).

6.2.2.3 Sprachkritische Verweise und Kommentierungen in Wörterbüchern

Gasquet-Cyrus und Rey (2024) machen mit ihrer Veröffentlichung im Untertitel *Ce que les dictionnaires racontent de nos sociétés* (dt. was die Wörterbücher über unsere Gesellschaften erzählen) deutlich, dass die Wörterbuchentwicklung eng an die soziopolitische und soziokulturelle Entwicklung gekoppelt ist. So können Wörterbücher in der Auswahl ihrer Lemmata eher konservativ sein oder sich gesellschaftlichen Entwicklungen viel deutlicher öffnen, wie dies im Fall der Genderproblematik im Terminologiewörterbuch in Quebec *Grand dictionnaire linguistique* der Fall ist (cf. Gasquet-Cyrus/Rey 2024, 63–67).[27] Zugleich ist die Wörterbuchdefinition als solche Spiegel gesellschaftlicher Entwicklungen, wie Gasquet-Cyrus und Rey sehr aufschlussreich an verschiedenen Beispielen wie dem Eintrag zu *hystérie* (dt. Hysterie) illustrieren (2024, 69–71).

Für Funk (2017, 85) kann Sprachkritik in Wörterbüchern entweder explizit in Form von sprachkritischer Kommentierung oder verdeckt, d.h. implizit, im Prozess der Wörterbuchredaktion durch die Selektion der Lemmata und ihre Definition erfolgen. Diese Differenzierung lehnt sich an die bereits bekannte Differenzierung von Sprachnormierung in Wörterbüchern an (cf.5.3.1).

Die entscheidende Frage für die explizite Form der Sprachkritik in Wörterbüchern ist, ob lexikalische Einheiten in einem Wörterbuch, welche mit diasystematischen Markierungen (cf. 5.3.2), Kommentaren oder Definitionen versehen werden, nicht allein Informationen zu einem beispielsweise regional bzw. sozial eingegrenzten oder nicht standardkonformen Sprachgebrauch – im Sinne einer sprachnormativen Kommentierung – aufgreifen, sondern beispielsweise auch Fragen eines diskriminierenden Sprachgebrauchs, Tabuisierungen oder pejorative Verweise anführen.

---

27 https://vitrinelinguistique.oqlf.gouv.qc.ca/ (1. August 2025).

Auf das sprachkritische Potenzial der diasystematischen Markierungen allgemeiner Wörterbücher des Französischen, konkret im *Le Petit Robert*, macht bereits Höfler (1976) aufmerksam, als er die explizite Markierung als *anglicisme* einzelner Entlehnungen wie *hobby* (Höfler 1976, 338) nicht als neutrale Wertung, sondern als sprachpuristisch charakterisiert. Funk (2017, 57) weist nach, dass diese sprachkritische Darstellung den *Le Petit Robert* auch noch Jahrzehnte später in der Ausgabe von 2014 kennzeichnet, da die Ausweisung als Anglizismus (markiert mit *anglic.*) gemäß der Definition der Markierung im Vorwort des Wörterbuchs eine abusive Verwendung anzeige, z.B. bei *aérobic*. Damit wird dieses Wort nicht als Entlehnung aus dem Englischen gekennzeichnet, sondern intendiert, dass es im Sprachgebrauch vermieden werden sollte.

Die diskriminierende Wirkung einzelner Wörterbuchdefinitionen oder -verweise illustrieren Gasquet-Cyrus und Rey (2024) an verschiedenen Beispielen: So zog die Definition von *colonialisme* (dt. Kolonialismus) im 2017 aktualisierten *Le Petit Robert* eine mediale Aufmerksamkeit und Kritik auf sich.

Ähnliches trifft auch heute noch auf die Angaben zu Synonymen und Verweise für z.B. *homosexuel/homosexualité* wie *pédéraste* zu (Gasquet-Cyrus/Rey 2024, 95; Le Petit Robert 2025, 1246), welche nicht nur pejorativ, sondern diskriminierend sind. Hier unterscheidet sich der aktuelle Eintrag zu *homosexuel* im *Le Petit Robert* zum aus dem Englischen entlehnten Ausdruck *gay*, bei dem auf derartige Angaben bzw. Verweise im Wörterbuch verzichtet wird (Le Petit Robert 2025, 1137).

Sprachkritische Kommentierungen, d.h. umfangreichere Kommentierungen als ein einfacher Verweis etc., sind im Wörterbuch der französischen Sprachakademie (DAF) in Form von *remarques* bzw. *remarques normatives* zu finden. Funk (2017, 55) führt als Beispiel eines solchen Kommentars den sprachkritischen Hinweis zum französischen Nomen *con, conne* (dt. Dummer, Dumme) an, welcher auch nach Abschluss der neunten Ausgabe des Wörterbuchs im November 2024 noch so vorhanden ist:

> Bien que cet emploi figuré apparaisse dans les correspondances littéraires dès le xixe siècle et que l'usage parlé s'en soit fort répandu, ne doit être employé que dans une intention de vulgarité appuyée.[28]

Über diese relativ begrenzte bzw. punktuelle Form der Sprachkritik durch diasystematische Kennzeichnungen oder dezidiert sprachkritische Kommentierungen hinaus kann es auch Wörterbücher geben, die in ihrer Gesamtstruktur explizit sprachkritisch sind. Dies ist der Fall im von Niehr (2011, 66) zitierten Wörterbuch überflüssiger Anglizismen im Deutschen, in welchem die Verwendung der dort gelisteten Anglizismen grundsätzlich kritisiert und als nicht sinnvoll angesehen wird. Damit vergleichbar wären im Französischen die Wörterbücher *Chasse au franglais* (Boly 1979) und *Dictionnaire de franglais* (1980), wenngleich die Autoren des letztgenannten

---

[28] https://www.dictionnaire-academie.fr/article/A9C3342 (3. Juli 2025).

Wörterbuchs die Anglizismen nicht grundsätzlich als überflüssig deklarieren, sie aber dennoch kritisieren (cf. Beinke 1990, 206–210).

Die Notwendigkeit sprachkritischer Kommentierungen in Wörterbüchern oder auch die Brisanz des Fehlens derartiger Kommentare, die in der medialen Öffentlichkeit seit den 1990er Jahren immer deutlicher wahrgenommen wird, kann an der Neuausgabe des *Le Petit Robert* von 1995 illustriert werden, als die gesamte Auflage Makulatur wurde und schließlich vernichtet werden musste (cf. Reutner 2009, 268).[29] Der Anlass war die fehlende sprachkritische Kommentierung der stereotypen und antisemitischen Angabe ‚avare' (dt. geizig) als Bedeutungskomponente von *juif, juive* (dt. Jude, Jüdin).[30]

6.3 Zusammenfassung

Sprachkritik und speziell Sprachnormenkritik sind eng an sprachliche Innovationen bzw. sprachlichen Wandel sowie zumeist gesellschaftliche Veränderungen geknüpft. Im Fokus aktueller sprachnormenkritischer Diskussionen stehen noch immer der Einfluss der englischen Sprache auf die alltägliche und fachsprachliche Kommunikation im Französischen neben der in den zurückliegenden Jahren erstarkten sprachnormenkritischen Diskussion zur inklusiven Sprache.

Sprachnormenkritik im Bereich der Feminisierung und im Umfeld von Gender ist mittlerweile mehr als vierzig Jahre alt und hat in diesem Zeitraum in Frankreich und anderen frankophonen Regionen unterschiedliche Höhepunkte sowie Ausrichtungen erfahren. Die Entwicklung und Verwendung femininer Berufsbezeichnungen etc. ruft heute anders als in den 1980er und 1990er Jahren keine umfassenden sprachnormenkritischen Diskussionen mehr hervor, denn diese Bezeichnungen haben sich in vielen Fällen im Sprachgebrauch etabliert. Insgesamt ist der lexikalische und morphologische Ausbau in diesem Bereich vorangeschritten. Grammatische Fragen wie der *accord* in der *écriture inclusive* und textuell sowie kognitiv ausgerichtete Aspekte wie die Lesbarkeit, das Textverständnis oder die Perzeption werden in den kommenden Jahren höchstwahrscheinlich weitere Aufmerksamkeit in der Sprachnormenkritik auf sich ziehen. Insbesondere die *accord*-Problematik ist ein Beispiel für Normen in der Diskussion und im Umbruch, in welcher vorhandene morphosyntaktische Regeln mit Blick auf die inklusive Schreibweise hinterfragt werden. Grundsätzlich sollten in den sprachnormenkritischen Diskussionen die Veränderungen im Sprachgebrauch und eine sachliche sowie linguistisch fundierte Expertise zu ihrer Einordnung eine wesentliche Rolle spielen, um Polemiken und ideologische Debatten abzuschwächen (cf. Simon/Van Raemdonck 2024b, 13).

---

29 https://www.liberation.fr/culture/1995/11/11/accuse-d-antisemitisme-le-robert-des-synonymes-est-retire-de-la-vente_150066/ (4. Juli 2025).
30 Reutner (2009, 268) zeichnet knapp die kontroverse Diskussion um den Nutzen derartiger Kommentierungen in den Wörterbüchern nach.

Arbeitsaufgaben

1. Suchen Sie nach dem Ausdruck *franglais* im *WorldWideWeb*. Auf welche Art der Ergebnisse treffen Sie und welche der Ergebnisse verweisen auf sprachkritische Diskussionen?
2. Sehen Sie sich drei *Instagram*-Posts bzw. *Reels* oder *TikTok*- oder *YouTube*-Videos auf Französisch aus den Bereichen des Sports, *fashion* und der Politik an. Achten Sie dort gezielt auf Verwendungen von Anglizismen. Bewerten Sie den Gebrauch der Anglizismen linguistisch und überlegen Sie, welche Funktionen sie in den jeweiligen Diskursen übernehmen.
3. Suchen Sie aus den großen geläufigen Wörterbüchern des Französischen wie dem *Robert*, dem *Larousse*, dem *Trésor de la langue française* oder dem *DAF* die Einträge für *femme* heraus. Vergleichen Sie die dort vorhandenen Definitionen, Synonyme, Verweise, Beispiele und mögliche sprachkritische Kommentierungen. Als Ausgangspunkt Ihrer Überlegungen dienen die beiden folgenden Ausschnitte von Einträgen zu *femme*:

   Qualifié par son aspect, son apparence, son comportement, etc. Une jolie femme, une belle femme. Une jeune femme. Une femme mûre. Une femme charmante, élégante, coquette. Une femme fatale, voir Fatal. Une femme légère, facile. Une maîtresse femme, une femme de tête, habile, ferme et qui sait se faire obéir. Une femme libre, une femme libérée.[31]

   (collectivement). La femme : l'ensemble des femmes – REM. Cet emploi collectif, qui permet de produire au sing. des jugements universels à propos des classes d'individus, revêt pour le mot femme une importance particulière. C'est souvent cet emploi (en concurrence avec les femmes, généralement) qui véhicule non seulement les éléments rationnels du concept, mais aussi l'image sociale aujourd'hui contestée, produite par une société dominée par les hommes ; ceci nous a paru justifier un traitement séparé, facilitant la répartition du matériel lexical lié au mot (analogies).[32]

4. Suchen Sie mindestens drei französische Zeitungsartikel (online oder gedruckte Ausgaben) zu politischen bzw. gesellschaftlichen Themen heraus und lenken Sie Ihre Aufmerksamkeit in der Lektüre auf die Verwendung von Berufsbezeichnungen etc. für Frauen sowie den Gebrauch inklusiver Formen. Überlegen Sie, welche sprachlichen Strategien der Feminisierung und inklusiven Kommunikation gegebenenfalls Anwendung finden und welche möglicherweise vermieden werden.

---

31 https://www.dictionnaire-academie.fr/article/A9F0437 (11. Juli 2025).
32 https://grandrobert-lerobert-com (11. Juli 2025).

Bibliografie

Abecassis, Michael/Awosso, Laure/Vialleton, Elodie (2007a, eds.): Le français parlé au 21ᵉ siècle : Normes et variations géographiques et sociale. Annales du Colloque d'Oxford (juin 2005), volume 1. Paris, L'Harmattan.

Abecassis, Michael/Awosso, Laure/Vialleton, Elodie (2007b, eds.): Le français parlé au 21ᵉ siècle : Normes et variations géographiques et sociale. Annales du Colloque d'Oxford (juin 2005), volume 2. Paris, L'Harmattan.

Abeillé, Anne/Godard, Danièle (2012): „La Grande Grammaire du Français et la variété des données", in: Langue française 176/4, 47–68.

Abeillé, Anne/Godard, Danièle (2021, eds): Grande grammaire du français. Arles, Actes Sud.

Académie française (2014): Dire, ne pas dire, du bon usage de la langue française. Paris, Philippe Rey.

Académie française (2015): Dire, ne pas dire, du bon usage de la langue française, vol. 2. Paris, Philippe Rey.

Académie française (2016): Dire, ne pas dire, du bon usage de la langue française, vol. 3. Paris, Philippe Rey.

Académie française (2017): Dire, ne pas dire, du bon usage de la langue française, vol. 4. Paris, Philippe Rey.

Académie française (2019a): Dire, ne pas dire, du bon usage de la langue française, vol. 5. Paris, Philippe Rey.

Académie française (2019b): Rapport: La féminisation des noms de métiers et de fonctions, https://www.academie-francaise.fr/sites/academie-francaise.fr/files/rapport_feminisation_noms_de_metier_et_de_fonction.pdf.

Académie française (2022): Rapport de la commission d'étude sur la communication institutionnelle en langue française, https://www.academie-francaise.fr/sites/academie-francaise.fr/files/rapport_sur_la_communication_institutionnelle_2_exemplaire_pr_vc.pdf.

Académie française (2023): Dire, ne pas dire, du bon usage de la langue française, vol. 6. Paris, Philippe Rey.

Albrecht, Jörn (1990): „‚Substandard' und ‚Subnorm'. Die nicht-exemplarischen Ausprägungen der ‚Historischen Sprache' aus varietätenlinguistischer Sicht (Fortsetzung)", in: Holtus, Gunther/Radtke, Edgar (eds.), Sprachlicher Substandard III. Standard, Substandard und Varietätenlinguistik. Berlin – Boston, De Gruyter, 44–127.

Albrecht, Jörn (1997): „Position und Status der ‚NORM' im Varietätengefüge des Deutschen und Französischen. Mit Ausblicken auf weitere europäische Sprachen", in: Mattheier, Klaus J. (ed.), Norm und Variation. Frankfurt am Main et al., Lang, 11–25.

Albrecht, Jörn (2020): „Linguistic Norm in the Prague School of Linguistics", in: Lebsanft, Franz/Tacke, Felix (eds.), Manual of Standardization in the Romance Languages. Berlin – Boston, De Gruyter, 107–125.

Albrecht, Jörn (2024): „Évaluations de la langue", in: Becker, Lidia/Herling, Sandra/Wochele, Holger (eds.), Manuel de linguistique populaire. Berlin – Boston, De Gruyter, 117–140.

Aléong, Stanley (1983): „Normes linguistiques, normes sociales, une perspective anthropologique", in: Bédard, Édith/Maurais, Jacques (eds.), La norme linguistique. Québec, Ministère des Communications, 255–280.

Alpheratz (2018): Grammaire du français inclusif: littérature, philologie, linguistique. Châteauroux, Vent solars linguistique.

Alpheratz, My (2021): „Le genre neutre en français, expression d'enjeux du XXIe siècle", in: Fagard, Benjamin/Le Tallec, Gabrielle (eds.), Entre masculin et féminin. Français et langues romanes. Paris, Presses Sorbonne Nouvelle, 221–246.

Alpheratz, My (2025): Le genre grammatical neutre en français. Description et analyse de l'émergence d'un système de flexion ternaire. Linguistique. Sorbonne Université, https://hal.science/tel-05133507v1.

Ambrogi, Pascal-Raphaël (2005): Particularités et finesses de la langue française. Paris, Chiflet.

Amit, Aviv (2016): „The *Académie Française* and monocentricity in a multicultural world", in: Language Problems & Language Planning 40/3, 235–249.

Ammon, Ulrich (1986): „Explikation der Begriffe Standardvarietät und Standardsprache auf normtheoretischer Grundlage", in: Holtus, Gunther/Radtke, Edgar (eds.), Sprachlicher Substandard. Berlin – New York, De Gruyter, 1–64.

Ammon, Ulrich (1997): „Standard und Nonstandard in den nationalen Varietäten des Deutschen", in: Mattheier, Klaus J./Radtke, Edgar (eds.), Standardisierung und Destandardisierung europäischer Nationalsprachen. Frankfurt am Main et al., Lang, 171–192.

Anderwald, Liselotte (2014): „Measuring the success of prescriptivism: cuantitative grammaticography, corpus Linguistics and the progressive passive", in: English Language and Linguistics 18, 1–21.

Androutsopoulos, Jannis (2007): „Ethnolekte in der Mediengesellschaft. Stilisierung und Sprachideologie in Performance, Fiktion und Metasprachdiskurs", in: Fandrych, Christian/Salverda, Reinier (eds.), Standard, Variation und Sprachwandel in germanischen Sprachen. Standard, Variation and Language Change in Germanic Languages. Tübingen, Narr, 113–155.

Anis, Jacques (2002): „Communication électronique scripturale et formes langagières", in: Actes des Quatrièmes Rencontres Réseaux Humains/Réseaux technologiques. Poitiers, Université de Poitiers, http://rhrt.edel.univ-poitiers.fr/documentef73.html?id=547.

Antoine, Gérald/Martin, Robert (1995, eds.), Histoire de la langue française 1914–1945. Paris, CNRS.

Armstrong, Nigel/Mackenzie, Ian E. (2013): Standardization, Ideology and Linguistics. Basingstoke, Palgrave Macmillan.

Armstrong, Nigel/Poole, Tim (2010): Social and Linguistic Change in European French. Basingstoke, Palgrave Macmillan.

Association québécoise des professeurs du français (1977): „Les résolutions de l'Assemblée générale", in: Québec français 28, 11.

Auer, Peter (1997): „Führt Dialektabbau zur Stärkung oder Schwächung der Standardvarietät? Zwei phonologische Fallstudien", in: Mattheier, Klaus J./Radtke, Edgar (eds.), Standardisierung und Destandardisierung europäischer Nationalsprachen. Frankfurt am Main, Lang, 129–161.

Auroux, Sylvain (1992): „Introduction. Le Processus de grammatisation et ses enjeux", in: Auroux, Sylvain (ed.), Histoire des idées linguistiques, tome 2. Le développement de la grammaire occidentale. Liège, Mardaga, 11–64.

Auroux, Sylvain (1994a): „Introduction", in: Kasbarian, Jean-Michel (ed.), Genèse de la (des) norme(s) linguistique(s) : hommage à Guy Hazaël-Massieux (Langues et Langage n° 4.). Aix-en-Provence, Publications de l'Université de Provence, 17–25.

Auroux, Sylvain (1994b): „Remarques sur l'histoire philosophique du concept de 'norme' et sur l'histoire des sciences du langage", in: Kasbarian, Jean-Michel (ed.), Genèse de la (des) norme(s) linguistique(s) : hommage à Guy Hazaël-Massieux (Langues et Langage n° 4.). Aix-en-Provence, Publications de l'Université de Provence, 295–301.

Auroux, Sylvain (1998): La raison, le langage et les normes. Paris, PUF.

Avanzi, Mathieu (2017): Atlas du français de nos régions. Paris, Armand Colin.

Avanzi, Mathieu (2024): „Regional Variation in the French of France", in: Ayres-Bennett, Wendy/McLaughlin, Mairi (eds.), The Oxford Handbook of the French Language. Oxford, Oxford University Press, 401–428.

Avis, Franz d' (2016): „Einleitung: Normalvorstellung und Sprache", in: Avis, Franz d'/Lohnstein, Horst (eds.), Normalität in der Sprache. Hamburg, Buske, 7–35.

Ayres-Bennett, Wendy (1987): Vaugelas and the Development of the French Language. London, Modern Humanities Research Association.

Ayres-Bennett, Wendy (1994): „Les ailes du temps et la plume du ‚remarqueur' : la tradition puriste au XIXe siècle", in: Romantisme. Langue et idéologie 86, 33–46.

Ayres-Bennett, Wendy (2004): „De Vaugelas à nos jours. Comment définir le genre des remarques sur la langue française", in: Caron, Philippe (ed.), Les remarqueurs. Sur la langue française du XVIe siècle à nos jours. Rennes, La Licorne, 19–33.

Ayres-Bennett, Wendy (2006): „Reading the *Remarqueurs*: Changing perceptions of classic texts", in: Historiographia linguistica 33/3, 263–302.

Ayres-Bennett, Wendy (2014): „From *l'usage* to *le bon usage* and back. Norms and usage in seventeenth century France", in: Rutten, Gijsbert/Vosters, Rick/Vandenbussche, Wim (eds.), Norms and usage in Language History. A sociolinguistic and comparative perspective. Amsterdam – Philadelphia, Benjamins, 174–200.

Ayres-Bennett, Wendy (2016a): „Codification and prescription in linguistic standardisation", in: Feliu, Francesc/Nadal, Josep Maria (eds.), Constructing Languages. Norms, myths and emotions. Amsterdam – Philadelphia, Benjamins, 98–129.

Ayres-Bennett, Wendy (2016b): „Une mode passagère ? Le langage féminin au XVIIe siècle", in: Siouffi, Gilles (ed.), Modes langagières dans l'histoire. Paris, Champion, 161–189.

Ayres-Bennett, Wendy (2020): „From Haugen's codification to Thomas's purism: assessing the role of description and prescription, prescriptivism and purism in linguistic standardisation", in: Language Policy 19/2, 183–213.

Ayres-Bennett, Wendy (2021): „Modelling Language Standardization", in: Ayres-Bennett, Wendy/Bellamy, John (eds.), The Cambridge Handbook of Language Standardization. Cambridge, Cambridge University Press, 27–64.

Ayres-Bennett, Wendy (2024): „Language Policy and Planning", in: Ayres-Bennett, Wendy/McLaughlin, Mairi (eds.), The Oxford Handbook of the French Language. Oxford, Oxford University Press, 163–188.

Ayres-Bennett, Wendy/Caron, Philippe (1997): Les *Remarques* de l'Académie Française sur le Quinte-Curce de Vaugelas. Paris, Presses de l'École Normale Supérieure.

Ayres-Bennett, Wendy/Seijido, Magali (2011): Remarques et observations sur la langue française: Histoire et évolution d'un genre. Paris, Classiques Garnier.

Baggioni, Daniel (1994a): „Norme linguistique et langue(s) nationale(s) : variété des processus de construction des identités linguistiques nationales dans l'espace européen passé et présent", in: Kasbarian, Jean-Michel (ed.), Genèse de la (des) norme(s) linguistique(s) : hommage à Guy Hazaël-Massieux (Langues et Langage n° 4.). Aix-en-Provence, Publications de l'Université de Provence, 27–53.

Baggioni, Daniel (1994b): „Présentation historique de l'émergence du concept de norme en sciences humaines et en linguistique", in: Kasbarian, Jean-Michel (ed.), Genèse de la (des) norme(s) linguistique(s) : hommage à Guy Hazaël-Massieux (Langues et Langage n° 4.). Aix-en-Provence, Publications de l'Université de Provence, 271–294.

Balibar, Renée (1985): „L'école de 1880. Le français national : républicain, scolaire, grammatical, primaire", in: Antoine, Gérald/Martin, Robert (eds.), Histoire de la langue française. 1880–1914. Paris, CNRS, 255–293.

Balibar, Renée/Laporte, Dominique (1974): Le Français national. Politique et pratiques de la langue nationale sous la Révolution française. Paris, Hachette.

Bally, Charles (2004) [1931]: La crise du français. Genève, Droz.

Balnat, Vincent (2020): „Geschlechtergerechte Sprache im Land der Académie française", in: Der Sprachdienst 64/1–2, 82–86.

Bandhauer, Wolfgang/Tanzmeister, Robert (1990): „Sprachnorm und Sprachvarietäten im Spannungsfeld von Sprachgebrauch und Sprachbewußtsein", in: Settekorn, Wolfgang (ed.), Sprachnorm und Sprachnormierung: Deskription – Praxis – Theorie. Wilhelmsfeld, Egert, 117–138.

Bartsch, Renate (1987): Sprachnormen. Theorie und Praxis. Tübingen, Niemeyer.

Baum, Richard (1976): „Zum Problem der Norm im Französischen der Gegenwart", in: Hausman, Franz Josef (ed.), Die französische Sprache von heute. Darmstadt, Wissenschaftliche Buchgesellschaft, 366–410.

Baum, Richard (1977): „,Clarté', ,bon usage', ,raison' – drei Dimensionen der französischen Sprachgemeinschaft", in: Französisch heute 8, 75–87.

Baum, Richard (1983): „Zum Problem der Norm im Französischen der Gegenwart", in: Hausmann, Franz Josef (ed.), Die französische Sprache heute. Darmstadt, Wissenschaftliche Buchgesellschaft, 366–410.

Baum, Richard (1986): „Akademiegrammatik und Bon Usage", in: Barrera-Vidal, Albert/Kleineidam, Helmut/Raupach, Manfred (eds.), Französische Sprachlehre und *bon usage*. Festschrift für Hans Wilhelm Klein zum 75. Geburtstag. München, Hueber, 33–53.

Baum, Richard (1989): Sprachkultur in Frankreich. Texte aus dem Wirkungsbereich der Académie française. Bonn, Romanistischer Verlag.

Bavoux, Claudine (2008): „Avant-propos", in: Bavoux, Claudine/Prudent, Lambert-Félix/Wharton, Sylvie (eds.), Normes endogènes et plurilinguisme. Lyon, ENS Éditions, 7–15, DOI: https://doi.org/10.4000/books.enseditions.30753.

Baxter, Alan N. (1992): „Portuguese as a pluricentric language", in: Ciyne, Michael (ed.), Pluricentric languages: differing norms in different nations. Berlin – New York, De Gruyter, 11–43.

Becker, Lidia (2024): „Introduction", in: Becker, Lidia/Herling, Sandra/Wochele, Holger (eds.), Manuel de linguistique populaire. Berlin – Boston, De Gruyter, 1–36.

Becquer, Annie et al. (1999): Femme, j'écris ton nom... Guide d'aide à la féminisation des noms de métiers, titres, grades et fonctions. Paris, La Documentation française, https://www.vie-publique.fr/sites/default/files/rapport/pdf/994001174.pdf.

Bédard, Édith/Maurais, Jacques (eds.) (1983): La norme linguistique. Québec, Ministère des Communications.

Beinke, Christiane (1990): Der Mythos *franglais*. Zur Frage der Akzeptanz von Angloamerikanismen im zeitgenössischen Französisch – mit einem kurzen Ausblick auf die Anglizismen-Diskussion in Dänemark. Frankfurt am Main, Lang.

Bellamy, John (2021): „Contemporary Perspectives on Language Standardization", in: Ayres-Bennett, Wendy/Bellamy, John (eds.), The Cambridge Handbook of Language Standardization. Cambridge, Cambridge University Press, 691–712.

Benzakour, Fouzia (2008): „Le français en terre marocaine. Norme(s) et légitimation", in: Bavoux, Claudine/Prudent, Lambert-Félix/Wharton, Sylvie (eds.), Normes endogènes et plurilinguisme. Lyon, ENS Éditions, 85–97, DOI: https://doi.org/10.4000/books.enseditions.30753.

Benzitoun, Christophe/Gygax, Pascal/Simon, Anne Catherine (2020): „Écriture inclusive. Un premier bilan de la controverse", https://theconversation.com/ecriture-inclusive-un-premier-bilan-de-la-controverse-147630.

Bergounioux, Gabriel (2013): „Les conditions d'une histoire sociale de la linguistique en France aux XIXe et XXe siècles", in: Kremnitz, Georg (ed.), Histoire sociale des langues de France. Rennes, Presses Universitaires de Rennes, 127–138.

Berrendonner, Alain (1982): L'éternel grammairien. Étude du discours normatif. Bern – Frankfurt am Main, Lang.

Berrendonner, Alain (1988): „Normes et variations", in: Schöni, Gilbert/Bronckart, Jean-Paul/Perrenoud, Philippe (eds.), La langue française est-elle gouvernable ? Normes et activités langagières. Neuchâtel – Paris, Delachaux et Niestlé, 43–62.

Berruto, Gaetano (2017): „What is changing in Italian today? Phenomena of restandardization in syntax and morphology: an overview", in: Cerruti, Massimo/Crocco, Claudia/Marzo, Stefania (eds.), Towards a New Standard. Berlin – Boston, De Gruyter, 31–60.

Bertucci, Marie-Madeleine (2019): „Vers une conceptualisation de la notion de « français régional » : de la dialectologie à la sociolinguistique", in: Mots 120, 167–183, DOI: https://doi.org/10.4000/mots.25404.

Besson, Marie-Josèphe/Lipp, Bertrand/Nussbaum, Roger (1988): „La norme : une appropriation", in: Schöni, Gilbert/Bronckart, Jean-Paul/Perrenoud, Philippe (eds.), La langue française est-elle gouvernable ? Normes et activités langagières. Neuchâtel – Paris, Delachaux et Niestlé, 169–184.

Biedermann-Pasques, Liselotte (1998): „Les théories orthographiques de l'académie et leur mise en pratique (1673 ; 1694-1992)", in: Quemada, Bernard (ed.), Le dictionnaire de l'Académie française et la lexicographie institutionnelle européenne. Actes du colloque international 17, 18 et 19 novembre 1994. Paris, Champion, 111–126.

Bierbach, Mechthild (2000): „Spanisch – eine plurizentrische Sprache? Zum Problem von *norma culta* und Varietät in der hispanophonen Welt", in: Vox Romanica 59, 143–170.

Bierbach, Mechthild/Pellat, Jean-Christophe (2003): „Histoire de la réflexion sur les langues romanes : le français", in: Ernst, Gerhard et al. (eds.), Romanische Sprachgeschichte. Ein internationales Handbuch zur Geschichte der romanischen Sprachen, vol. 1. Berlin – New York, De Gruyter, 226–242.

Bigot, Davy (2008): „Français québécois : histoire d'une norme inachevée", in: Lepinette, Brigitte/Gómez-Ángel, Brisa (eds.), VII Congrès international de linguistique française, Linguistique plurielle, Valence (Espagne) du 25 au 27 octobre 2006, 755–770.

Bigot, Davy/Papen, Robert A. (2013): „Sur la « norme » du français oral au Québec (et au Canada en général)", in: Langage et société 146, 115–132.

Bimbenet, Charles (2021): „Pourquoi Le Robert a-t-il intégré le mot « iel » dans son dictionnaire en ligne ?", https://dictionnaire.lerobert.com/dis-moi-robert/raconte-moi-robert/mot-jour/pourquoi-le-robert-a-t-il-integre-le-mot-iel-dans-son-dictionnaire-en-ligne.html.

Biron, Monique (1991): Au féminin. Guide de féminisation des titres de fonction et des textes. Québec, Publications du Québec.

Birr, Alicia/Haddad, Raphaël (2022): „L'écriture inclusive en France en 2021. Une étude co-réalisée par l'agence Mots-Clés et Google", https://www.motscles.net/etude-ecriture-inclusive.

Blanche-Benveniste, Claire (1995): „Quelques faits de syntaxe", in: Antoine, Gérald/Martin, Robert (eds.), Histoire de la langue française. 1914–1945. Paris, CNRS, 125–147.

Blanche-Benveniste, Claire (2007a): „Le français parlé au 21e siècle: Réflexions sur les méthodes de description : système et variations", in: Abecassis, Michael/Awosso, Laure/Vialleton, Élodie (eds.), Le français parlé au 21e siècle : Normes et variations géographiques et sociale. Annales du Colloque d'Oxford (juin 2005), volume 1. Paris, L'Harmattan, 17–39.

Blanche-Benveniste, Claire (2007b): „Normes anciennes et nouvelles dans le langage des médias", in: Broth, Mathias et al. (eds.), Le français parlé des médias. Actes du colloque de Stockholm, 8–12 juin 2005. Stockholm, Université de Stockholm, 31–48.

Blanche-Benveniste, Claire (2010): Approches de la langue parlée. Paris, Ophrys.
Blanchet, Philippe (2016): Discriminations : combattre la glottophobie. Paris, Éditions Textuel.
Blanchet, Philippe (1997): „Normes linguistiques et règles", in: Cahiers Diderot 9 : Censures et interdits, 53–67.
Blochwitz, Werner (1968): „Vaugelas' Leistung für die französische Sprache", in: Beiträge zur romanischen Philologie VII/1, 101–130.
Bochmann, Klaus (1988): „Sprache und Revolution. Die Sprach(en)politik in den bürgerlichen Revolutionen vom 17. bis zum 19. Jahrhundert", in: Zeitschrift für Literaturwissenschaft und Linguistik 72, 16–18.
Bochmann, Klaus (1993, ed.): Sprachpolitik in der Romania. Zur Geschichte sprachpolitischen Denkens und Handelns von der Französischen Revolution bis zur Gegenwart. Berlin, De Gruyter.
Bochmann, Klaus (2013): „La France napoléonienne et ses langues", in: Kremnitz, Georg (ed.), Histoire sociale des langues de France. Rennes, Presses Universitaires de Rennes, 283–286.
Bochnakowa, Anna (2005): Le bon français de la fin du XXe siècle. Chroniques du « Figaro » 1996-2000. Cracovie, Wydawnictwo Uniwersytetu Jagiellońskiego.
Bogaards, Paul (2008): On ne parle pas franglais. La langue française face à l'anglais. Bruxelles, De Boeck.
Bohbot, Hervé/Steuckardt, Agnès (2022): „Le Petit Larousse illustré de 1906 à 1948 : évolution des marques d'usage", in: Do-Hurinville, Danh-Thành/Haillet, Patrick/Rey, Christophe (eds.), Cinquante ans de métalexicographie : bilans et perspectives. Paris, Honoré Champion, 61–79.
Bohbot, Hervé/Frontini Francesca/Luxardo, Giancarlo/Khemakhem, Mohamed/Romary, Laurent (2018): Presenting the Nénufar Project: a Diachronic Digital Edition of the Petit Larousse Illustré. GLOBALEX 2018 – Globalex workshop at LREC2018, May 2018, Miyazaki, Japan, 1–6, https://hal.science/hal-01728328v1.
Boinvilliers, Jean-Étienne-Judith Forestier dit (1809^2): Cacographie ou leçons d'orthographe française et de ponctuation. Paris, Delalain.
Boly, Joseph (1979^2): Chasse au franglais : petit glossaire franglais-français. Bruxelles, Louis Musin.
Bonnet, Valérie (2007): „La norme, un artefact méthodologique", in: Siouffi, Gilles/Steuckardt, Agnès (eds.), Les linguistes et la norme. Aspects normatifs du discours linguistique. Bern, Lang, 73–86.
Borrot, Alexandre/Didier, Marcel (1970): Bodico. Dictionnaire du français sans faute, bien dire et bien écrire le français d'aujourd'hui. Paris, Bordas.
Bossong, Georg (1996): „Normes et conflits normatifs", in: Goebl, Hans et al. (eds.), Kontaktlinguistik / Contact Linguistics / Linguistique de contact. Ein internationales Handbuch zeitgenössischer Forschung / An International Handbook of Contemporary Research / Manuel international des recherches contemporaines, vol. 12/1. Berlin – New York, De Gruyter, 609–624.
Boucherit, Aziza (2002): „Norme, représentation, idéel, imaginaire linguistique ?" in: Houdebine-Gravaud, Anne-Marie (ed.), L'imaginaire linguistique. Paris, L'Harmattan, 25–30.
Boudreau, Annette/Gauvin, Karine (2017): „Acadie des Maritimes", in: Reutner, Ursula (ed.), Manuel des francophonies. Berlin – Boston, De Gruyter, 311–333.
Bouhours, Dominique (1692^3) [1675]: Remarques nouvelles sur la langue françoise. Paris, George & Louïs Josse.
Bouhours, Dominique (1693^2) [1692]: Suite des Remarques nouvelles sur la langue françoise. Paris, George & Louïs Josse.
Boukari, Oumarou (2017): „Côte d'Ivoire et Burkina Faso", in: Reutner, Ursula (ed.), Manuel des francophonies. Berlin – Boston, De Gruyter, 476–507.
Boulanger, Jean-Claude (1992): Dictionnaire du français québécois d'aujourd'hui. Saint-Laurent, Robert.

Boutin, Akissi Béatrice (2024): „Côte d'Ivoire", in: Reutner, Ursula (ed.), Manual of Romance Languages in Africa. Berlin – Boston, De Gruyter, 222–239.
Boutin, Akissi Béatrice/Gadet, Françoise (2012): „Comment ce que montrent les français d'Afrique s'inscrit/ne s'inscrit pas dans les dynamiques des français dans une perspective panfrancophone", in: Le français en Afrique 27, 19–34.
Boyer, Henri (2013): „L'impact de l'unilinguisme sur la normativisation de la langue française", in: Kremnitz, Georg (ed.), Histoire sociale des langues de France. Rennes, Presses universitaires de Rennes, 183–188.
Boyer, Henri (2016): „'L'accent du Midi'. De la stigmatisation sociolinguistique à l'illégitimation politico-médiatique", in: Mots. Les langages du politique 111, 49–62.
Branca-Rosoff, Sonia (1985): „Le royaume des mots", in: Lexique: Lexique et institutions 3, 47–64.
Branca-Rosoff, Sonia (1986): „Luttes lexicographiques sous la Révolution Française. Le Dictionnaire de l'Académie", in: Busse, Winfried/Trabant, Jürgen (eds.), Les Idéologues. Sémiotique, théories et politiques linguistiques pendant la Révolution française. Amsterdam – Philadelphia, Benjamins, 279–297.
Branca-Rosoff, Sonia (2007a): „Les normes du français en situation publique. Les ambigüités d'une notion", in: Siouffi, Gilles/Steuckardt, Agnès (eds.), Les linguistes et la norme. Aspects normatifs du discours linguistique. Bern, Lang, 21–48.
Branca-Rosoff, Sonia (2007b): „Nouveaux genres et déplacement de normes en français. À propos des interviews politiques sur les radios généralistes et des émissions de « libre antenne » sur les radios jeunes", in: Broth, Mathias et al. (eds.), Le français parlé des médias. Actes du colloque de Stockholm, 8–12 juin 2005. Stockholm, Université de Stockholm, 63–82.
Braselmann, Petra (1999): Sprachpolitik und Sprachbewusstsein in Frankreich heute. Tübingen, Niemeyer.
Braselmann, Petra (2002): „Anglizismen", in: Kolboom, Ingo/Kotschi, Thomas/Reichel, Edward (eds.), Handbuch Französisch. Berlin, Schmidt, 204–208.
Braselmann, Petra (2015): „Word-formation and purism in French", in: An International Handbook of the Languages of Europe, vol. 3. Berlin – Boston, De Gruyter Mouton, 1708–1719.
Bray, Laurent (1990): „La lexicographie française des origines à Littré", in: Hausmann, Franz Josef et al. (eds.), Wörterbücher. Ein internationales Handbuch zur Lexikographie, vol. 2. Berlin – New York, De Gruyter, 1788–1818.
Brumme, Jenny (1999): „Zur Durchsetzung syntaktischer Normen. Methode zur Erforschung der modernen Sprachentwicklung", in: Brumme, Jenny/Wesch, Andreas (eds.), Normen und Subnormen in Geschichte und Gegenwart. Methoden ihrer Rekonstruktion und Beschreibung. Wien, Praesens, 131–144.
Brumme, Jenny/Wesch, Andreas (1999, eds.): Normen und Subnormen in Geschichte und Gegenwart. Methoden ihrer Rekonstruktion und Beschreibung. Wien, Praesens.
Brunot, Ferdinand (1891): La doctrine de Malherbe d'après son commentaire sur Malherbe. Paris, Masson.
Brunot, Ferdinand (1932): Observations sur la Grammaire de l'Académie française. Paris, Droz.
Brunot, Ferdinand (1966a): Histoire de la langue française. Des origines à nos jours, tome II: Le XVIe siècle. Paris, Colin.
Brunot, Ferdinand (1966b): Histoire de la langue française. Des origines à nos jours, tome III: La formation de la langue classique 1600–1660. Paris, Colin.
Brunot, Ferdinand (1966c): Histoire de la langue française. Des origines à nos jours, tome X/1: Contact avec la langue populaire et la langue rurale. Paris, Colin.
Brunot, Ferdinand (1966d): Histoire de la langue française. Des origines à nos jours, tome X/2: Le retour à l'ordre et à la discipline. Paris, Colin.

Brunot, Ferdinand (1967a): Histoire de la langue française. Des origines à nos jours, tome IX/1 : La Révolution et l'Empire: Le français, langue nationale. Paris, Colin.

Brunot, Ferdinand (1967b): Histoire de la langue française. Des origines à nos jours, tome IX/2: La Révolution et l'Empire : Les événements, les institutions et la langue. Paris, Colin.

Burkhardt, Julia (2022): „Nichtsexistische Sprache in Frankeich. Aktuelle Tendenzen beim Gebrauch femininer und maskuliner Personenbezeichnungen – eine quantitative Untersuchung", in: Becker, Lidia et al. (eds.), Geschlecht und Sprache in der Romania. Stand und Perspektiven. Tübingen, Narr, 259–292.

Burke, Peter (1998): „Langage de la pureté et pureté du langage", in: Terrain 31, 103–112.

Burr, Elisabeth (2001): „Grammatikalisierung und Normierung in frühen Grammatiken des Französischen, Italienischen, Portugiesischen und Spanischen. Genus und Kongruenz", in: Zeitschrift für romanische Philologie 117/2, 189–221.

Burr Elisabeth (2003): „Gender and language politics in France", in: Hellinger, Marlis/Bußmann, Hadumod (eds.), Gender across languages. The linguistic representation of women and men. Amsterdam – Philadelphia, Benjamins, 119–139.

Busse, Winfried (1985): „ « Cassons ces instruments de dommage et d'erreur » : glottophagie jacobine ?", in: Lengas 17/1, 127–144.

Busse, Winfried (1986): „La langue française est un besoin pour tous. A propos du jacobinisme linguistique", in: Busse, Winfried/Trabant, Jürgen (eds.), Les Idéologues. Sémiotique, théories et politiques linguistiques pendant la Révolution française. Amsterdam – Philadelphia, John Benjamins, 343–371.

Busse, Winfried (1995): „Les objectifs de la politique linguistique. La Révolution française", in: Langages de la Révolution (1770-1815): Actes du 4ème Colloque international de lexicologie politique, vol. 15. Paris, Klincksieck, 229–241.

Butterworth, Judith/Hahn, Nadine/Schneider, Jan Georg (2018): „Gesprochener Standard, da gibt es viel zu sagen", in: Albert, Georg/Diao-Klaeger, Sabine (eds.), Mündlicher Sprachgebrauch zwischen Normorientierung und pragmatischen Spielräumen. Tübingen, Stauffenburg, 3–24.

Calabrese, Laura/Rosier, Laurence (2015): „Les internautes font la police : purisme langagier et surveillance du discours d'information en contexte numérique", in: Circula 2, 120–137, DOI: 10.17118/11143/7980.

Calas, Frédéric/Garagnon, Anne-Marie (2007): „De la norme grammaticale à la norme linguistique dans les grammaires dites ‚de concours'", in: Siouffi, Gilles/Steuckardt, Agnès (eds.), Les linguistes et la norme. Aspects normatifs du discours linguistique. Bern, Lang, 213–258.

Candea, Maria/Véron, Laélia (2021): Le français est à nous ! Petit manuel d'émancipation linguistique. Paris, La Découverte.

Candel, Danielle (2014): „Sémiotique de la prescription dans Le Dictionnaire de l'Académie française (9e éd.) – Évolutions et influences", in: Heinz, Michaela (ed.), Les sémiotiques du dictionnaire. Actes des Cinquièmes Journées allemandes des dictionnaires. Berlin, Frank & Timme, 89–109.

Candel, Danielle (2017): „Normes en terminologie officielle (France, 1996–2014)", in: Cahiers de lexicologie 110, 29–43.

Canut, Cécile (1998): „Pour une analyse des productions épilinguistiques ", in: Cahiers de praxématique 31, 69–90.

Canut, Cécile (2007): „L'épilinguistique en question", in: Siouffi, Gilles/Steuckardt, Agnès (eds.), Les linguistes et la norme. Aspects normatifs du discours linguistique. Bern, Lang, 49–72.

Canut, Cécile/Ledegen, Gudrun (1998): „Après que … ou la fluctuation des modes en français parlé", in: Langue et société 85, 25–53.

Caput, Jean-Paul (1972): „Naissance et évolution de la notion de norme en français", in: Langue Française 16, 63–73.

Caput, Jean-Pol (1986): L'Académie française. Paris, PUF.
Carlier, Anne (2001): „La genèse de l'article un", in: Langue française 130, 65–87.
Carrier, Éloïse/Chicoine, Laetitia (2022): „De polémique linguistique à débat sociétal : l'ajout du pronom neutre *iel* au *Dico en ligne Le Robert*", in: Circula 16, 91–119, DOI: https://doi.org/10.17118/11143/20454.
Caron, Philippe (1994): „Préface, avec la contribution de T.R. Wooldridge", in: Féraud, Jean-François (1787 [1994]), Dictionnaire critique de la Langue Française, Reproduction fac-simile. Tübingen, Niemeyer, VII–XXXI.
Caron, Philippe (2004a, ed.): Les remarqueurs. Sur la langue française du XVIe siècle à nos jours. Rennes, La Licorne.
Caron, Philippe (2004b): „Les remarques de l'Académie française vers 1700. Du style délibératif au discours du magistère", in: Caron, Philippe (ed.), Les remarqueurs. Sur la langue française du XVIe siècle à nos jours. Rennes, La Licorne, 125–136.
Caron, Philippe (2024): „External History of French", in: Ayres-Bennett, Wendy/McLaughlin, Mairi (eds.), The Oxford Handbook of the French Language. Oxford, Oxford University Press, 143–162.
Caron, Philippe/Ayres-Bennett, Wendy (2019): „La norme et la prescription linguistique en France 1550-1720. L'exemple des remarqueurs", in: Histoire Épistémologie Langage 41/2, 41–66.
Catach, Nina (1982²): L'orthographe. Paris, PUF.
Catach, Nina (1985): „La bataille de l'orthographe aux alentours de 1900", in: Antoine, Gérald/Martin, Robert (eds.), Histoire de la langue française. 1880–1914. Paris, CNRS, 237–251.
Catach, Nina (1995): „L'orthographe", in: Antoine, Gérald/Martin, Robert (eds.), Histoire de la langue française. 1914–1945. Paris, CNRS, 61–93.
Catach, Nina (1998): „Histoire et importance de la première édition du dictionnaire de l'Académie", in: Quemada, Bernard (ed.), Le dictionnaire de l'Académie française et la lexicographie institutionnelle européenne. Actes du colloque international 17, 18 et 19 novembre 1994. Paris, Champion, 69–88.
Cellard, Jacques (1983): „Les chroniques de langue", in: Bédard, Édith/Maurais, Jacques (eds.), La norme linguistique. Québec, Ministère des Communications, 651–666.
Cerquiglini, Bernard (1991): La naissance du français. Paris, PUF.
Cerquiglini, Bernard (1999): Les langues de la France. Rapport du Ministre de l'Éducation Nationale, de la Recherche et de la Technologie, et à la Ministre de la Communication Nationale, https://www.vie-publique.fr/files/rapport/pdf/994000719.pdf.
Cerquiglini, Bernard (2007): Une langue orpheline. Paris, Éditions de Minuit.
Cerquiglini, Bernard (2018): Le ministre est enceinte. Ou la grande querelle de la féminisation des noms. Paris, Seuil.
Cerruti, Massimo/Crocco, Claudia/Marzo, Stefania (2017): „On the development of a new standard norm in Italian", in: Cerruti, Massimo/Crocco, Claudia/Marzo, Stefania (eds.), Towards a New Standard. Berlin – Boston, De Gruyter, 3–28.
Chalier, Marc (2021): Les normes de prononciation du français. Berlin – New York, De Gruyter.
Chaurand, Jacques (1985): Les français régionaux, in: Antoine, Gérald/Martin, Robert (eds.), Histoire de la langue française 1880–1914. Paris, CNRS, 339–368.
Chaurand, Jacques (2000): Les français régionaux, in: Antoine, Gérald/Cerquiglini, Bernard (eds.), Histoire de la langue française 1945–2000. Paris, CNRS, 643–664.
Chervel, André (1977): Histoire de la grammaire scolaire ... et il fallut apprendre à écrire à tous les petits français. Paris, Payot.
Chervel, André (1982): Les grammaires françaises 1800–1914. Répertoire chronologique. Paris, Institut National de recherche pédagogique.

Chervel, André (2011): „Histoire de l'orthographe française", in: Bertrand, Olivier/Schaffner, Isabelle (eds.), Variétés, variation et formes du français. Palaiseau, Éditions de l'école Polytechnique, 195–210.
Chevalier, Jean-Claude (1994): Histoire de la grammaire française. Paris, PUF.
Chevalier, Jean-Claude (2007): „Les exemples et la norme dans les grammaires", in: Siouffi, Gilles/Steuckardt, Agnès (eds.), Les linguistes et la norme. Aspects normatifs du discours linguistique. Bern, Lang, 151–161.
Chevalier, Jean-Claude et al. (1964): Grammaire Larousse du Français contemporain. Paris, Larousse.
Chiflet, Laurent (1668 [1659]): Essay d'vne parfaite grammaire de la langve françoise. Paris, P. Mauger (1973), Genève, Slatkine Reprints.
Chiss, Jean-Louis (2006): „La crise du français comme idéologie linguistique", in: Chiss, Jean-Louis (ed.), Charles Bally (1865-1947): Historicité des débats linguistiques et didactiques. Stylistique, Énonciation, Crise du Français. Louvain – Paris – Dudley, MA, Peeters, 233–246.
Chiss, Jean-Louis (2018): La culture du langage et les idéologies linguistiques. Limoges, Lambert-Lucas.
Christmann, Hans Helmut (1971): „Die Begegnung von deskriptiver und historischer Sprachbetrachtung in der *Grammaire des Grammaires*", in: Romanische Forschungen 83 2/3, 173–181.
Christmann, Hans Helmut (1982): „Das Französische der Gegenwart: zu seiner Norm und seiner ‚défense'", in: Wunderli, Peter/Müller, Wulf (eds.), Romania historica et Romania hodierna. Festschrift für Olaf Deutschmann zum 70. Geburtstag. Frankfurt am Main – Bern, Lang, 259–281.
Circulaire du 21 novembre 2017 relative aux règles de féminisation et de rédaction des textes publiés au Journal officiel de la République française, in: JORF n°0272 du 22 novembre 2017, https://www.legifrance.gouv.fr/jorf/id/JORFTEXT000036068906.
Clyne, Michael (1992a): „Pluricentric Languages – Introduction", in: Clyne, Michael (ed.), Pluricentric languages: differing norms in different nations. Berlin – New York, De Gruyter, 1–9.
Clyne, Michael (1992b): „Epilogue", in: Clyne, Michael (ed.), Pluricentric languages: differing norms in different nations. Berlin – New York, De Gruyter, 455–465.
Cohen, Marcel (1963): Nouveaux regards sur la langue française. Paris, Éditions sociales.
Cohen, Marcel (1966a): Encore des regards sur la langue française. Paris, Éditions sociales.
Cohen, Marcel (1966b): „Le bon usage ou le meilleur usage ?", in: Mélanges de grammaire française offerts à M. Maurice Grevisse pour le trentième anniversaire du *Bon Usage*. Gembloux, Duculot, 47–56.
Cohen, Marcel (1970): Toujours des regards sur la langue française. Paris, Éditions sociales.
Cohen, Marcel (1972): Une fois de plus des regards sur la langue française. Paris, Éditions sociales.
Cohen, Marcel (1973): Histoire d'une langue : le français (des lointaines origines à nos jours). Paris, Éditions sociales.
Cohen, Marcel (1987): Histoire d'une langue. Le français. Paris, Messidor/Editions sociales.
Colin, Jean-Paul (2014): Nouveau dictionnaire des difficultés du Français. Paris, Klincksieck.
Colonna, Romain (2021): „Norme", in: Langue & Société, numéro hors série, 237–240.
Coltier, Danielle/Masseron, Caroline (2022): „Anne ABEILLÉ, Danièle GODARD (dir.), Grande Grammaire du Français", in: Scolia 36, 193–206.
Cormier, Monique C./Francœur, Aline (2005, ed.): Les dictionnaires Larousse, genèse et évolution. Montréal, Presses de l'université de Montréal.
Corneille, Thomas (1704): Observations de l'Académie Françoise sur les Remarques de M. de Vaugelas. Paris, Jean-Baptiste Coignard.
Coseriu, Eugenio (1970): Sprache. Strukturen und Funktionen. XII Aufsätze zur Allgemeinen und Romanischen Sprachwissenschaft. In Zusammenarbeit mit Hansbert Bertsch und Gisela Köhler, herausgegeben von Uwe Petersen. Tübingen, Narr.

Coseriu, Eugenio (1974): Synchronie, Diachronie und Geschichte – Das Problem eines Sprachwandels. München, Wilhelm Fink.
Coseriu, Eugenio (1975): „System, Norm und Rede", in: Petersen, Uwe (ed.), Sprachtheorie und allgemeine Sprachwissenschaft. München, Fink, 11–101.
Coseriu, Eugenio (1983): Introducción a la lingüística. Ciudad de México, Universidad Autónoma de México/Instituto de investigaciones Filológicas.
Coseriu, Eugenio (1988a): „Die Ebenen des sprachlichen Wissens. Der Ort des ‚Korrekten' in der Bewertungsskala des Gesprochenen", in: Albrecht, Jörn (ed.), Energeia und Ergon, Band 1: Schriften von Eugenio Coseriu (1965–1987). Tübingen, Narr, 327–375.
Coseriu, Eugenio (1988b): Sprachkompetenz. Grundzüge der Theorie des Sprechens. Tübingen, Narr.
Coseriu, Eugenio (1992²): Einführung in die Allgemeine Sprachwissenschaft. Tübingen, Narr.
Côté, Marie-Hélène/Remysen, Wim (2017): „Le « bon usage du français au Québec » selon le Multidictionnaire de la langue française : le cas de la prononciation", in: Arborescences 7, 33–48.
Cotelli Kureth, Sara/Acquino-Weber, Dorothée (2022): „Chroniques des langues dans la francophonie : états des lieux", in: Cahiers internationaux de sociolinguistique 21, 7–35.
Coutier, Martine (2002): „Le féminin des noms de personne en -(t)eur : résistances et concurrences", in: Mathieu, Marie-Jo (ed.), Extension du féminin. Les incertitudes de la langue. Paris, Champion, 69–87.
Courbon, Bruno/Paquet-Gauthier, Myriam (2014): „Faux amis / vrais ennemis : réutilisation de la notion d'anglicisme dans le discours métalinguistique au Québec", in: Lecolle, Michelle (ed.), Métalangage et expression du sentiment linguistique « profane ». Louvain-la-Neuve, EME, 143–173.
Culioli, Antoine (1990): „La linguistique: de l'empirique au formel", in : Culioli, Antoine, Pour une linguistique de l'énonciation, opérations et représentations, tome 1. Paris, Ophrys, 9–46.
Curzan, Anne (2014): Fixing English. Prescriptivism and Language History. Cambridge, Cambridge University.
Daneš, František (2006): „Language Cultivation", in: Ammon, Ulrich et al. (eds.), Sociolinguistics. An International Handbook of the Science of Language and Society, 2nd completely revised and extended edition, vol. 3. Berlin – New York, De Gruyter, 2453–2461.
Daninos, Pierre (1962): Le jacassin. Nouveau traité des idées reçues, folies bourgeoises et automatismes. Paris, L'Hachette.
Daryai-Hansen, Petra (2003): Tendenzen des sprachnormativen Diskurses im Frankreich der Gegenwart. Untersuchungen auf der Basis einer empirischen Analyse. Berlin, Freie Universität.
Dasinieres, Laure (2024): „L'écriture inclusive par-delà le point médian", in: CNRS Le journal, https://lejournal.cnrs.fr/articles/lecriture-inclusive-par-dela-le-point-median.
Davau, Maurice/Cohen, Marcel/Lallemand, Maurice (1972): Dictionnaire du français vivant. Paris, Bordas.
Dauzat, Albert (1912): Défense de la langue française. La crise de la culture française, l'argot, la politesse du langage, la langue internationale. Paris, Colin.
De Certeau, Michel/Julia, Dominique/Revel, Jacques (1975): Une politique de la langue. Paris, Gallimard.
Demel, Daniela (2007): *Si dice o non si dice*? Sprachnormen und normativer Diskurs in der italienischen Presse. Frankfurt am Main, Lang.
Deschanel, Émile (1898³): Les déformations de la langue française. Paris, Lévy.
Desgrouais, Jean (1766): Les gasconismes corrigés. Toulouse, Jean-Jacques Robert.
Dessì Schmid, Sarah/Robert, Jörg (2022): „Purismus – Diskurse und Praktiken der Sprachreinheit", in: Gerok-Reiter, Annette et al. (eds.), Andere Ästhetik. Grundlagen – Fragen – Perspektiven. Berlin – Boston, De Gruyter, 55–91.

Detey, Sylvain/Le Gac, David (2010): „Le français de référence : quels locuteurs?", in: Detey, Sylvain et al. (eds.), Les variétés du français parlé dans l'espace francophone. Ressources pour l'enseignement. Paris, Ophrys, 167–180.

Dister, Anne (2022): „Maurice Grevisse et André Goose : du bon usage au français universel", in: Cahiers internationaux de sociolinguistique 21, 129–145.

Dister, Anne/Moreau, Marie-Louise (2019): Inclure sans exclure. Les bonnes pratiques de rédaction inclusive. Bruxelles, Fédération Wallonie-Bruxelles.

Dister, Anne/Moreau, Marie-Louise (2020): Inclure sans exclure. Les bonnes pratiques de rédaction inclusive. Bruxelles, Fédération Wallonie-Bruxelles, https://www.federation-wallonie-bruxelles.be/nc/detail-article/?tx_cfwbarticlefe_cfwbarticlefront%5Bpublication%5D=3364.

Dister, Anne/Moreau, Marie-Louise (2021): „Madame l'Administrateur, c'est presque fini. La dénomination des candidates lors des élections : étude diachronique", in: Fagard, Benjamin/Le Tallec, Gabrielle (eds.), Entre masculin et féminin. Français et langues romanes. Paris, Presses Sorbonne Nouvelle, 31–54.

Diwersy, Sascha (2012): „La francophonie multivarié ou comment mesurer les français en Afrique", in: Le français en Afrique 27, 19–34.

DAF (1694[1]): Dictionnaire de l'Académie française. Paris, Jean-Baptiste Coignard.

DAF (1718[2]): Dictionnaire de l'Académie française. Paris, Jean-Baptiste Coignard.

DAF (1740[3]): Dictionnaire de l'Académie française. Paris, Jean-Baptiste Coignard.

DAF (1762[4]): Dictionnaire de l'Académie française. Paris, Bernard Brunet.

DAF (1798[5]): Dictionnaire de l'Académie française. Paris, J. J. Smits.

DAF (1835[6]): Dictionnaire de l'Académie française. Paris, Firmin-Didot.

DAF (1877[7]): Dictionnaire de l'Académie française. Paris, Firmin-Didot.

DAF (1932–1935[8]): Dictionnaire de l'Académie française. Paris, Librairie Hachette.

DAF (1992–2024[9]): Dictionnaire de l'Académie française. Paris, Imprimerie nationale & Fayard.

Diao-Klaeger, Sabine (2015): „Le français dans le monde : Afrique", in: Polzin-Haumann, Claudia/Schweickard, Wolfgang (eds.), Manuel de linguistique française. Berlin – Boston, De Gruyter, 505–524.

Diderot, Denis/D'Alembert, Jean Le Rond (1751–1765): Encyclopédie ou Dictionnaire raisonné des sciences, des arts et des métiers. Paris, Briasson – David – Le Breton – Durand.

Dittmar, Norbert (1997): Grundlagen der Soziolinguistik. Ein Arbeitsbuch mit Aufgaben. Tübingen, Niemeyer.

Drescher, Martina (2017): „Côte d'Ivoire et Burkina Faso", in: Reutner, Ursula (ed.), Manuel des francophonies. Berlin – Boston, De Gruyter, 508–534.

Drescher, Martina/Neumann-Holzschuh, Ingrid (2010): „Les variétés non-hexagonales du français et la syntaxe de l'oral. Première approche", in: Drescher, Marina/Neumann-Holzschuh, Ingrid (eds.), La syntaxe de l'oral dans les variétés non-hexagonale du français. Tübingen, Stauffenburg, 9–36.

Druon, Maurice (1992) [1986]: „Préface à la neuvième édition", in: Dictionnaire de l'Académie française, Tome 1: A-Enz. Paris, Imprimerie nationale, I-IV.

Druon, Maurice (1998): „La neuvième édition du Dictionnaire de l'Académie française", in: Quemada, Bernard (ed.), Le dictionnaire de l'Académie française et la lexicographie institutionnelle européenne. Actes du colloque international 17, 18 et 19 novembre 1994. Paris, Champion, 455–461.

Dubois, Robert (1980): „L'enquête Maggiolo, un malentendu?", in: Revue du Nord 62/246, 591–601.

Dubois de Launay, Henri (1775): Remarques sur la langue françoise, à l'usage de la jeunesse de Lorraine. Paris.

Dürrenmatt, Jacques (2022): „Un enjeu national (XIXe siècle)", in: Duval, Frédéric et al. (eds.), Bescherelle. Chronologie. L'histoire de la langue française. Paris, Hatier, 186–231.

Dürscheid, Christa/Schneider, Jan Georg (2019): Standardsprache und Variation. Tübingen, Narr.
Eckkrammer, Eva Martha/Lescure, Stéphanie (2015): „Aménagement linguistique et défense institutionnalisée de la langue : France", in: Polzin-Haumann, Claudia/Schweickard, Wolfgang (eds.), Manuel de linguistique française. Berlin – Boston, De Gruyter, 133–159.
Eggert, Elmar (2017): „Gibt es eine Norm des *Québécois*? Zum Wandel in der Bewertung regionaler Merkmale in Québec", in: Dahmen, Wolfgang et al. (eds.), Sprachkritik und Sprachberatung in der Romania. Tübingen, Narr, 55–80.
Eggert, Elmar (2024): „Textes historiques", in: Becker, Lidia/Herling, Sandra/Wochele, Holger (eds.), Manuel de linguistique populaire. Berlin – Boston, De Gruyter, 141–155.
Elmiger, Daniel (2008): La féminisation de la langue en français et en allemand. Querelle entre spécialistes et réception par le grand public. Paris, Champion.
Elmiger, Daniel (2021): „Les guides de langue non sexiste/inclusive dans les langues romanes : un genre textuel évolutif", in: Fagard, Benjamin/Le Tallec, Gabrielle (eds.), Entre masculin et féminin. Français et langues romanes. Paris, Presses Sorbonne Nouvelle, 119–136.
Elmiger, Daniel (2022a): „Leitfäden für geschlechtergerechte Sprache im Verlauf der Zeit", in: Becker, Lidia et al. (eds.), Geschlecht und Sprache in der Romania: Stand und Perspektiven. Tübingen, Narr Francke Attempto, 67–106.
Elmiger, Daniel (2022b): „Quel est mon/ton/son pronom ? Invariabilité, autodétermination et le pronom iel", in: GLAD! 12/1–8, DOI: 10.4000/glad.4215.
Eloy, Jean-Michel (1993): „L'insécurité en français monolithique ou quel es le salaire de la peur ?", in: Cahiers de l'Institut de linguistique de Louvain 19/3–4, 95–108.
Elspaß, Stephan (2021): „Language Standardization in a View 'from Below'", in: Ayres-Bennett, Wendy/Bellamy, John (eds.), The Cambridge Handbook of Language Standardization. Cambridge, Cambridge University Press, 93–114.
Endemann, Friederike (2022): „Ursula von der Leyen – *ancienne ministre, nouvelle présidente*. Zur sprachlichen Darstellung der EU-Kommissionspräsidentin in der französischen Presse 2019", in: Becker, Lidia et al. (eds.), Geschlecht und Sprache in der Romania. Stand und Perspektiven. Tübingen, Narr, 225–258.
Erfurt, Jürgen (1993): „Standard, Nonstandard, Substandard", in: Zeitschrift für Romanische Philologie 109, 339–348.
Erfurt, Jürgen (2008): „Le français du XXe siècle. Variétés linguistiques et processus de standardisation", in: Erfurt, Jürgen/Budach, Gabriele (eds.), Standardisation et déstandardisation. Estandarización y desestandarización. Frankfurt am Main, Lang, 13–34.
Erfurt, Jürgen/Budach, Gabriele (2008): Standardisation et déstandardisation. Estandarización y desestandarización. Frankfurt am Main, Lang.
Erlebach, Peter (1992): „Barbarismus", in: Ueding, Gert (ed.), Historisches Wörterbuch der Rhetorik, Bd. 1: A–Bib. Tübingen, Max Niemeyer, 1281–1285.
Ernst, Gerhard (2015): „La diachronie dans la linguistique variationnelle du français", in: Polzin-Haumann, Claudia/Schweickard, Wolfgang (eds.), Manuel de linguistique française. Berlin – Boston, De Gruyter, 72–112.
Étiemble, René (1964): Parlez-vous franglais ?. Paris, Idées.
Fagard, Benjamin/Le Tallec, Gabrielle (2021): „Introduction. Masculin – Féminin : de la « féminisation » au langage inclusif", in: Fagard, Benjamin/Le Tallec, Gabrielle (eds.), Entre masculin et féminin. Français et langues romanes. Paris, Presses Sorbonne Nouvelle, 9–27.
Favreau, Hélène (2011): Place de l'attitude normative dans le discours épilinguistique. Le locuteur non-spécialiste face à la représentation de ses propres pratiques linguistiques. Linguistique. Université d'Angers, https://tel.archives-ouvertes.fr/tel-00666210.
Felder, Ekkehard (2016): Einführung in die Varietätenlinguistik. Darmstadt, Wissenschaftliche Buchgesellschaft.

Felder, Ekkehard/Schwinn, Horst/Jacob, Katharina (2017): „Sprachkritik und Sprachnormierung in europäischer Perspektive", in: HESO 1/2017, 31–74, DOI: https://doi.org/10.17885/heiup.heso.2017.1.

Felder, Ekkehard et al. (2017): „Einleitung", in: HESO 1/2017, 9–11, DOI: https://doi.org/10.17885/heiup.heso.2017.1.

Féraud, Jean-François (1787): Dictionaire critique de la Langue Française, 2 tomes. Marseille, Jean Mossy.

Féraud, Jean-François (1787 [1994]): Dictionaire critique de la Langue Française, Reproduction facsimile, 2 tomes. Tübingen, Max Niemeyer.

Fezer, Katharina (2023): „'Le parfait négociant' als vollendeter Sprecher? Wirtschaftsfachsprache und Sprachnormierungsdebatte im Frankreich des 17. Jahrhunderts", in: Selig, Maria/Linzmeier, Laura (eds.), Expert Cultures and Standardization. Expertenkultur und Standardisierung. Berlin, Erich Schmidt Verlag, 145–160.

Fezer, Katharina (2024): „Diversität trotz Normierung? Sprachtheorie und Sprachpraxis während der Standardisierungsdebatte des *siècle classique*", in: Bartl, Tamara et al. (eds.), Romania diversa. Beiträge zum 36. Forum Junge Romanistik in Wien (12.–14. April 2022). München, AVM edition, 249–268.

Fezer, Katharina (2025): Reine Sprache? Privatbriefe als Quellen des Französischen im 17. Jahrhundert. Berlin – Boston, De Gruyter.

Figge, Udo L. (1976): „Anmerkungen zur Aufgabe der Sprachgeschichte am Beispiel von ‚ei' im Französischen", in: Lendemains 1/4, 89–99.

Fitzsimmons, Michael P. (2017): The Place of Words. The *Académie française* and its dictionary during an Age of Revolution. Oxford, Oxford University Press.

Flutre, L.F. (1954): „Le rôle des femmes dans l'élaboration des Remarques de Vaugelas", in: Neophilologus 38/4, 241–248.

Francard, Michel (2000): „Quand le français tire sa référence…", in: Cahiers de l'institut de linguistique de Louvain 26/1-4, 7–10.

Francard, Michel (2017): „Vers une typologie pluridimensionnelle des francophonies", in: Reutner, Ursula (ed.), Manuel des francophonies. Berlin – Boston, De Gruyter, 9–64.

Francard, Michel (2022): „Heurts et bonheurs d'un chroniqueur de langue", in: Cahiers internationaux de sociolinguistique 21, 45–50.

Francard, Michel et al. (2015): Dictionnaire des belgicismes. Bruxelles, De Boeck & Duculot.

Frank-Job, Barbara (2008): „'Putain, vive les fautes'. Le passage à l'écrit de l'immédiat communicatif dans les nouveaux médias et son impact sur les conventions du français écrit", in: Erfurt, Jürgen/Budach, Gabriele (eds.), Standardisation et déstandardisation. Estandarización y desestandarización. Frankfurt am Main, Lang, 63–81.

Frank-Job, Barbara (2022): „Diachronie des Französischen", in: Klabunde, Ralf/Mihatsch, Wiltrud/Dipper, Stefanie (eds.), Linguistik im Sprachvergleich. Germanistik – Romanistik – Anglistik. Berlin, Metzler/Springer, 838–855.

Frank-Job, Barbara/Selig, Maria (2016): „Early evidences and sources", in: Ledgeway, Adam/Maiden, Martin (eds.), The Oxford guide to romance languages. Oxford, University Press, 24–34.

Frei, Henri (1971) [1929]: La grammaire des fautes. Genève, Slatkine.

Frey, Brigitte (2000): Die *Académie française* und ihre Stellung zu anderen Sprachpflegeinstitutionen. Bonn, Romanistischer Verlag.

Fresu, Rita (2020): „Dalla devianza al continuum. L'italiano dei semicolti negli studi storico-linguistici: evoluzioni e linee di tendenza", in: Lobin, Antje/Dessì Schmid, Sarah/Fesenmeier, Ludwig (eds.), Norm und Hybridität / Ibridità e norma. Linguistische Perspektiven / Prospettive linguistiche. Berlin, Frank & Timme, 249–268.

Fujimura, Itsuko (2005): „La féminisation des noms de métiers et des titres dans la presse française (1988–2001)", in: Mots 78, 37–52.
Funk, Johannes (2017): Sprachkritik und Lexikographie. Eine vergleichende Untersuchung französischer und spanischer Wörterbücher mit dem Schwerpunkt auf den Akademiewörterbüchern. Heidelberg, Universitätsverlag Winter.
Funk, Johannes (2019): „Sprachinstitutionen und Sprachkritik im Französischen", in: Felder, Ekkehard et al. (eds.), Handbuch Europäische Sprachkritik Online (HESO). Band 4. Sprachinstitutionen und Sprachkritik. Heidelberg, University Publishing, 137–148.
Furet, François/Ozouf, Jacques (1977): Lire et écrire. L'alphabétisation des Français de Calvin à Jules Ferry, 2 volumes. Paris, Minuit.
Furetière, Antoine (1690): Dictionnaire universel contenant généralement tous les mots françois tant vieux que modernes et les termes de toutes les sciences et des arts, deux tomes, La Haye – Rotterdam, Arnout/Reinier Leers.
Gadet, Françoise (1999): „La langue française au XXe siècle. L'émergence de l'oral", in: Chaurand, Jacques (ed.), Nouvelle histoire de la langue française. Paris, Seuil, 583–671.
Gadet, Françoise (2000): „Français de référence et syntaxe", in: Cahiers de l'institut de linguistique de Louvain 26/1–4, 265–283.
Gadet, Françoise (2007a): La variation sociale en France. Paris, Ophrys.
Gadet, Françoise (2007b): „Mélange des genres dans un JT « innovant »", in: Broth, Mathias et al. (eds.), Le français parlé des médias. Actes du colloque de Stockholm, 8–12 juin 2005. Stockholm, Université de Stockholm, 221–241.
GAF = Grammaire de l'Académie française (1932), Paris, Firmin-Didot.
Gaiffe, Félix et al. (1936): Grammaire Larousse du XXe siècle. Paris, Larousse.
Garvin, Paul L. (1983): „Le rôle des linguistes de l'École de Prague dans le développement de la norme linguistique tchèque", in: Bédard, Édith/Maurais, Jacques (eds.), La norme linguistique. Québec, Ministère des Communications, 141–152.
Gasquet-Cyrus, Médéric (2022): „,Dites-le en marseillais', la vulgarisation linguistique par le divertissement", in: Cahiers internationaux de sociolinguistique 21, 51–57.
Gasquet-Cyrus, Médéric (2023): En finir avec les idées fausses sur la langue française. Ivry-sur-Seine, Éditions de l'atelier.
Gasquet-Cyrus, Médéric (2024): „Nouveau dictionnaire de l'Académie française : « À peine terminé, il ne sert pas à grand-chose », déplore le linguiste Médéric Gasquet-Cyrus", Interview mit France-Info, https://www.franceinfo.fr/culture/livres/nouveau-dictionnaire-de-l-academie-francaise-a-peine-termine-il-ne-sert-pas-a-grand-chose-deplore-le-linguiste-mederic-gasquet-cyrus_6897386.html.
Gasquet-Cyrus, Médéric/Rey, Christophe (2024): Va voir dans le dico si j'y suis ! ce que les dictionnaires racontent de nos sociétés. Ivry-sur-Seine, éditions de l'atelier.
Gaudin-Bordes, Lucile (2017): „D'une norme à l'autre : l'effacement du déterminant dans Chants populaires de Philippe Beck", in: Gaudin-Bordes, Lucile/Monte, Michèle (eds.), Normes textuelles et discursives : émergence, variations et conflits. Besançon, Presses Universitaires de Franche-Comté, 35–54.
Gauger, Hans-Martin (1995): Über Sprache und Stil. München, Beck.
Gazier, Augustin (1969): Lettres à Grégoire sur les patois de France 1790-1794. Documents inédits sur la langue, les mœurs et l'état des esprits dans les diverses régions de la France, au debut de la Révolution, suivis du Rapport de Grégoire à la Convention. Genève, Slatkine Reprints.
Gévaudan, Paul (2007): Typologie des lexikalischen Wandels: Bedeutungswandel, Wortbildung und Entlehnung am Beispiel der romanischen Sprachen. Tübingen, Stauffenburg.

Gil, Alberto (2003): „Zur Geschichte des Spaltsatzes und seiner strukturellen Varianten im Romanischen", in: Gil, Alberto/Schmitt, Christian (eds.), Aufgaben und Perspektiven der romanischen Sprachgeschichte im dritten Jahrtausend. Bonn, Romanistischer Verlag, 195–217.

Girard, Gabrielle/Foucambert, Denis/Le Mené, Marine (2022): „Lisibilité de l'écriture inclusive. Apport des techniques d'oculométrie", in: Actes du Congrès de l'ACL 2022, 1–15, https://cla-acl.ca/pdfs/actes-2022/Girard-Foucambert-LeMene-CLA-2022.pdf.

Girault-Duvivier, Charles-Pierre (1859[17]): Grammaire des grammaires ou analyse raisonnée des meilleurs traités sur la langue française. Paris, Cotelle.

Glaser, Kurt (1925): „Gegenwartsfragen des Französischen. Eine Orientierung aus Anlaß neuerer Schriften", in: Zeitschrift für französische Sprache und Literatur 47/7–8, 468–488.

Glatigny, Michel (1998): Les Marques d'usage dans les dictionnaires français monolingues du XIXe siècle. Tübingen, Niemeyer.

Gleßgen, Martin-Dietrich (2000): „Französisch in der maghrebinischen Literatur – Driss Chraïbi, *Une enquête au pays*", in: Dahmen, Wolfgangn et al. (eds.), Schreiben in einer anderen Sprache. Zur Internationalität romanischer Sprachen und Literaturen. Tübingen, Narr, 221–258.

Glessgen, Martin (2017): „La genèse d'une norme en français au Moyen Âge : mythe et réalité du 'francien'", in: Revue de Linguistique Romane 81, 313–398.

Gloy, Klaus (1993): „Sprachnormenforschung in der Sackgasse?", in: Beiträge zur Geschichte der deutschen Sprache und Literatur 115, 30–65.

Gloy, Klaus (1997): „Sprachnormen als ‚Institutionen im Reich der Gedanken' und die Rolle des Individuums in Sprachnormierungsprozessen", in: Mattheier, Klaus J. (ed.), Norm und Variation. Frankfurt am Main et al., Lang, 27–36.

Gloy, Klaus (1998): „Sprachnormierung und Sprachkritik in ihrer gesellschaftlichen Verflechtung", in: Besch, Werner et al. (eds.), Sprachgeschichte. Ein Handbuch zur Geschichte der deutschen Sprache und ihre Erforschung. 2. Auflage. Berlin – New York, De Gruyter, 396–406.

Gloy, Klaus (2004): „Norm", in: Ammon, Ulrich et al. (eds.), Sociolinguistics / Soziolinguistik. An International Handbook of the Science of Language and Society / Ein internationales Handbuch zur Wissenschaft von Sprache und Gesellschaft Soziolinguistik, 3/1, 2. Auflage. Berlin – New York, De Gruyter, 392–399.

Google Trends (o. J.): „écriture inclusive", https://trends.google.de/trends/explore?date=2016-01-01%202025-07-16&geo=FR&q=%C3%A9criture%20inclusive&hl=de (16. Juli 2025).

Goose, André (2000): „Le *bon usage* comme référence", in: Cahiers de l'institut de linguistique de Louvain 26/1–4, 75–85.

Görtz, Barbara (1990): Untersuchung zur Diskussion über das Thema Sprachverfall im Fin-de-siècle. Frankfurt am Main et al., Lang.

Gossen, Carl Theodor (1980): „Wie gefährlich ist ‚Franglais'?", in: Schmidt, Gerhard/Tietz, Manfred (eds.), Stimmen der Romania. Wiesbaden, Heymann, 561–570.

Goubert, Pierre/Denis, Michel (2013): 1789. Les Français ont la parole. Cahiers de doléances des États généraux, suivi d'un Glossaire pratique de la langue de quatre-vingt-neuf. Paris, Gallimard.

Gournay, Marie de (2002): Œuvres complètes, tome I, édition critique. Paris, Champion.

Gouvert, Xavier/Heidemeier, Ulrike (2015): „Lexikographie", in: Polzin-Haumann, Claudia/Schweickard, Wolfgang (eds.), Manuel de linguistique française. Berlin – Boston, De Gruyter, 556–582.

Grégoire, Henri-Baptiste Abbé de (1794): Rapport sur la nécessité et les moyens d'anéantir les patois et d'universaliser la langue française. Paris, Imprimerie Nationale.

Greive, Artur (2001): „Sprachbewertungen in frühen französischen Grammatiken. Zur Wortgeschichte in der Diskurstradition", in: Dahmen, Wolfgang et al. (eds.), „Gebrauchsgrammatik"

und „Gelehrte Grammatik". Französische Sprachlehre und Grammatikographie zwischen Maas und Rhein vom 16. bis zum 19. Jahrhundert. Tübingen, Narr, 3–27.
Grevet, René (1989): „P.-C.-F. Daunou, organisateur de l'Instruction Publique (1789-1797)", in: Revue du Nord, 71/282-283, 963–977, DOI: https://doi.org/10.3406/rnord.1989.4491.
Grevisse, Maurice (1955[6]): Le bon usage. Grammaire française. Gembloux, Duculot.
Grevisse, Maurice/Goose, André (1988[12]): Le bon usage. Grammaire française, deuxième tirage Bruxelles, De Boeck.
Grevisse, Maurice/Goose, André (2008[14]): Le bon usage. Grammaire française. Bruxelles, De Boeck.
Grevisse, Maurice/Goose, André (2016[16]): Le bon usage. Grammaire française. Bruxelles, De Boeck.
Godineau, Dominique (1988): „Autour du mot *citoyenne*", in: Mots 16, 91–110.
Greußlich, Sebastian/Lebsanft, Franz (2019, eds.): El español, lengua pluricéntrica. Discurso, gramática, léxico y medios de comunicación masiva. Bonn, V&R unipress.
Grigg, Peter (1997): „Toubon or not Toubon. The Influence of the English Language in Contemporary France", in: English Studies: a Journal of English Language and Literature 78/4, 368–384.
Große, Sybille (2008): „La Révolution et l'évaluation des manuels épistolaires : un secrétaire révolutionnaire ?", in: Große, Sybille/Neis, Cordula (eds.), Langue et politique en France à l'époque des Lumières. Frankfurt am Main, Domus Editoria Europaea, 83–98.
Große, Sybille (2009): Les manuels épistolographiques français entre traditions et normes: étude historique XVIe –XXIe siècle. Potsdam, Habilitationsschrift.
Große, Sybille (2011): „L'évolution des manuels épistolographiques français en tant que traités normatifs", in: Branca-Rosoff, Sonia et al. (eds.), Langue commune et changements de norme. Paris, Champion, 239–252.
Große, Sybille (2017): Les manuels épistolographiques français entre traditions et normes. Paris, Champion.
Große, Sybille (2018): „Sprachpurismus und Sprachkritik in europäischer Perspektive", in: Felder, Ekkehard et al. (eds.), Handbuch Europäische Sprachkritik Online (HESO). Band 3 (Sprachpurismus, Sprachkritik). Heidelberg, University Publishing, 33–36.
Große, Sybille (2020): „Normative Grammars", in: Lebsanft, Franz/Tacke, Felix (eds.), Manual of Standardization in the Romance Languages. Berlin – Boston, De Gruyter, 417–440.
Große, Sybille (2021): „Normes et modèles dans les *Remarques sur les germanismes* de Mauvillon", in: Aquino-Weber, Dorothée/ Cotelli Kureth, Sara/Skupien Dekens, Carine (eds.), La norme du français et sa diffusion dans l'histoire. Paris, Champion, 79–98.
Große, Sybille (2023): „Manifest *Le français va très bien, merci* (2023)", Blogeintrag, http://europsprachkritik.com/wp-content/uploads/2015/02/Große-Manifest-dt.pdf.
Große, Sybille (2025): „Language criticism and language consulting", in: Mathieu, Vera/Montemayor Gracia, julia/Polzin-Haumann, Claudia (eds.), Manual Applied Romance Linguistics. Berlin – Boston, De Gruyter, 147–182.
Große, Sybille/Sowada, Lena (2020): „Socialisation écrite et rédaction épistolaire de scripteurs moins expérimentés – lettres des soldats de la Grande Guerre", in: Romanistisches Jahrbuch 71/1, 82–129.
Grübl, Klaus (2014): Varietätenkontakt und Standardisierung im mittelalterlichen Französisch. Theorie, Forschungsgeschichte und Untersuchung eines Urkundenkorpus aus Beauvais (1241–1455). Tübingen, Narr.
Grübl, Klaus (2015): „Ce que les chartes nous apprennent sur la variation et le changement linguistiques au Moyen Âge : l'exemple de la déclinaison bicasuelle de l'ancien français", in: Revue de Linguistique Romane 79, 5–38.
Guerin, Emmanuelle (2008): „Le « français standard » : une variété située ?", in: Durand, Jacques/Habert, Benoît/Laks, Bernard (eds.), Congrès Mondial de Linguistique Française - CMLF'08, 2303–2312, DOI: 10.1051/cmlf08250.

Guilhaumou, Jacques (1986): „L'élite modéré et la ‚propriété des mots' (1791). Propagation et usage des mots dans l'opinion publique", in: Busse, Winfried/Trabant, Jürgen (eds.), Les Idéologues. Sémiotique, théories et politiques linguistiques pendant la Révolution française. Amsterdam – Philadelphia, Benjamins, 323–341.

Guilhaumou, Jacques (1989): La langue politique et la Révolution française. De l'événement à la raison linguistique. Paris, Klincksieck.

Guilhaumou, Jacques/Maldidier, Denise (1988): „Die französische Sprache an der Tagesordnung (1789-1794)", in: Zeitschrift für Literaturwissenschaft und Linguistik 72, 60–79.

Haddad, Raphaël (2023): L'écriture inclusive. Et si on s'y mettait ? Paris, Le Robert.

Haddad, Raphaël (ed.) (2019⁴ [2016]): Manuel d'écriture inclusive. Faites progresser l'égalité femmes/hommes par votre manière d'écrire. Paris, Agence de communication d'influence Mots-Clés.

Hafner, Jochen/Kocher, Ursula (2005): „Purismus", in: Ueding, Gert (ed.), Historisches Wörterbuch der Rhetorik, Band 7: Pos–Rhet. Tübingen, Niemeyer, 485–501.

Hambye, Philippe (2008): „Convergences et divergences : quelques observations sur la standardisation du français en Belgique", in: Erfurt, Jürgen/Budach, Gabriele (eds.), Standardisation et déstandardisation. Estandarización y desestandarización. Frankfurt am Main, Lang, 35–62.

Hambye, Philippe/Francard, Michel (2008): „Normes endogènes et processus identitaires. Le cas de la Wallonie romane", in: Bavoux, Claudine/Prudent, Lambert-Félix/Wharton, Sylvie (eds.), Normes endogènes et plurilinguisme : Aires francophones, aires créoles. Nouvelle édition. Lyon, ENS Éditions, 45–60, DOI: https://doi.org/10.4000/books.enseditions.30803.

Hartmann, Martin K.A. (1900/1901): „Wie haben sich die lehrer der französischen sprache in Deutschland zum erlasse des französischen unterrichtsministers Georges Leygues vom 31. juli d.j. betr. vereinfachung des unterrichts in der französischen syntax zu stellen?", in: Die Neueren Sprachen. Zeitschrift für den neusprachlichen Unterricht 8, 473–488.

Hartung, Wolfdietrich (1977): „Zum Inhalt des Normbegriffs in der Linguistik", in: Hartung, Wolfdietrich (ed.), Normen in der sprachlichen Kommunikation. Berlin, Akademie-Verlag, 9–69.

Haßler, Gerda (2007): „Normierungsdiskurse in der Sprachgeschichte und die Historiographie der Sprachwissenschaft das Beispiel der *Remarqueurs*", in: Oesterreicher, Wulf/Hafner, Jochen (eds.), Mit Clio im Gespräch. Romanische Sprachgeschichten und Sprachgeschichtsschreibung. Tübingen, Narr, 115–132.

Haßler, Gerda/Niederehe, Hans-Josef (2000), „Einleitung: Überlegungen und Bausteine zu einer Geschichte des Sprachbewußtseins", in: Haßler, Gerda/Niederehe, Hans-Josef (eds.), Geschichte des Sprachbewußtseins in romanischen Ländern. Münster, Nodus, 7–16.

Haugen, Einar (1966a): Language conflict and language planning: The case of modern Norwegian. Cambridge, Harvard University Press.

Haugen, Elnar (1996b): „Dialect, Language, Nation", in: American Anthropologist 68/4, 922–935.

Hausmann, Franz Josef (1981): „Le français régional vu à travers une chronique de langage : ‚Parlons français' dans ‚La voix du nord'", in: Kremer, Dieter/Niederehe, Hans-Josef (eds.), Littératures et langues dialectales françaises. Actes du Colloque de Trèves du 17 au 19 mai 1979. Hamburg, Helmut Buske, 107–116.

Hausmann, Franz Josef (1977): Einführung in die Benutzung der neufranzösischen Wörterbücher. Tübingen, Niemeyer.

Haezebrouck, Claude (1989): „L'insécurité linguistique des Français à travers le courrier des lecteurs de ‚La Croix' (1952–1983)", in: Recherches sur le français parlé 9, 39–52.

Helgorsky, Françoise (1982a): „La notion de norme en linguistique", in: Le français moderne 50, 1–14.

Helgorsky, Françoise (1982b): „Norme et histoire", in: Le français moderne 50, 15–41.

Heringer, Hans Jürgen/Wimmer, Rainer (2015): Sprachkritik. Eine Einführung. Paderborn, Fink.

Herling, Sandra (2015): „‚Le français: la plus belle langue du monde' – Ästhetische Sprachbewertungen als Phänomen des laienlinguistischen Diskurses", in: Hardy, Stéphane/Herling, Sandra/Patzelt, Carolin (eds.), Laienlinguistik im frankophonen Internet. Berlin, Frank & Timme, 155–177.

Herrmann, Michael (1988): „Französische Linguistik für Zeitungsleser. Marcel Cohen und seine Sprachchroniken", in: Zeitschrift für französische Sprache und Literatur 98/2, 125–136.

Hermant, Abel (1929): Nouvelles remarques de Monsieur Lancelot pour la défense de la langue française. Paris, Flammarion.

Hermant, Abel (1932[6]): Ainsi parla Monsieur Lancelot, le bon usage du français. Paris, Michel.

Hermant, Abel (1936): Chroniques de Lancelot du Temps. Paris, Larousse.

Höfler, Manfred (1976): „Zur Verwendung von ‚anglicisme' als Indiz puristischer Haltung im Petit Robert", in: Zeitschrift für französische Sprache und Literatur 86, 334–338.

Hörsch, Nicoline (1994): Republikanische Personennamen: eine anthroponymische Studie zur Französischen Revolution. Tübingen, Niemeyer.

Hoffmann, Jochen (1981): Jakob Mauvillon. Ein Offizier und Schriftsteller im Zeitalter der bürgerlichen Emanzipationsbewegung. Berlin, Duncker & Humblot.

Houdebine, Anne-Marie (1993): „De l'imaginaire des locuteurs et de la dynamique linguistique", in: Cahiers de l'Institut de linguistique de Louvain 19/3-4, 31–40.

Houdebine-Gravaud, Anne-Marie (2002): „L'imaginaire linguistique : un niveau d'analyse et un point de vue théorique", in: Houdebine-Gravaud, Anne-Marie (ed.), L'imaginaire linguistique. Paris, L'Harmattan, 9–21.

Hummel, Martin (2018): „Éléments d'une diachronie grammaticographique et normative de l'adverbe français, accompagnés de trois méthodes pour mesurer l'effet du discours normatif sur l'usage", in: Romanische Forschungen 130, 3–35.

Hundt, Markus (2009): „Normverletzungen und neue Normen", in: Konopka, Marek/Strecker, Bruno (eds.), Deutsche Grammatik – Regeln, Normen, Sprachgebrauch. Berlin – New York, De Gruyter, 117–140, DOI: https://doi.org/10.1515/9783110217360.3.117.

Hymes, D. H. (1972): „On Communicative Competence", in: Pride, J.B./Holmes, J. (eds.), Sociolinguistics. Selected Readings, part 1. Harmondsworth, Penguin, 269–293.

Institut national de la recherche scientifique (2020): Inclusivement vôtres! Guide de rédaction inclusive, https://inrs.ca/wp-content/uploads/2021/03/Guide-redaction-inclusive-inrs-vf.pdf.

Irson, Claude (1662 [1656]): Novvelle methode povr apprendre facilement les principes et la pvreté de la langue françoise, Contenant plvsievrs traitez De la Prononciation, De l'Orthographe, De l'Art d'Ecriture, Des Etymologies, Du Stile Epistolaire, & Des Regles de la belle façon de Parler & d'Ecrire. Auec vne Liste des Auteurs les plus célebres de nôtre Langue. Paris, l'auteur.

Jacquet-Pfau, Christine (2011): „Les emprunts lexicaux dans la neuvième édition du Dictionnaire de l'Académie française", in: Éla. Études de linguistique appliquée 163/3, 307–323.

Jablonka, Frank (2017): „Maroc", in: Reutner, Ursula (ed.), Manuel des francophonies. Berlin – Boston, De Gruyter, 453–475.

Julia, Dominique/De Certeau, Michel/Revel, Jacques (1975): „Une ethnographie de la langue : l'enquête de Grégoire sur les patois", in: Annales. Economies, sociétés, civilisations 30/1, 3–41.

Journal grammatical et didactique de la langue française (1826–1832). Société grammaticale de Paris. Paris, Gallica.

Kabatek, Johannes (2020): „Linguistic Norm in the Linguistic Theory of Eugenio Coseriu", in: Lebsanft, Franz/Tacke, Felix (eds.), Manual of Standardization in the Romance Languages. Berlin – Boston, De Gruyter, 127–144.

Kabatek, Johannes (2023): Eugenio Coseriu. Beyond Structuralism. Berlin – Boston, De Gruyter.

Kabatek, Johannes/Murguía, Adolfo (1997): „Die Sachen sagen wie sie sind…": Eugenio Coseriu im Gespräch. Tübingen, Narr.

Keller, Hagen (1992): „Pragmatische Schriftlichkeit im Mittelalter. Erscheinungsformen und Entwicklungsstufen", in: Keller, Hagen/Grubmüller, Klaus/Staubach, Nikolaus (eds.), Pragmatische Schriftlichkeit im Mittelalter. Erscheinungsformen und Entwicklungsstufen. München, Fink, 1–7.

Keller, Rudi (1990): Sprachwandel: von der unsichtbaren Hand in der Sprache. Tübingen, Francke.

Kibbee, Douglas (2021): „Standard Languages in the Context of Language Policy and Planning and Language Rights", in: Ayres-Bennett, Wendy/Bellamy, John (eds.), The Cambridge Handbook of Language Standardization. Cambridge, Cambridge University Press, 201–233.

Kilian, Jörg/Niehr, Thomas/Schiewe, Jürgen (2010): Sprachkritik. Ansätze und Methoden der kritischen Sprachbetrachtung. Berlin – New York, De Gruyter.

Kircher, Ruth (2012): „How pluricentric is the French language? An investigation of attitudes towards Quebec French compared to European French", in: French Language Studies 22, 345–370.

Klare, Johannes (1999): „Sprachpolitik und Sprachpflege in Frankreich – gestern und heute", in: Scharnhorst, Jürgen (ed.), Sprachkultur und Sprachgeschichte. Herausbildung und Förderung von Sprachbewußtsein und wissenschaftlicher Sprachpflege in Europa. Frankfurt am Main et al., Lang, 13–45.

Klein, Jean René (2013): „,Bon usage', un concept protéiforme et fluent. Du *Bon usage* (Grevisse, 1936) au… *Bon usage* (Grevisse et Goosse, 2007)", in: Ayres-Bennett, Wendy/Seijido, Magali (eds.), Bon usage et variation sociolinguistique. Perspectives diachroniques et traditions nationales. Lyon, ENS Éditions, 195–203.

Klein-Zirbes, Anja (2002): „Analyse à titre d'exemple de la Défense de la langue française", in: Schmitt, Christian (ed.), La faute : actes du Colloque international sur la faute, organisé en 1998 à l'Université de Bonn. Bonn, Romanistischer Verlag, 99–114.

Klimenkowa, Alla (2024): „La Martinique et la Guadeloupe", in: Becker, Lidia/Herling, Sandra/Wochele, Holger (eds.), Manuel de linguistique populaire. Berlin – Boston, De Gruyter, 257–275.

Klinkenberg, Jean-Marie (1982): „Les niveaux de langue et le filtre du ‚bon usage' du discours normatif au discours sociolinguistique", in: Le français moderne 50, 52–61.

Klinkenberg, Jean-Marie (1993): „Le français : une langue en crise?", in: Études françaises 29/1, 171–190, DOI: https://doi.org/10.7202/035902ar.

Klinkenberg, Jean-Marie (2007): „La norme du français : d'un modèle centre au modèle polycentrique", in: Constellations francophones. Publifarum 7, 1–8.

Klinkenberg, Jean-Marie (2008): „Normes linguistiques, normes sociales, endogenèse", in: Bavoux, Claudine/Prudent, Lambert-Félix/Wharton, Sylvie (eds.), Normes endogènes et plurilinguisme : Aires francophones, aires créoles. Nouvelle édition. Lyon, ENS Éditions, 17–32, DOI: https://doi.org/10.4000/books.enseditions.30803.

Kloss, Heinz (1978): Die Entwicklung neuer germanischer Kultursprachen seit 1850. Düsseldorf, Schwann.

Kristiansen, Tore (2021): „Destandardization", in: Ayres-Bennett, Wendy/Bellamy, John (eds.), The Cambridge Handbook of Language Standardization. Cambridge, Cambridge University Press, 667–690.

Koch, Peter (1988): „Norm und Sprache", in: Albrecht, Jörn/Lüdtke, Jens/Thun, Harald (eds.), Energeia und Ergon. Sprachliche Variation, Sprachgeschichte und Sprachtypologie. Studia in honorem E. Coseriu, vol. 1. Tübingen, Narr, 327–354.

Koch, Peter (1997): „Diskurstraditionen: zu ihrem sprachtheoretischen Status und zu ihrer Dynamik", in: Frank, Barbara/Haye, Thomas/Tophinke, Doris (eds.), Gattungen mittelalterlicher Schriftlichkeit. Tübingen, Narr, 43–79.

Koch, Peter (2003): „Lexikalische Restandardisierung im Französischen", in: Busse, Winfried/Schmidt-Radefeldt, Jürgen (2003), Rumänisch und Romanisch. Festschrift zum 60. Geburtstag von Rudolf Windisch. Rostock, Universität Rostock, Philosophische Fakultät, 207–235.

Koch, Peter/Oesterreicher, Wulf (1990): Gesprochene Sprache in der Romania: Französisch, Italienisch, Spanisch. Tübingen, Narr.

Koch, Peter/Oesterreicher, Wulf (2011): Gesprochene Sprache in der Romania: Französisch, Italienisch, Spanisch. Tübingen, Narr.

Ködel, Sven (2014): Die Enquête Coquebert de Montbret (1806-1812). Die Sprachen und Dialekte Frankreichs und die Wahrnehmung der französischen Sprachlandschaft während des Ersten Kaiserreichs. Bamberg, University of Bamberg Press.

Kramer, Johannes/Willems, Aline (2015): „Le français dans le monde : Europe", in: Polzin-Haumann, Claudia/Schweickard, Wolfgang (eds.), Manuel de linguistique française. Berlin, De Gruyter, 457–477.

Krefeld, Thomas (2011): „Alter Standard – Neue Medien", in: Dessì Schmid, Sarah/Hafner, Jochen/Heinemann, Sabine (eds.), Koineisierung und Standardisierung in der Romania. Heidelberg, Universitätsverlag Winter, 269–281.

Kremnitz, Georg (2013): „Les langues de France avant la Révolution", in: Kremnitz, Georg (ed.), Histoire sociale des langues de France. Rennes, Presses Universitaires de Rennes, 265–269.

Kremnitz, Georg (2015): Frankreichs Sprachen. Berlin, De Gryuter.

Kremnitz, Georg/Boudric, Fañch (2024): „French and the Languages of France", in: Ayres-Bennett, Wendy/McLaughlin, Mairi (eds.), The Oxford Handbook of the French Language. Oxford, Oxford University Press, 546–570.

Labov, William (1972): Sociolinguistic Patterns. Philadelphia, University of Pennsylvania Press.

Labov, William (1976): Sprache im sozialen Kontext. Beschreibung und Erklärung struktureller und sozialer Bedeutung von Sprachvariation, Band 1. Kronberg, Scriptor.

Lafontaine, Dominique (1986): Le parti pris des mots. Normes et attitudes linguistiques. Bruxelles, Mardaga.

Laks, Bernard (2002): „Description de l'oral et variation : la phonologie et la norme", in: L'Information Grammaticale 94, 5–10.

Lara, Luis Fernando (1983): „Le concept de norme dans la théorie d'Eugenio Coseriu", in: Bédard, Édith/Maurais, Jacques (eds.), La norme linguistique. Québec, Conseil de la langue française, 153–177.

Larive/Fleury (1871): La première année de grammaire. Partie de l'élève. Paris, Armand Colin.

Laroche-Claire, Yves (2004): Évitez le franglais, parlez français ! Paris, Albin Michel.

Lange, Maria B. (2008): Sprachnormen im Spannungsfeld schriftsprachlicher Theorie und Praxis. Die Protokolle der Commerzdeputation Hamburg im 17. Jahrhundert. Berlin, De Gruyter.

Langenbacher-Liebgott, Jutta (1980): „Normative Lexikologie. Die ‚Communiqués de mise en garde' der Académie française (1964–1978) und ihre Rezeption in den französischen Wörterbüchern der Gegenwart", in: Stimm, Helmut (ed.), Zur Geschichte des gesprochenen Französisch und zur Sprachlenkung im Gegenwartsfranzösischen. Wiesbaden, Steiner, 79–95.

Larousse, Pierre (1866–1890): Grand Dictionnaire Universel du XIXe siècle, français, historique, géographique, mythologique, bibliographique, littéraire, artistique, scientifique, etc., 15 vol. et 2 suppl. Paris, Larousse.

Laveaux, Jean-Charles (1820): Nouveau Dictionnaire de la langue française, tome premier, A-K. Paris, Detervielle et Lefèvre.

Laveaux, Jean-Charles (1847 [1818]): Dictionnaire raisonné des difficultés grammaticales et littéraires de la langue française. Paris, Hachette.

Lebsanft, Franz (1997): Spanische Sprachkultur. Studien zur Bewertung und Pflege des öffentlichen Sprachgebrauchs im heutigen Spanien. Tübingen, Niemeyer.

Lebsanft, Franz (2002): „Französisch", in: Greule, Albrecht/Janich, Nina (eds.), Sprachkulturen in Europa. Ein internationales Handbuch. Tübingen, Narr, 64–73.
Lebsanft, Franz (2020): „Linguistic Norm in Discourse Linguistics", in: Lebsanft, Franz/Tacke, Felix (eds.), Manual of Standardization in the Romance Languages. Berlin — Boston, De Gruyter, 209–228.
Lebsanft, Franz/Tacke, Felix (2020): „Romance Standardology: Roots and Traditions", in: Lebsanft, Franz/Tacke, Felix (eds.), Manual of Standardization in the Romance Languages. Berlin — Boston, De Gruyter, 3–59.
Ledegen, Gudrun (2013): „Normes", in: Simonin, Jacky/Wharton, Sylvie (eds.), Sociolinguistique du contact : Dictionnaire des termes et concepts. Lyon, ENS Éditions, 375–397.
Leeman-Bouix, Danielle (1994): Les fautes de français existent-elles ? Paris, Seuil.
Lengert, Joachim (2015): „Les français régionaux", in: Polzin-Haumann, Claudia/Schweickard, Wolfgang (eds.), Manuel de linguistique française. Berlin– Boston, De Gruyter, 365–400.
Levitt, Jesse (1968): Grammaire des grammaires of Girault-Duvivier. A study of nineteenth-century French. The Hague, Mouton.
Le Grand Robert – Version numérique 4.4 (février 2023). Paris, Éditions Le Robert.
Le Petit Robert (2025): Dictionnaire alphabétique et analogique de la langue française, sous la direction de Alain Rey et Josette Rey-Debove. Paris, Dictionnaires Le Robert.
Le Tallec Lloret, Gabrielle/Crouzet-Daurat, Pierrette (2018): „Chef, cheffe, cheffesse : norme, usage et nouveaux outils pour la féminisation des noms de métiers", in: Altmanova, Jana/Le Tallec, Gabrielle/Zollo, Silvia (eds.), Journée d'étude: "Exploitation de corpus : l'informatique au service de nouveaux phénomènes langagiers", May 2017, Naples, Italie, https://hal.science/hal-01846343v1.
Les Linguistes atterrées (2023): Le français va très bien, merci. Tracts 49. Paris, Gallimard.
Lhomond, Charles-François (1780): Élémens de la grammaire françoise. Paris, Colas.
Lieber, Maria (1986): Maurice Grevisse und die französische Grammatik: zur Geschichte eines Phänomens. Bonn, Romanistischer Verlag.
Liénardy, Cyril et al. (2023): „Écriture inclusive, lisibilité textuelle et représentations mentales", in: Discours 33, DOI: 10.4000/discours.12636.
Littré, Émile (1863–1873): Dictionnaire de la langue française, 4 vol. Paris, Hachette.
Lobin, Antje (2020): „Von sprachlich korrekt zu *politically correct*. Normkonzepte im Wandel und Implikationen für die italienische und französische Sprachdiskussion", in: Becker, Lidia et al. (eds.), Fachbewusstsein der Romanistik. Tübingen, Narr Francke Attempto, 55–72.
Lobin, Henning (2021): Sprachkampf. Wie die Neue Rechte die deutsche Sprache instrumentalisiert. Berlin, Dudenverlag.
Lodge, Anthony (1997): Le français. Histoire d'un dialecte devenu langue, traduit de l'anglais par Cyril Veken. Paris, Fayard.
Lodge, Anthony (2004): A Sociolinguistic History of Parisian French. Cambridge, Cambridge University Press.
Lodge, Anthony (2008): „Les débuts de la standardisation du français", in: Durand, Jacques/Habert, Benoît/Laks, Bernard (eds.), Congrès Mondial de Linguistique Française - CMLF'08, 366–376, DOI: 10.1051/cmlf08320.
Lodge, Anthony (2010): „Standardisation, koinéisation et l'historiographie du français", in: Revue de linguistique romane 74, 5–26.
Lodge, Anthony (2011): „Standardisation et Koinéisation. Deux approches contraires à l'historiographie d'une langue", in: Dessì Schmid, Sarah/Hafner, Jochen/Heinemann, Sabine (eds.), Koineisierung und Standardisierung in der Romania. Heidelberg, Universitätsverlag Winter, 65–79.

Lodge, Anthony (2013): „Paris et l'émergence du français standard", in: Kremnitz, Georg (ed.), Histoire sociale des langues de France. Rennes, Presses Universitaires de Rennes, 249–257.

Loiseau, Sylvie (2013): „La notion de tradition discursive : une perspective diachronique sur les genres textuels et sur les phénomènes de fréquence textuelle", in: Pratiques 157/158, 91–104.

Lorenzetti, Luca (2020): „Dictionaries of Language Difficulties", in: Lebsanft, Franz/Tacke, Felix (eds.), Manual of Standardization in the Romance Languages. Berlin – Boston, De Gruyter, 373–397.

Louis, Jérôme (2021): „L'école primaire pour tous ? La loi Guizot du 28 juin 1833", in: Le Goff, Armelle/Demeulenaere-Douyère, Christiane (eds.), Enseignants et enseignements au cœur de la transmission des savoirs [en ligne]. Paris, Éditions du Comité des travaux historiques et scientifiques, DOI: https://doi.org/10.4000/books.cths.14522.

Ludwig, Ralf/Schwarze, Sabine (2012): „Ein erneuter Blick auf Entwicklungen der französischen Sprachkultur: Zur Vernetzung von sprachlicher Normierung und literarischer Kanonisierung im 18. und frühen 19. Jahrhundert", in: Romanistisches Jahrbuch 62, 98–136.

Lüdi, Georges (1992): „French as a pluiricentric language", in: Clyne, Michael (ed.), Pluricentric languages: differing norms in different nations. Berlin – New York, De Gruyter, 149–178.

Lukač, Morana/Heyd, Theresa (2023): „Grassroots Prescriptivism", in: Beal, Joana C./Lukač, Morana/Straaijer, Robin (eds.), The Routledge Handbook of Linguistic Prescriptivism. London – New York, Routledge, 227–245.

Machungo, Inês (2024): „The Emergence of Non-native Varieties: The case of Mozambican Portuguese", in: Huber, Máté/Meisnitzer, Benjamin (eds.), Pluricentric languages in Africa and in other regions of the World. Graz, PCL-Press, 39–60.

Mackenzie, Ian (2013): „Participle-object agreement in French and the theory of grammatical viruses", in: Journal of Romance Studies 13/1, 19–33.

Malkiel, Yakov (1989): „Wörterbücher und Normativität", in: Hausmann, Franz Josef et al. (eds.), Dictionaries. An International Encyclopedia of Lexicography, vol. 1. Berlin — New York, De Gruyter, 63–70.

Manesse, Danièle (2019): „La langue à tous ses niveaux face à l'écriture inclusive, " in: Manesse, Danièle/Siouffi, Gilles (eds.), Le féminin et le masculin dans la langue. L'écriture inclusive en questions. Paris, ESF-Sciences humaines, 35–56.

Manesse, Danièle/Siouffi, Gilles (2019a, eds.): Le féminin et le masculin dans la langue. L'écriture inclusive en questions. Paris, ESF-Sciences humaines.

Manesse, Danièle/Siouffi, Gilles (2019b): „Introduction: les femmes et les hommes dans les mots", in: Manesse, Danièle/Siouffi, Gilles (eds.), Le féminin et le masculin dans la langue. L'écriture inclusive en questions. Paris, ESF-Sciences humaines, 5–11.

Manessy, Gabriel (1992): „Norme endogène et normes pédagogiques en Afrique noire francophone", in: Baggioni, Daniel et al. (eds.), Multilinguisme et développement dans l'espace francophone. Paris, Didier Érudition, 43–81.

Manessy, Gabriel (1994): „Normes endogènes et français de référence", in: Manessy, Gabriel (ed.), Le français en Afrique noire. Mythe, stratégies, pratiques. Paris, L'Harmattan, 215–227.

Manessy, Gabriel (1997): „Norme endogène", in: Moreau, Marie-Louise (ed.), Sociolinguistique. Concepts de base. Sprimont, Mardaga, 223–225.

Marchello-Nizia, Christiane (2006): Grammaticalisation et changement linguistique. Bruxelles, de Boeck.

Mathieu, Marie-Jo (2002): „Le féminin n'est pas neutre", in: Mathieu, Marie-Jo (ed.), Extension du féminin : les incertitudes dans la langue. Paris, Champion, 95–126.

Martel, Philippe (2006): „Le français standard en usage au Québec : question de normes et d'usages", in: Revue belge de philologie et d'histoire 84/3, 845–864.

Martel, Philippe (2013): „Langues et construction nationale : la Révolution face aux ‚patois'", in: Kremnitz, Georg (ed.), Histoire sociale des langues de France. Rennes, Presses Universitaires de Rennes, 271–282.

Marzys, Zygmunt (1974): „Norme et usage en français contemporain", in: Le Français dans le Monde 108, 6–12.

Marzys, Zygmunt (1998): La variation et la norme. Essais de dialectologie galloromane et d'histoire de la langue française. Neuchâtel & Genève, Université de Neuchâtel/Droz.

Marzys, Zygmunt (2010): „‚Le bon usage' et ‚la plus saine partie' dans les Remarques de Vaugelas", in: Vox Romanica 69, 188–205.

Mathieu, Marie-Jo (2002): „Le féminin n'est pas neutre", in: Mathieu, Marie-Jo (ed.), Extension du féminin. Les incertitudes de la langue. Paris, Champion, 95–126.

Matoré, Georges (1968): Histoire des dictionnaires français. Paris, Librairie Larousse.

Mattheier, Klaus J. (1997a, ed.): Norm und Variation. Frankfurt am Main et al., Lang.

Mattheier, Klaus J. (1997b): „Norm und Variation. Einige Vorbemerkungen zum Thema", in: Mattheier, Klaus J. (ed.), Norm und Variation. Frankfurt am Main et al., Lang, 7–10.

Mattheier, Klaus J. (1997c): „Über Destandardisierung, Umstandardisierung und Standardisierung in modernen europäischen Standardsprachen", in: Mattheier, Klaus J./Radtke, Edgar (eds.), Standardisierung und Destandardisierung europäischer Nationalsprachen. Frankfurt am Main, Lang, 1–9.

Mattheier, Klaus J. (2000[2]): „Die Herausbildung neuzeitlicher Schriftsprachen", in: Besch, Werner et al. (eds.), Sprachgeschichte. Ein Handbuch zur Geschichte der deutschen Sprache und ihrer Erforschung, vol. II/4. Berlin – New York, de Gruyter, 1085–1107.

Matus Olivier, Alfredo/Samaniego Aldazábal, José Luis (2019, eds.): Competencia lingüística y criterios de corrección. Eugenio Coseriu. Edición revisada y autorizada por Eugenio Coseriu. Sevilla, Editorial de la Universidad de Sevilla.

Mauger, Claude (1703): Nouvelle double grammaire françoise-angloise et angloise-françoise. La Haye, Adrien Moetjens.

Maurais, Jacques (2008): Les Québécois et la norme. L'évaluation par les Québécois de leurs usages linguistiques. Québec, L'Office québécois de la langue française.

Mauvillon, Éléazar de (1753) [1747]: Remarques sur les germanismes – ouvrage utile aux Allemands, aux François et aux Hollandois, &c., Nouvelle Edition, revue, corrigée & augmentée de tout un Tome. Amsterdam, Pierre Mortier.

Mayer, Martina (2013): Sprachpflege und Sprachnormierung in Frankreich am Beispiel der Fachsprachen vom 16. Jahrhundert bis in die Gegenwart. Innsbruck, Innsbruck University Press.

McLaughlin, Mairi (2021): La Presse française historique. Histoire d'un genre et histoire de la langue. Paris, Classiques Garnier.

Melchior, Luca (2020): „Normative Dictionaries", in: Lebsanft, Franz/Tacke, Felix (eds.), Manual of Standardization in the Romance Languages. Berlin – Boston, De Gruyter, 441–460.

Melchior, Luca (2024): „Lexikographie", in: Becker, Lidia/Herling, Sandra/Wochele, Holger (eds.), Manuel de linguistique populaire. Berlin – Boston, De Gruyter, 231–254.

Ménage, Gilles (1675) [1672]: Observations de Monsieur Ménage sur la langue françoise. Paris, Barbin.

Mercier, Louis/Remysen, Wim/Cajolet-Laganière, Hélène (2017): „Québec", in: Reutner, Ursula (ed.), Manuel des francophonies. Berlin – Boston, De Gruyter, 277–310.

Milroy, James/Milroy, Lesley (1985): Authority in Language. Investigating Language Prescription and Standardisation. London, Routledge.

Milroy, James/Milroy, Lesley (2012): Authority in Language. Investigating Standard English. London, Routledge.

Moos, Peter von (1997): „Über pragmatische Mündlichkeit und Schriftlichkeit", in: Frank, Barbara/Haye, Thomas/Tophinke, Doris (eds.), Gattungen mittelalterlicher Schriftlichkeit. Tübingen, Narr, 313–321.

Morawetz, Selina (2020): Die *Académie française* im Zeitalter der Digitalisierung: zwischen normativem Wirken und symbolischen Wert. Heidelberg, Masterarbeit, DOI: 10.11588/heidok.00030590.

Moreau, Marie-Louise (1997²): „Les types de normes", in: Moreau, Marie-Louise (ed.), Sociolinguistique. Les concepts de base. Sprimont, Mardaga, 218–223.

Moreau, Marie-Louise (2000): „La pluralité des normes dans la francophonie", in: Dumont, Pierre/Boukos, Ahmed (eds.), La coexistence des langues dans l'espace francophone : approche macrosociolinguistique. Montréal, AUPELF-AUREF, 137–151.

Moreau, Marie-Louise/Brichard, Huguette (1999): „Aimeriez-vous avoir un fils qui parlerait comme ça ? La norme des francophones belges", in: Moreau, Marie-Louise/Brichard, Huguette/Dupal, Claude (eds.), Les Belges et la norme. Analyse d'un complexe linguistique. Bruxelles, Duculot, 27–36.

Moreau, Marie-Louise/Brichard, Huguette/Dupal, Claude (1999): Les Belges et la norme. Analyse d'un complexe linguistique. Bruxelles, Duculot.

Moreau, Marie-Louise/Dupal, Claude (1999): „Est-ce belge ou correct ?", in: Moreau, Marie-Louise/Brichard, Huguette/Dupal, Claude (eds.), Les Belges et la norme. Analyse d'un complexe linguistique. Bruxelles, Duculot, 5–11.

Morin, Yves-Charles/Paret, Marie-Christine (1983): „Norme et grammaire générative", in: Bédard, Édith/Maurais, Jacques (eds.), La norme linguistique. Québec, Ministère des Communications, 179–202.

Mormile, Mario (1973): La ‚néologie' révolutionnaire de Louis-Sébastien Mercier. Roma, Bulzoni Editore.

Morvan, Mario (2019): „L'Académie, greffier du bon usage ? : Exploiter la polysémie de la notion d'usage pour construire un ethos d'autorité", in: Dister, Anne/Piron, Sophie (eds.), Les discours de référence sur la langue française. Bruxelles, Presses de l'Université Saint-Louis, 283–309.

Muhr, Rudolf (2003): „Die plurizentrischen Sprachen Europas. Ein Überblick", in: Gugenberger, Eva/Blumberg, Mechthild (eds.), Vielsprachiges Europa. Zur Situation der regionalen Sprachen von der Iberischen Halbinsel bis zum Kaukasus. Frankfurt am Main et al., Lang, 191–233.

Muhr, Rudolf (2015): „Manufacturing linguistic dominance in pluricentric languages and beyond", in: Muhr, Rudolf/Marley, Down (eds.), Pluricentric Languages: New Perspectives in Theory and Description. Frankfurt am Main et al., Lang, 13–54.

Müller, Bodo (1975): Das Französische der Gegenwart. Varietäten, Strukturen, Tendenzen. Heidelberg, Universitätsverlag Winter.

Müller, Bodo (1985): Le français d'aujourd'hui. Paris, Klincksieck.

Nayves, Hélène de/Arbour, Marie-Ève (2021): „La féminisation au Québec et ses défis actuels", in: Fagard, Benjamin/Le Tallec, Gabrielle (eds.), Entre masculin et féminin. Français et langues romanes. Paris, Presses Sorbonne Nouvelle, 137–150.

Neusius, Vera (2021): Sprachpflegediskurse in Deutschland und Frankreich. Öffentlichkeit – Geschichte – Ideologie. Berlin – Boston, De Gruyter.

Niehr, Thomas (2011): „Wörterbücher als Instrumente der Sprach- und Sachkritik. Eine Typologie", in: Schiewe, Jürgen (ed.), Sprachkritik und Sprachkultur: Konzepte für Wissenschaft und Öffentlichkeit. Bremen, Hempen, 59–77.

Noël, François-Joseph-Michel/Chapsal, Charles-Pierre (1856a): Nouvelle Grammaire Française sur un plan très méthodique, avec de nombreux exercices d'orthographe, de syntaxe et de ponctuation, Grammaire, quarante-septième édition. Paris, Maire-Nyon et al.

Noël, François-Joseph-Michel/Chapsal, Charles-Pierre (1856b): Nouvelle Grammaire Française sur un plan très méthodique, avec de nombreux exercices d'orthographe, de syntaxe et de ponctuation, Exercices, quarante-septième édition. Paris, Maire-Nyon et al.

Oesterreicher, Wulf (1997): „Zur Fundierung von Diskurstraditionen", in: Frank, Barbara/Haye, Thomas/Tophinke, Doris (eds.), Gattungen mittelalterlicher Schriftlichkeit. Tübingen, Narr, 19–41.

Ossenkop, Christina (2008 [2002]): „Standardsprache, Norm und Normierung", in: Kolboom, Ingo et al. (eds.), Handbuch Französisch. Sprache, Literatur, Kultur, Gesellschaft. Für Studium, Lehre, Praxis. Berlin, Schmidt, 72–82.

Ossenkop, Christina (2020): „Die sprachliche Gleichbehandlung der Geschlechter im Spannungsfeld zwischen Norm und Variation", in: Ossenkop, Christina/Veldre-Gerner, Georgia (eds.), Fehler – Abweichung – Variation. Sprachnormen aus linguistischer und didaktischer Sicht. Berlin, Lang, 39–81.

Osthus, Dietmar (2006): „Laienlinguistik und Sprachchroniken: Französisch und Okzitanisch. Linguistique populaire et chroniques de langage : français et Occitan", in: Ernst, Gerhard (ed.), Romanische Sprachgeschichte: ein internationales Handbuch zur Geschichte der romanischen Sprachen. Histoire linguistique de la Romania : Manuel international d'histoire linguistique de la Romania, Bd. 2. Berlin et al., De Gruyter, 1533–1546.

Osthus, Dietmar (2015): „Linguistique populaire et chroniques de langage", in: Polzin-Haumann, Claudia/Schweickard, Wolfgang (eds.), Manuel de linguistique française. Berlin– Boston, De Gruyter, 160–170.

Osthus, Dietmar (2016): „The French *chroniques de langage* between prescriptivism, normative discourse and anti-prescriptivism", in: Journal of Multilingual and Multicultural Development 37/3, 334–342.

Osthus, Dietmar (2024): "Sprachnormenkonzepte in der öffentlichen Auseinandersetzung: die Debatte um die *écriture inclusve* in Frankreich", in: Becker, Lidia/Kuhn, Julia/Ossenkop, Christina/Polzin-Haumann, Claudia/Prifti, Elton (eds.), Zwischen Pluralität und Präskription: Sprachnormen in der Romania in Geschichte und Gegenwart. Narr, Tübingen, 187–203.

Osthus, Dietmar/Polzin-Haumann, Claudia (2002): „Sprachnorm und normatives Bewußtsein beim Problem des dequeísmo", in: Gil, Alberto/Schmitt, Christian (eds.), Gramática y Pragmática del Español. Actas de la sección Grammatik und Pragmatik im Spanischen del XIII. Deutscher Hispanistentag Leipzig (8.–11. III. 2001). Bonn, Romanistischer Verlag, 255–282.

Overbeck, Anja (2015): „La communication dans les médias électroniques", in: Polzin-Haumann, Claudia/Schweickard, Wolfgang (eds.), Manuel de linguistique française. Berlin – Boston, De Gruyter, 275–292.

Panckhurst, Rachel (1999): „Analyse linguistique assistée par ordinateur du courriel", in: Anis, Jacques (ed.), Internet, communication et langue française. Paris, Hermès Science, 55–70.

Panckhurst, Rachel/Cougnon, Louise-Amélie/Fairon, Cédrick (2024): „French Digital Discourse", in: Ayres-Bennett, Wendy/McLaughlin, Mairi (eds.), The Oxford Handbook of the French Language. Oxford, Oxford University Press, 377–398.

Patzelt, Carolin (2015): „Linguistique populaire et chroniques de langage: Francophonie", in: Polzin-Haumann, Claudia/Schweickard, Wolfgang (eds.), Manuel de linguistique française. Berlin–Boston, De Gruyter, 196–215.

Paveau, Marie-Anne (2006): Les prédiscours. Sens, mémoire, cognition. Paris, Presses Sorbonne Nouvelle.

Paveau, Marie-Anne (2007): „Les normes perceptives de la linguistique populaire", in: Langage et société 119, 93–109.

Paveau, Marie-Anne (2018): „La linguistique hors d'elle-même. Vers une post-linguistique", in: Les carnets du Cediscor 14, 104–110.

Paveau, Marie-Anne/Rosier, Laurence (2008): La langue française: passions et polémiques. Paris, Vuibert.
Péchoin, Daniel/Dauphin, Bernard (1998): Dictionnaire des difficultés du français. Paris, Larousse.
Péchoin, Daniel/Dauphin, Bernard (2004): Grand Dictionnaire des difficultés & pièges du français. Paris, Larousse.
Pellisson-Fontanier, Paul (1729): Lettres historiques de Monsieur Pellisson. Paris, Jean-Luc Nyon.
Perrenoud, Philippe (1988): „'Parle comme il faut!'. Réflexions sociologiques sur l'ordre linguistique", in: Schoeni, Gilbert/Bronckart, Jean-Paul/Perrenoud, Philippe (eds.), La langue française est-elle gouvernable? Normes et activités langagières. Paris, Delachaux et Niestlé, 79–108.
Pfalzgraf, Falco (2019): „'Anglisierung' und 'Globalisierung': Aktuelle Diskurse zu Entlehnungen und moderner Sprachpurismus", in: Antos, Gerd/Niehr, Thomas/Spitzmüller, Jürgen (eds.), Handbuch Sprache im Urteil der Öffentlichkeit / Handbook of Language Evaluation in the Public Sphere. Berlin – Boston, De Gruyter, 291–308.
Piron, Sophie (2008): „La grammaire du français au XVIIIe siècle – 1re partie", Correspondance 14/2, 18–22.
Piron, Sophie (2022): „La « Grande grammaire du français »: une grammaire moderne pour un public averti", in: Correspondance, https://correspo.ccdmd.qc.ca/document/la-grande-grammaire-du-francais-une-grammaire-moderne-pour-public-averti/.
Piron, Sophie/Vincent, Nadine (2021): „*Après que* suivi de l'indicatif ou du subjonctif : quelles voies de changement dans les ouvrages de référence ?", in: Linx 82, 1–17, DOI: https://doi.org/10.4000/linx.8088.
Plötner, Bärbel (1989): „Les 'patois' dans le feu de la dispute. Controverses glottopolitiques des jacobins par rapport à la contre-révolution et à l'anti-révolution", in: Zeitschrift für Phonetik und Sprachwissenschaftliche Kommunikationsforschung 42/5, 581–586.
Plümer, Nicole (2000): Anglizismus – Purismus – Sprachliche Identität. Eine Untersuchung zu den Anglizismen in der deutschen und französischen Mediensprache. Frankfurt am Main et al., Lang.
Pöll, Bernhard (2005): Le français langue pluricentrique ? Études sur la variation diatopique d'une langue standard. Frankfurt am Main et al., Lang.
Pöll, Bernhard (2008): „La querelle autour de la norme du français québécois : quelques réflexions sur un débat des sourds", in: Erfurt, Jürgen/Budach, Gabriele (eds.), Standardisation et déstandardisation. Estandarización y desestandarización. Frankfurt am Main, Lang, 99–112.
Pöll, Bernhard (2011a): Francophonies périphériques. Histoire, statut et profil des principales variétés du français hors de France. Paris, L'Harmattan.
Pöll, Bernhard (2011b): „Le français en Belgique et en Suisse romande : du purisme franco-français à quelques « fonctionnements pluricentriques »", in: Argot-Dutard, Françoise (ed.), Le français et les langues d'Europe. Rennes, Presses universitaires de Rennes, 73–83.
Pöll, Bernhard (2012): „Situaciones pluricéntricas en comparación: El español frente a otras lenguas pluricéntricas", in: Lebsanft, Franz/Mihatsch, Wiltrud/Polzin-Haumann, Claudia (eds.), El español, ¿desde las variedades a la lengua pluricéntrica? Frankfurt am Main & Madrid, Vervuert/Iberoamericana, 29–45.
Pöll, Bernhard (2017a): Französisch außerhalb Frankreichs. Berlin – Boston, De Gruyter.
Pöll, Bernhard (2017b): „Normes endogènes, variété de prestige et pluralité normative", in: Reutner, Ursula (ed.), Manuel des francophonies. Berlin – Boston, De Gruyter, 65–86.
Pöll, Bernhard (2020): „Orthography and orthoepy", in: Lebsanft, Franz/Tacke, Felix (eds.), Manual of Standardization in the Romance Languages. Berlin – Boston, De Gruyter, 399–416.
Poirier, Claude (2000): „Le français de référence et la lexicographie différentielle au Québec", in: Cahiers de l'institut de linguistique de Louvain 26/1–4, 139–155.

Polzin-Haumann, Claudia (2003): „Grammaticographie contre usage ? À propos de la nome du pronom relatif *dont* en français contemporain", in: Osthus, Dietmar/Polzin-Haumann, Claudia/Schmitt, Christian (eds.), La nome linguistique. Théorie – pratique – médias – enseignement. Actes du colloque tenu à Bonn le 6 et le 7 décembre 2002. Bonn, Romanistischer Verlag, 99–114.

Popelar, Inge (1976): Das Akademiewörterbuch von 1694 – das Wörterbuch des Honnête Homme? Tübingen, Niemeyer.

Poutingon, Gérald Milhe (2004a): „Introduction", in: Arnauld, Jean-Claude/Poutingon, Gérald Milhe (eds.), Les normes du dire au XVIe siècle, Actes du colloque de Rouen (15–17 novembre 2001) organisé par le CEREDI. Paris, Champion, 7–14.

Poutingon, Gérard Milhe (2004b): „Les effets de norme chez Meigret", in: Arnauld, Jean-Claude/Poutingon, Gérard Milhe (eds.), Les normes du dire au XVIe siècle, Actes du colloque de Rouen (15-17 novembre 2001) organisé par le CEREDI. Paris, Champion, 189–201.

Poyart, Antoine-Fidèle (1821[3]) [1806]: Flandricismes, wallonismes et expressions impropres dans la langue française. Bruxelles, Rampelbergh.

Proschwitz, Gunnar von (1966): „Le Vocabulaire politique au XVIIIe siècle avant et après la Révolution: Scission ou continuité ?", in: Le Français moderne 34/2, 87–102.

Pruvost, Jean (2002a): Les dictionnaires de langue française. Paris, PUF.

Pruvost, Jean (2002b): „Du lexicographe Pierre Larousse (XIXe s.) à la maison Larousse (XXe-XXIe s.)", in: International Journal of Lexicography 15/1, 38–54.

Pruvost, Jean (2005): „Le français, la francophonie et les dictionnaires", in: Dotoli, Giovanni (ed.), Où va la francophonie au début du troisième millénaire ? Actes du colloque de Baris, 4–5 mai 2005. Fasano – Paris, Schena – Presses de l'Université de Paris-Sorbonne, 83–131.

Pruvost, Jean (2006): Les dictionnaires français : outils d'une langue et d'une culture. Paris, Ophrys.

Pruvost, Jean (2021[2]): Les dictionnaires français : outils d'une langue et d'une culture. Paris, Ophrys.

Pustka, Elissa (2008): „Accent(s) parisien(s) – Auto- und Heterorepräsentationen stadtsprachlicher Merkmale", in: Krefeld, Thomas (ed.), Sprachen und Sprechen im städtischen Raum. Frankfurt am Main et al., Lang, 213–249.

Pustka, Elissa (2011): Einführung in die Phonetik und Phonologie des Französischen. Berlin, Schmidt.

Pustka, Elissa (2022): Französische Sprachwissenschaft. Eine Einführung. Tübingen, Narr Francke Attempto.

Pustka, Elissa/Chalier, Marc/Jansen, Louise (2017): „À la recherche d'une norme de prononciation : Le modèle des présentateurs de télévision", in: Journal of French Language Studies 27/1, 101–115, DOI: 10.1017/S0959269516000338.

Quemada, Bernard (1967): Les Dictionnaires du français moderne 1539–1863. Étude sur leur histoire, leurs types et leurs méthodes. Paris, Didier.

Quemada, Bernard (1970): Bibliographie des chroniques de langage publiées dans la presse française 1 : 1950–1965. Paris, Didier.

Quemada, Bernard (1972): Bibliographie des chroniques de langage publiées dans la presse française 2 : 1966–1970. Paris, Didier.

Quemada, Bernard (1990): „Französisch: Lexikographie. Lexicographie", in: Holtus, Günter/Metzeltin, Michael/Schmitt, Christian (eds.), Lexikon der Romanistischen Linguistik 5, 1: Französisch/Le français. Tübingen, Niemeyer, 869–894.

Quemada, Bernard (1998): „La lexicographie du français au XVIIe siècle", in: Quemada, Bernard (ed.), Le dictionnaire de l'Académie française et la lexicographie institutionnelle européenne. Actes du colloque international 17, 18 et 19 novembre 1994. Paris, Champion, 41–68.

Radtke, Edgar (1994): Gesprochenes Französisch und Sprachgeschichte. Zur Rekonstruktion der Gesprächskonstitution in Dialogen französischer Sprachlehrbücher des 17. Jahrhunderts unter besonderer Berücksichtigung der italienischen Adaptionen. Tübingen, Niemeyer.

Radtke, Edgar/Große, Sybille/Felder, Ekkehard (2019): „Sprachinstitutionen und Sprachkritik in europäischer Perspektive", in: Felder, Ekkehard et al. (eds.), Handbuch Europäische Sprachkritik Online (HESO). Band 4. Sprachinstitutionen und Sprachkritik. Heidelberg, University Publishing, 45–50.

Rapport au Parlement sur la langue française (2024). Paris, Ministère de la culture, https://www.culture.gouv.fr/Thematiques/langue-francaise-et-langues-de-france/Actualites/Publication-du-Rapport-au-Parlement-sur-la-langue-francaise-2024.

Reboul, Anne (2019): „Can There Be Linguistics Norms?", in: Roughley, Neil/Bayertz, Kurt (eds.), The Normative Animal? Anthropological Significance of Social, Moral and Linguistic Norms. New York, Oxford University Press, 279–294.

Reinke, Kristin (2004): Sprachnorm und Sprachqualität im frankophonen Fernsehen von Québec. Untersuchung anhand phonologischer und morphologischer Variablen. Tübingen, Niemeyer.

Reinke, Kristin/Ostiguy, Luc (2005): „La concurrence des normes au Québec, dans les médias, à l'école et dans les dictionnaires", in: Sinner, Carsten (ed.), Norm und Normkonflikte in der Romania. München, Peniope, 197–211.

Reinke, Kristin/Ostiguy, Luc (2016): Le français québécois d'aujourd'hui. Berlin – Boston, De Gruyter.

Reisigl, Martin (2007): „Barbarismus", in: Ueding, Gert (ed.), Historisches Wörterbuch der Rhetorik, Band 8: Rhet–St. Tübingen, Max Niemeyer, 959–990.

Remysen, Wim (2009): Description et évaluation de l'usage canadien dans les chroniques de langage: contribution à l'étude de l'imaginaire linguistique des chroniqueurs canadiens-français, thèse de doctorat. Québec, Université Laval.

Remysen, Wim (2012): „Les représentations identitaires dans le discours normatif des chroniqueurs de langage canadiens-français depuis le milieu du XIXe siècle", in: Journal of French Language Studies 22/3, 419–445.

Remysen, Wim/Rheault, Amélie-Hélène (2024): „Le français au Québec", in: Becker, Lidia/Herling, Sandra/Wochele, Holger (eds.), Manuel de linguistique populaire. Berlin – Boston, De Gruyter, 423–447.

Restaut, Pierre (1730): Principes généraux et raisonnés de la grammaire françoise : par demandes et par réponses. Paris, Jean Desaint.

Rettig, Wolfgang (1979): „Erneuerung und Krise. Das französische Akademiewörterbuch im 19. Jahrhundert", in: Höfler, Manfred/Vernay, Henri/Wolf, Lothar (eds.), Festschrift Kurt Baldinger zum 60. Geburtstag. Tübingen, Niemeyer, 84–101.

Reutner, Ursula (2009): Sprache und Tabu. Interpretationen zu französischen und italienischen Euphemismen. Tübingen, Niemeyer.

Reutner, Ursula (2015): „Aménagement linguistique et défense institutionalisée de la langue : la Francophonie", in: Polzin-Haumann, Claudia/Schweickard, Wolfgang (eds.), Manuel de linguistique française. Berlin – Boston, De Gruyter, 171–195.

Reutner, Ursula (2017): „Vers une typologie pluridimensionnelle des francophonies", in: Reutner, Ursula (ed.), Manuel des francophonies. Berlin – Boston, De Gruyter, 9–64.

Rey, Alain (1972): „Usages, jugements et prescriptions linguistiques", in: Langue française 16, 4–28.

Rey, Alain/Duval, Frédéric/Siouffi, Gilles (2007): Mille ans de langue française. Histoire d'une passion. Paris, Perrin.

Rézeau, Pierre (1981): „La place des français régionaux dans les dictionnaires de langue", in: Kremer, Dieter/Niederehe, Hans-Josef (eds.), Littératures et langues dialectales françaises. Actes du Colloque de Trèves du 17 au 19 mai 1979. Hamburg, Helmut Buske, 1117–133.

Rézeau, Pierre (1992): „Les dictionnaires normatifs des XVIIIe et XIXe siècles et leur intérêt pour l'histoire des variantes régionales du français", in: Groupe d'étude en histoire de la langue française (G.E.H.L.F.) (ed.), Grammaire des fautes et français non conventionnel. Paris, Presses de l'École Normale Supérieure, 207–227.

Rézeau, Pierre (1995): „Les français régionaux", in: Antoine, Gérald/Martin, Robert (eds.), Histoire de la langue française 1914–1945. Paris, Éditions du CNRS, 677–713.

Rézeau, Pierre (1998): „L'Académie et les variétés populaires et géographiques du français", in: Quemada, Bernard (ed.), Le dictionnaire de l'Académie française et la lexicographie institutionnelle européenne. Actes du colloque international 17, 18 et 19 novembre 1994. Paris, Champion, 253–269.

Rey-Debove, Josette (1978): Le métalangage. Étude linguistique du discours sur le langage. Paris, Le Robert.

Rey-Debove, Josette (2003): „L'individu, la norme linguistique et le jugement social", in: Osthus, Diemar/Polzin-Haumann, Claudia/Schmitt, Christian (eds.), La norme linguistique. Théorie – pratique – médias – enseignement. Actes du colloque franco-allemand organisé à Bonn le 6 et le 7 décembre 2002. Bonn, Romanistischer Verlag, 1–13.

Rheinfelder, Hans (1963): Lautlehre, 3. durchgesehene und ergänzte Auflage. München, Hueber.

Richelet, César-Pierre (1680): Dictionnaire françois, contenant les mots et les choses, plusieurs nouvelles remarques sur la langue françoise, ses expressions propres, figurées et burlesques, la prononciation des mots les plus difficiles, le genre des noms, le régime des verbes. Genève, Jean Herman Widerhold.

Riegel, Martin/Pellat, Jean-Christophe/Rioul, René (1994): Grammaire méthodique du français. Paris, PUF.

Riegel, Martin/Pellat, Jean-Christophe/Rioul, René (2014^5): Grammaire méthodique du français. Paris, PUF.

Riegel, Martin/Pellat, Jean-Christophe/Rioul, René (2021^8): Grammaire méthodique du français. Paris, PUF.

Ripfel, Martha (1989): „Die normative Wirkung deskriptiver Wörterbücher", in: Hausmann, Franz Josef et al. (eds.), Dictionaries. An International Encyclopedia of Lexicography 1. Berlin – New York, De Gruyter, 189–207.

Rossi, Micaela (2007): „,Est-ce du bon français ? Sûrement pas. Mais je l'ai entendu'. Images et usages du français dans les émissions radiophoniques", in: Galazzi, Enrica/Molinari, Chiara (eds.), Les français en émergence. Bern et al., Lang, 23–40.

Rössler, Paul (2021): „*Gutes Deutsch, schlechtes Deutsch*: Sprachrichtigkeit und Normen als metasprachliches Thema", in: Antos, Gerd/Niehr, Thomas/Spitzmüller, Jürgen (eds.), Handbuch Sprache im Urteil der Öffentlichkeit. Berlin – Boston, De Gruyter, 400–423.

Rutten, Gijsbert/Vosters, Rik (2021): „Language Standardization ,from Above'", in: Ayres-Bennett, Wendy/Bellamy, John (eds.), The Cambridge Handbook of Language Standardization. Cambridge, Cambridge University Press, 65–92.

Sablayrolles, Jean-Francois (2019): Comprendre la néologie. Conceptions, analyses, emplois. Limoges, Lambert-Lucas.

Saint-Gérand, Jacques-Philippe (1999): „La langue française au XIXe siècle. Scléroses, altérations, mutations. De l'Abbé Grégoire aux Tolérances de Georges Leygues (1790–902)", in: Chaurand, Jacques (ed.), Nouvelle histoire de la langue française. Paris, Seuil, 377–504.

Salvan, Geneviève (2017): „Normes textuelles et orientation dialogique dans les anaphores pronominales non conformistes (l'exemple de Jean Rouad)", in: Gaudin-Bordes, Lucile/Monte,

Michèle (eds.), Normes textuelles et discursives : émergence, variations et conflits. Besançon, Presses Universitaires de Franche-Comté, 21–34.

Saugera, Valérie (2017): „La fabrique des anglicismes", in: Travaux de linguistique 75/2, 59–79.

Saussure, Louis de (2024): „Masculin générique et biais de genre en français : un état des lieux critique", in: Langue française 223, 131–148.

Schafroth, Elmar (2001): „Zwischen Tradition und *political correctness*. Zum Problem der femininen Berufsbezeichnungen in französischsprachigen Ländern", in: Neumann-Holzschuh, Ingrid (ed.), Gender, Genre, Geschlecht. Sprach- und literaturwissenschaftliche Beiträge zur Gender-Forschung. Tübingen, Stauffenburg, 125–150.

Schafroth, Elmar (2003): „Gender in French. Structural properties, incongruences and asymmetries", in: Hellinger, Marlis/Bußmann, Hadumod (eds.), Gender across languages. The linguistic representation of women and men. Amsterdam – Philadelphia, Benjamins, 87–117.

Schafroth, Elmar (2010): „Die Janusköpfigkeit der *Political Correctness*. Dargestellt am Beispiel der sprachlichen Feminisierung in Quebec und Frankreich und an anderen Phänomenen", in: Zeitschrift für Kanada-Studien 30/2, 101–124.

Schafroth, Elmar (2014): Französische Lexikographie. Einführung und Überblick. Berlin – Boston, De Gruyter.

Schimmel-Fijalkowytsch, Nadine (2018): Diskurse zur Normierung und Reform der deutschen Rechtschreibung. Eine Analyse von Diskursen zur Rechtschreibreform unter soziolinguistischer und textlinguistischer Perspektive. Tübingen, Narr.

Schlieben-Lange, Brigitte (1981): „Die Französische Revolution und die Sprache", in: Zeitschrift für Literaturwissenschaft und Linguistik 11/41, 90–123.

Schlieben-Lange, Brigitte (1987): „Das Französische – Sprache der Uniformität", in: Zeitschrift für Germanistik 8/1, 26–38.

Schlieben-Lange, Brigitte (1988a): „Grégoire neu gelesen", in: Koselleck, Reinhart/Reichhardt, Rolf (eds.), Die Französische Revolution als Bruch des gesellschaftlichen Bewußtseins. München, Oldenbourg Verlag, 561–570.

Schlieben-Lange, Brigitte (1988b): „Konzeptualisierung, Diffusion und Formierung. Thesen zur Verwiesenheit von Revolution auf Sprache", in: Zeitschrift für Literaturwissenschaft und Linguistik 72, 7–15.

Schlieben-Lange, Brigitte (1990): „Normen des Sprechens, der Sprache und der Texte", in: Bahner, Werner et al. (eds.), Proceedings of the Fourteenth International Congress of Linguists 1, 114–124.

Schmitt, Christian (1998a): „Sprachpflege und Sprachreinigung", in: Goebl, Hans et al. (eds.), Kontaktlinguistik / Contact Linguistics / Linguistique de contact. Ein internationales Handbuch zeitgenössischer Forschung / An International Handbook of Contemporary Research / Manuel international des recherches contemporaines, vol. 12/1. Berlin – New York, De Gruyter, 871–880.

Schmitt, Christian (1998b): „Sprachkultur und Sprachpflege in Frankreich", in: Greule, Albrecht/Lebsanft, Franz (eds.), Europäische Sprachkultur und Sprachpflege. Tübingen, Narr, 215–243.

Schmitt, Christian (2000): „Nation und Sprache: Das Französische", in: Gardt, Andreas (ed.), Nation und Sprache. Die Diskussion ihres Verhältnisses in Geschichte und Gegenwart. Berlin – New York, De Gruyter, 673–745.

Schmitt, Christian (2001): „Sprachnormierung und Standardsprachen. Normalisation et standard", in: Holtus, Günter/Metzltin, Michael/Schmitt, Christian (eds.), Lexikon der Romanistischen Linguistik 1, 2: Methodologie. Tübingen, Niemeyer, 435–492.

Schneider, Jan Georg (2005): „Zur Normativität von Sprachregeln. Ist Sprechen regelgeleitetes Handeln?", in: Zeitschrift für germanistische Linguistik 33, 1–24.

Schneider, Jan Georg (2013): „Sprachliche ‚Fehler' aus sprachwissenschaftlicher Sicht", in: Sprachreport 1–2, 30–37.

Schöni, Gilbert (1988): „Du XVIIe siècle au XXe siècle : La genèse des attitudes normatives", in: Schöni, Gilbert/Bronckart, Jean-Paul/Perrenoud, Philippe (eds.), La langue française est-elle gouvernable ? Normes et activités langagières. Neuchâtel et Paris, Delachaux et Niestlé, 23–42.

Schöntag, Roger (1998): Diasystematische Markierungen in einsprachigen Wörterbüchern des Französischen. Magisterarbeit. München, Institut für Romanische Philologie.

Schreiber, Michael (1999): „Zum Verhältnis der Unterscheidungen ‚Standard'/‚Nonstandard' und ‚geschrieben'/‚gesprochen' im Französischen und Spanischen", in: Brumme, Jenny/Wesch, Andreas (eds.), Normen und Subnormen in Geschichte und Gegenwart. Methoden ihrer Rekonstruktion und Beschreibung. Wien, Praesens, 11–22.

Schrott, Angela (2020): „Linguistic Norm in Sociolinguistics", in: Lebsanft, Franz/Tacke, Felix (eds.), Manual of Standardization in the Romance Languages. Berlin – Boston, De Gruyter, 165–182.

Schwarze, Christoph (1977): Sprachschwierigkeiten, Sprachpflege, Sprachbewusstsein. Das Phänomen der „chroniques de langage". Konstanz, Universitätsverlag.

Schweickard, Wolfgang (2005): „Glanz und Elend der Sprachpflege. Der Umgang mit Anglizismen in Frankreich, Italien und Deutschland", in: Dahmen, Wolfgang et al. (eds.), Englisch und Romanisch. Tübingen, Narr, 177–191.

Schwinn, Horst (1997): Linguistische Sprachkritik. Ihre Grenzen und Chancen. Heidelberg, Groos.

Secrétaire des Républicains ou nouveaux modèles de lettres sur différens sujets (s.d. [1793]). Paris, chez Barba.

Seguin, Jean-Pierre (1972): La langue française au XVIIIe siècle. Paris, Bordas.

Seguin, Jean-Pierre (1999): „La langue française au aux XVIIe et XVIIIe siècles", in: Chaurand, Jacques (ed.), Nouvelle histoire de la langue française. Paris, Seuil, 227–344.

Seguin, Jean-Pierre (2004): „Le sens de la relativité diachronique et ses limites chez l'Abbé d'Olivet", in: Caron, Philippe (ed.), Les remarqueurs. Sur la langue française du XVIe siècle à nos jours. Rennes, La Licorne, 137–148.

Seiler, Falk (2000): „Die Soziologie Vilfredo Paretos und sprachlich-diskursive Normen", in: Grenzgänge 7, 102–118.

Seiler, Falk (2012): Normen im Sprachbewußtsein. Eine soziolinguistische Studie zur Sprachreflexion auf Martinique. Wien, Praesens.

Selig, Maria (2021): „Standardsprache, Norm und Normierung", in: Lobin, Antje/Meineke, Eva-Tabea (eds.), Handbuch Italienisch. Sprache, Literatur, Kultur. Berlin, Erich Schmidt Verlag, 32–39.

Selig, Maria/Linzmeier, Laura (2023): „‚Doing expertise': linguistic standardization in early modern Romance expert cultures", in: Selig, Maria/Linzmeier, Laura (eds.), Expert Cultures and Standardization. Expertenkultur und Standardisierung. Berlin, Erich Schmidt Verlag, 7–22.

Settekorn, Wolfgang (1979): „...mettre et ordonner la Langue Francoise par certaine Reigle. Überlegungen zur Genese des Sprachnormenbegriffs in Frankreich", in: Bergerfurth, Wolfgang/Dieckmann, Erwin/Winkelmann, Otto (eds.), Festschrift Rupprecht Rohr zum 60. Geburtstag. Heidelberg, Groos, 495–513.

Settekorn, Wolfgang (1988): Sprachnorm und Sprachnormierung in Frankreich. Einführung in die begrifflichen, historischen und materiellen Grundlagen. Tübingen, Niemeyer.

Settekorn, Wolfgang (1990, ed.): Sprachnorm und Sprachnormierung: Deskription, Praxis, Theorie. Wilhelmsfeld, Egert.

Simon, Anne Catherine/Vanhal, Clémence (2022): „Renforcement de la féminisation et écriture inclusive : étude sur un corpus de presse et de textes politiques", in: Langue française 215, 81–102.

Simon, Anne-Catherine/Van Raemdonck, Dan (2024a, eds.): Quand dire, c'est inclure. Pour une communication officielle et formelle non discriminatoire quant au genre. Bruxelles, Fédération Wallonie-Bruxelles, https://livre.cfwb.be/fileadmin/sites/lali/uploads/Image/Graphisme/Publications_ressources/Collection_Guide/PDF/Quand_dire-brochure-20240422-vf.pdf.

Simon, Anne Catherine/Van Raemdonck, Dan (2024b): „Politique de féminisation et de non-discrimination des genres en Belgique francophone : retour sur deux décrets (1999 et 2021)", in: Congrès mondial de la linguistique française – CMLF 2024, DOI: https://doi.org/10.1051/shsconf/202419100001.

Sinner, Carsten (2005): „Normen und Normkonflikte in der Romania. Zur Einführung", in: Carsten Sinner (ed.), *Norm und Normkonflikte in der Romania*. München: peniope, 1–20.

Sinner, Carsten (2014): Varietätenlinguistik. Eine Einführung. Tübingen, Narr.

Sinner, Carsten (2020): „Linguistic Norm in Sociolinguistics", in: Lebsanft, Franz/Tacke, Felix (eds.), Manual of Standardization in the Romance Languages. Berlin – Boston, De Gruyter, 145–164.

Siouffi, Gilles (1995): Le « genie de la langue française » à l'âge classique. Paris, Université de Paris IV, Thèse de doctorat nouveau régime.

Siouffi, Gilles (2004): „Préface", in: Caron, Philippe (ed.), Les remarqueurs. Sur la langue française du XVIe siècle à nos jours. Rennes, La Licorne, 7–16.

Siouffi, Gilles (2010): Le génie de la langue française. Études sur les structures imaginaires de la description linguistique à l'Âge classique. Paris, Champion.

Siouffi, Gilles (2011): „Les variantes ont-elles une normativité ?", in: Bertrand, Olivier/Schaeffer, Isabelle (eds.), Variété, variations et formes de français. Paris, Presses de l'Ecole Polytechnique, 13–31.

Siouffi, Gilles (2013): „Malherbe : entre sentiment de la langue, imaginaire linguistique et normativité", in: Dix-septième siècle 260/3, 439–454, DOI: 10.3917/dss.133.0439.

Siouffi, Gilles (2015): „Ménage : entre savoir philologique et imaginaire linguistique", in: Trivisiani-Moreau, Isabelle (ed.), Gilles Ménage : un homme de langue dans la République des Lettres. Toulouse, Presses universitaires du Midi, 133–149.

Siouffi, Gilles (2019): „L'écriture inclusive : question d'usage ou question d'autorité ?", in: Manesse, Danièle/Siouffi, Gilles (eds.), Le féminin et le masculin dans la langue. L'écriture inclusive en questions. Paris, ESF-Sciences humaines, 15–34.

Siouffi, Gilles (2020a), „Chapitre 6 : Que peut-on appeler « français » et à quelle époque ?", in: Marchello-Nizia, Christiane/Combettes, Bernard/Prevost, Sophie/Scheer, Thomas (eds.), Grande Grammaire Historique du français. Berlin – Boston, De Gruyter, 73–90.

Siouffi, Gilles (2020b), „Chapitre 7 : Les données historiques, géographiques et démographiques", in: Marchello-Nizia, Christiane/Combettes, Bernard/Prevost, Sophie/Scheer, Thomas (eds.), Grande Grammaire Historique du français. Berlin – Boston, De Gruyter, 91–109.

Siouffi, Gilles (2022): „Le foisonnement de la Renaissance", in: Duval, Frédéric et al. (eds.), Bescherelle. Chronologie. L'histoire de la langue française. Paris, Hatier, 86–123.

Siouffi, Gilles (2025): Paris-Babel. Histoire linguistique d'une ville-monde. Arles, Actes Sud.

Siouffi, Gilles/Steuckardt, Agnès (2007a, eds.): Les linguistes et la norme. Aspects normatifs du discours linguistique. Bern, Lang.

Siouffi, Gilles/Steuckardt, Agnès (2007b): „Présentation", in: Siouffi, Gilles/Steuckardt, Agnès (eds.), Les linguistes et la norme. Aspects normatifs du discours linguistique. Bern, Lang, VII–XXIII.

Siouffi, Gilles/Steuckardt, Agnès/Wionet, Chantal (2014): „Le *mot à la mode* : usages et enjeux d'une expression métalinguistique profane", in: Lecolle, Michelle (ed.), Métalangage et expression du sentiment linguistique ‚profane'. Louvain-la-Neuve, EME, 127–141.

Slatka, Denis (1971): „L'acte de « demander » dans les « Cahiers des doléances »", in: Langue française 9, 58–73.

Söll, Ludwig (1983): „Die Krise der französischen Sprache. Realität oder Illusion?"; in: Hausmann, Franz Josef (ed.), Die französische Sprache von heute. Darmstadt, Wissenschaftliche Buchgesellschaft, 270–285.

Soutet, Olivier (2001): „Typen von Grammatiken. Typologie des grammaires", in: Holtus, Gunter/Metzeltin, Michael/Schmitt, Christian (eds.), Lexikon der Romanistischen Linguistik (LRL), vol. 1, 2: Methodologie (Sprache in der Gesellschaft/Sprache und Klassifikation/Datensammlung und -verarbeitung). Tübingen, Niemeyer, 903–912.

Sowada, Lena (2021): Schreiben im Ersten Weltkrieg: französische Briefe und Tagebücher wenig geübter Schreiber aus der deutsch-französischen Grenzregion. Berlin – Boston, De Gruyter.

Spitzmüller, Jürgen (2020): „Fremdwortdiskurse", in: Niehr, Thomas/Kilian, Jörg/Schiewe, Jürgen (eds.), Handbuch Sprachkritik. Berlin, Metzler, 218–224.

Stark, Elisabeth (2020): „Le français numérique n'est pas innovant – le cas des ellipses syntaxiques", in: Diémoz, Federica et al. (eds.), Le français innovant. Bern et al., Lang, 183–203.

Stegu, Marine (2022): „*Linguistique(s) queer*. Allgemeine, angewandte und romanistische Überlegungen", in: Becker, Lidia et al. (eds.), Geschlecht und Sprache in der Romania: Stand und Perspektiven. Tübingen, Narr Francke Attempto, 39–64.

Steuckardt, Agnès et al. (2015), Entre villages et tranchées. L'écriture de poilus ordinaires. Uzès, Inclinaison.

Steuckardt, Agnès (2020): „Le français innovant : quand les profanes commentent", in: Diémoz, Federica et al. (eds.), Le français innovant. Bern et al., Lang, 311–329.

Steuckardt, Agnès (2022): „L'âge démocratique (XXe–XXIe siècle)", in: Duval, Frédéric et al. (eds.), Bescherelle. Chronologie. L'histoire de la langue française. Paris, Hatier, 232–295.

Steuckardt, Agnès/Große, Sybille (2021): „La pression des normes dans les écrits peu lettrés. Le cas de correspondances ordinaires de la Première Guerre mondiale", in: Schøsler, Lene/Härmä, Juhani (eds.), Actes du XXIXe Congrès international de linguistique et de philologie romanes. Strasbourg, Éditions de Linguistique et de Philologie, 1097–1108.

Stumpf, Sören (2015): Formelhafte (Ir-)Regularitäten. Korpuslinguistische Befunde und sprachtheoretische Überlegungen. Frankfurt am Main, Lang.

Suso López, Javier (1996): „Norme et bon usage au XVIIe siècle en France", in: Alonso, Emilia/Bruña, Manuel/Muñoz, María (eds.), La linguistique française : grammaire, histoire, épistémologie 1. Sevilla, Grupo Andaluz de Pragmática, 175–188.

Swiggers, Pierre (1986): „Catégories et principes d'une grammaire descriptive. Le Bon usage", in: Van Deyck, Rita (ed.), Tradition grammaticale et linguistique, le bon usage de Maurice Grevisse. Gand, Service de Linguistique française, 63–74.

Swiggers, Pierre (1990): „Französisch: Grammatikographie", in: Holtus, Günter/Metzeltin, Michael/Schmitt, Christian (eds.), Lexikon der Romanistischen Linguistik 5, 1: Französisch/Le français. Tübingen, Niemeyer, 843–869.

Swiggers, Pierre (1993): „L'insécurité linguistique: du complexe (problématique) à la complexité du problème", in: Cahiers de l'Institut de linguistique de Louvain 19/3-4, 19–29.

Swiggers, Pierre (2000): „Le français de référence. Contours méthodologiques et historiques d'un concept", in: Cahiers de l'institut de linguistique de Louvain 26/1-4, 13–42.

Swiggers, Pierre (2015): „Grammaticographie", in: Polzin-Haumann, Claudia/Schweickard, Wolfgang (eds.), Manuel de linguistique française. Berlin – Boston, De Gruyter, 525–555.

Szlezák, Edith (2017): „Eine frankokanadische Norm – Chancen und Grenzen", in: Dahmen, Wolfgang et al. (eds.), Sprachkritik und Sprachberatung in der Romania. Tübingen, Narr, 81–100.

Tacke, Felix (2015): „Aménagement linguistique et défense institutionalisée de la langue : les français régionaux et les langues des minorités", in: Polzin-Haumann, Claudia/Schweickard, Wolfgang (eds.), Manuel de linguistique française. Berlin – Boston, De Gruyter, 216–241.

Tacke, Felix (2020): „Linguistic Norm in Cognitive Linguistics", in: Lebsanft, Franz/Tacke, Felix (eds.), Manual of Standardization in the Romance Languages. Berlin – Boston, De Gruyter, 183–208.
Takahashi, Hideaki (2008): „Language Norms/Sprachnorm", in: Ammon, Ulrich et al. (eds.), Sociolinguistics. An International Handbook of the Science of Language and Society, 2nd completely revised and extended edition, vol. 1. Berlin – New York, De Gruyter, 172–179.
Techtmeier, Bärbel (1987a): „Thesen zur Sprachkultur", in: Techtmeier, Bärbel (ed.), Theoretische und praktische Fragen der Sprachkultur. Berlin, Akademie der Wissenschaften der DDR, Zentralinstitut für Sprachwissenschaft, 1–19.
Techtmeier, Bärbel (1987b): „Sprachbewußtsein und Sprachkultur", in: Techtmeier, Bärbel (ed.), Theoretische und praktische Fragen der Sprachkultur. Berlin, Akademie der Wissenschaften der DDR, Zentralinstitut für Sprachwissenschaft, 29–44.
Thaler, Verena (2003): Chatkommunikation im Spannungsfeld zwischen Oralität und Literalität. Berlin, Verlag für Wissenschaft und Forschung.
Thaler, Verena (2012): Sprachliche Höflichkeit in computervermittelter Kommunikation. Tübingen, Stauffenburg.
Thomas, George (1991): Linguistic Purism. London – New York, Longman.
Thompson, Robert W. (1992): „Spanish as a pluricentric language", in: Clyne, Michael (ed.), Pluricentric languages: differing norms in different nations. Berlin – New York, De Gruyter, 45–70.
Thurot, Charles (1881): De la prononciation française, depuis le commencement du XVIe siècle, d'après le témoignage des grammairiens, Tome premier. Paris, Imprimerie Nationale.
Trabant, Jürgen (1981): „Die Sprache der Freiheit und ihre Feinde", in: Literaturwissenschaft und Linguistik 41, 70–89.
Trabant, Jürgen (2010): „Akademie und Nationalsprache", in: Sellin, Volker (ed.), Das Europa der Akademien. Heidelberg, Universitätsverlag Winter, 43–75.
Trudeau, Danielle (1992): Les inventeurs du bon usage (1529-1647). Paris, Minuit.
Vandenbussche, Wim (2007): „Shared Standardization Factors in the History of Sixteen Germanic Languages", in: Fandrych, Christian/Salverda, Reinier (eds.), Standard, Variation und Sprachwandel in germanischen Sprachen / Standard, Variation and Language Change in Germanic Languages. Tübingen, Narr, 25-36.
Vaugelas, Claude Favre (1647): Remarques sur la langue françoise utiles à ceux qui veulent bien parler et bien escrire. Paris, Jean Camusat et Pierre Le Petit.
Vaugelas, Claude Favre (1690): Nouvelles remarques de M. de Vaugelas sur la langue françoise. Ouvrage posthume. Avec des Observations de M.***** Avocat au Parlement [Louis-Augustin Alemand]. Paris, Guillaume Desprez.
Veldre-Gerner, Georgia (2014): „Alte und neue Funktionen der Linksdislokation im französischen Raum", in: Veldre-Gerner, Georgia/Thiele, Sylvia (eds.), Sprachen und Normen im Wandel. Stuttgart, Ibidem, 219–241.
Veldre-Gerner, Georgia (2022): „Zum Sprechen über und Bezeichnen von Genderkategorien im französischen und spanischen Links- und Rechtspopulismus", in: Becker, Lidia et al. (eds.), Geschlecht und Sprache in der Romania: Stand und Perspektiven. Tübingen, Narr Francke Attempto, 335–366.
Véron, Laélia/Candea, Maria (2021): Parler comme jamais. La langue : ce qu'on croit et ce qu'on en sait. Paris, Le Robert.
Vicari, Stefano (2016a): Pour une approche de la linguistique populaire en France. Attitudes, prédiscours, questions de confiance. Ariccia, Aracne.
Vicari, Stefano (2016b): „La réforme de l'orthographe dans les forums de discussion des articles du Monde, du Figaro et de Libération en ligne : que nous disent les non-linguistes?", in: Circula 4, 106–125, DOI: 10.17118/11143/10179.

Vicari, Stefano (2017): „Les « écarts » de la norme dans la presse people: statut, caractéristiques linguistiques et effets discursifs", in: Gaudin-Bordes, Lucile/Monte, Michèle (eds.), Normes textuelles et discursives : émergence, variations et conflits. Besançon, Presses Universitaires de Franche-Comté, 131–149.

Viennot, Éliane et al. (eds.) (2015): L'Académie contre la langue française. Le dossier « féminisation », Donnemarie-Dontilly, iXe.

Viennot, Éliane (2021): „Le temps de la « grand' cour des dames » : Une première démasculinisation du français ?", in: Fagard, Benjamin/Le Tallec, Gabrielle (eds.), Entre masculin et féminin. Français et langues romanes. Paris, Presses Sorbonne Nouvelle, 103–116.

Villeneuve, Anne-José (2017): „Normes objectives et variation socio-stylistique : le français québécois parlé en contexte d'entrevues télévisées", in: Arborescences – Revue d'études françaises 7, 49-66.

Villers, Marie-Éva de (2018[6]): Multidictionnaire de la langue française. Québec, Québec Amérique.

Visser, Judith (2022): „Zum Sprechen über und Bezeichnen von Genderkategorien im französischen und spanischen Links- und Rechtspopulismus", in: Becker, Lidia et al. (eds.), Geschlecht und Sprache in der Romania: Stand und Perspektiven. Tübingen, Narr Francke Attempto, 335–366.

Völker, Harald (2011): „Implizites in der linguistischen Fachprosa. Die empirischen und theoretischen Bezüge von Hypothesen zum Ursprung der französischen Standardvarietät", in: Dessì Schmid, Sarah/Hafner, Jochen/Heinemann, Sabine (eds.), Koineisierung und Standardisierung in der Romania. Heidelberg, Universitätsverlag Winter, 81–110.

Wagner, Franc (2016): „Zu Interferenzen zwischen dem Schreiben in den neuen Medien und standardsprachliche Kompetenzen", in: Baechler, Coline et al. (eds.), Medienlinguistik 3.0 – Formen und Wirkung von Textsorten im Zeitalter des Social Web. Berlin, Frank & Timme, 47–61.

Wagner, Robert Léon/Pinchon, Jacqueline (1974 [1962]): Grammaire du français classique et moderne. Édition revue et corrigée. Paris, Hachette.

Walsh, Olivia (2013): „Les associations de langue en France et au Québec sont-elles puristes?", in: Information grammaticale 136, 33–40.

Walsh, Olivia (2014): „Les anglicismes polluent la langue française. Purist attitudes in France and Quebec", in: Journal of French language studies 24/3, 423–449.

Walsh, Olivia (2016): Linguistic Purism. Language attitudes in France and Quebec. Amsterdam – Philadelphia, Benjamins.

Walsh, Olivia (2021): „The French language: monocentric or pluricentric? Standard language ideology and attitudes towards the French language in twentieth-century language columns in Quebec", in: Journal of Multilingual and Multicultural Development, 42, 9, 869–881.

Walsh, Olivia/Humphries, Emma (2023): „Metaphor as a Manifestation of Prescriptivism. The case of France and Quebec", in: Beal, Joana C./Lukač, Morana/Straaijer, Robin (eds.), The Routledge Handbook of Linguistic Prescriptivism. London – New York, Routledge, 427–446.

Walsh, Olivia/Kibee, Douglas (2024): „Metalinguistic Texts", in: Ayres-Bennett, Wendy/McLaughlin, Mairi (eds.), The Oxford Handbook of the French Language. Oxford, Oxford University Press, 189–213.

Walter, Henriette (1989a): Des mots sans-culottes. Paris, Robert Laffont.

Walter, Henriette (1989b): „La créativité lexicale à l'époque de la Révolution française", in: La Linguistique 25/2, 3–18.

Walter, Henriette (2001): Honni soit qui mal y pense. L'incroyable histoire d'amour entre le français et l'anglais. Paris, Robert Laffont.

Wey, Francis Alphonse (1845): Remarques sur la langue française au dix-neuvième siècle, sur le style et la composition littéraire. Paris, Didot Frères.

Wilhelm, Raymund (2001): „Diskurstraditionen", in: Haspelmath, Martin et al. (eds.), Language Typology and Language Universals / Sprachtypologie und sprachliche Universalien / La typologie des langues et les universaux linguistiques. An International Handbook / Ein internationales Handbuch / Manuel international, vol. I. Berlin – New York, De Gruyter, 467–477.

Willems, Dominique (1986): „Sur le statut de la règle dans le *Bon Usage* de Maurice Grevisse", in: Van Deyck, Rita (ed.), Tradition grammaticale et linguistique, le bon usage de Maurice Grevisse. Gand, Service de Linguistique française, 55–62.

Wilmet, Marc (1995): „Théorie grammaticale et description du français", in: Gérald, Antoine/Robert, Martin (eds.), Histoire de la langue française : 1914–1945. Paris, CNRS, 965–992.

Wilmet, Marc (2000), „Théorie grammaticale et description du français", in: Gérald, Antoine/Robert, Martin (eds.), Histoire de la langue française : 1945–2000. Paris, CNRS, 883–905.

Wimmer, Rainer (1982): „Überlegungen zu den Aufgaben und Methoden einer linguistisch begründeten Sprachkritik", in: Heringer, Hans Jürgen (ed.), Holzfeuer im hölzernen Ofen. Aufsätze zur politischen Sprachkritik. Tübingen, Narr, 290–313.

Winkelmann, Otto (1990): „Französisch: Sprachnormierung und Standardsprache", in: Holtus, Günter/Metzeltin, Michael/Schmitt, Christian (eds.), Lexikon der Romanistischen Linguistik 5, 1: Französisch/Le français. Tübingen, Niemeyer, 334–353.

Wolf, Heinz Jürgen (1979): Französische Sprachgeschichte. Heidelberg, Quelle und Meyer.

Wolf, Johanna (2020): „Dictionaries of language difficulties", in: Lebsanft, Franz/Tacke, Felix (eds.), Manual of Standardization in the Romance Languages. Berlin – Boston, De Gruyter, 461–480.

Wolf, Lothar (1972): „Le français régional. Essai d'une définition", in: Travaux de linguistique et de littérature X/1, 171–177.

Wolf, Lothar (1983): „La normalisation du langage en France. De Malherbe à Grevisse", in: Bédard, Édith/Maurais, Jacques (eds.), La norme linguistique. Québec, Ministère des Communications, 105–137.

Yaguello, Marina (1988): Catalogue des idées reçues sur la langue. Paris, Seuil.

Zang Zang, Paul (1998): Le français en Afrique. Norme, tendances évaluatives, dialectisation. München, Lincom Europa.

Zang Zang, Paul (2018): „Du français en Afrique au(x) français d'Afrique : quel(s) parcours?", in: Floquet, Oreste (ed.), Aspects linguistiques et sociolinguistiques des français africains. Roma, Sapienza Università Editrice, 1–19.

Zapf, Miriam (2023): Gender, Sprache, Kognition. Eine linguistische Untersuchung zu gender-inklusivem Sprachgebrauch in Spanischen. Berlin, Metzler.

Zehender, Ann-Kathrin (2021): Die Feminisierung von Berufs-, Funktions-, Amtsbezeichnungen und Titeln in Frankreich Entwicklung und aktuelle Tendenzen. Heidelberg, Universität Heidelberg, unveröffentlichte Bachelorarbeit.

Zillig, Werner (2003): Natürliche Sprachen und kommunikative Normen. Tübingen, Narr.

Zimmermann, Klaus (1981): „Sprachliche Handlungen in den *Cahiers de doléances* von 1789", in: Literaturwissenschaft und Linguistik 41, 52–69.

Index

accord 78, 84, 88, 123, 138, 160, 198, 200, 202, 210, 237–238, 242
Akzeptabilität 204
Alphabetisierung 63–64, 100–102, 115–118, 122
Angemessenheit 4, 6, 10–11, 13, 27
Anglizismus 92, 95, 97–98, 127, 131–134, 160, 170, 211, 213, 216, 222, 226–227, 241–243
Anrede 10, 97, 112–113, 223, 231
Arbeitssprache 176
Archaismus 76, 148, 155, 207
Artikulation 66, 137, 160, 221, 223
Aussprache 15, 26, 55, 58, 66, 83–84, 97, 111, 137, 153, 155, 162, 170, 180, 210, 212, 221

Barbarismus 80, 130, 232
Belgizismus 182
Berufsbezeichnung
– feminine Berufsbezeichnung 157, 231, 235, 242
bon usage 2, 14, 20, 32, 35, 38–39, 62–63, 71, 73–75, 77–83, 87, 89, 92, 98, 118, 140, 147–148, 150–151, 155, 157, 161, 163, 195–198, 200, 210–212, 217, 230

chiac 170
crise du français 73, 118, 121, 129, 140, 166

Destandardisierung 68–70
diaphasisch 32, 56, 73, 149, 155, 172
diastratisch 19, 32, 66, 69, 80, 110, 155, 172
diatopisch 19, 32, 59–61, 65, 80, 155
diasystematische Markierung 148, 209, 212, 218, 240–241
Diskurs
– normativer Diskurs 2, 85–86, 162, 179, 205
– sprachnormenkritischer Diskurs 221, 230
– sprachpuristischer Diskurs 9, 32, 75, 92, 118, 120, 123–124, 127–131, 135, 138, 146, 169–170, 177, 204
diskursiv 10, 26–28, 30, 53, 223
diskursive Praktiken 41, 112, 140, 221
Diskurstraditionen 9–10, 27, 56–57, 103, 113
Dublette 234, 236

écriture inclusive 204, 222, 228, 232, 235–238, 242

epilinguistisch 28–31
Entlehnung 73–74, 76, 97, 107, 130–134, 138, 153, 155, 159, 185, 207, 225–226, 241
epizän 230, 236
Ersatzwort 97, 127, 134, 220, 225, 227
Erstsprache 183–184, 186, 192
eye-tracking 237

Fehler 6–10, 32, 42–43, 99, 118–120, 122, 125, 136, 188, 193
Feminisierung 167, 183, 216, 222, 228–236, 238, 242–243
français d'Afrique 171
français de référence 15, 182
français en Afrique 171
français québécois 25–26, 36, 170, 172, 175, 177–181, 186, 221, 231
français régionaux 65, 67, 106, 137, 221
Frankophonie 15–16, 25, 35, 44, 71, 121, 124, 130, 139–140, 154, 166, 169, 171–173, 175, 177–178, 181, 186, 204, 231, 234
Französisch
– belgisches Französisch 90, 182–183, 186
– hexagonales Französisch 66, 166, 169, 177–179, 185–186
– regionales Französisch 182
funktionaler Ausbau 51, 63

Gebrauchsmarkierung 178–179
Gemeinsprache 149–150, 155
gendersensibler Sprachgebrauch 222
generisches Maskulinum 123, 228–230, 232
genre neutre 238–239
genusneutral 228, 238–239
Glossonym 170
Glottonym 170
grammatisation 52, 188, 191
Grammatik
– deskriptive Grammatik 197
– konstrastive Grammatik 192
– normative Grammatik 50, 56, 86, 88, 187–193, 195–197, 199, 201, 205, 217
– pädagogische Grammatik 192,
– präskriptive Grammatik 187, 199–200
– Akademiegrammatik 87, 156–158
– Referenzgrammatik 98, 196

– Schulgrammatik 190, 193–194
Grammatikografie 144
grammatisch 11, 17, 32, 43, 56, 81, 84, 87, 90–92, 98, 117, 138, 156, 158–159, 162, 167, 187, 189–192, 194–199, 202–203, 210, 215–216, 222, 229, 238–239, 242

honnête homme 73, 89

inklusive Sprache 183, 222
inklusives Schreiben 222
inklusive Scheibweise 232–233, 236–238, 242
Intonationsmuster 190

joual 170

Kodifizierung 20, 24–25, 46, 49–52, 54–56, 62–63, 118, 143, 178, 184–185, 206, 217
Korrektheit 6, 8–11, 13, 116, 130, 138, 193, 228
Krise des Französischen 73, 118–120, 122–125, 194

laienlinguistisch 128, 223
Lemma 147–148, 151, 205–206, 208, 240
Lexem 35, 66, 76, 80, 86, 97, 107–108, 110, 134, 150, 154–155, 180, 182, 185, 190, 207–208, 212, 222
Lexik 37, 43, 48, 52, 62, 66, 83–84, 89, 98, 100, 106, 130, 162, 165, 175, 180, 182–183, 185, 206
lexikalisch 8, 31, 56, 67, 76, 84, 92, 98, 106–107, 128, 130, 132, 136, 150, 153, 160, 162, 175, 178, 182, 184, 187, 189, 206–207, 216, 222, 239–240, 242, 228
Lexikografie 132, 144, 146, 148, 207–208
Linguistische Laien 6, 93, 223
Linksversetzung 58, 199

Mehrsprachigkeit 100–101, 115–116, 140, 183
metasprachlich 5–6, 28–30, 53, 60, 86, 157, 207
Metasprachdiskurse 29, 219
Mischsprache 133
monozentrisch 54, 166, 172
Morphologie 12, 43, 55, 83, 133, 190, 222, 227, 237, 239
morphologisch 17, 56, 76, 175, 190, 193, 222, 229–230, 232, 235, 238, 242
morphosyntaktisch 160, 175, 184, 195, 238, 242

Neologismus 62, 74, 76, 87, 92, 95, 97, 106–107, 110, 135–136, 155, 207, 212–213, 216, 225, 239
Normen
– deskriptive Norm 1, 17–21, 41, 71
– diskursive Norm 26–27, 57
– endogene Norm 25–26, 184–185
– evaluative Norm 22, 41
– exogene Norm 25
– explizite Norm 17, 23–25, 71
– implizite Norm 17, 23–24
– kodifizierte Norm 8, 23–25
– objektive Norm 6, 20–23, 25, 41, 71
– phantasmierte Norm 41
– präskriptive Norm 1, 12, 17–22, 25, 35, 41, 47, 69, 71, 78, 82, 181, 190, 205, 220
– sprachlich-kommunikative Norm 3–5, 28, 189
– subjektive Norm 21, 23, 41
– subsistente Norm 23–24
– textuelle Norm 26–27, 57
normativ
– normative Autorität 20, 33–38, 81, 144, 150, 156, 161, 196, 207
– normatives Zentrum 61, 176–178, 182, 186
Normativität 1–2, 9, 11, 148, 168, 205
Normiertheit 1–2, 227
Normierungsinstanz 159
normkonform 155
nouchi 184

Orthoepie 55, 137, 155
Orthografie 15, 35, 50, 52, 55–56, 83–84, 102–103, 116, 118, 124–126, 133, 137–138, 145, 153–154, 157, 160, 165, 194, 200, 210, 212, 237

patois 62, 64–65, 100–101, 103–106, 115–116, 141
Phoneminventar 190
phonetisch 55–56, 66, 103, 175, 184, 222
phonologisch 56, 66, 190, 222
point médian 235–237
Pragmatik 56, 100, 112, 185, 198
pragmatisch 10–11, 19, 27, 47–48, 57, 112, 114, 189–190, 198, 210, 223
pragmatische Schriftlichkeit 56–57
Purismus 73, 84, 127, 129, 131

Rechtsversetzung 199
Referenzfranzösisch 15
Regel 1, 3, 6–7, 9–10, 18–19, 21–22, 32–33, 40, 51–52, 55–56, 65, 75, 81, 85, 88, 101, 116, 122, 128, 145, 156–158, 189–192, 194–197, 199, 234–235, 238, 242
Regionalismus 66–67, 71, 130, 175
remarques 31, 33, 42, 73, 83–84, 90–92, 94, 140, 151–152, 156, 192, 194–198, 200, 208, 212–213, 235, 241

Semantik 100, 130, 165, 210
semantisch 8, 19, 40, 56, 76, 87, 106–110, 130, 136, 140, 160, 162, 190, 198, 208, 222
Solözismus 80, 138
Spaltsatz 91–92, 202, 217
Sprachberatung 146, 159, 166–167, 234
Sprachchroniken 37, 42, 89–90, 92–95, 97–99, 120, 139–140, 202, 224
Sprache
– monozentrische Sprache 172
– plurizentrische Sprache 171–175, 186
Sprachkritik 29, 96, 219–225, 227–229, 231, 240–242
sprachnormativer Diskurs 28, 30–33, 35, 38–40, 54, 76, 99, 140, 170, 182
Sprachnormenkritik 220, 234, 242
Sprachpflege 29, 40, 127, 219
Sprachpolitik 29, 101, 175, 219
Sprachpurismus 38, 84, 95, 126–128, 131, 133, 139–140, 225
Standard 6, 8–10, 13–14, 16, 21, 25–26, 32, 35–37, 39, 42–48, 50–53, 55, 59–62, 64–66, 68–70, 77, 82, 86, 88–90, 94, 102, 110, 120, 122, 137, 140, 143, 166, 169–172, 174–177, 179–181, 183–189, 195, 198–202, 204, 207, 217, 219, 221
Standard
– distanzsprachlicher Standard 179
– hexagonaler Standard 169, 177
– orthografischer Standard 219
Standardisierung 34, 45, 47, 49–61, 63–65, 70–71, 73, 79, 100, 140 –141, 172, 174, 180, 187, 217
Standardisierung von unten 53
Standardisierung von oben 53

standardkonform 90, 159, 180
Standardnorm 9, 13, 21, 25, 44, 47, 50, 69, 73, 89, 111, 117, 169, 181–182, 187, 204–207, 217–218
standardsprachlich 43, 57, 180–181, 189, 197, 200–201, 203, 212
Standardvarietät 14, 44, 46–48, 50, 55–56, 59, 63–66, 68–71, 126, 179, 187, 189, 191, 199, 220
syntaktisch 8–9, 37, 56, 67, 89, 122, 125, 138–139, 153, 175, 190, 194, 222, 237
Syntax 43, 55, 83–84, 120, 125, 128, 130, 133, 138–139, 152, 162, 190, 194, 198, 210, 237

Tabuwort 10, 155
Terminologiearbeit 135, 231
Terminiologieentwicklung 127, 134, 183, 212
Terminologiekommissionen 166
textuell 8, 26, 57, 93, 230, 232–234, 242
Toleranzentscheidung 200

Varietät
– frankophone Varietät 184–185
– periphere Varietät 173, 176
– regionale Varietät 51, 60, 171, 174, 179, 186
Varietätendimension 172
Varietätenspektrum 71, 183, 185

Wörterbuch
– deskriptives Wörterbuch 148, 217
– einsprachiges Wörterbuch 207, 211, 217
– normatives Wörterbuch 56, 148, 167, 180, 187, 205–210,
– präskriptives Wörterbuch 148, 205
– pragmatisches Wörterbuch 210
– universelles Wörterbuch 209
– Akademiewörterbuch 107–108, 110–111, 138, 147–150, 153–155, 165, 167–168, 207–208, 215
– Definitionswörterbuch 206–207, 210, 217
– Gebrauchswörterbuch 215
– Schwierigkeitswörterbuch 56, 83–84, 90, 98, 187–188, 208, 210
Wörterbucheintrag 152, 205, 208, 211

Zweitsprache 183, 186

www.ingramcontent.com/pod-product-compliance
Lightning Source LLC
Chambersburg PA
CBHW080634230426
43663CB00016B/2861